他年堪笑慰
霞彩满天红

——张浚生同志纪念文集

纪念文集编辑组 编

张浚生同志

1953 年，张浚生（右一）在长汀与同学合影

1954 年，张浚生入学浙江大学时照片

1955 年，张浚生（左二）在杭州与同学合影

1958 年，张浚生（后排左三）在杭州三墩参加农村劳动时与农民合影

1962 年，张浚生与夫人杨惠仪

1966 年，张浚生一家在浙大求是村宿舍

1972 年，张浚生（左一）在长汀与大哥、二哥、三哥合影

1978 年，张浚生一家在杭州的合影

1978 年，张浚生在浙江大学校园

1983 年 11 月，张浚生在中共杭州市第五次代表大会上致闭幕词

1985 年，张浚生任中共杭州市政法委书记

1988 年 10 月，张浚生与刘丹老校长和吴容同志的合影

张浚生在新华社香港分社办公室阅读报纸

1997 年 7 月，香港回归交接仪式

张浚生夫妇和秘书郑浙民出席新春酒会时的合影

张浚生在香港接受媒体记者采访

张浚生检阅中国人民解放军驻港部队

张浚生与基辛格博士交谈

张浚生与英国首相梅杰交谈

张浚生夫妇与董建华夫妇合影

张浚生与加拿大总理特鲁多交谈

张浚生为邵逸夫先生颁奖

张浚生与李嘉诚先生交谈

张浚生与霍英东先生交谈

张浚生与何世礼将军在一起

张浚生与港督卫奕信交谈

张浚生和周南与邵逸夫、曾宪梓等香港知名人士合影

张浚生与杨政宁先生合影

张浚生夫妇与和饶宗颐先生在一起

张浚生与黎明合影

张浚生与张艺谋、巩俐合影

张浚生与成龙合影

张浚生与张学友合影

张浚生与夫人杨惠仪在国庆酒会上的合影

张浚生夫妇在香港参加迎香港回归活动

2017 年 7 月，张浚生参加香港回归祖国 20 周年庆典时的合影

1998 年 9 月 15 日，新浙江大学成立大会

1998 年 9 月 15 日，张浚生在新浙大成立大会上讲话

2001 年 9 月，张浚生在浙江大学新校区开工典礼上讲话

2000 年 5 月，张浚生在曹光彪高科技大楼落成典礼上与中国科学院院长路甬祥等同志合影

1999 年 3 月 26 日，张浚生出席金庸先生受聘浙江大学人文学院院长仪式

1999 年 9 月 16 日，张浚生为浙江大学建筑工程学院成立授牌

2002 年 9 月，张浚生与著名科学家霍金先生夫妇合影

2002 年 10 月，浙江大学授予联合国秘书长安南先生名誉博士学位

张浚生向为我国“两弹一星”研制做出重要贡献的科学家献花

2003 年 8 月 28 日，张浚生出席浙江大学外国语学院院长聘任仪式（右边为潘云鹤校长）

张浚生在学校给新生上入学第一课

张浚生与浙大毕业生合影

张浚生除夕夜慰问浙大学生

张浚生率浙大代表团访问西迁办学点宜山

2002 年 2 月，张浚生为浙江大学数学科学研究中心成立授牌（右一为丘成桐先生）

2002 年 5 月，张浚生与出席“新经济条件下的生存环境与中华文化国际研讨会”的代表嘉宾合影

2005 年 5 月，张浚生与浙大学生谈成长话发展

张浚生欢迎诺贝尔经济学奖获得者罗伯特 · 威廉姆 · 福格尔先生来浙大讲学

2005 年，张浚生在央企督导工作

2011 年，张浚生在上海交通大学巡视

2007 年 5 月，张浚生出席《百年求是》丛书首发仪式

2017 年，张浚生在浙江传统文化促进会成立大会上讲话

2007 年 9 月，张浚生在浙江大学并校改革发展十年成就展上讲话

2008 年 9 月，张浚生和张曦等校领导陪同路甬祥副委员长参观浙江大学校史展览

2011 年，张浚生为《亲历回归与合并——张浚生访谈录》一书出版揭幕
（右一为沈之荃院士）

2012 年 6 月，张浚生与路甬祥副委员长，
浙江大学校长杨卫、原校长韩祯祥为《路甬祥教育文集》首发揭幕

2005 年 5 月，张浚生与出席浚生贫困学生助学基金成立仪式的嘉宾合影

2016 年，张浚生与当年参加《浙江大学校报》和《求是园》工作的老师和学生合影

2017 年 5 月，张浚生与浙江大学宁波校友合影

2017 年 5 月，张浚生在 120 周年校庆时与光仪系 57 级校友合影

2015 年 8 月，张浚生与周南老社长交谈

2017 年 8 月，张浚生与浙江大学党委书记邹晓东合影

书法是张浚生生平第一大爱好

张浚生夫妇晚年与孙女外孙在一起

目　录

张浚生同志生平　i

序一　生而立志　志在家国　/　邹晓东　iii

序二　思念到永远　/　杨惠仪　vii

永恒的记忆　1

深切悼念张浚生学长　/　曹天宁　3

悼念张浚生老师　/　施柏煊　5

忆我的班主任张浚生老师　/　沈德洪　7

一封珍藏了半个多世纪的信　/　陆祖康　9

深切缅怀敬爱的张浚生老师　/　曾广杰　11

珍藏的照片　难忘的记忆　/　陈　军　任浩仁　14

缅怀张浚生老师　/　激光73班　17

追忆张浚生:心系学科　胸怀天下　/　刘向东　21

他走了,却播下了整个春天　/　余红艺　聂秋华　25

深切缅怀我们的师者先生——张浚生老师　/　刘　旭　27

张老师是我走上激光事业的引路人　/　余东校　30

求是之光　风范长存　/　童利民　33

实事求是:共产党人的政治品格　/　沈者寿　35

我人生中的贵人恩人和亲人　/　高桂林　41

追忆张浚生　/　杨树荫　47

告别浚生　/ 周　南　51
以他为榜样，为国家为人民出一份力　/ 范徐丽泰　53
回归大业建奇功　关爱各方众称颂　/ 张云枫　56
他年堪笑慰　彩霞满天红　/ 郑浙民　62
今宵别梦寒　/ 范正翘　69
我心中的楷模张浚生　/ 刘方安　73
俯首甘为孺子牛　/ 朱正红　77
张浚生先生是真心爱港助港的楷模　/ 屠海鸣　83
哲人日已远　典型在夙昔　/ 廖书兰　87
深切怀念张浚生先生　/ 文满林　89
深切缅怀《镜报》挚友、老师张浚生先生　/《镜报》全体同仁　91
张浚生社长的人格魅力　/ 李远荣　94
张浚生一身正气爱憎分明　/ 李劲岐　97
斯人已去　音容犹在　/ 王宽诚教育基金会　99
张浚生与“微笑行动”　/ 浙江微笑行动志愿者服务中心　101
忆张浚生对高校联的深厚情谊和支持　/ 郭明华　105

时光流逝忆浚生　/ 周文骞　107
新浙大的开拓者和奠基人　/ 郑造桓　112
我的好领导　我的好老师　我的好朋友　/ 黄书孟　123
“臻”言铭记　/ 卜凡孝　126
先生之风　山高水长　/ 张乃大　130
深切缅怀尊敬的张老师　/ 陈子辰　134
真正的共产党人　/ 张　泽　138
张浚生书记关心研究生教育追忆　/ 杨树锋　许为民　140
心中的丰碑　/ 王玉芝　147
山高水长　恩情永铭　/ 郑　强　156
往事回思思不尽　/ 戟　锋　162

您永远活在我们心中　/　王宽福　174
深切缅怀张浚生书记　/　郑筱祥　178
科技园的指路明灯　/　葛周芳　181
音容笑貌犹在　高尚情怀永存　/　冯时林　187
追忆与张浚生同志的往事　/　蔡秀军　197
平生为国酬　丹心照汗青　/　徐有智　201
亦师亦友　至理至情　/　姚先国　216
张浚生书记与浙大青年教授联谊会　/　褚　健　220
忆张浚生书记二三事　/　王建安　224
此情可待成追忆　/　张梦新　230
泣别圣明师　/　李曙白　237
怀念张浚生先生　/　陈　鹰　242
琐忆敬爱的张老师　/　吴永志　246
儒雅　坚毅　求是　/　吴伟丰　251
忆慈父般的张浚生老书记　/　韩高荣　255
回忆张浚生书记对城市学院的关心指导　/　吴　健　259
我心目中的张浚生书记　/　费英勤　262
永远的张老师　/　孙旭东　266
回忆敬爱的张浚生老书记二三事　/　姚玉峰　272
援疆路上忆张浚生书记　/　黄　昕　275
不会忘记那灿烂的日子　/　包永平　278
往事历历在目　嘱托牢记心中　/　李五一　282
永远的怀念　/　张　宏　285
回忆与张浚生老师交往的几件事　/　林福呈　290
凝心聚力　浚泽后生　/　孙旭东　294

悼张公　/　周国辉　297
师表和风范　/　蒋志华　299

挥泪哭浚公　/ 杨建新　305
深切缅怀张浚生先生　/ 楼永良　309
忆良师兄长张浚生先生　/ 耿小平　313
沉痛悼念张浚生先生　/ 舜宇集团有限公司　319
苟利国家生死以　长留大爱在人间　/ 熊家钰　322
呕心沥血　鞠躬尽瘁　/ 吴学新　329
浚生书记,我好想你　/ 张克夫　332
一位不忘初心的老共产党人　/ 飞　鸿　337
张浚生老书记的厦门情缘　/ 洪冀宁　343
人人怀念张浚生　/ 刘建斌　346
永远的好老师　/ 赵　建　348
生前无愧于心　身后青史留名　/ 周　哲　352
浚哲斯人　长发其祥　/ 孟万成　358
青山不移　浚公不朽　/ 薛年勤　孙丽娟　363
力擎宏业终无憾　傲骨长存传世泽　/ 刘爱平　368
张老师,您是我人生永远的楷模　/ 陈　征　372
亦师亦友　如父如兄　/ 葛继宏　375
爱国爱家　如师如父　/ 刘　建　383

缅怀同窗挚友张浚生学长　/ 季荣曾　贺莉清　387
悼念张浚生同志　/ 陈加元　389
深切缅怀张浚生书记　/ 丘成桐　390
您走了,留给我们无尽的哀思　/ 杨达寿　391
悼张浚生先生　/ 林　峰　394
缅怀张浚生教授　/ 蔡丽双　395
曼丽双辉·沉痛哀悼张浚生教授　/ 蔡丽双　396
曼丽双辉·沉痛悼念张浚生社长　/ 蔡曜阳　397

沉痛悼念张浚生教授 / 蔡佩珊 398
挽联与挽词(部分) /陈振濂 杜高杰 张 宏 张云枫
施子清 林彩民 韩省华 萧晖荣
陈加元 许 江 陈梦麟 399

珍贵的墨宝 411

附 录 429

香江风雨十三春
/ 张浚生 口述 徐有智 杨 帆 田 峰 整理 431
回忆浙江大学“四校合并”
/ 张浚生 口述 徐有智 杨 帆 田 峰 整理 442

张浚生逝世 梁振英林郑社会各界沉痛哀悼 / 记者 庄恭诚 452
中联办唁电赞张浚生爱国爱港 / 记者 费小烨 454
浙江大学党委原书记张浚生逝世:亲历中国两桩大事
/ 中新网 张 斌 453
一位爱国者和奋斗者的人生足迹
/ 本报记者 曾福泉 石天星 马 悦 严粒粒 李应全 458
张浚生同志遗体告别仪式在杭举行 / 记者 施宇翔 464

张浚生生平年表 467

后 记 482

张浚生同志生平

张浚生同志，1936年7月出生于福建长汀，1956年8月加入中国共产党，1958年8月参加工作。曾先后担任浙江大学机械系光学仪器教研室助教、秘书，机械工厂光学车间主任、党支部书记；浙江省海宁社教工作团三分团庆云工作组组员；浙江大学光学仪器系教师、副教授、党总支书记，校党委常委、副书记；1983年4月起，先后担任杭州市委副书记兼秘书长、市经济开发公司董事长、市委政法委书记；1985年7月到香港工作，先后担任新华社香港分社副社长，浙江大学顾问教授、中山大学兼职教授；1998年3月至9月，任四校（原浙江大学、杭州大学、浙江农业大学、浙江医科大学）合并领导小组副组长、新浙江大学筹建组组长、浙江省政府特邀顾问；1998年9月起，先后担任浙江大学党委书记、浙江省政府特邀顾问、省经济建设咨询委员会主任；2004年7月起，任浙江省政府特邀顾问、省经济建设咨询委员会主任；2009年10月退休。

张浚生同志从浙江大学机械系毕业后留校任教。在长期的教育教学工作中，认真贯彻党的教育方针，教书育人，为人师表，辛勤耕耘，为国家培养了大量人才。

在杭州市委工作期间，张浚生同志坚持解放思想，实事求是，密切联系群众，充分调动各方面的积极性，努力发挥承上启下、协调左右的作用，全力维护社会稳定，工作成效明显。

在香港工作期间，张浚生同志先后负责宣传、新闻、出版、科技文化、教育、体育、外事等工作，兼任新华社香港分社新闻发言人，并担任中央香港回归庆典筹委会副主任。以高度的政治定力、政策执行力，夜以继日、恪尽职守，机智豁达、勤勉亲民，在香港社会各界中赢得了好口碑，为维护国家主权、实现香港回归做了大量工作。

在担任四校合并领导小组副组长、新浙江大学筹建组组长、浙江大学党委书记等职务期间，张浚生同志坚决贯彻党中央、国务院和省委、省政府决策部署，在较短时间内完成了四校合并任务；团结带领学校领导班子，提出创建一所世界一流的“综合型、研究型、创新型”大学的奋斗目标，为学校发展擘画了宏伟蓝图；高度重视学校党的建设和思想政治工作，深受师生爱戴；十分注重学生全面素质培养和人才引进工作，科学规划并实施紫金港校区建设。从领导岗位退下来后，发起成立“浚生贫困学生助学基金”，累计资助学生近3000人次。

在担任浙江省政府特邀顾问、省经济建设咨询委员会主任期间，张浚生同志积极建言献策，为浙江省经济社会发展做出了积极贡献。

退休后，张浚生同志仍十分关心浙江省的经济社会发展，全力支持浙江大学的各项工作，竭力推动浙港两地合作交流，积极参与教育部安排的中管高校巡视工作，热心社会公益事业，继续为浙江省的改革发展和国家教育事业倾心尽力。

张浚生同志一生光明磊落，胸怀坦荡，坚持原则，坚决拥护以习近平同志为核心的党中央，对共产主义信念无比坚定，对建设中国特色社会主义事业充满信心。他清正廉洁，无私奉献，始终保持一名共产党员的优秀品格。他的一生是革命的一生，战斗的一生，是为党和人民事业孜孜以求、不懈奋斗的一生。他的崇高品质、革命精神和优良作风，将永远铭记在我们心中。

序一

生而立志　志在家国

浙江大学党委书记　邹晓东

张浚生同志是久经考验的忠诚的共产主义战士，是深受浙大师生校友尊敬和爱戴的老书记。他亲历并参与了香港回归祖国和四校合并组建新浙江大学这两件令世人瞩目的大事。在香港工作期间，浚生同志为捍卫国家主权、实现香港回归做了大量卓有成效的工作。1998年他肩负组织重托，马不停蹄地投入到四校合并组建新浙江大学的繁重任务中。担任浙江大学党委书记后，他为四校合并后的融合发展付出了大量心血，为建设中国特色世界一流大学作出了杰出贡献。

作为晚生后学，我曾在浚生同志的领导下工作多年，在他的指导下受益匪浅。我在浙江大学城市学院工作期间，浚生同志曾为支持城市学院创新发展、加强杭州市与浙江大学合作共建城市学院，以及推动城市学院与香港的合作交流，给予了高度关心和大力支持。2005年我担任浙大党委组织部部长时，浚生同志虽已从学校党委书记岗位上退了下来，但依然关心支持学校发展，在工作当中我能充分感受到他对学校改革发展事业的关心帮助，为推动学校对外联络和社会交往所作的巨大努力。我担任浙江大学党委书记后，浚生同志更是给予我很多帮助。去年筹备召开浙江大学第十四次党代会期间，浚生同志一丝不苟地阅读了党代会报告全文，并提出了十分宝贵的意见。就在今年春节前，我还专程拜访了他。浚生同志与世长辞，吾辈万分悲痛，老书记的音容笑貌犹在，想来如同昨日，实在难以割舍。

谦谦之风，先生厚德；循循善导，薪火相传。如今，浚生同志虽然离开了我们，但他的爱国情怀、教育理念和人格风范将成为推动浙江大学改革发展弥足珍贵的精神财富，将成为激励我们砥砺前行、报效家国的不竭动力。

浚生同志忠诚于党和人民，为党和国家的事业奉献了毕生心血。他出生于革命老区，出身贫寒，很早就坚定了远大的人生志向，20岁就加入了中国共产党。1985年，他接受组织任命前往新华社香港分社工作，勇挑重担、殚精竭虑、无私无畏。担任浙江大学党委书记6年间，他坚定不移地贯彻党的教育方针，高度重视党的建设和思想政治工作，组织开展了具有全国示范意义的保持共产党员先进性教育试点工作。他题赠给浙大学子的一句话“生而立志，志在家国”，教育和激励了一代代求是人。浚生同志一生赤胆忠心为党、恪尽职守为民，对党和国家的安排坚决服从，对党和人民的事业尽心竭力。对于个人的使命，正如他自己所言：“我们这代人，国家的需要就是我们的选择。”

浚生同志求是创新、潜心治校，为建设中国特色世界一流大学作出了开创性贡献。浚生同志在浙大求学、任教多年，并逐步走上领导岗位，是践行求是创新精神的杰出代表，始终秉承追求卓越的远大理想。他总是把“四校合并，就是为了建设世界一流大学”这句话挂在嘴边，并提出创建一所“综合型、研究型、创新型”的具有世界先进水平的一流大学的目标，坚持以改革促融合、以融合促发展，加快院系学科设置，大力提升教学质量和科研水平，身体力行地谋划推进新校区建设。他充分利用自己在海内外特别是香港的影响和人脉，广泛争取各方办学支持，特别重视延揽各界人才，以海纳百川的气度，将一批大师集聚于浙大，使浙大在较短的时间内实现了办学水平的快速提升。学校被誉为“高校合并成功的范例”“全国高等教育改革和发展的一面旗帜”，浚生同志功不可没。

浚生同志心系群众、心系师生，以实际行动诠释了全心全意为人民服务的宗旨。浚生同志有情有义，非常有亲和力，与香港各界人士建立了良好的关系，从社会名流、政商巨子到普通市民，都有他的好朋友，这从一个侧面反映了他良好的作风。担任浙江大学党委书记期间，他爱校如家、爱生如子，只要是老师同学找他，都可以直接敲门，无论再忙，他也要抽出时间见面。他非常尊重知识分子，甘愿做他们的后勤部长。学生开展活动，如“浙大绿色营”“课外科技成果展”“博士生服务团”等等，他都想方设法挤时间参加，有时还亲自带队。以他名字命名的“浚生贫困学生助学基金”至今已募集本金人民币3600多万元，累计资助学生3000多人次，为浙大贫困学子顺利完成学业提供了重要帮助。浚生同志的一生充分体现了浓浓为民之情和殷殷爱生之意，他始终把人民群众放在心中最高位置，赤诚奉献、乐在其中，为我们树立了学习的榜样。

浚生同志德高身正、博学多智，始终保持着崇高的风范和独特的魅力。只要对国家、学校、师生有益的事，他都会全力争取，但他对家人、朋友一直都坚持原则、严格要求。克己奉公、勤俭办学、一身正气、两袖清风。浚生同志爱书好书，无论是国学经典，还是现代科技；无论是诗词歌赋，还是政治历史，他都有着深厚扎实的功底和独到精辟的见解。与他交谈过的人，无不为他的高瞻远瞩、渊博学识和人文修养所折服。一位与他共事过的同事曾中肯地评价：“我周围接触过或认识他的人，没有说他不好的。成就不论，光这份做人，已足够让人铭记传颂一辈子。”浚生同志始终保持对人生的明朗之心，其言谈举止无不彰显着卓越的品行才学，真可谓高山仰止、景行行止。

浚生同志的一生是辉煌的一生，是奉献的一生，是为党和人民事业殚精竭虑、不懈奋斗的一生，充分展现了一名社会主义政治家、教育家的胸怀和境界。“平生立志为国酬，红透专深是所求。利民即如萤火闪，似此青春亦风流。”这是浚生老书记十八岁赴浙大求学前写下的一首诗，我想，这也是他一生的真实写照。

今年是四校合并组建新浙江大学20周年，我们缅怀和追忆浚生同志，就是要学习他对党忠诚、不忘初心的坚定信念，以强烈的使命意识和饱满的工作态度投身到中国特色社会主义事业中去，为民族复兴伟业作出应有的贡献；就是要践行他的办学理念和教育思想，认真梳理浚生同志给予我们的宝贵精神财富，在前辈们奋斗的基础上，将建设中国特色世界一流大学的宏伟蓝图绘到底；就是要弘扬他的精神风范，用浚生同志的事迹教育青年、鼓励青年，引导求是学子义不容辞地担负起时代赋予的使命，以天下为己任，以真理为依归，用实际行动书写报效家国的辉煌篇章。

序二

思念到永远

杨惠仪

2018年2月19日，年初四，大家都还沉浸在新春的愉悦中，我也一样，早早地起床洗菜烧饭，中午时分，一家人高高兴兴地吃了一顿中饭。饭后，我同浚生说：你在家中休息一下，我去超市马上就回来。我离开家的时候，是中午12点半，谁知十分钟后他就倒在地上去世了。我想了好久好久，也想不明白当时到底发生了什么事情，只听我的儿子讲述说，12点40分的时候，听到家中的猫在凄厉地叫着，他下楼去看的时候，他的父亲已经倒在地上，连呼吸心跳也没有了。

浚生就这样走了，他走得如此匆忙，我想，一定是有什么重大的事情等着他去处理了，我在家中一直呆呆地想着想着。我想，他一定会回来的，办完事情一定会回来的。

回顾浚生的一生，他的童年生活清苦，青年生活奋进，中年生活忙碌，晚年生活幸福。1936年7月10日，浚生出生在闽西一个贫穷的小县城长汀县，那里四面大山，交通闭塞，但是，那里也是工农红军二万五千里长征出发的地方，距离江西瑞金只有40公里山路。红军在长汀县停留了很长一段时间，在那里宣传抗日，扩编军队。浚生有三个哥哥，他的大哥大他19岁，就在那个时候参加了革命，一直没有信息，直到解放以后才得知他参加了中国人民解放军，后来又参加了抗美援朝去了朝鲜。浚生的父亲很早就过世了，家中只靠他的母亲打零工维持生活。他的母亲经常要挑上40公斤的大米，翻山越岭到瑞金去卖米，就是为了赚取一点小小的差价。浚生说，他很小的时候就见到他的母亲天不亮就挑着米走了，一直到半夜才能见到她回来。有一次，他母亲在挑米途中不慎跌了一跤，从此就不能挑米了，于是，在家中做豆腐去卖。几乎每天都是她的母亲加上他的二哥三哥一起磨豆子，做豆腐，一直到天亮了才做好豆腐。那时，他已念小学了，大概十岁左右吧，母亲要他挑一担豆腐去街上卖。2018年1月9日，浚生的二嫂在长汀去世了，他同我及女儿三个人去长汀奔丧。长汀县有一条汀江，穿过县城，现在汽车可以直达对岸。有一次，汽车开到岸边时，浚生对我说，他十岁的时候，这条过江的桥不是这样十分平坦的，而是有着高高的台阶，他小的时候就是挑着豆腐到对岸去卖的。他人小，挑一担豆腐很吃力，上不了台阶，只能一点一点拎过桥，然后去卖，卖完了才能去上学。说着说着，他的眼泪一滴滴往下掉。他还说，他在家中同母亲、两个哥哥常年以豆腐渣充饥，实在没有吃了，到外面捡菜皮或者到地里捡农民剩下的麦穗充饥。临近解放前，因市面混乱，他的家中几乎是断炊了，连豆腐渣也吃不上了，人已经瘦得不像样子了。幸亏解放了，他的大哥有了信息，告诉他们在解放军某某部队，并且寄钱回家，他们全家终于又熬过来了。

浚生十分喜欢读书。小的时候，只要亲戚朋友同学家中有书，他都去借来看，经常点着豆油灯看到深更半夜。第二天早上，他的母亲就发现豆油少了很多，就不让他晚上点灯了，于是，他就去同学家中看书，到深夜才回家。后来，他发现了一个看书的好地方，就是在学校附近有一家书店，于是，放学后他就坐在书店的地上，一本一本地看，一直看到书店的老板发怒为止。但是，尽管如此，他还是每天都去书店，一直看到书店关门才回家。由于浚生长年不断地阅读各种书籍，所以在高中时他的文学底子十分好。1954年高考填志愿时，老师就动员他去报考文科类学校，但是解放初因建设祖国的需要，大部分学生都报考了理工科，浚生也就在这时考入了浙江大学光学仪器专业。在那一年，我也考入了浙江大学机械系机床专业。

浚生由于家中长期的受饥挨饿，营养不良，就在1954年的国庆节，他发高烧住院了，医院诊断是得了胸膜炎，而且胸腔积水，需要用很粗的针筒每天刺进胸腔抽去积水，如此在医院住了三个多月，上课不能去了，只能靠着同学们的上课笔记学习。如此这般，到期终时考试得以顺利通过，也是不容易的。事后，浚生说，假如那年没有考上大学的话，他的这场病就会送命，因为他根本没有钱治病，是共产党救了他的命。他的这一生注定了永远跟着党，一辈子跟党干革命。

1956年，浚生因为表现突出，党组织发展他参加了中国共产党，成为机械系团总支书记。我也担任了团总支宣传委员。认识他的初期，我觉得他很好笑，第一是除了冬天以外，他都是赤脚去上课的，后来才知道他是因为买不起鞋子，上体育课都是赤脚跑步的，老师也只能看之任之；第二是衣服穿得比叫花子好不了多少，而且永远是一件自己染色的黑色军大衣。夏天就只有一条黄色旧短裤，一件破衬衫，四年的大学生涯都是如此打扮。但是，慢慢地，我发现他心地善良，为人诚实，要求上进，于是，我向他抛出了橄榄枝，他也高高兴兴地接受了。

1958年夏天，我们大学毕业了，都在学校里当老师。到了这年的元旦，我们结婚了。他第一个月拿到工资，就全部上缴给了我，那一年的工资是43.5元，我给了他3元钱作为零用，但他基本上不用钱，口袋里永远只有这3元钱，一直到将近六十年代后，他口袋里永远也只有3元钱。有一次，“三八”妇女节，他在台上做报告说，他在家中实行三不方针：就是“钱不要”（指工资不要），“权不要”（指家中事不管），“活不干”（指家务活不做）。于是台下一片笑声，他自己也在台上眯起嘴巴笑了三秒钟。

张浚生作为一名党的领导干部，他真的是做到全身心的投入，无半点私心，一辈子为党的事业贡献了他的全部。

1985年7月，他被挑选去香港工作，当时距香港1997年回归尚有12年的时间。初到香港时，看到香港人心惶惶，很多人都准备移民到国外去。当时英国派了彭定康到香港当港督，目的是为了搞乱香港，把香港的钱用光，地卖光，人走光。香港同胞见到内地派去的干部都躲着我们，不敢同我们接近。

张浚生是用一颗真诚的心赢得了香港同胞的信任。在香港工作，光靠动动嘴巴，发发文件是不行的，必须走出去，同大家生活在一起，如香港同胞家中有什么婚丧大事，都参与其中，时间长了，大家熟悉了，就成了好朋友了。

在香港的13年中，我们几乎每天晚上都参加大家的聚会，如老人做寿，小孩满月，儿女结婚，公司庆典，只要有人提出，我们都参与其中。有的时候，特别是春节期间，一个晚上要参加2至3场，甚至4至5场活动。我们一场一场地去走，有的时候，走到晚上11点多，连一口水都没有喝上，但我们感到很充实，也赢得了香港同胞的一片心。香港的亚视、无线电视台每天晚上7点到7点半都有新闻，大部分时间都有浚生的新闻出现，因此，香港的老老小小只要他出现，立马就认出来了。

每天早上，我们要步行20分钟去新华社香港分社上班，这时正是上班的高峰，车流人流不断，很多人都从车上伸出手来叫一声“张浚生好”或者“张社长好”。我想，不回答一声是不礼貌的，但他一下子也顾不过来，于是，我就走在他的后面，代他观察，不停地提醒：“左面”，“右面”，“前面”。几乎每天都是如此，一路走，一路提醒。后来，有一张报纸的记者跟踪后写道：“张家大叔与张家大婶每天上班都是一前一后地走，未知何故？”后来，见到熟悉的人，我告诉他们，因为路上打招呼的人太多，他顾不过来，我才走在后面提醒他的。

彭定康上任后，趾高气扬，成天乱说一通，浚生就一条一条驳斥，彭定康到最后连话都不敢说了。

1998年4月，香港顺利回归后，我们就回到浙江了。当时，浚生62岁了，已经到了退休的年龄了。北京与浙江省都给他安排了一个闲职，让他安度晚年，但他心有不甘，还想为党为国家多做一点工作，知道浙江四个大学即将合并，组建一个新的浙江大学时，他毅然接受了这个任务，挑起这个重担，一干就是六年，成功完成了这个任务。他说，他的一生有两件大事，可遇而不可求，一件是香港回归，一件是四校合并，他都是努力去做的，而且都完成得很好，他已经对得起国家了。

2004年7月，浚生从浙江大学党委书记的岗位上退下来后，整天想着要做一件事情，就是想要一笔资金，尽量多地去资助浙大的贫困学生，因为他自己在中学、大学都是贫困生，是靠着国家发的助学金才让他度过了学生时代。刚解放的时候，张浚生在长汀念中学，家中连饭都吃不饱，当时他的大哥是军人，二哥在粮食厅工作，都是公家人，实行供给制，一点钱也没有，三哥与他的妈妈在家中做豆腐、豆芽拿出去卖，赚不了多少钱，所以，中学时代就是靠着助学金一路走过来的。

1953年9月开始，尽管国家经济还不是很好，但国家对大学生特别照顾，除了学费全免以外，还实行了吃饭不要钱，让很多贫困学生解除了后顾之忧。1954年夏天，我们进入浙大的时候，正是实行吃饭不要钱的第二年，这对每个大学生来说，是一件很大的事情，也就是说，上大学是一分钱也不付的，学费、饭费，还包括上课时老师发的油印讲义费。但是，到了1955年夏天以后，吃饭就要付饭费了，每个月12元，由生活委员收齐了上缴膳食科，这样一来，有很多家庭贫困的学生就有难了，于是，从这一年开始，学校里就开始发贫困学生助学金，每个月20元。浚生也就是从这一年开始，靠着助学金才度过了浙江大学三年的好时光。

浚生之所以心心念念忘不了贫困生及助学金，因为他自己就是这样艰难的走过来的。他最清楚地知道贫穷与饥饿是什么滋味，在浙大一、二年级的时候，上的都是大班课，有一二百人，在阶梯教室上课，我们几乎都能天天见面，我对浚生的印象特别深，因为他都是赤着脚来上课的，衣服就是一套，是自己染色的旧军服，是他大哥给的，瘦得脸上一点肌肉都没有，肚皮都贴到后背了，好像一阵风就能把人吹走似的，一直到大学三年级，他在浙大吃了三年饱饭以后，人才像个样子。这些事情我向他谈起时，他都会含着眼泪说，他在家中经常是吃豆腐渣、豆芽根过来，能吃到一顿饱饭谈何容易。

为了筹到助学基金，他走向社会向社会贤达求助，向他们诉说培养人才的重要及贫困生的生活艰难，感动了很多人，纷纷伸出援助之手，仅10年时间就筹到3600万元助学基金，近两年他一直在想目标是5000万元，要能筹到这个数字，就能资助更多的贫困生，可惜他做不到了。

永恒的记忆

深切悼念张浚生学长

曹天宁*

张浚生学长与世长辞，留给我们深深的哀思！

他是光仪54级，我是光仪55级。因为我提前毕业，1958年我们同时毕业留校任教。1958年全国高举三面红旗，全国人民大跃进，我校紧跟形势，大炼钢铁，大办工厂。浙大化工厂、浙大电机厂、浙大无线电厂与浙大光仪厂等就应运而生。这样，我们参加工作的第一个任务就是筹办浙大光仪厂。于是在浙大教三大楼一起创办起光学车间，在一批年轻教师中，张浚生与徐昆贤是光仪54级的，'先入山门为大'。张浚生是班干部，当然被委任为车间主任，工作任务是试制与生产600倍生物显微镜。管理人员有杨侍山、杨国英，工人有楼善宝、张永杰、徐桂芳与王友仙等。光学制造工艺是特种工艺，入门不易，只好请上海光仪厂建厂元老杨国桢技工登门指导，同时又派徐明玉、李琍莺、娄森奎与我4人去上海光学仪器厂培训。

1959年，张浚生学长到上海光仪厂带光仪55级同学实习，同时现场主讲"光学制造工艺学"课程。我一方面在上海光仪厂光学车间实习，另一方面参加他主讲课程的辅导。

1961年，张浚生学长主讲光仪57级"光学制造工艺学"课程时，他上了半学期，因为另有任务，后半学期的讲课任务全部交给了我。张老师为了让

曹天宁　男，浙江大学光仪55级，浙江大学信息学院教授

我尽快成长,把他收藏的资料与书籍全部交给了我,包括从前任课教师缪家鼎老师那里传下来的《戴威的光学原理》(英文原版)、《泰曼的透镜与棱镜制造》(英文原版)、《巴尔金的光学制造工艺学》(俄文原版)、光学制造工艺学浙大油印讲义及张老师的手写讲课笔记本等。这就是浙大人的求是精神!

从此,我就接任了"光学制造工艺学"的主讲任务,从这里起步。1981年起多次主编《光学零件制造工艺学》高校统编教材,供全国11所院校使用。从这里起步荣任中国仪器仪表学会仪表工艺学会第一届到第四届理事与副理事长,第一届到第二届中国光学学会光学制造专委会副理事长。我能很快登上我国光学制造与检测最高学术宝座,这完全仰仗浙大的坚实的平台。

张浚生学长不仅在教学与学术上给予我关照与指导,在政治与日常生活方面也给予我真诚的关心与帮助。

1958年10月,我从光仪553班级提前毕业,毕业前一直担任班级团支部书记,并积极争取参加中国共产党(班级里没有党员),参加了党支部组织"党知识学习小组",毕业后是一名争取入党的青年教师,教师党支部指派张浚生学长联系我。当时,我有一个哥哥在海外,去向不明,影响我的入党,以致影响我的情绪,而张老师观言察色,及时发现,找我谈心,阐明党的政策,解除我的思想包袱,坚定信念跟党走!一直到中日建交,收到来自日本东京的大哥曹天宠亲笔信与照片,我的社会关系清楚了,我马上向学长汇报,教师党支部很快吸收我为一名光荣的共产党员。后来,我又向学校统战部长邵晓峰同志汇报,我们家就是"侨眷"。张浚生学长谆谆引导,终生难忘!

1959年,我母亲从安徽绩溪老家来杭州看我,那时,我是单身年轻教师,住在大U单身宿舍。张老师也结婚不久,刚分配到求是新村新居。在那个"大跃进"年代,大家都忙于工作,经常要加班,新婚夫妻也疏于同聚,张老师为了我们母子方便,把他的新居借给我们住了一个月。当然,也要感谢张老师夫人杨惠仪老师。你们助人为乐精神,学弟永远铭记在心!

2月19日正是中国改革开放总设计师邓小平同志逝世21周年的日子,竟成了张浚生学长的忌日!名人相约,令人遐思不已!

悼念张浚生老师

施柏煊*

得悉敬爱的张老师突然谢世，悲痛万分！

我从物理系毕业，留校分配在光仪系工作。几十年来，走过的人生征途里，成长之路上，都有张老师谆谆的教导和悉心的帮助。张老师是我心中的典范、崇敬的老师。

1978年春，张老师参加全国科学大会回来，为振兴光学工程倾注了全部心血。其时，我刚从980科研组回到激光教研室，张老师非常亲切地接待了我。当时正好王大珩院士访问我校，认为浙大光仪系有着深厚的光谱技术研究基础，希望我系振兴光谱教学、培养光谱人才。张老师积极响应，把他曾经开设的课程“光谱仪器学”交给了沈德洪和我，主动指导我俩新编教程。张老师一再强调专业教学对于培养具有开拓思维能力学生的重要性，因此就特别指导我俩要突破从苏联引进的教材系统，加强光谱学和分光学内容的教学。在编写教材的过程中，他又不时关心编写的进度，提醒我博览群书、博采众长，特别推荐阅读国际知名学者G.赫兹堡的《原子光谱和原子结构》、《分子光谱和分子结构》两本专著。当时张老师在光仪系党总支书记的任上，为粉碎“四人帮”后全面振兴光学工程学科的建设而奔波忙碌，在这种情况下他还对沈德洪和我编写教材、开设新课如此关心，这激励了我俩夜以继日、发奋努力。我和沈德洪跑遍了包括老杭大、复旦、华师大等多所大

施柏煊　男，浙江余姚人，教授，曾任教于浙江大学光电学院

学图书馆，广集资料，认真编写。经过一个暑假的努力，我们编出了一本包括应用光谱学、光谱技术和光谱仪器学等课程内容较全面的《光谱仪器学》新讲义，并为10年“文革”动乱后的第一届光仪系77级本科生顺利开出了这门课程。后来，在我多次参加的有关光谱的学术会、鉴定会、讨论会上，光电系的光谱教学和光谱研究成果总会得到许多专家、学者的好评，这些成果中无不饱含着具有渊博光谱专业知识的张老师对我们晚辈成长的体贴入微的指引！

1980年，刘丹校长率我校代表团访问美国，校友陈哲人先生为浙大发展引贝尔实验室知名学者A.C.Tan先生来浙大，指导当时在国际上刚兴起的超灵敏度光声光谱及其应用的研究，张老师不失时机地鼓励我们积极参与。在当时经费、实验设备相当困难的情况下，教研室主任陈文斌老师勇挑重担，而教研组讨论要我协助陈老师开展此项研究。张老师亲临实验室，与我一起分析教研室当时激光器件研究和人员组合的优势，把我脑海里的畏难情绪一扫而光，促使我积极投入了工作。当时张老师还给我送来Pao的原版著作 *Opto Acoustic Spectroscopy and Detection*。迎着二十世纪七十年代末才复兴的光声光谱技术的研究，我们的研究也很快进入到国际的前沿水平，除了研制成融光机电算于一体的我国第一台可调谐二氧化碳激光光声光谱仪外，很快把研究拓展到更灵敏的光热偏转光谱技术的前沿。从1983年起，我们连续申请到6个国家自然科学基金资助项目和香港科学基金资助项目，并与香港城市大学和香港理工大学进行合作研究。当我向张老师汇报我们在研究中取得的成果时，张老师只是表示祝贺，从不提此项研究中，从立项到信息、资料提供等他自己所作出的贡献。当我对他表示感谢时，他一脸笑容，说：“我们60年代喊光仪万岁，70年代叫振兴光学工程，80、90年代就要繁荣光电了！体现的是浙大光电人的智慧和力量、理想和胸怀，浙大光电人讲团结、有目标！这是特色，也是自豪！”

张老师语重心长，音容犹在！激励我们光电人一代代薪火相传、永攀高峰！

（2018年2月27日）

忆我的班主任张浚生老师

沈德洪*

突闻张老师病故的噩耗，一时震惊，无法接受这个事实。往事的点点滴滴都随着记忆涌上心头。

我是物光601班的，1960年9月进入浙大。记得上课前，张老师来给我们做专业介绍，他是我在浙大接触的第一个老师。当时他是物理光仪专业党支部书记，我们班的班主任。他除了介绍专业，还非常关心我们每个学生的生活，嘘寒问暖，十分体贴。之后我的专业课"光谱仪器学"就是他讲授的。

记得1965年春节后，我们班的17位同学组成一个毕业设计小分队，我是队长，张老师是设计指导老师。先到上海光仪厂实习4周，然后到南京大学天文系设计太阳塔和多波段太阳光谱仪。历时半年，在张老师的精心指导下出色地完成了设计任务。这个设计是当时已经立项的科研任务，之后因为"文革"开始，这项科研就停止了。到了20世纪80年代初，南大这项科研继续，加工调试期间，南大还来杭请张老师审核图纸。投入使用后，得到国家教委科技进步奖。

1965年毕业后，我被留校任教，在物光教研室工作，和张老师成了同事。"文革"期间，虽然环境很乱，但张老师没有忘记自己的责任，他带领教研

沈德洪　男，浙江大学物光60级，教授，曾任浙江大学光电系党总支书记

室进行专业改造，试办激光专业，招了三届工农兵学员班，培养了100多名激光技术人才。“文革”结束后，他担任光仪系党总支书记，带领全系进行改革和发展。20世纪80年代初，他担任浙大党委副书记，对浙大的发展做出了重大贡献。之后他担任过杭州市委副书记，新华社香港分社副社长，四校合并后的新浙大党委书记，他为香港回归，为把浙大建成世界一流大学做出了重大贡献。

我和张老师相识58年，共事20多年，他教育我们要坚定信念跟党走，抓好业务，做好教师的本职工作。他的为人处事，思想境界对我的思想、工作都产生了深刻的影响。

谨以此短文，悼念在天之灵的张老师，愿老师一路走好！

（2018年2月25日于新西兰奥克兰）

一封珍藏了半个多世纪的信

——深切缅怀恩师张浚生同志

陆祖康*

这是一封发自1965年4月9日的信，距今已有53个年头了。我一直把此信珍藏着，就如张老师在我身旁时刻教导我如何为人师表，刻苦学习，勤奋工作，坚定自己的政治信仰。如今恩师匆匆离世，在万分悲痛之际，我想将此信的部分章节公示出来，让众多学子能感受到张浚生同志的崇高人格和诲人不倦的师德。

我与恩师之间深厚的师生情谊是从1963年逐渐建立起来的。记得1963年冬，张老师带着光仪系59级8个学生，在经费非常紧张的条件下赴长春光机所做毕业设计。先参加半个月的公益劳动——为研究大楼的供热系统运煤和煤渣，时逢零下30摄氏度，我们必须将冻如岩石的煤撬开抬走，很艰苦。张老师与我们一样脱掉厚厚的棉衣挥镐抡锤，每天都汗流浃背地完成了任务。伙食几乎是大白菜和粗糙的高粱米饭，在张老师的感染下，大伙儿都乐呵呵的，从不叫苦，与其说是师生关系，不如说是兄弟情谊。可一当进入实验室，就好像进入圣殿一般，鸦雀无声，尽情地吸吮着知识的养分。张老师忙着帮助我们找资料和翻译外文，最终我们以优异的成绩完成了毕业设计任务。

1964年我毕业了，并留校任教，然后就投入到轰轰烈烈的社会主义教育

陆祖康　男，教授，浙江大学物光59级，曾任浙江大学光电系主任，国家光学仪器工程技术研究中心主任等职

运动。我被分配到艰苦的诸暨县(现诸暨市)山区工作,访贫问苦,与贫下中农同吃同住同劳动,时长一年有余。在下乡参与运动期间,我与张老师保持着通信联系。张老师为人一直坚守“君子之交淡如水”的原则,我们之间从不谈论名利之事,交流的全是科研、教学与自我人生观改造。同时,我们又保持着十分亲密的师生、同事情谊,他在生活上非常关心我们,是我的恩师和最贴心的朋友。记得在我出国进修期间,由于学习紧张导致胃部大出血,他得知情况后,就写信给我,表达了深深的不安和焦虑,那份情谊令我刻骨铭心,难以忘怀。

1965年,我在诸暨山区参加社会主义教育运动,遇到了一些不理解的问题,便给张老师写了信。当时张老师正带领一批年轻教师及60级毕业班的10余位同学赴南京天文台,与南京大学合作研发测量太阳光谱的“太阳塔”科研项目,工作非常紧张。出乎我意料的是,张老师在百忙中及时给我回复了信件,信中不仅叙述研发工作的进展和指导毕业设计的艰辛,还谆谆教育我,“要坚信党的正确领导,坚定跟党走!”这充分显示张老师的纯粹党性和对青年的爱护之心。信中最使我难忘的是“随时都要真心实意地听党的话”这句话,后来就成为我做人的座右铭。我必须随时随地、真心实意地听党话,跟党走,张老师在学业上是我的师长,生活上是我的兄长,政治上是我的引路人。

张老师,我们永远以你为楷模,教书育人更育心,把一代代的光仪学子培养好,把光仪学科建设好,我们都听党的话,跟党走,努力在新时代创立新的辉煌!

张老师,您放心吧,我们会薪火相传的,把您点燃的火把传承下去,发扬光大的!

深切缅怀敬爱的张浚生老师

曾广杰*

2018年2月19日下午，惊悉张浚生老师逝世的噩耗，心中无比沉痛，敬爱的张老师走得那么突然，使人不能相信自己的耳朵，心中不愿意接受眼前的这个现实。

我是1973年9月进入光仪系第一届激光专业读书的。和张老师相识45年来，张老师像父辈、像兄长关心着我们班每一位同学的成长，张老师的睿智、宽厚、健谈和对党的教育事业的忠诚给我留下了深刻的印象。由于"文革"原因，学校已多年不招生，来自全国14个省、市、自治区的20位同学给教研室带来活力，教研组领导和老师对我们都很关心。作为创办该专业的张浚生老师经常到我们寝室，鼓励我们克服困难，学好专业文化课，政治上要积极要求进步，为我国激光事业作出贡献，并根据专业发展和我们学习情况修订教学大纲。在老师们的严格要求、关心和帮助下，我们班同学团结互助，形成了很好的班风，全班同学学习勤奋努力，20位同学都顺利完成学业，我也有幸在毕业时成为班上第10位入党的学生。

张浚生老师身体力行，工作严谨，实事求是，是我们学习的榜样。1975年11月，学校根据浙江省委安排，张浚生老师带领激光教研组老师和我们班同学赴德清县三合公社向阳大队进行"农业学大寨"宣传教育活动，在农村

曾广杰　男，研究员，1973年入浙江大学光仪系读书，毕业后，先后在安徽光机所、浙大光仪系工作，曾任信息学院党总支书记、党委书记，校工会常务副主席

的两个月里，张老师和我们一起住在农民家中或睡在四处透风的大队仓库的地铺上，晚上下雪了，早上起来看到飘进的雪花把棉被也弄湿了。师生经常家访，向贫下中农学习，我们还参加了当时晚稻的收割和油菜施肥劳动。看到稻田积水结冰，当同学还在犹豫是否收割时，张老师已脱下鞋子在田里收割起稻谷，榜样的力量使我们这些学生赶紧下田劳动，心灵从中得到了净化；给油菜施肥时用手把牛栏猪圈的农家肥放到每一株油菜苗旁，脏臭味不说了，干不了多久手都冻僵了。张老师总是出现在最脏最累的劳动行列中，当地农民对我们的行动给予高度认可，和我们保持了密切联系和接触，促进了学大寨宣传活动的顺利开展。1976年1月8日早上，我们从村里有线广播得知敬爱的周总理逝世的消息，师生们心情都非常难过，张老师和许多师生都哭了。敬爱的张浚生老师还顶着压力，带着师生在驻地布置了灵堂，师生共同怀着深厚的感情举行悼念周总理的大会，附近的农民也都来灵堂祭拜周总理。从那个艰苦环境中的点点滴滴，我们感受到张老师做人做事的风格和坚持原则的骨气。

在校读书期间，张老师还亲自带队和我们一起去南京1002厂实习，与学生同吃住在南京化工学院，请工厂里的技术人员给我们上课，讲解典型光学仪器结构，张老师还组织老师严格检查实习笔记，给学生讲解实习中共性的问题，与学生们建立了密切的师生关系。在40年后返校的同学会上，张老师还能准确地叫出每一位同学的名字，着实让班上每一位同学感动。

张老师对光仪系有深厚的感情，时刻关注着光电学科的发展。1995年10月，我随系里老师去香港洽谈科技项目合作，有机会去看望张老师，向老师汇报了系党组织建设和学生党建，教师队伍建设及刘旭、严惠民、沈亦兵、冯华君、徐之海等优秀青年教师培养使用的情况，张老师当时很高兴，谈话中告诫我要注意加强系党政班子建设，加强党支部作用发挥和学生党建工作，要进一步在系的发展中加强优秀青年教师政治素质和业务能力的提升，抓好国家重点实验室、国家工程中心的各项工作，多出有影响力的科技成果，光电学科进一步发展的希望在青年教师身上。

1998年，在充分联系和了解的基础上，光电系把何赛灵从瑞典皇家工学院引进到浙大光电学科。在系教学科研用房十分紧张的情况下，系主任陆祖康两次在全系范围内调整用房，支持何教授实验室建设。引进何赛灵教授，促进了光电系的光信息科学基础研究，吸引了学校混合班一大批顶尖学生攻读光电学科的研究生，发表了一大批高质量的论文和理论研究成果，何教授成为浙大首批长江特聘教授。四校合并，张浚生老师回到浙大，亲自过问何教授的实验室用房，协调校房产处先后在玉泉教四、教六、教八给予用房支持，最终在紫金港建成浙江大学电磁波研究中心，现已成为光电学科基础研究的重要实验室，产生了一批理论研究成果。何教授的学生有多人晋升为教授，成为新一代系学科建设的中坚力量。张浚生老师在担任校党委书记期间，关心人才，重视人才，为教学科研第一线办实事的工作作风，推进了浙大建设世界一流大学各项事业的快速发展。

和张老师相识45年，感恩敬爱的张老师对我人生的引领教诲，祈祷老师一路走好，家人节哀，学生永远缅怀老师的丰功伟绩！

（2018年2月26日）

珍藏的照片　难忘的记忆

陈　军*　任浩仁*

噩耗传来,不敢相信。真的吗?确实吗?我们四处发问。好像不久前还见过您,好像您的声音还就在耳边。我们敬爱的张浚生老师,您就这样突然地离开了。离开了您挚爱的浙大,离开了您挚爱的光仪,离开了您挚爱的学生们!

翻出我珍藏了50多年的照片,多少往事历历在目。几十年难忘的记忆都在这一刻涌现。第一次见到您,是在1965年11月,我正是光仪系三年级的学生。学校组织浙大师生投身农村去参加社会主义教育运动。我们背着铺盖行李等车,见到了杨惠仪老师来送您。杨老师是我大一时的制图老师,所以比较熟悉。您当时是我们到海宁师生的领队,这样就认识了您。没想到的是,后来您就落脚在我和任浩仁所在的大队,而且就和任浩仁落户在同一家贫农的家中。这是一户生产队里最穷的人家,家里只有一位年迈的老太太和她的患哮喘病丧失劳动力的儿子。你们两个人就挤在一张用门板搭成的床上,冬天的早晨一起到河边去刷牙洗脸,在一起度过了半年难忘的时光。白天您奔走在各个大队了解指导浙大师生参加运动,还参加大队小队的各种会议,和生产队农民一起干各种农活,与农民亲如一家。到了1966

陈　军　女,浙江宁波人,1946年12月出生。教授、博士生导师,曾任浙江大学光电子研究所所长、光电信息工程系副主任

任浩仁　男,浙江南浔人,1942年11月出生,1965年9月毕业于浙江大学,教授。曾任浙江大学能源系电厂动力与自动化研究所所长

年6月，这个地区的运动基本结束，任浩仁和浙大的教师们将前往新的工作点，而您和我们一些学生则留在庆云公社扫尾。临别前您送给我们每人一张您的个人照。也就是在分别之前，您招呼我们几个一起在公社前的河岸边，拍下了这张珍贵的照片。之后就是"文化大革命"，到了1968年"复课闹革命"，您给我们开了"光谱仪"课程，让我们有幸聆听了您的教导。1968年底，毕业分配，各奔东西。我来到河南，去部队农场锻炼，到人民公社插队，在社办厂当过工人，在公社高中教过物理，在农机学院教过画法几何和机械制图……10年奔走，历经磨炼。说不清多少次，每逢我回杭州探亲，一定会和任浩仁带着孩子到您家来看望您和杨老师。你们都关心地询问我在河南的情况，留我们在您家吃饭，高兴地看着我们吃杨老师做的绿豆汤。

1978年，迎来了改革开放的春天，国家恢复高考和招考研究生，我有幸以优秀的成绩成为"文革"后的第一届研究生。录取后我们就到您家来向您报到。记得当时您看着我和任浩仁，还有我们刚上小学的孩子，语重心长又不无幽默地对我说："你要假戏真做啊，当了研究生就要专心学习，学好本领。"我知道，您是怕我结束了两地分居而放松学习啊。我当然不会！我多么珍惜这来之不易的学习机会，这走了10年才又走回浙大，走回光仪的这条路！1982年春天，我们研究生毕业的时候，您已经离开光仪系到北京党校学习了。之后，我留在了光仪系，1984年受浙大委派到柏林工业大学攻读博士学位。当我学成归国的时候您已经调到了杭州市委，后来又到了香港。

斗转星移，20年改革开放，国家发生了翻天覆地的变化，当年我们搞社教的农村也发生了巨变。1998年香港回归后您回到浙大。有一天我们在校园里遇见您，您高兴地告诉我们，当年搞社教的大队有几个农民要来杭州看望您。于是，相隔了20几年后我们又见面了。"锦高、苗茂、宝根、坤其……"一声声，您仍然是叫得亲密无间，您仍然是那么平易近人。当年的年轻人，有的成了乡镇干部，有的成了小小的企业家。当他们请求您为他们的小小企业题字时，您欣然答应，为他们写下了条幅。他们要送给您农村的年货，还有两条被子，您哈哈大笑着说我要被子干什么？家里有被子盖，可以睡觉的！最后您推辞不过，留下了他们自己打的土年糕，将其它东西都分送给了当时在东山弄省委机关家属院门岗的警卫员们。

多少年过去了，之后每每在校园里遇见您，您都会问起锦高如何了、宝根怎样了……直至今日，我们也一直与他们保持着亲密的联系。每逢这些时候，我的头脑中总会有一种想法挥之不去：您能够在香港复杂环境中担当起新华分社的重任，与各界人士交往得体，睿智豁达，这一定是源自您可贵的真诚待人、平等对人、尊重于人的高尚品格。

敬爱的张老师，今天您永远地离开了我们，有多少悲痛，有多少不舍！您的谆谆教导、您的高尚品德，都是留给学生宝贵的财富，您永远是学生学习的楷模。深深地，深深地，哀悼我们敬爱的张浚生老师！

（2018年2月26日于求是村）

缅怀张浚生老师

激光73班

惊悉张浚生老师突然不幸病逝，我们全班同学不禁十分悲痛，纷纷以不同的形式表达各自的怀念之情。

世界第一台激光器于1960年诞生，国家急需高新技术领域的人才，一些著名高校陆续设立激光专业，当时属于保密专业。浙江大学高度重视新学科的发展和建设，光仪系以物理光学教研室为基础，在国内最早成立了激光专业教研室，也是国内最早（1973年）招收激光专业学生的高校之一。

浙江大学激光七三班是1973年入校的工农兵学员，是全国高校招收的第一批激光专业学生，当年在浙江大学颇有"名声"：全班20位同学，10位男生、10位女生，来自全国13个省市的工厂、农村、科研院所，有工人、农民、知青、退伍军人。我们的学制当初定为三年半（制定：1973-09到1977-02，由于各种原因，实际执行：1973-09到1976-11。其中最后一年的暑期2个月没有放假）。当年浙江大学非常重视激光这个新兴的专业，激光教研室20多位老师几乎全部任教过我们的专业课，带领我们到工厂、农村和部队参加各种学习、劳动、实践。几年来我们与老师们密切交往，形成了一种亦师亦友的融洽关系。那时"文化大革命"刚刚结束，百废待兴，各种政治运动频繁。我们班的同学来自五湖四海，十分珍惜在大学的学习机会，尽量不受那些无谓的政治运动影响，学习风气非常浓厚。

从进入浙江大学之日起，张浚生老师就走进了我们的视野，融入了我们的校园生活，相识相知45载。作为首届激光专业的学生，我们享有某种特殊待遇，全激光教研室20多位老师处处关照着我们。张浚生老师与我们接触特别密切，他像父辈、像兄长关心着我们班每一位同学的成长。在浙大读书时，张老师教授过我们激光专业课程，带领我们到工厂、下农村；张老师经常来到我们的宿舍，和我们谈心，鼓励我们克服困难，学好专业知识，投身我国的激光事业；他希望我们政治上要求进步，爱党爱国，又红又专，为国家发展贡献力量。在张老师和所有老师的严格要求、关心和帮助下，我们激光七三班形成了良好的班风，同学之间团结互助，尊重师长，大家勤奋学习专业知识，政治上积极要求进步。我们班20位同学入学前有5位中共党员，在校期间，又有5位同学先后光荣地加入了中国共产党。

张浚生老师筹建和领导浙江大学激光教研室，与其他老师们一起，根据激光学科的发展，为我们制定了具有科学性和前瞻性的教学大纲。他高度重视理工科学生的理论与实践相结合，带领由教师、学生和工人组成的小组，到中国科学院上海光机所、安徽光机所等科研院所，苏州光学仪器厂、南京1002厂等单位调研，寻找教学基地。他本人为我们开设了光谱仪器学、激光光谱及激光应用等课程。激光是一门新兴的学科，当时专业教材匮乏，中文教材根本没有，他广集资料，查找国外文献，成稿后组织我们班同学刻钢板，油印教材。

张浚生老师带队我们班同学到南京1002厂实习，和同学们同吃同住在南京化工学院的学生宿舍。他请工厂的技术人员给我们上课，讲解典型的光学仪器结构，学习光学元部件的加工制作。张老师会同其他老师严格检查同学们的实习笔记，给学生们讲解实习过程中遇到的各种问题，与同学们建立了密切的师生关系。他对学生的严格要求，认真负责的态度给我们留下了深刻的记忆。

榜样的力量是无穷的。张浚生老师处处身体力行，吃苦耐劳。1975年11月，浙江大学根据浙江省委的安排，组织高校师生赴农村参加农业学大寨宣传活动。张浚生老师带领激光教研室老师和我们班全体同学赴德清县三合公社向阳大队，整整两个月的时间，老师和同学们同吃同住同劳动。张浚生老师与我们一起住在大队部一个破旧的仓库里，睡地铺。寒冬腊月北风呼啸，仓库四处漏风，清晨醒来，被子上是一层薄薄的雪花。白天我们与农民一起劳动，张老师率先挽起裤脚，脱了鞋袜，走进薄薄冰层覆盖的农田里收割晚稻，手脚冻得通红。我们和当地的农民一样，肩背粪筐，直接用手抓起沤好的牲畜粪便给油菜施肥，那种臭味令人作呕，几天也洗不净手上的臭味。张老师以身作则，亲力亲为，我们也坚持下来了，体会了农活的艰苦，净化了心灵，当时的情景至今难以忘怀！晚上张老师带领我们串家走户，调查民意社情，了解农村，与农民交朋友，宣讲党和政府的有关政策。返回学校时，当地农民特地制作了一根精良的青竹小扁担送给张老师作为纪念，他爱不释手。

在德清县我们遇到了一个重大事件：1976 年1月8日晚，我们从大队的有线广播得知了敬爱的周恩来总理逝世的噩耗，全体师生都非常悲痛。清晨，同学发现张老师在村边的小树林里一个人默默地拭泪，他对周恩来总理有一种发自内心的敬仰和情感。当时上级有令不允许举办任何悼念周总理的活动，但张浚生老师顶着压力(这在当时具有极大的政治风险)，委托同学到杭州市购买黑布回来做黑纱，带领同学们在大队驻地布置灵堂，举办追悼大会，带领师生们共同哀悼敬爱的周恩来总理。附近的农民也纷纷来参加我们的悼念活动。这件事情充分地体现了张老师的政治原则性和做人的骨气。

张浚生老师和蔼可亲，平易近人。在路上遇见他，同学打招呼他会热情回应，甚至从乘坐的小汽车里出来与同学握手，亲和力感人。当年我们大学毕业面临工作分配时，张老师关心大家的分配去向，亲自为同学联系工作单位，解决学生的实际困难。张浚生老师从教50多年，他的学生那么多，很多学生毕业离校后从来没有见过面。当我们毕业数十年回浙大欢聚时，与张老师见第一面，尽管当年我们是一名普通的学生，他仍然能叫出每个同学的名字，真是令人感动！

我们毕业走上工作岗位后，张浚生老师依然与很多同学保持密切的联系，在杭州、北京、上海、广西、香港……总能见到他的身影。无论他作为学者教授、政府官员、高校领导，对于我们来说，他始终都是位睿智的师长、是位可亲可爱的家人，是我们的恩师益友。与他在一起，有说不完的话，谈工作，谈政治，谈生活，谈学习，任何一个话题，总能聊得起来。在他家里，听他讲与杨惠仪老师的爱情故事，满脸幸福；在上海浙大驻沪办事处，听他讲水浒，背诵梁山好汉 108 将的名和号，眉飞色舞；在那个年代，学生与老师神聊真是荣幸之至。在香港，听他讲香港回归，形形色色的斗争，精彩异常；在浙大他的办公室，听他讲教改，四校合并，曲折动人；在北京、南宁和杭州与同学们约会，他关心同学的工作生活，欣慰同学的点滴进步；在清华大学，听他讲政治经济和教育，了解国事社情；在同学家中，聊家常，听他讲各种趣事，受教于言谈中。一位同学从国外途经香港回国，时任副社长的张浚生老师，周到安排学生的住宿，请自己的夫人杨惠仪老师到机场接机，第二天又亲自接学生到办公室面谈，回想往事令人动容。张浚生老师告诉我们，这辈子他主要从事了两件工作，汇集了他的心血：一、香港回归，二、浙江大学的四校合并。这充分彰显了他的智慧和能力，有目共睹。聆听张浚生老师的报告，与他一起聊天，是种享受，极强的逻辑性，超好的记忆力。

当年来自全国13个省市工厂、农村和研究所的激光七三班20位年轻学子，毕业时奔赴8个省市的高校、研究所和工厂，现在分布世界多地。40多年来利用在浙江大学学习到的知识，身负师长们的殷切期望和教诲，勤奋工作了整整一辈子，为国家贡献了青春年华，如今都是近七十岁的老者。回想我们与张浚生老师的相识，受益匪浅，从交往中领悟他渊博的人文修养，精通的专业知识，犀利的政治目光，赤子的爱国情怀，学子的爱校如家，宽广的气度胸襟，广泛的兴趣爱好，非凡的人格魅力。他德高望重，一代师表，在那个特殊的年代，给予我们人生的引领和智慧的启迪，是我们恩师挚友。

先生仙逝，往事如烟；点点滴滴，岁月留痕；追忆恩师，亲朋同飨。谨以此文缅怀尊敬的张浚生老师……

（2018年3月4日）

追忆张浚生:心系学科　胸怀天下

刘向东*

张浚生是浙江大学光电学院光学仪器专业54级校友,自高中毕业起就与浙大光电学科建立了不解的情缘。他光辉的一生始终饱含家国情怀,勾勒出作为一个学者和爱国者心系学科、胸怀天下的足迹!

张浚生之为世界所知,莫过于其亲身参与了香港回归。在香港工作13年,他始终把个人名利抛在脑后,无论是面对媒体采访,还是智斗末代港督,都从容不迫、有理有节,坚决维护国家民族利益,忠实执行"一国两制"方针,赢得了广大爱国人士的爱戴和好评,为香港平稳过渡作出历史性贡献。在他家中的客厅里摆放着香港回归的多幅照片,每每聆听他逐图讲解,都能体会到他对自己能亲身参与这一历史事件的自豪感。

张浚生之于浙江大学,最大贡献是他亲自领导了四校合并。香港回归后他已年过60。1998年组建新的浙江大学,他又一次以国家需要为己任,受命中央主持四校合并,身体力行、殚精竭虑,6年任期中做了大量艰苦、细致的具体工作,出色完成了任务,不仅使浙大四校合并成为中国高教界平稳合校的成功典范,而且为浙江大学确立了建设世界一流大学的发展目标,也为浙江大学今天取得的辉煌发展成就奠定了坚实的基础。

张浚生之于浙江大学光学工程学科,在于他一以贯之的真情奉献。

刘向东　男,教授,1984年毕业于浙江大学光仪系摄影仪器与工程专业。现任浙江大学光电科学与工程学院院长

1954年他高中毕业填报志愿，作了改变他人生轨迹的重要抉择。他没有遵从喜好报考文学专业，而是转向祖国建设急需的工程专业，毅然选择了浙江大学光学仪器专业，并最终获得录取，成为这个国内最早创办的光学仪器专业的第三届学生。大学4年红专兼备，不仅功课出色，还积极参加社会活动，光荣加入中国共产党。凭借学业和政治能力的双重优势，他成为当时培养"双肩挑"学生的典范，并留校任教。

1952年浙江大学在全国高校中第一个设立了光学仪器专业，专业建设鲜有可借鉴的现成经验，任务艰巨而繁重。张浚生留校后与同事一起积极筹备专业课程和教材，除承担开创性教学任务和参加多项科研工作外，还一直承担各类管理工作。他凭借过硬的业务素质和突出的管理能力，先后担任了光学玻璃工艺学实验室的车间主任和系教研室秘书，不仅参与了南京测绘仪器厂农用水准仪课题，还带领20多位学生替南大天文系设计太阳望远镜。当时的国家主席刘少奇到浙大视察光学仪器车间，曾与他及车间干部一起合过影。20世纪60年代"文革"中，张浚生不满知识分子受到迫害，拒绝参加运动、批斗等活动，被打成"保皇派"，遭遇了不公正待遇。即便在如此困难的环境中，他也没有荒废业务，而是悄悄看了一些红外和激光技术的书籍。工作恢复正常后，张浚生参与并主导筹备激光专业，先后开设"光谱仪器学""激光技术和仪器"等课程，译著了《原子吸收光谱测定法及其应用》《光谱学辞汇》等一批学术论文，并升任副教授。由他负责主持机械部分设计的太阳塔及多波段太阳光谱仪获得了国家科学技术奖。在此期间，他逐步担任了系、校领导工作，并代表浙大光电学院出席了1978年的全国科学大会，接受了因高速摄影技术突出研究成果而获得的全国科研先进红旗单位的表彰。1983年他调入杭州市委工作，很快适应了新岗位，也仍然保持每天不间断学习光谱学业务知识的习惯。

张浚生始终关注关怀光学工程学科的发展。1998年回到四校合并后的新浙大后，他对浙大光电学院的发展给予了大力支持，成为光电学院能够一再取得佳绩的重要动力来源。当时光电学院刚从瑞典皇家工学院引进何赛灵教授，由于资源紧张实验用房得不到保障。张浚生亲自协调，通过分步分批调配资源给予支持，最终在紫金港建成浙江大学光及电磁波研究中心，该中心现已成为光学工程学科基础与应用研究的重要实验室。他一直鼓励光电学院师生向世界先进水平看齐，通过国际交流发现重要学术方向与前沿，大力引进人才，以建立一流师资队伍。在张浚生的牵线搭桥下，光电学院建立了与香港主要高校光学学科的合作。为促进学科国际合作交流，他一直支持学科与日本滨松光子的合作，并与滨松社长昼马辉夫建立起深厚的个人友谊，多次带领光电学院学者访问日本滨松，促使滨松光子中央研究所与光电学院联合培养博士（该项目一直持续至今），并促成了滨松将正电子辐射层析设备赠给浙大，成为浙江省首台PET设备，推进了光电学院在生物光子学领域的发展。

他在担任校党委书记的6年中，经常与学科带头人研讨学科方向，为学科发展牵线搭桥，为光学工程学科青年教师成长创造条件，使学科青年学术骨干很快成长为学术带头人，为学科在2007年及以后的全国历次学科评估中名列前茅打下了坚实的基础。2004年张老师从校党委书记岗位上退下后，仍一如既往地关心学科发展，不遗余力推动学科建设。他担任了光电学院学科发展委员会名誉主任和光电校友分会理事会名誉会长，经常为专业学生做报告，通过讲述专业发展历史和香港回归史实，激励学生的爱国报国情怀；通过参加学科50、60周年庆典和校庆等活动，与老同事老同学和众多学生共同话忆专业当年、研讨学科未来。最令人难以忘怀的，是他超群的记忆力，对于专业发展历史，对于光学界发展史和标志人物，对于香江港岛旧事，他都能如数家珍地复述和细致入微地分析。他每一次与学院老师们的谈话交流都能使听者受益良多。在学科学院发展过程中，张浚生老师留下了很多的印记，将为浙大光电人永远所缅怀，也将激励浙大光学工程学科在“双一流”建设中不断取得新的成就。

2017年5月21日，张浚生出席浙江大学光电科学与工程学院建院65周年庆典大会并讲话。他满怀深情地说，“光电学院在发展历程中，培养了许多具有崇高理想、良好品德、扎实基础、奉献社会的高素质人才，为国家发展做出了重要贡献。学院的发展离不开校友、也离不开社会各界人士的关心和支持。”院庆期间，张浚生促成香港爱国实业家陈君实先生为学院捐赠1000万港币，设立“浙江大学陈君实教育基金”，用以支持光电学院的人才教育事业。

张浚生在他83年人生足迹里，有63年与浙大光学工程学科结缘，几乎涵盖了学科65年的发展历程。他对国家、对学校、对学科的无限忠诚、无比挚爱和真情奉献，证明了自己是当之无愧的国家栋梁，是光电学院全体师生永远的学习榜样和精神财富。光电学院全体师生、离退休教职工、海内外院友将永远怀念张浚生老师。

（注：部分内容参考了2018年4月《求是之光特刊——张浚生老师纪念集》中《张浚生老师与浙大光电的不解情缘》一文）

他走了，却播下了整个春天

——追思张浚生老师

余红艺*　聂秋华*

生活似录像，存储了人生连续变化的轨迹，而记忆则像照相，常常定格在难忘的瞬间。惊闻张浚生老师溘然离世的消息，我久久未缓过神来，脑海里不断闪现和张老师交往的一个个难忘的瞬间。

时光定格在40年前，1978年3月，我们作为恢复高考的第一批大学生进入浙大光仪系学习不久，从北京传来一个好消息，我们系由于高速摄影为"两弹一星"做出的贡献被评上全国科技先进单位。时任系党总支书记张浚生老师出席了全国科学大会，领回这个大大的奖牌。在学校大礼堂的报告会上，他红光满面，精神饱满，兴奋地传达着邓小平同志"科学技术是生产力"的讲话精神。他稍稍带有福建口音的普通话充满激情，驱走了料峭春寒，深深地感染着台下学子们，给了我们这些初入校门新苗第一次精神的滋养，在我们心中播下了科学兴国的种子。我们更加自豪能到全国最好的光仪系深造，也更加珍惜这来之不易的学习机会。这就是初识张老师的第一个瞬间，这个画面深深镌刻在脑海深处，砥砺我前行40年。那个初春是"我们民族历史上最灿烂的科学的春天"到来之际。

大学教育不仅在课堂上，也贯穿于整个校园生活，也可能在老师不经意的言谈之中，润物无声。大学期间，张老师工作繁忙，我们见面的次数并不多。有一次偶遇张老师，他对我说："你和秋华结婚，别忘了给我送喜糖"。

余红艺　女，浙江大学激光专业77级，现任宁波市人大常委会主任、党组书记
聂秋华　男，浙江大学激光专业77级，宁波大学原校长

我当时窘迫极了，张老师怎么也知道这事？看着我发愣的样子，他哈哈大笑，还神秘地告诉我，他和爱人杨老师也是大学同学。我悬着的心放下了，张老师没有批评，也没有说教，而是用自己的经历和送喜糖的方式告诉我要珍惜这份情缘。1983年，又是在春天，我们结婚后专程到浙大送喜糖。可是张老师已经到杭州市委任职，我只好让人转交。

再一次见到张老师则是隔了长长的20年的2003年秋天，他作为浙大书记应邀参加宁波活动，当时我已在市政府任职。在一次和市主要领导交流介绍时，张老师说，"秋华红艺这一对可是我们光仪系的'金童玉女'。"他看着自己的学生茁壮成长，兴奋之情，溢于言表。这种鼓励也一直激励着我和老聂勤奋工作，不敢辜负母校和老师的殷切厚望。

人的成长和树木的成长一样，需要季节的轮回，时间的积淀，园丁的照看。记得2004年我送女儿到紫金港新校区上学，崭新的校园、各式各样的大楼、多功能的运动场所，这还是我记忆中的浙大吗？我向张老师"抱怨"说紫金港新校区没有历史感，没有亲和力，没有玉泉校区曾带给我的冲击力和厚重感。他听了以后，沉默了一下，反问一句，"和你第一次进浙大时相比，两者最大的差别是什么呢？"我不加思索地回答，"郁郁葱葱的树林"。他接着说，"我进玉泉校区时，那些树木刚栽下去，比现在紫金港的树还小呢？过10年过20年就成大树喽！"是啊，哪一棵树不是从幼苗开始的呢！树的年轮长在身体里，一年一轮，那么清晰地记叙着时光荏苒。校园的文化和历史，又何尝不是一代代老师和学子们辛勤耕耘的结果和积淀呢。

2016年1月，他来到宁波参加校友会活动，那天晚上我们一起聚餐，我才知道张老师对我每一个阶段的成长都给予了关注，听到这里，我心里涌出一股暖流，眼眶湿润了。这份信任，这份厚爱绵延不断，他却从来没有告诉过我。十年树木，百年树人，张老师永远把学生记挂在心里，希望自己的学生能够不断成长，成为参天大树！

又到了春天，张老师却悄然离我们而去，但他的精神留在了浙大，为万千学子播下了整个春天。

（2018年2月26日）

深切缅怀我们的师者先生——张浚生老师

刘　旭*

戊戌年初四陪父母宁波访亲途中，听到张老师的噩耗，犹如晴天霹雳，难以相信。当晚从宁波回杭，在医院看到张老师的遗容，以及紧挨其旁悲伤的杨老师，心如刀绞，无比悲痛。我年前在省委、省政府新年团拜会上还见到张老师，拜了早年。事情太突然，突然得真让人难以置信。几天来，张老师的音容笑貌，对我的教诲、指导不断浮现在脑海之中。

第一次见到张老师，还是在我1980年进入浙大大一新生教育之时。在系里组织的新生教育报告会上，张老师作为学校领导给我们讲话，鼓励我们光仪系新生努力学习，继承光仪的优良传统。当时刚进学校，一切都是那么新鲜，只是敬仰，记忆并不太深。

再次遇见张老师已经是上世纪90年代初，我从法国回来，开始在学校工作，当时张老师还在香港新华社工作。我们薄膜教研组当时正在开始光电功能薄膜技术的研究，重点研究发展基于液晶光阀的大屏幕显示，并在大屏幕投影显示方面有所突破。当时也是香港快要回归时节，作为新华社香港分社的领导张老师经常带领香港知名人士访问内地。给我印象最深的就是上世纪90年代中，张老师带着曹光彪先生等香港实业家来浙江参观，特地带香港团访问浙大，重点就是光仪系。当时我们的大屏幕显示实验室还在教

---

*刘　旭　男，博士，教授，现为浙江大学光电工程研究所所长。1984年毕业于浙江大学光仪系。曾任光电与科学仪器工程学系系主任，人事处处长等职

三一楼的135室。张老师在学校领导的陪同下，在参观介绍了杨国光老师的波面干涉仪之后，就来到了我们实验室。他热情洋溢地介绍，“前面看到的波面干涉仪是光仪系优势方向的代表技术，这里是光仪系新发展的方向——大屏幕显示，就是将光学薄膜技术与投影技术相结合，图像亮度进行增强，用光学放大投影”，并逐一请我们在场的几位年轻老师自我介绍，以希望给香港的实业家们更深的印象。在观看完我们的样机与投影演示之后，他还推介到“这样的技术，可以改变未来的展示与会议方式，他们的技术是很先进的，效果不错，是一个很接近产业化的技术”，全力加深这些实业家们对浙大科研力量的认识。作为新华社香港分社的领导，张老师当时对系里老师们的熟悉和亲切，以及如数家珍式地介绍学院科研工作，给我留下深刻印象。临行之前，张老师还嘱托我们，“要努力将研究成果向产业化推进”。在此之后，张老师利用曹先生参观浙大特别是光仪系之际，说服曹光彪先生为浙大捐资建立曹光彪大楼，改进光仪系的教学科研条件。曹先生接受了张老师的建议，给浙大捐赠了曹光彪大楼，该楼建成后，由于当时材料系十分分散，学校临时决定将该楼给了材料系，这是后话。

香港回归后，张老师回校主持四校合并工作，当时我是系主任，与张老师接触的机会就更多了，更为深切地体会到张老师不仅是领导、教育家，更是作为师者对学科的深深热爱。在学校期间，张老师非常关心光电学科的发展，四校合并之后，他一直指出，学校发展要有所侧重，抓重点学科，集中力量实现重点学科建设的突破，是可行之路。作为书记，他在四校合并繁重的校务工作之外，他依然积极关心学科的建设，办学资源的拓展，特别是国际合作，教学科研软实力的提升。合并次年，他就组织学校主要院系领导访问香港知名高校，加强浙大与香港著名高校的联系与合作，我有幸参加本次访港团。张老师认为当时香港好的大学如港大、科大是我们学习的对象，他们的办学与科研，特别是科大的师资队伍建设对浙大有很大的启示性。那次，我随张老师访问了香港科大、中大与城大，拜访了金庸先生（后来金庸先生被聘为浙大人文学院院长）。在张老师的带领下，浙大访港团得到香港主要高校的高度关注，我们还与港科大，港中大建立了光学研究的合作项目，签署了校际光学领域合作协议，从此开始了我系与香港主要高校之间光学领域的深度交流与合作。在这次访问中，访港团还得到董建华特首的接见，同时与香港的上海总会、浙江总会、福建总会等进行了商谈，共商建设新浙大的大计。这次浙大访港非常成功，香港主流报纸如文汇报，大公报都给予了报道，充分体现张老师在香港的影响力，并为浙大在四校合并之后获得香港有识之士的大力支持奠定了坚实基础。

张老师一直鼓励我们要敢于向世界先进水平去看齐、去突破；鼓励我们通过国际交流，发现重要学术方向与前沿，更好发力；鼓励我们大力引进人才，建立一流师资队伍。为了帮助学科的国际合作，他一直支持学科与日本滨松光子的合作，亲自接见滨松光子会社的社长昼马辉夫先生，两人建立了深厚的个人友谊，多次应昼马社长的邀请带领我们访问日本滨松，促使滨松光子中央研究所与光电系联合培养博士(该项目一直持续至今)，促成滨松光子会社将其的正电子辐射层析设备赠给浙大，并成立了浙二的医学分子影像中心，成为浙江省首台人体PET设备，推进浙大生物光子学的发展。

近年来，张老师年岁已高，退居二线，但是他还是关心着我们学科的建设与发展。每年春节与教师的团拜聚会，张老师必定参加我们系的新年团拜会，会见退休老教师，看望鼓励年轻教师。记得前年年初，我和童利民、叶松老师去张老师家拜年时，张老师还举着最新的一期《自然》杂志，给我们说他对当今光学发展的看法，鼓励我们的研究工作要多出一流的成果。这就是张老师，我们的先生，我们的师者！

张老师虽已仙逝，但是他对我们的希望，对我们浙大光电学科的期盼将激励着我们努力工作，为祖国培养更好的人才，为人类的光学事业做出更大的贡献。

张老师是我走上激光事业的引路人

余东校*

2018年2月19日，在以色列安装激光器的时候，突然在微信群里看到张浚生老师病故的噩耗，心情沉重，不敢相信。去年四月，我们几位光仪激光78级的学生还在杭州与张老师相聚，聆听老书记回忆浙大激光专业的往事。当时张书记神采飞扬，记忆清晰，思路敏捷，根本不像80岁的样子。在聚会开始的时候，我问了一下困惑多年的问题：谁将LASER这个英文翻译为“激光”这个词。因为在其他地方，有翻译成“镭射”（音译版）或“雷射”，也有译成“受激相干光”。这时老书记回忆了那些浙大激光专业的故事。

“激光”这个词，是著名科学家钱学森翻译的。世界上第一台激光器是休斯公司一位年轻的工程师Maiman于1960年5月16日发明的红宝石激光器。激光无疑是二十世纪八大重要发明之一，其影响力是深远的，直接推动了很多学科的发展。

我国的第一台激光器是1961年秋季由长春光机所王之江、邓锡铭领导下制作的红宝石激光器。与美国仅仅相隔一年多一点。中国在激光领域一直紧跟世界先进国家，差距仅仅几年而已。有些领域甚至是领先的，例如非线性激光晶体。

在张浚生老师的倡议下，浙江大学光仪系成立了激光研制小组。浙大

余东校　男，浙大光仪系激光78级，现为Yuco光学激光有限公司总裁，美国石溪大学兼职教授

是中国高校中最早成立激光专业的，也是最早招收激光专业大学生的（1973开始招收激光仪器专业本科生）。一开始研究制作的就是红宝石激光器。当时没有环形闪光氙灯，但是有直管型的氙灯。张老师领导的激光小组就采用椭圆柱面的腔型，使得红宝石激光晶体和氙灯放置在椭圆柱面的二个焦点处。那些椭圆柱面就是张老师用手慢慢地磨砂出来的。还有输出谐振难题，还好光仪系有镀膜组，这才解决了前后端镜的镀膜问题。

激光器搭起来了，“文革”也开始了。在那轰轰烈烈的批斗声中，张老师领导的激光小组夜以继日地调试着激光器。那时候没有准直光源，只好将照相纸放在输出面，开始用肉眼对准端镜。然后一步步扫描调节两个端镜，每个端镜有两个XY自由度，假设每个自由度细分为十格，那么就是一万个排列组合。每调一个位置，氙灯泵浦激发一下，看看是否有激光输出，周而复始，经过不知几天几夜不停地调试，终于看到照相纸上烧出了一个小小的洞。尽管50年过去了，幸福的欢乐的神情依然洋溢在张老师的脸上。50年前的这个时候，激光在浙大玉泉校园诞生了，那是中国第一个由高校研制成功的激光器。这也是我们浙大光仪系激光专业的前身。现在浙大激光专业的毕业生活跃在海内外各个激光领域，成为激光行业中的佼佼者。

第一次见到张浚生老师是1978年10月5日，这是我到学校报到的第一天，也是我永生难忘的日子。下面一段摘自我为浚生贫困学生基金会所写的文章《我的浙大我的梦》：“我清楚地记得来到浙大四舍的第一天，我们敬爱的张书记来看望我们激光专业新生。张书记走进了我们的宿舍，亲切地问候我们这些激光菜鸟们。我们问了很多简单的问题，例如激光是什么，有什么用，有哪些工作等等。张书记耐心地介绍专业。我至今记得张书记当年讲的两点：一，激光是一种人造光源；二，现在是电子的时代，而以后就是光子的时代，电子通讯以后会由光子通讯取代，电子计算机以后会由光子计算机取代，你们的激光专业前景广阔。可以想象，一个十六岁的小青年，心潮澎湃啦，天天做梦梦见光子的时代。天天做梦与光在一起。天天做梦……”

张老师平易近人，特别关心我们学生的成长，保护我们学生。记得1981年第一次学生会的竞选活动，我和李五一同学就是在张老师的鼓励下，一起参加竞选。1981年前后，浙江大学经历了气氛最活跃的时候。这与学校领导的开明开放是分不开的。张书记就是这样一位领导。在他的引导下，我鼓起勇气参加了光仪系的竞选活动。这是改革开放后浙大校园里的第一次民主选举。大学生年轻激进，思想解放，难免有点偏激。当然，也引起了很多反响，当时甚至有些人认为这是资产阶级的东西。得益于张老师的保护，我们这些参加竞选的学生才没被扣上"右"的帽子。在竞选以后，张老师更是帮助我们这些学生，让我们比较顺利地毕业并去北京读研究生。张老师的开明给我留下了深刻的印象。几年前，我了解到有一个张老师发起的贫困学生助学基金，就马上参加了浚生基金会的捐款活动，因为我当年就是拿到最高助学金的贫困学生。

张老师是我们激光专业的好书记，为激光事业做出了巨大的贡献。张老师是我走上激光事业的引路人，更是我崇拜的德才兼备的文理全才。谨以此文悼念在天之灵的张老师。愿张老师一路走好，学生永远怀念您。

（2018年2月24日于美国）

求是之光　风范长存

——缅怀张浚生老师

童利民*

早在1997年香港回归之前，已经听闻张浚生老师大名。我当时刚从物理系毕业留校。1997年6月30日晚香港回归前夜，和许多同学一起在教三大楼前的草坪上观看大屏幕回归庆典直播，对张老师在香港回归中的重要贡献有了更多了解。

此后第二年，张老师出任浙大党委书记，主持四校合并，从大会现场及电视报纸等新闻媒体上时常看到张老师的身影，但都是远距离的仰望。

第一次近距离见到张老师，是在2004年秋天，张老师刚结束书记任职，担任学校发展委员会主席。我当时刚结束美国访学回来，去教十一大楼张老师办公室拜访他，因为知道他是我们光学工程学科的学长，带了一本载有我们纳米光纤论文的Nature杂志给他，他很高兴，勉励我回到学校后好好工作，有什么困难可以和他联系，并给我讲了丘成桐先生来浙大数学系创建数学中心的故事。

2009年开始，由于担任光电系及后来的光电学院的管理职务，和张老师的交流越来越多。从2009年张老师为《求是之光》创刊题写刊名，2012年学科60周年庆典，2015年更名光电科学与工程学院，到2017年120周年校庆暨学科65周年庆典，越来越深切地感受到张老师对学科发展始终如一的支持和关心，以及坚定的爱国信念和求是精神。

童利民　男，教授，从事微纳光学研究，教育部长江学者特聘教授，曾任浙江大学光电科学与工程学院院长

期间8年，几乎每年寒假或开学前后都会和刘旭、刘向东、张为鄂、叶松等老师去拜访张老师，汇报学科发展情况，聆听他的意见，留下了很多深刻的记忆。比如，有一次和张老师谈到学科方向，他特别关心激光技术，这正是我们当时的短板。他和我们讲了学科开展激光研究的历史，惋惜后来出现的断层情况，嘱托我们注意培养和引进人才来发展这个重要方向。2013年底，去张老师家拜访，进门发现鞋柜上放着一本Nature Photonics杂志（因为不久前刚请封面文章的作者陆凌来系里做过报告，封面很眼熟），很惊奇。张老师笑着解释，杂志是他自己订的。他说他虽然离开科研一线多年，但始终关注学科发展，平时还是会花时间看专业杂志，了解学科方向动态。这种精神令人肃然起敬。还有一次，谈到一件众人关注的时事，张老师很生气，说现在有些人对中国的历史、中国的事情不了解，歪曲事实，胡乱评价，很要不得。这是我见到张老师少有的神情严肃的时刻，给人一种不容置疑的精神力量。

2012年5月19日，学科60周年庆典，因为老校友回校聚会，时间宝贵，本来只邀请张老师在第一天庆典大会上讲话，后来第二天下午举行的时间舱封存仪式临时增加了一个程序，希望请张老师参加。张老师马上重新安排了行程，很高兴地来教三参加仪式并讲话，让我们十分感动。2017年初，120周年校庆暨学科65周年庆典前，张老师帮助引荐香港著名爱国实业家陈君实先生设立“浙江大学陈君实教育基金”，支持光电学院的发展，对学科的关切之情难以言表。同年4月14日，张老师又和我们一起去余姚拜访多年来一直大力支持学科发展的舜宇集团及王文鉴先生，商谈成立浙江大学舜宇研究院事宜，晚上10点后才回到杭州。第二天上午，他又准时参加学院第二届发展委员会会议，对学科在进一步加强人才培养，争取重大科学成果及扩大影响力等方面提出了殷切希望。当时，张老师已经82岁，仍不遗余力，令人由衷钦佩。

上述回忆，仅是张老师光辉一生中很短的片段，但已足以让我们领悟和学习他的奉献精神和人格力量，以及他身上所闪耀的求是之光。斯人已去，风范长存。

实事求是:共产党人的政治品格

——忆张浚生同志在杭州工作期间的风范

沈者寿*

浚生同志走得很突然、很仓促,以至于几个月过去了,我依稀觉得他还健在并忙碌着。

人从大自然中来,最终也必将回归大自然。从科学的、理性的视角说,人的离世也就不必悲伤,但人类毕竟是有思想、有情感的高级动物,很在乎逝者生前留下的道行、品格、情愫等等精神财富。逝者留下的这种精神财富越多、越浓、越厚重,人们就越觉得惋惜,就越发怀念他。

浚生同志身上有许多闪闪发光的亮点。给我印象最深的,也是对我们目前干部队伍建设最有启示借鉴作用的,就是敢于坚持实事求是,敢于和善于把中央精神与当地实际相结合,把对上负责与对下负责相一致,把坚持大方向、大原则与适度的灵活性、人情味相糅合。

浚生同志一生中,声名远播、影响比较大的要数在新华社香港分社工作的那段峥嵘岁月。香港回归前,他为捍卫祖国的主权统一和民族尊严,在与当年"末代港督"彭定康这位英国资深政客唇枪舌战、斗智斗勇中显示的凛然正气和睿智卓识,赢得了香港爱国同胞和内地民众对他的肃然起敬、刮目相看。当时的斗争极其尖锐复杂,作为新华社香港分社副社长兼新闻发言人的他,每时每刻要及时应对发生的敏感问题,而时间上的紧迫又不可能事

沈者寿 男,浙江上虞人,1938年10月出生。曾任中共杭州市委办公厅主任、市委副秘书长、市委秘书长、市委常委、市委副书记,杭州市政协党组书记、市政协副主席

事请示中央,如果稍有不慎出错,就会给国家的政治、外交、声誉带来被动和损失。处在这样云谲波诡的风口浪尖上,他能做到有理有节,滴水不漏,应对自如,挫败彭定康一个又一个的挑衅,最后得到了香港新闻界有识志士的"缜密灵活、言多不失"的由衷赞叹,这实属不易。显然,没有敢于实事求是的担当,没有敢于把中央精神与当时当地的实际情况相结合的勇气和智慧,那是不可能的。

离开香港回到内地后,一次他在跟当年一起甘苦与共过的几位市委同事聚谈时,深情又谦逊地说:"我在香港工作期间,思想比较开放,这与我在杭州时市里领导班子的思想开放有很大关系。如果(当时市委)那个班子是很保守的,工作放不开的话,我要适应香港的环境是很难的。当时省委王芳、薛驹同志和市委厉德馨同志的思想是很开放的,到了香港后我就比较快地适应了。"

浚生同志在杭州市工作的时间不长。从1983年4月27日在新组建的市委班子中任市委副书记,到1985年7月离开杭州去新华社香港分社履新,先后仅两年零三个月时间。但杭州市委这段经历,对于浚生同志的政治历练、政治成熟,非常之重要。正如几年后他在一次叙谈中对我们说:"来杭州市委前,王芳同志跟我谈话,让厉德馨同志带我一、二年。尽管在杭州市工作时间很短,但对我的培养、教育,对我后来比较长期担任党政领导工作很有帮助。"

"文革"之后、改革开放之初的杭州,是什么样的状况?浚生同志曾经用诗的语言描述道:"浩劫后的天堂,满目疮痍/孩子们没有牛奶,家庭主妇难买到鸡蛋、蔬菜/企业改革的种子刚刚发芽,横遭摧残/不讲效率的大锅饭,还有人觉得挺香/美丽的西湖,破烂的杭州,一句刺耳的实话,像一块巨石压在人们的心头。"

怎么办?他坚定地说道:"不能等待,不要彷徨/没有顾虑,没有胆怯/乌纱帽算什么?攻击、指责怕什么?/拉犁、推磨,再苦再累又何妨?/要使生活在这里的人们真正享受天堂的阳光!"从诗中可以看到,为了改变杭州的落后面貌,他体内的能量在燃烧,他的一腔热血在沸腾,这种强烈的责任感、使命感成了他敢于担当的驱动力。

我与湲生同志的缘分不浅。1983年4月,杭州市委新班子刚组建没几天,就把我从市委组织部调到市委办公厅任主任,那天正是湲生同志代表市委找我谈了话。后来他兼任市委秘书长,成了我的直接"顶头上司"。两年多后,他奉命将赴香港履新,厉德馨书记委派我代表市委全程陪同湲生同志及其夫人去淳安千岛湖观赏休闲两三天,作为对他的一种特殊方式的送别!1995年我率团考察美国后路经香港,湲生同志得知后就亲切款待我们一行,他关切地问起杭州发展近况,也谈了当时香港的复杂形势。当他完成香港的使命回到浙大母校任党委书记后,一次特意把来杭州的金庸先生介绍给我,我又邀正在杭州的著名学者刘梦溪先生夫妇,与金庸先生一起小叙。席间,这南北两位大师谈兴甚佳,才情横溢,时冒思想火花,湲生同志与我只偶尔插话,氛围甚是愉悦和谐。每逢春节,倒是湲生同志每年给我寄新年贺卡祝福,这让我非常不好意思。浓浓友谊温情,真让人如沐春风。

如今,每当想起湲生同志在杭州改革开放初期所做的一件件事情,他那种处事待人的格局、智慧、情感和品行,总是让人感慨不已,铭记难忘。

曾记得,杭州有一位作家,粉碎"四人帮"以后创作了《希望》、《54号墙门》等小说,在1983年反"精神污染"中被有关部门作为"反动小说"、"反动作家"来批判,还取消了他的"专业作家"资格,让他回厂劳动。另有三位作家也挨了整,日子很难过,杭州文化界一时空气沉闷,噤若寒蝉。刚到杭州工作不久的湲生同志,一次在与文化人士接触中了解到这个情况,就要秘书把这位作家所有发表和出版的作品收集起来,他都看了一遍。心里有了底后,就约谈了这位作家,直率地对他说,你这些"伤痕文学",实事求是地讲,没有太多鼓舞人的力量,但是也不能说是反动的,很多是社会生活的反映,我们市里不会批判你。后来又和时任市委宣传部长的杨招棣同志登门看望了这位作家,作家的母亲和姐姐激动不已,说真想不到你们会来看我们一家子!湲生同志还专门关照作家所在厂的领导,不要歧视他。后来这位作家被部队招为文艺兵，上了老山前线，火线入了党，老山前线烈士纪念碑的碑文就出于他之手。浚生同志认为，不能保护好作家，不给作家们营造宽松的创作环境，文化怎么能繁荣发展？

1983年国务院批复了杭州城市总体规划，明确杭州城市性质和定位是两句话："国家历史文化名城和全国重点风景旅游城市"。市委在讨论中都觉得这个城市定位符合杭州的实际，但又感到规划比较保守，特别是建城区的发展规模和人口规模已落后于当时杭州的发展势头。浚生同志在会上引了白居易的一首诗："早潮才落晚潮来，一月周流六十回。不独光阴朝复暮，杭州老来被潮催。"他认为城市总体规划中央既已批复了，我们就要执行，但同时也要适应杭州不断变化发展了的实际情况，充实新的内容。市委就决定召开杭州经济发展研讨会，请来了当时好多位国家级的经济、文化、旅游、国际问题专家，为杭州未来的总体发展出谋划策。浚生同志后来说，当时国际问题专家宦乡先生的几句话，他印象特别深，就是"桂林山水奇而不秀，杭州山水秀而不奇"。奇而不秀的好处是，因为旅游者总喜欢看奇特的东西，所以很有吸引力，但游客留不住；杭州的山水秀而不奇，游客需要留下来慢慢品味，才能感悟个中美不胜收的韵味。于是市里决定注重完善交通、发展旅游宾馆等城市公共基础设施，拓展旅游新景点，特别要突出杭州丰富历史文化内涵的亮点，等等，借以增加游客来杭逗留的天数。

为有利于杭州经济社会的发展，市委、市政府新班子建立后，大胆实行了党政机关的机构改革。分管这项工作的浚生同志说，依照老皇历、老思路，机构设置都要强调上下对口。但我们市委力主从杭州实际出发，把原来分设的财政和税务两局合二为一，这样既减少了人员，又提高了工作效率。还由于西湖各个景点中有许多文物和非物质文化遗产，自然景观与历史文化水乳交融在一起，就决定把园林局、文物局合并在一起，解决了长期来扯皮闹矛盾的问题，这样的机构设置，在全国也是独一无二的。

坚持实事求是、一切从实际情况出发，先得要把"实事""实际情况"弄清楚，所以浚生同志生前很重视调查研究这门功课。在10年前的一次座谈会上他回忆道，1983年市委班子刚建立时就碰到一个大难题，当年头4个月全市经济出现了负增长，到年底可怎么向上级、向市民交代？班子成员就分头去企业调研，终于弄清主要原因是政府对上一年的企业承包制不兑现。因为当时财政部怕企业对职工的奖金发多了，影响国家财政收入，就发了一个文件，承包制的奖金一律暂不发放，这就挫伤了职工群众的积极性。市委就通过新华社记者向中央如实反映了这个情况。胡耀邦同志看后批了一段话："看起来，不兑现是不行的。"后来省委书记王芳将中央批文交给了浚生同志，市委立即召开常委会，决定杭州市企业承包制一律兑现，原来的奖金都照发。接下来几个季度，全市经济节节回升，终于跳出了阴影。浚生同志感慨地说，调查研究不是做做样子，就是要把底下的真实情况搞清楚，又要敢于向上如实反映，这才是真正做到既对上负责，又对下负责。

早几年前，有一次上级组织派人征求他对改进领导工作的意见。浚生同志就直率地说："我们的领导一定要搞真调研，调研的时候是不是能够不带记者，不要带上电视台人去，更不要把调研会变成一个发布指示的会。调研会上发几条指示，有些重大问题也没经过党委集体审议，就轻率上电视、上报纸，这不是调研，是作秀。这种风气一定要改一改。"

真理是个好东西，但真理向前一步，就成了谬误。这说明，办任何事情，审时度势，拿捏好分寸、把握好度，非常重要。我们要与党中央保持高度一致，维护党中央领导集体权威，这应该是坚信不疑的真理，是不可有任何犹豫动摇的大原则，因为不保持一致，各行其是，那么偌大的中国，偌大的中共，不过是一盘散沙而已，到头来中国就会被西方敌对势力任意瓜分、宰割和蹂躏；但是中国块头大，东西南北中，情况千差万别，"保持一致"不是照搬照套当"收发室"，不是千篇一律搞"一刀切"。当"收发室"，搞"一刀切"，可以不动脑筋，也没有什么风险，而要做到敢于和善于把中央精神与当地实际相结合，不仅需要花心血花力气，需要有智慧有本领，更需要有勇气有担当。

浚生同志就是这样一个人！他很现代，也很传统；他很马列，很讲原则，也很有人情味；他很尊重上级领导，但却无一丝媚骨，遇到与原则不符、事实不符的，就敢于直率表明自己的观点；他坚守政治方向、政治立场、政治规矩，注重同中央精神保持一致，又敢于从当时当地的实际出发，很好地把对上负责与对下负责一致起来。这是真正共产党人的一种政治品格，一种政治上的成熟，是值得我们每一位共产党员、特别是领导干部学习的楷模！

我人生中的贵人恩人和亲人

——怀念敬爱的张浚生书记

高桂林*

2月19日下午5时50分左右，家里的电话铃响个不停，因为座机电话我们一般不太使用的，也只有自己的家人有时会来个电话。急促的铃声响个不停，没想到电话是我的老领导孙家贤打来的，他告诉我张浚生走了……我的心一阵颤抖，不可能！我2月11日下午3点还到张书记家里看望过他，我们还聊了一个多小时，他心情很好，记忆力也非常好，回忆起1983年我们一起在杭州市委工作期间和1993年我去香港工作的一些人和事，以及我退休后学习书法绘画的收获，他总是面带笑容，亲切慈祥，不时地给我鼓励和教诲。我问他的身体情况，他总是说好的，还惦记着和他一起工作过的老同志的身体。临走时我握着他的手说，“张书记，您都80多岁了要保重身体。”他却对我说，“你也60多岁了，也要注意身体。”我走一步回头看看他，他一直站在门口目送我走远……听到张书记走了，我能相信吗？我马上给张书记的女儿张虹打电话，她告诉我这是真的，我即瘫坐在沙发上，脑子一片空白，眼泪不停地流了下来。

3月4日在杭州殡仪馆参加张书记告别会那天，我又见到了躺在鲜花丛中，身盖中国共产党党旗的张浚生书记，他安详地躺在那里。我走到他身边，深深地向他三鞠躬，眼泪不由自主的簌簌地流了下来。当走到张书记夫

高桂林　男，浙江杭州人，1953年2月20日出生。1988年杭州市委党校毕业。曾任张浚生书记秘书，浙江广电集团机关党委专职副书记

人杨惠仪老师身边时，我们抱头痛哭，我就像失去了自己的亲人一样，悲痛万分。是的，我除了失去父母亲以外，还从来没有这么伤心痛哭过。张书记虽不是我的亲人，但胜似亲人。我和张书记相识到现在已有整整35年了，更可贵的是这35年我们一直没有中断过联系，我们的心始终紧紧地联系在一起。4月1日上午我和爱人去看望张书记夫人杨老师，杨老师也和我说，张书记对你是非常好的，时常牵挂你，你们俩的感情很深。是的，回想过去35年的岁月，我的成长进步都离不开张书记的培养、教诲、关心和帮助，张书记是我这一生中遇到的贵人恩人和亲人。

心情平静下来后，我思绪万千，总觉得张书记还和我们在一起，他并没有离开我们。我是1976年5月从部队退伍后分配到杭州市委办公室下属单位工作，1978年市委办公室需要一位机要秘书，因我是个党员又经过部队锻炼，当时的市委常委、秘书长孙家贤点名让我担任这个工作。从那以后我就在市领导身边工作，接触面广了，学习锻炼的机会也多了，也很快适应了当时的机要秘书工作。1983年4月，杭州市委新的领导班子组成，张浚生书记从浙江大学选派到杭州市，担任市委副书记兼秘书长，也是我的直接领导。新的领导班子新的改革发展思路，新的工作方法，也给了我更高的要求，必须适应和跟上领导的要求和做好交办的每项工作。

大概在1983年8月的某一天，张书记要我和他一起到富阳县（现富阳区）搞调研，我认真做好了前期的联络工作，并准备好一些县里的有关资料跟随张书记一同前往。在富阳调研工作休息期间，我和张书记一起散步，他没有一点架子，就像我兄长一样和我聊家常，谈个人的工作经历。突然他停下脚步，问我愿不愿意做他的秘书，我心里一阵紧张，说实在话，当时我是做梦也没有想到的，想想也是不可能的，因为当时的我还是个初中生，又是一个以工代干身份，怎么能胜任市委书记秘书这么重要的工作岗位。我连连说，我干不了的。张书记看着我紧张而涨红的脸，微笑地对我说："最近市人事局也给我在浙江大学物色了秘书人选，我也对你观察了几个月，你为人正直、工作勤奋，对市委市府各部门、各单位的情况和领导关系都比较熟，如新来一个秘书，他还要从头学习，还是选你来担任，我们一起实实在在地为杭州市做一些事。”我受宠若惊，一时不知说什么好，他接着对我说，就这么定了，从明天开始你就和我一起工作吧。此时的我又紧张又高兴，也暗暗下决心一定不辜负张书记对我的信任。

担任张书记秘书，是我人生的一个重要转折点，我经常说，遇到贵人了。在担任张书记秘书两年多里，目睹了张书记坚定的政治信念、强烈的事业心和责任心，为人谦和，廉洁自律等优良的思想品质和一丝不苟的工作作风。可以说，在当时的杭州市委领导班子中，他起到了非常重要的综合协调、组织实施的领导作用。张书记在杭州市委工作期间，心里始终装着杭州市城市建设，要改变美丽的西湖、破烂的城市面貌，抓中东河治理、整治西湖等工程。记得当年西湖治理要拆很多湖边的房子，张书记带我一起从西湖六公园开始，在要拆的房子上面写上“拆”字。他亲力亲为，经常深入基层一线帮助解决问题，深入群众帮助老百姓解决家庭的实际困难。工作起来真是白天加黑夜，没有休息天。我曾经这样对他说，如杭州市的领导都像您一样工作，杭州市的建设一定会更好。

张书记知识渊博，记忆力超强，看过的材料过目不忘。特别使我难忘的是，那年我们去西安出差，在古楼城墙上，他吟古诗，还一口气把水浒108将的名和号全部说出来，真令人佩服。我们去张书记曾经下放过的工厂调研，许多工人的名字他都能叫得出来，一下子和大家拉近了距离。

担任张书记秘书虽然比较辛苦，但很充实，使我学到了很多很多东西，长了见识，增长了知识，迈出了人生最重要的一大步。虽然时间过去了30多年，但当时我和张书记一起工作的情景至今还历历在目。

1984年，我有幸和张书记一起随厉德馨书记等9人到广州、深圳、珠海和厦门学习考察，真是大开眼界，也学到了人家改革开放的好经验。记得去福州福日公司考察，参观福州“五一”广场回来后，张书记就负责当时的西湖电视机厂的改革试点，他又亲自召开有关部门负责人会议，就如何建设武林广场进行了讨论。期间对广场的喷水池和雕塑设计方案进行反复推敲，当时我还负责和福州市委联系引进采购喷水池设备等有关事项。说起武林广场喷水池里8个美女雕塑排列组合，还有一段故事：1984年正好是中华人民共和国成立35周年，杭州解放是1949年5月3日。所以当时的雕像设计就是围绕这个主题，喷水池广场中间是3个美女雕塑，外面是5个美女雕塑，这样从里往外看是3和5，也象征着祖国成立35周年，从外往里看是5和3，就是杭州5月3日解放。广场建设好后，也成了杭州城市的一大标志。

张书记在杭州工作期间，对工作上的事总是一丝不苟，全面细心，时常要求我对发生的每一件事都要认真记录，包括群众来电、来信、来访反映的事情和问题。对一些重要的文件和来信只要我送去，他都件件批示，而且要求件件要有着落，有些他还亲自过问和处理。记得1985年春天的某一天，一连下了几天的暴雨，一些居民小区因地势低，每有暴雨就会被淹，那天有几十个人到市府上访，时间已是晚上9点多了，我和张书记正准备回家，听说大门口有群众和警卫战士纠缠着要进大院找市领导。当时张书记知道这个情况就要到现场去，我和保卫都担心他的安全，他却说，老百姓这么晚来找领导，一定是遇到下面基层干部解决不了的事，有什么好怕的。上访的群众见了张书记，还是喊口号要冲市府，要见市领导，可能因为张书记那时还比较年轻。这时候，张书记就站在群众中间自报家门，说我是市委副书记，他们才静下来。张书记要我在传达室拨通市城乡建委的领导家里的电话，他亲自交代，要他们明天一定要去现场解决问题。群众看到张书记打电话认真严肃的表情，也就安静下来了，临走时还叮嘱我们，明天一定要叫他们来处理。群众散去，可张书记的心并没有放下，他决定今晚就去现场查看。于是，我们坐上车先去市城乡建委负责人家里，把他接上一起去那个地方。居民们看到张书记连夜赶来，蹚着水到居民家现场查看都很感动，还有的送来姜汤给我们驱寒，我们也很感动。像类似这样的事情还有很多，我也从中学到了很多处理问题的方法。

虽然张书记在杭州市委工作时间只有两年多，但他为杭州市的改革、城市农村的建设发展，为市县领导班子的建设，为社会安定治安管理，为人民群众的利益做了许许多多可圈可点的事，成效卓越，为后人称赞。至今我碰到一些当年一起在杭州工作的领导和老同事，他们都称赞83年那届市委领导班子是最强的，深得老百姓的拥护和称赞，更为今后的杭州城市建设打下了良好的基础。

我的成长进步更离不开张书记对我的关怀教诲。他始终关心我的学习，经常让我练习写作，每次和他一起去参加会议和调研，他都要求我写一份简报或报告，有时还亲自帮我修改，使我的写作水平有了很大的提高，一些文稿还经常登上市委工作简报。1984年下半年，我陪张书记去杭州王星记扇厂等企业调研，发现一些企业承包奖励制度不兑现，挫伤了干部群众的积极性。张书记要我写一篇文章，鼓励企业领导要敢于拿奖金。当时我就以"学浚"的笔名，写了一篇"拿奖金也要有勇气"短文，于1984年10月31日在《杭州日报》的"吴山晨话"版面刊登，得到了张书记的表扬。

1985年7月在他将调新华社香港分社工作期间，他最放心不下的还是我。当时我的工作有两个选择，一是省里有个领导需要一个秘书，据说省领导也很愿意要我去；二是到杭州市委党校脱产学习两年。最后张书记还是推荐我去了党校学习，提高文化理论知识，也为今后更好的工作打好基础。我深为遇到这样的好书记感到自豪和幸福。记得1985年7月，我送张书记去香港工作，到了深圳罗湖桥火车站和他告别时，他紧紧握着我的手深情地对我说，今后如有机会你也可来香港工作，我激动地流下了眼泪，这一幕情景我永生难忘。

张书记去香港工作后，我们一直保持着联系，每年他回杭州我们都要相聚，他还经常带一些玩具给我儿子玩，就像家人一样。

值得高兴的是，1993年7月在张书记的推荐下，组织上委派我去香港工作，主要任务是为香港顺利回归，做好浙江省港澳政协委员和浙江省的有关地市县在香港的同乡会的联络、服务工作。这使我又能近距离的和张书记在一起了。我在香港工作3年半，无论在工作上和生活上都得到了张书记和杨老师的多方面关心和帮助。不知有多少次我组织在港澳的浙江省政协委员开会聚餐，传达香港新华分社布置的工作或浙江省委、省政府、省政协的重要信息，凡是我邀请张书记来参加的聚会，他都应邀参加，并介绍和宣传香港的形势，给了港澳政协委员极大的信心。在港澳的浙江省政协委员高兴地对我说，我们在香港能和张社长在一起吃个饭是非常难得的，规格提高了，消息也更灵了。1996年我因在香港工作时间到期回杭州工作，港澳委员们还宴请欢送我，这一切都是张书记的个人魅力和对我工作的关心和支持的结果，我至今难忘。

1998年香港顺利回归后，张书记也回到了浙江，又再一次挑起了浙江四个大学合并组建新的浙江大学的艰巨任务，经过6年辛勤卓越的工作，成功完成了任务，真是可歌可泣。

在这里我还要特别感谢张书记的夫人杨惠仪老师，几十年来她总是默默无闻地挑起家庭的重担，细心照顾张书记的衣食住行。尊敬的杨老师对我也关怀倍至，1986年我在报考杭州市委党校学习时，她多次帮我补习有关课程；1993年我去香港工作，经常为我的工作提供一些重要的信息，关心和照顾我的生活。我衷心祝愿杨老师身体健康。

今天张书记虽然离开了我们，但他的音容宛在，精神永存，他永远活在我们心中。

追忆张浚生

杨树荫*

世间再无张浚生。

每每念及，总是黯然神伤，拂之不去的失落与哀痛。

张浚生，是可以列入国史、载有荣誉的人物。他以“艰难险阻吾往矣”的精神，在香港回归祖国的历史进程中，他的意志、他的才华、他的智慧，他对国家与民族的坚定的使命意识，一展无遗。

张浚生的最后公职，是浙江大学党委书记、浙江省政府咨询委主任，躬耕学界，堪称学子中的导师、学者中的长者，他的视野、他的胸怀、他的儒雅，总令人肃然起敬。

天下熙熙，有为谋生而来，有为名利而来，张浚生是为使命而来，而使命也成就了他的一生。

我们家视张浚生亦师亦长，无比尊重。他常说，与我杨家三兄弟有缘：

我大哥杨树青，原天津佳能公司的总经理，浙江大学光仪系1965届学生。张浚生是他的带班老师，也是张浚生在浙大工作后的首次带班。在这个国家重点学科教书育人，其时的张浚生，崭露头角，风华正茂；

我二哥杨树锋，中科院院士，曾任浙江大学研究生院常务副院长，张浚生是其顶头上司。浙江大学正值四校合并，聚力发展之时，其时之张浚生，

杨树荫　男，浙江杭州市人，生于1951年3月，曾任浙江省发展规划研究院副院长，正院级巡视员，浙江省政府咨询委委员、秘书长

烈士暮年，壮心不已；

我于1984年任杭州市对外经济委员会办公室副主任。张浚生时任杭州市委副书记，分管外经工作，时时聆听他的指导与教诲，受益终生。其时之张浚生，人至中年，厚积薄发。

我家三兄弟，在张浚生面前，或为学生，或为下属，这样的“巧合”，其实对一生从教从政的张浚生而言，又何止百千。然而，君子不忘其旧，他一直熟记我们这些平凡又平凡的普通人，可见其不凡之境界，但凡把人当作人的人，自然会享有人的尊严。张浚生处处受敬，个中缘由，因其始终把人当人。

一件小事，我牢记一生。那是1984年末的某日下午，张浚生召集市外经委几位主任商量工作，我也在场。会上，有位主任伏在桌上瞌睡了，坐在一边的我，急忙捅他一下，让他惊醒，会议室气氛骤然紧张，以为一顿批评在所难免。张浚生莞尔一笑，和颜悦色地叮嘱：不要老是加班，搞得太晚、太紧张。和风细雨一席话，众人释然，却从中感受到张浚生的人格力量，那是一种宽容精神和人性关怀的结合，也让我明白，人与人之间，皆应持关心和尊重，领导者的尊严，来自于尊重每一个人。

市外经委是我到杭州市工作的第一个部门。我主要负责委里的文字工作，编发简报，起草文件，整理纪要，也曾为张浚生起草全市对外开放大会的工作报告，彼时之我，年纪轻，阅历浅，忙忙碌碌，诚惶诚恐，生怕做错了什么，却总是得到张浚生的肯定，这自然是巨大的鼓励。有时候，领导的一句肯定，给人一辈子的动力。

在杭州市的领导中，张浚生有着独特的形象：他虚怀若谷，平和近人；他举重若轻，居高望远；他包容宽厚，以诚待人。无论对上对下，他都是一个谦谦君子，举正行端的学者，很自然地将大学精神带到了公务机关。

然而，张浚生的使命不在杭州，他是一个注定要成就大事的人。他奉派远赴香港任职，这自然是中央交予的重任，但凡他的同事，他的部下，无不为他高兴。

1995年春夏时节，正是香港回归前的风云激荡之时，全世界的目光都在盯着香港。我在香港考察学习，很想见见张浚生。他是当地每日电视、报纸的新闻主角，在紧张较量的第一线，他的每一言、每一行都被各界高度关注。面对各路媒体，他依然一如往常地真诚微笑，坦坦荡荡，纵横捭阖；或旁征博引，娓娓道来；或开诚布公，简洁明了；或义正词严，掷地有声。在错综复杂的香港政界，张浚生自然有对手，但他的原则、坚忍和风度，却是一个能让对手折服的人。

在港期间，张浚生的秘书多次想安排我见张浚生，都被我阻住。我不能打扰他，他每天，该要面对多少纷争，思考多少问题，解决多少矛盾，他的时间是国家的时间，是天下人的时间，当以分秒计，何其珍贵。电视上天天见到，足够了，尽可在杭州后会有期。

我与张浚生真的后会有期。2003年，他任省政府咨询委主任。其时，我是省咨询委委员、副秘书长，此生有缘，又在张浚生的领导下。

已近晚年的张浚生，还是风度翩翩，宽容博大，求是务实，岁月给他留下的是更自信、更随和、更纯真。有时，坐在一起，只要言及浙大，言及香港，他便兴致勃发，如数家珍，每次聆听，总有收获。张浚生之一生，根在浙大，魂在香港，两地依依，皆不可舍。

咨询委可以比较超脱地清静思考，让张浚生有更多的时间，关注浙江，思考浙江，为浙江的改革与发展尽心尽力。我近观张浚生，他仍一如既往，无论大事小事，都审慎处之，显现其风格与人格。这里，且举数例：

鼓励委员专家一定要察实情、讲真话，敢提不同的意见，他特别欣赏有独立思考、独立主见的学者。省咨询委每年都要对省政府工作报告进行咨询，张浚生率先垂范，每次都是认真审阅，闭门思考。每临会，必坦陈己意，给人留下深刻的印象；

咨询委应对省里重大项目认真负责地进行前期咨询论证。2005年省咨询委接受省政府委托，对浙江省消防训练基地建设项目选址咨询论证，当时对此项目，有各种不同的意见。张浚生带领专家组，对三处可供集中训练的场所，实地踏勘，一一比较。时值隆冬，天寒地冻，张浚生抱病前往，细细审视区域、环境、地形、地势等，充分听取各种不同的意见，在科学论证的基础上，建设性地提出建议，为省政府的决策发挥了重要的作用；

荐人不彰己功。张浚生任职咨询委期间，为充实咨询委多学科专业力量，提出了一些委员人选，如法学、社会学等方面人才。咨询委是学者展示自己专业能力的重要平台，咨询委员直接为省政府建言献策，非一般人能胜任。一些被荐之人，直到张浚生去世后，听咨询委办公室同志聊及此事，才知自己当年由张浚生所荐。慧眼识人，主动荐之，而被荐之人却浑然不觉，可见张浚生之人格；

甘为青年导师。张浚生在省咨询委期间，我恰在浙江省发展规划研究院担任副院长，还兼任院的机关党委书记。该院绝大部分为30岁左右的青年人，我斗胆请张浚生给院里同志上一堂党课，激励青年想全局谋大事的奋进精神。张浚生欣然应诺，并细细查问规划院的工作方向、工作内容、职工特别是年轻人的思想状况，他要有针对性地讲课，他越认真，我越愧疚，真觉得不好意思，看似花费他半天时间讲课，其实花费他多少时间做准备。这样位高的长者、尊者来上党课，在规划院的院史上，自然留下了浓重的一笔。

张浚生之点点滴滴，无不让人追忆追思，斯人已去，风骨犹在，张浚生已然留下无比巨大的精神财富。

今年二月，张浚生完成了他的使命，突然离去，令人唏嘘，哀伤不已。

只要怀念他，他便活着。

（2018年8月28日）

告别浚生

周　南*

浚生走了,走得那么突然,简直有点令人难以置信。那么一个壮实的汉子,怎么说走就走了呢?

那是在他走前一个来月,他出差来到北京,还专程来我家看望。我端出珍藏许久的半瓶茅台,留他一起吃饭。席间谈笑风生,他的胃口也不错,没有丝毫病容,也看不出一点衰老的样子。他还说,今后只要有机会来京,都要来我家相聚。难道这项承诺就再也无法兑现了吗?

我和浚生相识,始于1990年春,在我奉命赴香港上任之初。当时时局不稳定,香港人心尚有些惶惶。我去后头一件事,就是发个安民告示,号召大家不要纠缠于过去,思想要迅速统一到小平同志6月8日讲话的精神上来,坚守岗位,积极工作,不辱使命。期间,我也同他作了一次推心置腹的谈话,讲到根据我的观察,我认为他是一个干才,办事的作风和能力都很好,我对他寄予厚望,希望他为办好香港回归这件中国近代史上的大事做出积极贡献。在其后近八年的共事期间,他工作十分积极主动,成为我的一名得力助手,也应该说是为香港顺利回归作出了重要贡献的。

八年中他负担的主要工作是科教文宣,后来又加了一副担子,作香港分社的对外发言人,加起来是比较沉重和辛苦的。

周　南　1927生,山东曲阜人,曾任外交部副部长,新华社香港分社社长

在港期间，几乎每次出门都会遭到记者们包围，要应对五花八门的提问，当发言人是个苦差事。特别是彭定康之流向我正式发难之后，要经常对英方背信弃义的言行给予及时的反驳和揭露。有时来不及请示商量，那就要凭借平时我们对总方针政策的学习和掌握，结合现场实际，机动灵活地作出妥善应对。他在这方面的工作是很有成绩的，从中也体现了他的勤勤恳恳和任劳任怨的良好作风。

他的另一个优点是为人比较正直，敢于发表不同意见，不适宜在会上讲的，他会找你私下讲。记得有一次，中央发表了一项决定（内容忘记了），接着全国各省省委陆续发表通电，表示坚决拥护。过了两天，他私下找我，他说我知道你一向耿直，但这种事已是官场惯例，要改变需要时间，如果这次各省委都发了通电，唯独没有香港工委的，会引起不必要的误会。我听后接受了他的意见，就让他代拟了电稿发出。

在香港社会流行请客吃饭之风，收到邀请，如果都拒绝，那会得罪人；都接受，那会累死人，也无必要。后来我就要他代表我出席一些宴会，结果他经常一个晚上要“赶场”好几场宴会，去到一家，喝一杯酒，吃一口菜再赶下一场。我得到了点休息，他却受了累。总之，他是副社长中工作比较繁忙和劳累，成就也比较突出的一位。

他主管的方面多，社会接触面也广，人缘也比较好。我离休后不久，他也退下来，但是人却退而不休，依旧接受各种临时任务四处奔走，做到公而忘私，鞠躬尽瘁，正因如此，他的离去，自然引起许多朋友的悲伤和怀念。

浚生走了，而他的身影仍时不时地在我眼前显现。

以他为榜样，为国家为人民出一份力

范徐丽泰*

我跟张社长的交往，主要是在香港回归前后十几年。当时香港要回归了，本认为会平稳过渡，可是最后一任港督彭定康来后，就提出了一个政治体制改革的方案。这个政治体制改革方案不但违反中英联合声明，违反与基本法相衔接的原则，也违反了中英两国外长达成的谅解和协议，造成了中英两国关系的恶化。针对这一情况，我们国家决定首先将筹备委员会的准备工作开展起来，因为筹备委员会要1995年才能正式成立，所以先成立筹备委员会预备工作委员会，负责准备工作。第二呢，决定要另起炉灶，设立一个临时立法会。既然英国方面违反了本来的一些承诺，也就没有了直通车，所以港英时代的立法机构已经不适宜为香港特区立一些必不可少的法律，比如说是香港特区的护照。这个是明确需要法律依据的，可是如果这个法律不能够在7月1号那一天通过，那么7月2号我们入境事务处一开门，老百姓去申请护照，就没有了法律上的依据。所以就决定要成立临时立法会。对此，彭定康当然是提出了很多的批评。在那个时候，新华社香港分社，也就是今天的中联办，新闻发言人就是张浚生副社长，他顶住了彭定康的压力，顶住了他的指责，顶住了他的讥讽。当时我们香港的居民，对张浚生的印象非常深刻。他是一个能够对着镜头保持微笑的人，他讲话的时候

范徐丽泰　女，1945年9月出生，浙江省宁波市人。曾担任香港特别行政区立法会主席。现任港区全国人大代表及常务委员会成员

在笑,但讲话的内容是非常严肃的,而且很到位。我觉得这是一个人的修养决定的,并不是说谁要做到就能做到。那么张浚生,我到今天都还称他为张社长,没有称他为张教授,这个都是学术界对他的尊称。张社长能在这样的情况之下将我们国家的立场有理有节地陈述出来,让香港居民明白到其实并不是中方的错误,是英国人的错误。当然,这里在座的有的比较年轻,二十几年前的事可能不大清楚,可是当时的压力是非常大的。能够用一种很平和的作风,很亲民的态度,将国家的大义全部清清楚楚地表达出来,我觉得到了今天除了张社长以外,没人能做到这一点。我相信这是他的学问方面的修养,才使他有这样的信心,他的言辞才能做到如此的适合。

当时,我担任了香港临时立法会的主席,彭定康当然不会放过临时立法会,从周一到周五,他要么是指责我们国家,要么就是指责临时立法会,每次张浚生社长都出来讲话顶住。我周末也在深圳临时立法会开会的时候,向记者解释我们立法会的工作,顶住彭定康的那些讽刺。我们两个人,我在深圳,他在香港;我是香港人,他是浙江人,可以说是互相呼应,共同来面对英国对我们施加的压力。在这个过程中,我对他非常的佩服。

香港回归之后,张社长回内地工作,因为浙江大学有更重要的任务,需要他去完成。当时我就请他给我写几个字,作为留念。他问我:“你要写什么?”我说喜欢屈原的一首词,其中有一句是:“亦余心之所善兮,虽九死其犹未悔。”就是说为了实现理想,虽九死而不悔。他就给我写了,还先给我写了一幅大的,又再给我写了一幅小的。后来小的那幅我就挂在我立法会主席办公室,常常看看。大的,我就挂在我自己家里,也是纪念我们那一段时间,在不同的岗位上,大家尽自己的本分,去做各自应该要做的事。

回顾这一段往事,再看张社长在香港以及在浙大的工作,我觉得他的一生真是做了许多对人民很有意义的事情。可以说对得起浙江大学的师生,对得起祖国,对得起香港的朋友。我对他非常的敬佩。

我们最后一次见面是去年夏天,当时“四海一家·浙港同行”——浙港青年庆祝香港回归祖国20周年主题交流活动在浙江大学举行,有2000名香港青年参加，请了张社长和我同台讲了几句。那时他的身体还是很不错的，精神也很好。所以这一次他猝然离世，我在北京听到这个消息非常的难过。可是我相信张社长要求我们的不是难过，而是将他这个为国为民的精神继续下去。我们每一个人都将他放在心中，然后以他为榜样，为国家、为人民出一份力。

（本文为作者“在香港各界缅怀张浚生先生座谈会”上的讲话。根据录音整理）

（2018年2月27日）

回归大业建奇功　关爱各方众称颂

——回忆与追思原新华社香港分社副社长张浚生先生

张云枫*

今年新春伊始，突然传来张浚生先生因病不幸离世的消息，顿觉悲从中来，恸伤不已。我与张浚生先生相识于二十世纪八十年代中期，他从浙江奉调来港，担任新华社香港分社（中央政府驻港联络办的前身）宣传部副部长、部长、副社长及新闻发言人等职，主管新闻宣传及外事等工作，是《文汇报》的上级领导。我和他有很多工作往来，彼此之间也建立了深厚的友谊。我虽然比他年长，但一直视他为很值得敬重的师长和领导，张浚生离开香港回浙江工作之后，我们还保持着往来，彼此书信以兄弟相称，互相交流对香港动向的看法和生活心得。张浚生每次来港，我们都尽可能抽空聚会，直抒胸臆，畅叙友情。他的音容笑貌以及这些历历往事，至今还一再涌现，浮想联翩，感慨不已，乃撰此文，以寄哀思。

但使新记浚生在　不教肥彭乱叫嚣

二十世纪九十年代，是香港回归祖国这个历史进程中的关键时期，英国某些势力显然是不甘心如此顺利地将香港交回中国，就在后过渡期设置了许多障碍，企图实现所谓“光荣撤退”并最大限度地维持其在香港的利益。1992年7月，彭定康作为末代港督来到香港，他一上任，就到处跑，逛大街，

张云枫　第八、九届全国政协委员，香港《文汇报》原社长

饮凉茶，通过作秀表演其所谓“亲民”作风。

张浚生在港主管新闻宣传工作，平时就很着重研究舆论动向，他当时就感到彭定康是个狡猾的对手。有一次在新华社跑马地办公大楼开完会后，他对我说，彭定康这个末代港督不一般，他不像是尤德那样的传统官僚政客，而是一个很会包装和煽动，诡计多端的人。英国在这个时候派他来，肯定是要搞什么阴谋，你们要好好研究这个人，要提前做些准备。果然，当年的10月，彭定康就在其首份施政报告中，打着推动香港民主发展的旗号，提出了违反中英联合声明、违反香港政制发展要同基本法衔接的承诺、违反中英两国所达成的谅解和协议，对现行政治体制做出重大改变的政改方案，掀起了轩然大波。中方自然要予以坚决的回击。张浚生作为新华社的发言人，始终按照中央的有关工作方针，坚决维护“一国两制”，始终站在斗争的第一线，在传媒的镜头聚焦之下，对英方，尤其是末代港督彭定康不守承诺，破坏香港平稳过渡的“三违反”行为，进行了针锋相对的斗争。

有一段时间，张浚生几乎每天都利用合适的场面来与记者们见面，根据中方既定的原则和策略，第一时间抓住彭定康言行的种种谬误，进行有的放矢、有理有据的批驳和评论，揭露港英当局所搞的阴谋诡计，让香港社会和广大市民了解其中真相，从而不受其迷惑，坚定地反对彭定康所搞的花招，真心实意地拥护香港的回归及确保平稳过渡。在这方面，张浚生立下了奇功。许多朋友都说张浚生是彭定康的“克星”，有人还赋诗赞誉：“但使新记浚生在，不教肥彭乱叫嚣。”

据说，彭定康也承认在担任末代港督期间，觉得最痛的，是中方给他的两个定性：一是时任港澳办主任鲁平指他是“千古罪人”；另一个就是张浚生说他“既想当婊子，又要立贞节牌坊”这句一针见血，又辛辣讽刺的评论。坊间流传说，彭定康每次在公开场合讲话之后，晚上就一定要看电视新闻，了解张浚生是怎么批驳的。而第二天早上一起来，必定翻看报纸又是怎样报道的。有次彭定康实在是受不了张浚生如此义正词严入木三分的批驳，就托人向张表达，希望不要批得他这样狠，请高抬贵手云云。张浚生就巧妙回应称:“你说得少,我自然也批得少。”这些小故事都从另一个侧面,反映出张浚生言辞的威力。

广交朋友善传佳音　知己遍及香江内外

张浚生在大学是读理工科的,但他文理兼修,对中华传统文化认识深厚,文学造诣相等丰富,也练就他具有刚柔相济、谦和得体的风度和气质。他在香港社会的知名度高,影响力强;工作任务很重,分管宣传、出版、文体、教育、科技、外事等方面。但他从不居高临下,而是用诚恳交心、平等待人、春风化雨的方式,在香港社会广交及深交各界朋友,用灵活、生动的方式,广泛宣传香港回归祖国的重大意义,介绍和解释“一国两制”、港人治港和高度自治的方针政策。他在新闻界的朋友特别多,包括上至传媒老板、报社老总,下至普通记者编辑和一般员工,有传媒朋友给他起了个外号叫“小肥张”,他也不以为忤,欣然接纳,一时传为佳话。

张浚生作为香港新华分社的发言人,在大是大非问题上原则性强,毫不动摇;而在具体工作方式上,则善于在香港社会的特殊环境下,发挥高度的灵活性,尤其是在广交朋友方面,更是采取开放包容的态度。记得在中英刚就香港回归达成协议时,虽然是用“马照跑、舞照跳”来形容回归后港人的生活方式不变,但对于当时香港新华分社负责人,可否到马会等“灯红酒绿”的场所出席公务活动,还是或多或少有些顾忌。有个著名团体将在马会举行活动,想邀请张浚生出席主礼,但又没有把握,于是托我私下联络。张浚生考虑片刻就答应了,他说,这个团体很有影响力,如果工作做好了,就能发挥较大的作用。马会是香港传统的上流社会聚集之地,我们不应该因为有顾忌,就拒绝到马会参加他们的活动。这个团体的负责人看到张浚生亲临马会出席活动,都非常兴奋,不少人说,看到张浚生社长来马会,对香港的未来能够保持原有的生活方式,就更有信心了。

支持文汇事业发展　关心基层员工生活

作为主管领导，张浚生非常关心《文汇报》和所有爱国爱港报章的发展，他一再强调《文汇报》作为香港的爱国爱港传媒，必须团结一心，克服困难，努力奋斗，办成香港有权威性和重要影响力的大报，为迎接回归，维护"一国两制"，确保香港繁荣稳定而做出应有的贡献。

由于在英国殖民统治香港期间，对爱国爱港的媒体刻意打压，再加上其他的原因，《文汇报》在二十世纪八九十年代之前的发展都比较困难，报社挤在湾仔的一栋总面积只有两万多尺的狭窄楼房，员工待遇也比较差，平均薪酬只是外面同行的一半左右。有一个典型的例子，我们有一位员工申请到美国探亲，结果签证被拒，那位签证领事对他说："你的银行存款，还不够买一张来回机票，怎么去美国呢?"员工生活之困苦，于此可见一斑。

张浚生担任主管领导之后，对报社存在的实际困难，进行了全面的调研，他认为随着国家经济的日益发展，爱国报社这样艰难的状况不应继续下去。因此，他上下奔走，想方设法，积极争取，终于协助报社获得新的资源，在1994年把报址搬到香港仔田湾的兴伟中心，那里也是自置物业，有十几万平方英尺，比原有面积增加了五六倍之多，工作环境大改善。报社还在香港报界之中，率先引进了先进的印刷设备，令《文汇报》"鸟枪换炮"，为日后的发展奠下坚实基础。当新的印刷机启动时，张浚生亲自前来道贺，赞扬文汇报新年有新气象，他拿着新机印出来的第一份报纸，连声称赞"印得漂亮"。在硬件得到改善的同时，员工的福利待遇也有了较大的提高，包括提高薪酬，引入低息贷款，协助员工置业，解决居住问题，使大家的士气大为提升。

此外，张浚生对报社的采编工作也很关心，经常过来看望报社员工和现场指导报社的工作。有一次他来报社，编前会刚好讨论到大亚湾核电站的问题。有编辑表示对这方面的技术不太了解，不知如何深入报道。张浚生就说，"我是学理工的，对核电站还比较了解。"他回去就写了一千多字的数据，送给编辑部参考，为我们解决了一大难题。

1995年1月30日，时任总书记的江泽民发表《为促进祖国统一大业的完成而继续奋斗》（即"江八点"），第二天正值大年初一，一般情况下报社是停刊休息。但为了做好"江八点"的报道，让全港市民及时了解到有关详情，报社决定继续出报，即使当晚是大年三十，员工们也不放假，要继续开工。张浚生在除夕之夜来到报社，慰问坚持工作的员工，为大家鼓劲打气。他不仅走遍了编辑部每一个岗位，向辛勤工作的记者编辑致以节日慰问，而且，还到了准备夜宵的厨房，和师傅们逐一握手，员工们都非常感动。

平易近人尽显个性　团结包容备受赞誉

在电视镜头上的张浚生，批驳彭定康时铿锵有力、直击要害、语锋犀利。在平时，他则是尊重长者、礼贤下士、温文尔雅。对待李子诵先生就是其中一个突出例子。由于众所周知的原因，原任《文汇报》社长的李子诵是一位爱国民主人士，但他在八九年间一度离开《文汇报》，发生了一些不该发生的事，但张浚生不计较这些，依然是很尊重这位曾经为新闻事业做出过贡献的长者，每个元旦都寄送贺卡，每逢春节都上门探访，表示关心和慰问。在张浚生的关心下，报社给李子诵的待遇，包括原职薪金不减分毫，月月照发，一直保持到他离世，即使在李出去外面办杂志时，这些待遇也没有停止过。

2012年初，一位曾在《文汇报》担任过高层职务的人士，在《明报》上发表文章，继续对该起历史事件进行歪曲性的描述，当时，张浚生已经离港多年，本想不再理睬。后来，有些社会人士建议张浚生还是应该做些响应，以免谬种流传。于是，张浚生就写了一篇简单响应的文稿交给《明报》发表。他之后写信告诉我这件事，同时还提到有另外一位也曾在《文汇报》任高层，后来离开的人士，也想对上述《明报》文章作些回应。他通过《文汇报》驻浙江分社来找张浚生的电话，意图谈谈此历史事件中，他所扮演的角色。分社转告张此事，张浚生就按照这位人士留下的电话号码，主动打给他再次澄清事实真相。张对该位人士说:“你们所说的都是假话,我将会在报上作简要回应。但不会公开提到你。”这位人士听后,感叹张浚生真是心存仁厚。

张浚生不仅对长者尊敬,对晚辈和下属也是非常关心和支持。《文汇报》有位副刊编辑,写了一本有关文化评论的书,报社为她举办了新书发布会,张浚生担任主礼嘉宾,还亲自拿着书,向这位不算出名的编辑请求签名,还请教了一些问题。这位编辑非常感动地说:“张社长来向我求签名,这真是莫大荣幸,令我终生难忘。”

张浚生还非常关心朋友们的情况,对于有困难者,总会尽最大的努力协助解决。一些因为新闻机构的调整而失业的人士,张浚生更是尽力去帮助。1991年《晶报》停刊,担任总编辑的莫光失业,一直没有找到合适的工作。张浚生对此很关心,就找我来谈此事,他说,莫先生做了很多工作,在新闻界也有声望,我们应设法帮助他解决职业。我也就和同事及朋友们商量,最后就请莫光到了一家贸易公司任职,完成了张浚生交托的任务。

张浚生在香港新闻界的朋友圈相当广泛,涵盖了各个方面。当他在1998年卸任时,许多团体都设宴欢送,依依惜别。张浚生回到浙江之后,继续关心香港的发展。2014年香港违法“占中”发生之前,张浚生虽远在千里之外,也察觉到香港社会即将出现的问题,他在当年8月份给我的一封来信中谈道:香港社会之所以出现这样的情况,“内因是我们过去把香港回归看得过于简单,因此在回归时有些政策措施过于宽松,深入改进不够。外因则是过去长期斗争的延续,而我们没有足够地看到香港回归的艰巨性,回归之后,有些工作没有跟上去。”张浚生的这些话,至今读来,依然是切中时弊,发聋振聩,催人深省。

可以告慰浚生先生的是:您所提到的问题,中央都予以高度重视,现在香港的整体形势也发生了根本性的变化。我们将发扬您的精神,继续为香港的繁荣稳定以及“一国两制”的持续成功而努力奋斗。

他年堪笑慰　彩霞满天红

——记我所熟悉的张浚生书记

郑浙民*

2月19日下午，在悉尼接到张浚生书记突然病故的噩耗，简直不敢相信，年三十夜，我电话拜年，他还精神爽朗，笑语盈盈，不禁悲上心头，凄然泪下。

我与张浚生书记熟悉是从1987年开始的。那年初，我从杭州选调到新华社香港分社人事部工作。张浚生书记早我两年来港，先后担任新华社香港分社宣传部长、副社长、工委副书记。当时，从浙江调港工作的，有两批8人，而从杭州市过来的，只有我和浚生书记。我们在一个大楼办公，一个食堂吃饭，还经常一起去看望浙江来的同志。

1991年初组织决定调我到办公厅工作，给他当秘书。这一干，就是8个年头。在此期间，我协助他处理日常事务，整理文件材料，出席各项活动，一同外出公干，一起散步聊天，经历了香港回归的风风雨雨。每天相处的时间，少则5至6小时，多则十几个小时，关系非常密切。

1998年4月，中央领导点将，浚生书记从香港重回浙大，担任新浙大筹建小组组长，四校合并后的校党委书记。我协助他处理回来的相关事宜后，将工作移交给浙大党办副主任孙旭东。我虽不在浚生书记身边工作，但还有不少人、不少事、不少信息，通过我转递他，还经常陪他与来杭州的香港朋

郑浙民　1952年生，杭州人，曾任新华社香港分社处长，张浚生秘书，杭州市外办主任

友见面。浙江大学淦生助学基金会建立后，他让我也加入，我又成了他的助手，和一份共同情怀的工作。

30多年的密切相处，我认为浚生书记有这样一些鲜明的特点：

——他的党性很强，信念很坚定。得知调我给浚生书记当秘书，我是忐忑的。他在香港工委分管宣传、出版、外事、文体、教育、科技、中英土地委员会等工作，还是新华社香港分社发言人，活动多、接触面广、责任重，不知道能否胜任。加上新华社香港分社原社长许家屯外逃不久，办公厅有人还受到牵连，感觉风险大。张书记和我多次聊天，谈他的家庭、经历，以及他的理想信念。他出生福建长汀，家中排行老幺。父亲以裁缝等自由职业为生，1948年病故后，家境窘迫，他也因此辍学。长汀是革命老区，出过不少老一辈革命家，空军司令员刘亚楼在他的长汀中学读过书；瞿秋白烈士牺牲前的最后关押地也在长汀中学；他的哥哥，在抗战期间参加新四军。他从小目睹国民党的腐败，特别是政治上的腐败。1946年，一个当地土豪与一个外来官僚争当国大代表，竞相花钱买选票，最后拔枪相见，把他同学的父亲——一个负责选举登记的书记官——打死了。家乡解放后，张书记才得以重新上学，并成为学校学生会和青年团的负责人，考入浙江大学后，又成为系团总支书记和年级最早的学生党员。浚生书记是家乡解放的翻身者，是新中国建立的受益人。朴素的阶级感情，多年党的培养教育，使他成为一个真正的共产党员。他始终认为，没有共产党，他不可能走出长汀，不可能上大学，也不会有今日的成绩。他始终坚信，没有共产党，就没有中国今日之强大，也不会有香港的顺利回归。我与他相处30年，多次听他在内部会议提出自己的意见，有时甚至语惊四座。他写过一首诗，“理想是大同，典范有周公；他年堪笑慰，彩霞满天红。”这既是他工作的座右铭，也是他人生情感的真实反映。一次与启功先生餐叙，张书记谈起他的情怀和这首诗，启功先生非常赞赏，欣然手书相赠。这字一直挂在他的办公室。

——浚生书记是理工科毕业生，但其文科能力水平与理工科水平不相伯仲。他1954年考入浙江大学机械系光学仪器专业，1958年毕业后留校，担任教学和科研重任,还参加了南京大学太阳塔项目研究,并荣获国家科技二等奖。读中学时,他是个文理兼备的优秀学生,曾获学校作文比赛第一名。报考大学时,班主任说,以你的文理能力,那科都不成问题。他响应建设新中国的号召,选读了理工科。他看书很多,涉及面很广,记性也非常好,读过的书,基本不忘;上过的课,仍能朗朗上口。记得有一次跟他出差,我带了本《水浒传》在火车上读。他说他小时候看过,并问我能背多少书上人物。我虽读过多遍,也只能记三四十个。浚生书记说他基本记得。我让他写,结果108将,他写出105个。深厚的文史知识、娴熟的文字能力,不管在他学校从教期间,还是他走上领导岗位之后,都发挥了很好的作用。他自己起草讲稿,撰写社论,修改报送上来的文件、材料和稿件。我们有本《紫荆》杂志,自创办首期起,到他离开香港止,从把握方向,表明观点到修改文字,都一一过目把关,确保杂志水平。我常对该杂志负责人说,张社长都成你们的编辑了。

——浚生书记待人诚恳,虽是省部级,但从不以官自居,极具亲和力。他和我说,官威只能建立暂时的工作关系,而人格的魅力可以建立永恒的工作友情。他最崇拜上世纪40年代周恩来总理在重庆期间敢与各方交朋友的统战魄力,最欣赏上世纪50年代周恩来总理与各国交往中不卑不亢外交风格。在港期间,张书记参加了大量各界的社会活动,有社团的活动,同乡会的活动,文体活动,也有慈善活动,甚至一些右翼团体的活动。张书记认为,这些社团愿意邀请中方官员出席他们的活动,表明愿意与中方接触、交流,这正是做工作的大好机会。浚生书记既给香港知名人士扶过灵,也与大排档小贩握过手;既和梅艳芳、刘德华等明星一起上台搞募捐演唱,也应街头市民要求一起合影;既给我爱国群团骨干作报告,也对有疑虑的各方人士作耐心解释。浚生书记结交的朋友,左、中、右都有,他不要求对方完全同意中方的观点,只要是拥护祖国统一,香港回归。一个香港朋友评论张浚生说,他是最有人情味的共产党干部。在香港唯一的国民党中将,香港首富何东之子何世礼已多年谢客,闭门不出。他闻浚生书记的为人,特意通过朋友邀请去他家坐。张书记去了，交谈甚欢。何将军说，他就是有感于中国老是被列强欺负，才弃商从戎的，他希望中国强大、统一。香港英美烟草公司的老板何伯，是一个非常低调、十分节俭的超级富豪，也请张书记去他家聊天，并面交赈灾的巨额支票。和谐的人际关系，真诚的人格魅力，给张书记在港工作带来了良好的效果。一次，新华社香港分社遇到一个棘手的代表安排问题，最佳的解决方案是某关键人物这几天内不在香港。浚生书记和他私交不错，向其提出后，他虽面有难色，沉吟片刻后，还是答应了。难题顺利解决。

这里要特别说说浚生书记与香港媒体的关系。他认为，香港记者提问题，甚至尖锐的问题，是其职业习惯使然，除非是谣言，他从不正面批驳，而是耐心摆事实，讲道理；他不要求右翼媒体立马改变立场，只要求对方客观、公正地报道中方观点。他与香港大部分媒体人，上到老板，中到部门负责人，小到一线记者，保持了良好的关系。他能深夜去媒体大佬办公室沟通；能时时与媒体新闻部主任餐叙。香港一线的采访记者，是非常辛苦的。他们经常为了第一手的新闻，空腹等候采访对象；为了拍出理想的新闻画面，扛着摄影器材往前挤。浚生书记很替他们着想，常常选一个宽敞的地方接受他们采访，有时确实没有新内容，他会把过去几天说的归纳一下，让他们当天有料可写。许多一线的记者因此成了张书记的好朋友，他们有时结伴去张书记家聊天，有时约张书记到小饭店喝酒。甚至有的找男朋友，也想听听张书记的建议。回归前，香港出现一个对我们非常有利的舆论环境，从客观上保证了人心稳定，政权顺利交接。

——浚生书记对工作认真负责，头脑冷静，处事果断。他认真学习邓小平关于香港问题的指示，准确掌握中央对港工作方针政策，注意研究港英当局的动向，时刻关注香港的舆情。周末、节假，他也必到办公室看文件、阅材料、读报纸。在港工作期间，他应对各国媒体记者采访近千次，回答的问题上万个，都能准确表达中央精神，没有出过偏差。他离任时，中国新闻社特意赠送他一个纪念牌，上刻“缜密灵活，言多不失”八个大字。这确实是对张书记工作的最佳总结。

浚生书记在港工作期间,遇到最大的风波就是《文汇报》事件。事发之前,他已发现一些苗头,得到一些线索,指示宣传部整理相关的历史资料,有些材料还是从广州调过来的。《文汇报》在少数人挑动下,企图脱离新华社香港分社的领导。当晚,张浚生赶到报社,立即召开了中层管理人员会议,出示了《文汇报》是国有财产的法律文件,报社领导层是新华社香港分社任命历史材料,指出这种做法,在政治上是错误的,在法律上是违法的,在纪律上是违规的。他还根据事先的授权,当场宣布调整《文汇报》班子。经过一系列的工作,终于平息了风波,报纸又重回正轨。在此期间,他受到不少来自各方面的指责,他从未辩解,任劳任怨。

回内地后,他仍然非常关心香港的事务,对今日之局面,他是耿耿于怀的,通过各种途径,向中央提意见,献建议。他多次说,处理香港问题,一定要把握好度。左不得,右不得;硬不得,软不得;快不得,慢不得。

四校合并后,他又全身心地投入新浙大的建设。从聘请香港知名学者担任教授,联系国外学校合作,选择新校址,到动员各界人士捐款等等,无不全力以赴。四校合并后,为了新校址,他跑遍周边县区。后来,还是他的好朋友、杭州市委书记王国平向他推荐了紫金港。他一看就喜欢上了,这里不仅地势开阔,而且发展余地大。他对我说,浙大现在的四个校区:玉泉校区、西溪校区,湖滨校区,华家池校区都带水,紫金港不仅带水,还是个港,是个好兆头,表示浙江大学将从港口出发,向世界一流大学挺进。据不完全统计,这些年来,经张书记做工作,境内外朋友给浙江大学的捐款,累计达5个多亿,对浙江大学顺利合并,学校的发展、壮大,起了不可替代的重要作用。

——张浚生在浙江生活工作的时间超过原籍,又当过杭州市委副书记,对浙江的事、杭州的事特别关心。省市在香港举办重大活动,只要在港,他一定参加;来人求见,只要有空,他一定安排。新华社组织香港新闻代表团访问内地,他首选浙江;香港商人征求到内地投资的建议,他首推浙江。杭州的邵逸夫医院,就是张书记向邵逸夫先生推荐,无偿捐建的。在建设过程中，一度在工程进度、楼房质量、工程预算和双方配合上发生一些问题。张书记应邵先生的要求，亲自陪方逸华女士到杭州见省委领导，一一解决所有问题，确保了医院顺利开业和双方的合作。杭州越剧团希望访港演出，他即联系有关公司发邀请，定剧场，并请江浙同乡会乡贤包场、赞助。杭州杂技团经济窘迫，希望延长他们在香港海洋公园的演出周期，张书记也帮他们解决了。这样的事例有很多很多。

——张书记对自己有多少的钱不清楚，但对浙江大学浚生助学基金有多少钱一清二楚。张书记没有钱的概念，口袋里也没有多少钱，基本是杨惠仪老师管家。但自他退出领导岗位，设立"浙江大学浚生贫困学生助学基金"后，张书记对钱的概念变得清晰了，谁答应给基金捐钱，他会时时让我们跟进；谁给基金捐了钱，他会提醒发证书；助学基金总数不断增加，他比自己有钱更高兴。张书记出身贫寒，读书全靠国家助学金。在整个大学读书期间，他只回过一次家；他最好的衣服，是大哥送的一件短大衣。他知道穷人家孩子的艰辛，他了解没有钱的窘迫，他希望每个进浙大的学生都能安心读书，不因家庭经济困难而羁绊。这，就是张书记建立这个助学基金的出发点；这，也是张书记热心发展这个助学基金的原因。到2017年底，"浙江大学浚生助学基金"累计帮助贫困学生2978人次，资助额1087万，基金余额超过3600万，不少受惠学生已顺利毕业，走上工作岗位，其中的佼佼者，已是年轻副教授。

在人生的道路上，每个人都会遇到拐点；在事业的发展上，每个人都会有转折。不是每个人都能顺利拐弯，不是每个人都能华丽转身。而张浚生书记，不管在人生的道路上，还是在事业的发展上，都能顺利拐弯，华丽转身，更上一层楼，做出新成绩。我想，这与张书记的信念、文化素养、工作态度、个人品德、人际关系有密切关系。

每个成功男人背后，都有一个女人。张书记也不例外。谈到张书记在工作上取得的辉煌成就，不能不提及——他的太太——杨惠仪老师。杨老师是上海姑娘，和张书记同届同学，毕业也同时留校当老师。在读书期间，他们两个都是团干部，读书都非常优秀，甚至，杨老师更全面。杨老师不仅学习好，运动素质也非常好，是学校短跑冠军，运动健将，而张书记从小体质瘦弱，缺乏运动天赋。当他们成了家，有了孩子，在当时的经济、生活条件下，一个现实问题是必须有一个人为家庭做出事业上的牺牲。杨老师毅然挑起家庭重担，只担任基础课教师。张书记不管在浙大、在杭州、还是在香港，生活上的事全部交给了杨老师，自己基本是衣来伸手，饭来张口。从香港回到杭州，杨老师又支持女儿工作，主动承担起辅导外孙的责任。自此，其外孙不管是读高中、大学，还是读博，一路优秀，一直保送，直至博士毕业。

浚生书记是我的老领导，是我思想上的良师益友，更是我人生路上的贵人。谨以此文，悼念在天之灵的张浚生书记，愿他一路走好；也谨以此文，宽慰还差10个月就可迎来钻石婚的杨惠仪老师，望您节哀顺变。

（2018年2月22日凌晨于悉尼）

今宵别梦寒

——记浚生同志的几件小小往事

范正翘*

朋友转发来张浚生同志女儿张虹发的微信，告之张浚生同志突然去世，我呆了好一阵子，太出乎意外了。他从校党委书记一职退下来后，在学校召开的团拜会等有关会议上，我们时常碰面，互致问候。我知道他心脏有些不妥，装了起搏器，但精神状态一直很好的嘛！怎么突然去世呢！

这让我想起一些往事。

一、改名的由来

张浚生同志1954年进校，我1955年进校，同在机械系，他后来转到光仪专业，仍属机械系。我担任学生会主席，和他工作上有些交往。他原名张濬生，这个“濬”字笔画很多，字形奇特，很多人不认识，常常读错、写错。特别是他走上领导岗位后，来往需要签字的文件较多，很多同志建议他改名字，后来就找到“浚”字，这个字和“濬”同音同义，都是疏濬（浚）河床之意。于是他就改成了现在的“张浚生”了。

二、奉调去香港

1984年下半年，中英联合声明签署后，为保证香港平稳过渡，顺利回归，

*范正翘　男，湖北武汉市人，1930年出生，浙大机械系本科毕业，清华大学力学研究班毕业，曾任浙大副教授，新华社香港分社经济部副部长（厅级）

中央加强了对港工作,决定把新华社香港分社从隶属于广东省委,改为直属中央及国务院,升格为正部级单位。并从江苏、浙江、福建、上海各抽调一批干部,其中大部分为厅局级干部,也有少数处级干部,改变了过去只在广东选调干部的惯例。当时是新华社香港分社副社长郑华和中组部外事干部局张副局长来浙江选调的,他们有选人预案,经与浙江省委协商后,确定了四人名单,其中三名厅局级、一名正处级,即张浚生(时任杭州市委副书记,杭州政法委书记)、我(浙大力学系流体力学教研组副教授)、冯夏森(知名人士冯雪峰同志的儿子,时任浙江冶金厅副厅长)和郑维希(时任省委组织部青干处长)。开始选的是嵊县县委书记。因他家庭有特殊困难,去不了,临时改调郑维希同志。

为了统一去香港的日期,我到浚生同志家,刚好碰到他爱人杨惠仪,她说今后又要在香港一起工作了。

当时,大家对香港治安情况不明,慎重起见,我们三人(浚生、夏森和我)没有坐飞机,而是乘火车先到广州,由广东省委第八办公室来人接站,在八办的招待所住了一晚,第二天由新华社香港分社下属的亚洲旅行社护送,坐直通车到香港红磡火车站。先期到港工作的郑维希前来接车。我们抵港不久,组织上宣布张浚生同志为宣传部副部长,我为经济部副部长(当时没有正部长),冯夏森为新华社香港分社港岛办事处副主任,开始了新的工作。

三、省委领导的期待

离开杭州前,省委王芳书记和省委组织部沈桂芳部长为张浚生和我饯行,席间王芳同志一再强调,这是浙江省首次派员去境外工作,一定要立场坚定,吃苦耐劳,扎实工作,不辜负党和人民的期望。我们两人虽同源于浙大,但实际上他属于杭州市委,真正从浙大调的只有我一人。王芳特别对我强调,你去是因为你英文好,有美国留学的经历,又懂些经济,而张浚生有领导工作经验,希望你们去了以后既要为香港回归,也要为浙江、浙大做些贡献。我们表示,牢记在心,一定做到。

在这之前，浙大老书记刘丹同志虽已离休，也举行家宴，请张浚生和我吃饭；黄固同志也设宴欢送我和浚生，都寄予殷殷厚望。让我们既感到光荣，又感到压力。

四、谋划包玉刚、邵逸夫先生回乡祭祖

我们到香港后，了解到大部分在香港的上海人祖籍都是浙江，少部分是江苏人。在香港影响力很大的苏浙同乡会和上海总会，成员大都是浙江人，其中以宁波人居多。包玉刚先生、邵逸夫先生就是该会的会长、名誉会长。但他们对中央的政策还有疑虑，对香港的前景有顾虑，于是我们想邀请他们回老家看看，通过他们做香港商界的工作。我和浚生得知，他们两家祖坟都在“文革”中被毁坏，就和当时的宁波市委书记葛洪昇商量，先邀请其访港，拜访包、邵两位先生，并商讨恢复两家祖坟事宜。随后，宁波根据他们提供的有关资料，重建了两家的祖坟。完成后，我们先后全程陪同包、邵两先生回家乡考察，到祖坟祭拜。此事，在很大程度上打消了他们的疑虑，并通过他们，影响了一批香港商界人士。随后邵先生、包先生多次捐资浙江的教育和医疗事业，特别是邵逸夫先生，捐献最多，有目共睹。浚生和我都参加了邵逸夫医院的奠基仪式，为解决该医院建设中遇到的问题，浚生同志还专程陪方逸华女士来了一趟杭州。现在，邵逸夫医院是杭州最好的医院之一，在我省的居民医疗中发挥重大的作用。浙大胡建雄副校长、浙医大校长访问香港，我们出面联系，只要邵逸夫先生有空，都见面或请吃饭，并尽量满足他们的要求。此后，邵先生对内地各大中小学捐献累计几十亿港元，贡献极大。

五、和李嘉诚企业的首次接触

有一次张浚生找我说，香港华人首富李嘉诚旗下的长江实业公司有事要找新华社香港分社，但又不想政治色彩太浓。浚生建议，由我以经济部副部长出面接待比较合适。我了解了相关情况和对方的要求，在充分准备的基础上报请社长批准后，代表分社会见了李嘉诚的代表。我们谈得很好，对

方对中央改革开放的政策和内地的情况有了进一步的了解。自此,李嘉诚逐步开始投资内地,并带动了一大批港商回内地投资。

六、和张浚生的一次讨论

1990年我已满60岁,将要退休。那时周南已来港担任社长,中央正准备对新华社香港分社的班子进行调整。我和浚生对未来的工作去向有过一次讨论。我说我年龄已到,将会退休,问他有何打算。他说福建省主要领导曾和他面谈,邀请他去福建工作;中组部也有意安排他去中央某部门担任副部长。他原则上服从组织安排,如果征求其本人意见,他更希望回浙江工作,并说浙江省委李泽民书记也来信邀请。

后来由于经济部工作需要,我推迟到1992年才从香港调回浙大并退休。而浚生同志却被周南挽留,继续担任新华社香港分社副社长兼新闻发言人,后又升任中共香港工委副书记,一直工作到1997年7月1日后,直接参与了香港回归祖国的全部过程,并做出重要贡献。

之后,他在路甬祥同志和教育部领导提议,李岚清副总理点将下,重返浙江大学担任党委书记,主持四校合并工作。浚生同志回浙大,既德高望重,又熟悉教育,减轻了四校合并的阻力,增强了教职人员的信心,成为全国大学合并的典范,为浙大创"双一流"打下了坚实基础。

七、张浚生同志走了,在告别会前我拍下了中央领导同志送的花圈照片。这是对他最大的尊重和肯定

在哀乐声中,我随人流走到他爱人杨惠仪面前,要和她握手,女儿张虹认出了我,低声告诉她妈妈"范叔叔来了",杨惠仪虽然虚弱,仍想站起来,被其儿女制止。我上去和她紧紧握手,请她们节哀。

这一晚我没有睡好,往事一一在我脑海中浮现,浚生同志音容笑貌久挥不去。正如弘一法师的诗作所云:"今宵别梦寒"。

迟悉有智兄编悼念文集,仓促成文。谨以此敬作思念。

(2018年10月14日于浙大求是村)

我心中的楷模张浚生

——爱国爱港者张浚生二三事

刘方安*

1993年初,我奉调从北京新华总社到新华社香港分社(现为中央驻香港联络办公室,简称中联办)任职。到分社第二天,即到位于分社大楼18楼的宣传部报到。正在聆听宣传部长孙南生介绍宣传部的职能,不一会儿,一个戴着眼镜、极为和气可亲的干部走了进来。孙部长介绍说,这是张浚生副社长。张副社长笑眯眯地对我说,来了,正缺人手呢,来了好,来了好!我拘束的心情一下子松弛下来,顿觉亲切、如沐春风。直觉告诉我,我即将工作的宣传部,有这样的领导,一定是团结轻松的集体。确实,一个单位的风气是完全可以从一个领导人的风格感受出来的。后来,在张浚生的领导下,我在宣传部工作了近七年。张副社长的工作精神、待人真诚亲和的风范至今难以忘怀。

记得张副社长有一次教我学些佛理之事。他说,你长相官态、方面大耳,有佛像之相。香港有佛教徒近50万,是一个相当大的力量,他们当中大多数人不仅爱教,而且爱国。我们宣传部要团结他们。张副社长又问我,你是否懂些佛理?我说懂一点,还知道我们俗人要学佛,首先要懂三皈五戒。他说,你知道三皈五戒?哪五戒?我说,戒杀生、戒饮酒、戒淫邪、戒偷盗、戒妄语。前面四戒我可以做到,唯有戒妄语,即不说假话,我做不到。在工作

刘方安　男,江苏扬州人。曾任新华社香港分社宣传部副部长

中，我有时不说假话，就办不成事。张浚生正色道，你这个想法不对，不说假话就办不了事吗？你只要严格按照上级指示办，有事与领导、群众商议，实事求是，努力工作，就一定办得了事。说得我当场脸红不已。

说到学佛，张副社长还跟我说了他们家的一个故事：他夫人杨大姐在杭州工作时，养了六只小鸭子，鸭子长大了，来了客人，杨大姐在院子里抓了一只要宰，其余五只鸭子就围了上来侧仰着头看，一动不动的，全都被吓死了。可见众生皆有灵性，鸭子也有同情心、恐惧心哟！

记得张浚生跟我说的一件事：上世纪80年代初，每到春天，杭州就会出现许多农村妇女背着黄色香袋，结伴搀扶到灵隐寺去烧香拜佛的场景，西湖周边望去，颇为壮观。那年，这一幕被来杭州考察、住在杭州饭店的某中央领导看到了，很不高兴，就把时任杭州市委副书记的张浚生同志等叫去，说这是搞封建迷信，要求杭州市出面制止。张浚生调研走访后发现，来烧香的都是杭嘉湖和苏南地区的农村妇女，她们烧香的其中一个目的，是祈求蚕茧丰收。在张浚生的建议下，杭州采取了一个变通的办法，要求烧香妇女在途经市中心和景区时，不要背香袋，进庙后再背。如此一来，西湖边背香袋的人大大减少。此举既执行了领导的指示，也维护了烧香群众的权益。张副社长这种实事求是、深入调研的办事风格，至今令我印象深刻。

张副社长热爱杭州，退休后回到杭州任浙江大学党委书记。说到杭州，他对我说，在西湖边，有个岳飞墓，岳飞的“精忠报国”精神对我影响至深，一直在教育和鞭策着我。我到香港工作，也是抱着“精忠报国”的理念来的。真是“靖康耻，犹未雪，臣子恨，何时灭”，我们要迎接1997年7月1日的香港回归这一天，大家共同努力啊！我当即提出，请张浚生副社长给我书写一副岳飞《满江红》的词，他立即爽快地答应了。可是，在香港工作期间，他实在是太忙了。但他一直没有忘记此事，在退休回到杭州后，我爱人刘永碧去看望他时，他郑重地拿出一幅书法，给刘永碧说，方安同志所托的事，现在算是完成了，你转交给他吧！我收到张副社长的墨宝，打开画轴，一幅张副社长的《满江红》书法跃于眼前，我凝望着苍劲有力的书法，不禁热泪盈眶，“君子重然诺，至死不能负”啊！

回想在新华社香港分社工作期间，张浚生副社长经常在我们面前提起毛泽东主席教导的一句话，我们不仅要善于团结和自己意见相同的同志一道工作，而且要善于团结和自己意见不同的同志一道工作，更要善于团结那些反对过自己并被实践证明是错误的人一道工作。记得有一年春节前，他叫上我和他的秘书郑浙民一起，到原香港《文汇报》社长李子诵家去拜年。大家见面相聚甚欢，临告别时，张副社长还留下一大笔六位数的港币，作为年金。张浚生对我说，《文汇报》作为香港第一大左派报纸的地位是确立了，虽然李老在有的问题上犯了错误，但他长期办一份爱国爱港的报纸是有功的，我们要承认。

张副社长平时把一切可以与香港民众接触的机会都视为做群众工作的机会。他重视香港习俗，年年举办的春茗活动，他都尽量去参加。单是中资机构都有上百家，家家每年都办春茗，相聚联谊。他不辞辛劳，几乎每场必到，还要讲话，一天下来，骨头架子都要散了，有时一天要赶好几场，为此，他得到一个雅号“张五场”，这是香港市民对他的嘉许和肯定。

还记得有件事，张浚生副社长是功不可没的。这便是牵动几百万香港市民、亿万中国人民的香港回归倒计时活动。那是1994年年底，有一天他出去拜访一中资机构回来路上在车内对我说，老刘啊，这家机构的一位老总向我建议，现在，离香港回归还有一千多天，可以在香港搞一个香港回归倒计时活动，在宣传上可以广泛激励香港市民，机构、社团可以集会庆祝，媒体也可以做文章，激励香港人的爱国热情，这个建议好哇！很快，全港、继而扩展到内地，声势浩大地开展了香港回归倒计时活动，形成了人人讲回归，天天谈回归的盛况，香港民众的爱国热情空前高涨。不久，在天安门广场的东侧也竖起了香港回归倒计时大型宣传牌，来自各地的民众纷纷在此驻足、摄影留念。香港的爱国商人李秀恒设计了一款倒计时时钟，一时供不应求。

我随同张浚生副社长参加过无数场香港各社团机构组织的迎回归活动，张副社长天天不知疲倦地连轴转。记得有一次，我十分感叹地对他说，以后几十年、上百年，人们可能不记得广东省、湖南省、江苏省……省长们的名字，但一定会记得周南社长、张浚生副社长等奋斗在香港回归第一线的人的名字，你们配得上是当代民族英雄的称号。张浚生转头看着我，笑着说，其实，新华社香港分社的同事们都是英雄。

张浚生副社长在香港社会和市民中享有崇高的威望。他对朋友的真诚坦荡、对工作的细致入微、对敌斗争的原则与策略、对复杂棘手问题处理的高超技巧……至今仍为广大港人所传颂。

俯首甘为孺子牛

——深切缅怀老社长张浚生先生

朱正红*

张浚生社长离开我们已经半年多了。回想起我得知他驾鹤西去的消息,怎么也不敢相信,心里特别悲痛。这位身体健康、活力充沛、乐观豁达的老领导,老大哥,怎么说走就走了呢?

我之所以称他为大哥,在于社长、书记这样的官职称谓已无法表达自己的感情。仔细想想,我在香港新华分社工作期间,浚生社长就像长者一样帮助我、培养我、指导我、鼓励我,而在他调回浙江后,依旧像一位宽厚的师兄,继续关心我、激励我。他对我,完全像一个大哥哥一样。亦师亦友、亦兄亦弟,这就是我心目中的浚生大哥!

早就想写点纪念文字寄托我对浚生社长的缅怀之情,几次打开电脑,却一时又不知从哪写起。而就在前几天,我在读一篇文章的时候,读到了鲁迅先生的两句诗:"横眉冷对千夫指,俯首甘为孺子牛。"我心中豁然开朗——这两句耳熟能详的诗不正是浚生大哥的真实写照吗!

我不能说自己了解浚生社长的一生,但我以和大哥在香港一起工作的7、8年,此后又相交20年的历程,他留给我最强烈的印象就是:横眉怒对背离党和国家、民族大义的一切丑恶势力,而对广大人民包括香港同胞在内普通百姓却俯首帖耳、深深挚爱。

朱正红　富阳人,1950年11月出生,先后任新华社香港分社宣传部处长,南方报业集团党委副书记兼纪委书记,现为广东省老新闻工作者协会会长

（一）

也许是巧合，我和浚生社长在香港都工作和生活了14个年头，他早到，我晚回，我们共同战斗了7、8年时间。他是新华社香港分社副社长，我是宣传部处长。我到港时，基本法已正式颁布，香港进入了后过渡期，一切工作都围绕着让香港顺利回归这一中心。香港回归虽然大局已定，但形势仍然很复杂，尤其是1992年末代港督彭定康到任后，斗争就更为尖锐激烈。该港督具有浓厚的殖民主义色彩，他提出一个“三违反”（违反中英联合声明，违反与基本法相衔接的原则，违反中英通过外交途径已达成的一系列谅解和协议）的政改方案。

末代港督来香港，就是受命完成“光荣撤退”的第三步计划，即公然违反与基本法相衔接的原则，图谋单方面组织一个治港班底，迫使中国政府接受，以便“九七”后实行不是英国人的“英式管治”。在中央的领导下，浚生社长和其他分社领导一起，针锋相对地与殖民主义势力作坚决斗争。大哥几乎天天出镜，通过电视等大众媒体揭穿英方的阴谋，旗帜鲜明，铮铮铁骨。凡是以港督为代表的英方阵营散布的错误谬论，浚生社长就以最快的速度予以批驳，有理有据地开展斗争，绝不拖延。

大概是1994年吧，新华社香港分社举办盛大的国庆酒会，庆祝新中国成立45周年。港督彭定康应邀出席，他在致辞时却不顾起码的外交礼仪，避口不谈新中国的成就，却大谈所谓香港的成功在于英国的管治。浚生大哥在酒会结束后接受采访，严肃批评港督的种种歪论怪论，并于当晚组织我们舆论处的几个同事商讨如何引导舆论。第二天，我们集体写成的一篇专稿见报。文章最后，在列举同为海外对别人实行殖民统治，其它地方都不成功的事实之后，向港督发问：受英国统治的众多地方，为什么独独香港大放异彩呢？

作为我方在港意识形态最高领导人，浚生社长牢记神圣使命，将我方本不占优势的新闻媒体紧紧团结在一起，向殖民主义势力展开斗争。我们办的"四报两刊"(文汇报、大公报、香港商报、中国日报香港版、紫荆杂志、经济导报月刊)经常是同一天就相同的议题发表社论社评,和英方展开说理斗争,以造成声势,争取舆论主动。为了做到"快、准、狠",浚生大哥每每公开发言前,都要做充分的准备。他深知话一出口就无法收回,所以思想上整天处于备战状态,心无旁骛,专心致志。我清楚记得,那么多年来,浚生大哥所作的公开表态从未出过差错。他的冷峻严谨,就连对手在私下也不得不承认在港碰到了"强硬的对手"。

浚生社长的横眉冷对,还表现在对顽固坚持"逢中必反"立场,丧失民族气节的极少数香港本土人士上。香港被英国实施殖民统治一个半世纪,有少数港人的立场一时转不过弯来是不奇怪的。浚生社长从香港实际出发,对其中的多数人均采取团结、说理、争取的态度,但对于极个别极端反中人士,他是绝不客气的。有一次,浚生社长把我叫到他办公室,拿出某报的一篇社评气愤地说,太不像话了,连续写这种黑白颠倒、反中乱港的文章,我们不能再沉默了。于是浚生社长部署我们如何作舆论反击。第二天,一篇针锋相对的说理专论在《文汇报》上刊出,其中有几句话正是浚生大哥的点题之语:某君有这有那,什么都有了,但他缺一样东西,那就是民族的脊梁骨……从那以后,该反中乱港者的嚣张气焰有所收敛。在香港那时非常特殊的环境中,这样的事例并非绝无仅有。

(二)

与对殖民主义势力及其代表人物、与极少数极端反华乱港者的"冷"与"狠"相反,浚生社长对爱国爱港即广大香港市民,充满了"热"和"爱"。浚生大哥生性正直善良,对待香港各界人士,不论贫富,不论地位高低,都以平等、谦和相待。毫不夸张地说,浚生大哥的笑脸在香港是极为出名的,只要不抱偏见,都认为张社长笑容可掬、平易近人。他的对手们和他的观点可谓南辕北辙,且常常与他红脸孔争执与辩论,甚至竭尽恶意曲解与攻讦之能事,但其中不少人却坦言承认他的真诚,佩服他的为人。浚生社长只要不是处理紧急公务,都是步行上下班。我们早晨经常在上班路上与他相遇,看到大哥在跑马场一带主动向香港市民问好打招呼,有的市民要与大哥握手或要求拍照留念,大哥都愉快地答应。更有一次,我和大哥夫妇路过跑马场时,见到前面一位骑单车送货的市民因路滑跌倒在地,大哥见状立即和我们一道跑过去扶起骑车者,还把物品一件件装回单车货筐,那位市民深受感动。第二天,这位市民还给新华社香港分社发来一封感谢信,说他怎么也想不到,北京派来的高官能如此亲民爱民。我想,这一偶发事件包含着必然性,它为浚生社长对人民"孺子牛"的品格做了最好的诠释。

浚生社长在港期间打交道最多的人群就是各类媒体的记者。那是一个富有朝气、年轻有为的群体,他们的敬业精神得到浚生大哥多种场合的赞扬。对记者提出的各种问题,浚生大哥都能恰如其分地给予解答,即使某些问题提得过分,他也表示理解,并给予耐心细致的说服。在香港,我也结交了一些新闻界的朋友,从媒体高层到普通记者编辑,尽管媒体立场有异,但这些朋友都认为浚生社长是新闻界难得的良师益友。他的热情与真诚,感动了许许多多媒体从业人员,他们中的许多人在浚生大哥那里得到启发教育,耳濡目染之下,改变了原来的政治和人生态度,回归爱国爱港正途。

香港党派众多,社团林立。凡是爱国爱港团体邀请浚生社长参加活动,他都乐于接受,尽最大可能参加,而不管这些社团的大小、成立时间的长短、知名度的高低。一些政治取态较为中性的社团活动,他也尽可能抽时间参加,不让邀请方失望。我在郑秘书的日程表上,常看到每天的活动排得满满当当,同一天出席7、8场的是常态,经常是一场活动刚完,水也顾不上喝一口,又转至另一场。节假日各界活动更多,浚生社长也更忙。浚生大哥常对我们说,自己辛苦一点、劳累一点事小,拉紧与各界市民的联系,有利于争取民心,事关香港平稳过渡的大局。

(三)

浚生社长对我个人满腔热情的帮助、鼓励更加没齿难忘。记得我到新华社香港分社的第二天,大哥就亲切地和我见面,更想不到他对我的情况十分了解。他嘱咐我一些重要事项,鼓励我勇挑重担。那时他还兼任着宣传部部长。我平时工作和生活中有什么困惑,除向部里领导请示外,有时也向浚生大哥讨教。分析香港舆情、撰写时事评论是我日常重要的工作,浚生大哥站得高,看得远,是真正的意识形态领域的行家里手,给予我许多具体的指导,使我受益良多。一段时间后,我的工作开始得心应手,浚生大哥看在眼里,他在宣传部一次全体干部大会上公开表扬说:"小朱上手很快,他写的文章一个字都不用改。"这给了我巨大的鼓舞,大大增强了我继续做好舆论工作的信心。浚生社长是学理工科出身的,但他的文学素养很高,文字功底非常扎实,这绝非虚言!他在异常繁忙的日常工作中,还坚持亲自撰写一些重要文章,为香港各界知名人士所著撰写序言更是常事。大哥常常把他写的文章交给我,谦虚地说让我修改。我如获至宝,反复诵读,他的文章字里行间体现出一种热情洋溢、爱憎分明的风骨与品格,以及活泼、严谨、洗练的行文风格,从中让我汲取营养,学到了许多实实在在的东西。

1997年回归前夕,我在香港《明报》发表的一篇随笔式短论有幸被香港某大学看中,要求收入该校教材。该校辗转联系宣传部征求意见。浚生社长不仅欣然同意,还给予该文颇高评价,说该文选为大学教材,在新华社香港分社是头一次,是件大喜事。他的鼓励,使我深受鼓舞,终身难忘。

1998年,浚生社长圆满完成了在香港的历史使命,调回浙江工作。我们宣传部全体同仁依依不舍地告别了这位深受爱戴的老领导、好战友。不久我在香港《广角镜》杂志发了一篇随感,谈了自己对浚生社长担任新浙大党委书记的感想。他读到后在电话中说文章写得好,写得实在。在此后的20年时间里,我们一直保持着联系。我是浙江富阳人,每次回老家,我都会去看望老领导,聆听他的教诲。

2005年夏,我调回广州,在南方报业任职。香港回归10周年前夕,北京的一位老领导建议我将在香港回归前后写的一些时事评论结集出版,作为10周年献礼,浚生大哥也不约而同提出相同提议。于是我个人香港时评集

《岁月留言》（上、下部）在回归10周年之际出版。北京老领导亲自题写书名，浚生大哥则执笔写下一篇热情洋溢的序言。由于两位老领导的热情支持，该书在当时产生了一定的社会影响。随后，我的另一部香港评论集《香港广角》出版，浚生大哥题写了书名（该书由新华社香港分社宣传部部长孙南生撰写序言）。记得那年我到浚生大哥家里取封面题字和书稿时，又和他作了较长时间的交谈。他那时已从浙大党委书记岗位上退下，但还不时被中组部、教育部委派去央企和部属高校巡视、督查、调研，依旧风尘仆仆、繁忙异常。我请他注意保重身体，他爽朗地笑了说，目前身体很好，能干一点就干一点吧！就在那次交谈中，他还建议我将在香港写下的尚未结集的时评分专题整理出版，可为香港那个特殊的年代多留下一些可供后人研究的参考资料。回来后我也一直抽时间在做这件事，只可惜我敬爱的大哥再也看不到有关成果了。

呜呼！每当我想起浚生大哥，就想到了“横眉冷对千夫指，俯首甘为孺子牛”这两句诗，而每当读到这两句诗，眼前就自然而然浮现出大哥的音容笑貌。敬爱的浚生大哥，您的铮铮铁骨，您的亲民情怀，您的奋斗品格，您的谆谆教诲，将永远镌刻在我心中……

（2018年11月15日于广州）

张浚生先生是真心爱港助港的楷模

屠海鸣*

在香港顺利回归和平稳过渡历史上、在香港落实中央治港大政方针实践中、在香港确保“一国两制”不走样、不变形工作时，中央涉港部门的不少干部群众，呕心沥血，勇于担当，前赴后继，不离不弃，始终惦记和维护国家利益、香港利益、香港市民利益，原新华社香港分社副社长张浚生先生，就是其中的一位楷模。日前，张浚生因病逝世的消息传来，本港社会各界纷纷表示沉痛哀悼。

对于香港市民而言，张浚生不仅是一位中央驻港机构的工作人员，他更是一位真心爱港助港的慈祥长者，也是一位直到生命最后时期仍然心系香港的谆谆师长。在香港工作的13年间，他为香港回归祖国和维持繁荣稳定倾注心血，为推动香港人心回归不遗余力，为驳斥英国殖民者谬论义正辞严，为关心香港青少年成长绞尽脑汁；他即使退休后回到内地，仍然大力推动两地交流合作。香港市民热爱他、喜欢他、惦念他。习近平主席去年6月30日出席香港回归祖国二十周年文艺晚会之时，专门走到他面前并亲切握手交谈，这足以说明张浚生的贡献和荣誉。这是一位真心爱港助港的楷模，他的精神值得我们学习，他对香港的贡献值得我们缅怀。

从1985年奉调到港，到1998年离任，张浚生在香港工作足足13年。这

屠海鸣　新一届港区全国政协委员、中国和平统一促进会香港总会常务副会长

13个春秋,他经历了自中英联合声明签署后的种种重大事件,是香港回归与过渡的见证人,也是主要的推动者。1997年6月30日晚上,他为香港回归而热泪盈眶;17年后在一次访问中,他为香港出现"占中"乱象再度伤心流泪。可以说,他心里一直装着香港,一直希望香港在"一国两制"下愈来愈好。

推动香港顺利回归贡献卓著

推动香港顺利回归与平稳过渡,既要据理力争,也要"润物无声",着力在人心工作。许多和张浚生有过交往的人都会提到他对香港的热爱以及高度的责任心。刚调到新华社香港分社时,张浚生主要是负责宣传工作,为了出色完成在香港期间的工作,他每天都投入极大的精力,忘我工作,广交朋友,广做工作。与香港媒体建立起良好的关系,积极宣传"一国两制"的政策,广受认可,甚至获记者起了暱称。不仅如此,他还不忘接触香港社会各界别的人士,抓住每一个突破口做好宣传。

在一次访问中,张浚生说:"我在香港的工作任务很明确,就是按'一国两制'的方针,维护香港的繁荣稳定,使香港平稳过渡。有利于这任务完成的事就去做,该交往的就交往,该表态的就表态,因为我没有私心,更不谋私利,心中自然没有什么顾虑。"正因为他的"无私心",得到香港各阶层尤其是精英阶层的认同,有许多人更与他建立了深厚的私人关系。做好人心工作,对贯彻中央的方针政策,为香港的平稳过渡,重要性不言而喻。张浚生在这方面的贡献,迄今让后来者津津乐道。

维护国家主权利益义正辞严

在与香港同胞会面时,张浚生和蔼可亲,但这绝不代表他软弱。在与港英政府尤其是末代港督彭定康的斗争中,张浚生维护国家利益、维护港人福祉立场坚定,驳斥谬论义正辞严。他在回忆访谈中提到:"当时斗争真是激烈,彭定康上午讲,我就下午讲;他下午讲,我就晚上讲,甚至有时他前半小时讲，我后半小时就回应。后来彭定康曾托人传话说，张先生能不能少讲他一句。我回答说，你不讲我也不讲，你讲了我就必须得讲。”港英政府以及一些所谓的“民主派”攻击他强硬，但香港同胞则认同他的坚定。

不仅是在任内，在回到内地后，面对彭定康继续对香港事务指手画脚时，张浚生不断予以痛击。尤其是在2014年“占中”前后，他一针见血地点出“肥彭”煽动港人的不良居心，直斥彭定康当年在香港留下祸患。他认为，“占中”是一场很重大的干扰，其组织者、策划者、发动者及指挥者有政治目的，并在占领行动中“带坏”了一部分青年学生。对“占中”的主事者戴耀廷，张浚生以“早年被人洗脑，现在又来洗学生脑”来批驳，引起了香港各界的强烈共鸣。张浚生维护国家主权利益立场坚定，在回归前是一面“旗帜”，在回归后也是一面“旗帜”，令人敬佩。

终生心系香港福祉令人感动

1998年回到内地后，张浚生肩负浙江大学合并的重任，但即使如此也仍然心系香港。几乎每年都会回到香港，也全力推动浙港两地的青少年交流工作，只要他有空，几乎每一个到访浙大的青年交流团他都会抽空见面，谆谆善导。而就在他生命最后阶段，也即去年12月时，他仍然会见了72名香港大学生，给他们上了一堂国情课。当时张浚生向学生问两个问题：一是“我是谁”；二是“香港是什么地方”。呼吁香港青年要充分了解国情，才不会像“无根的浮萍”。爱护、关心、扶携香港青少年之情，溢于言表。

张浚生生前说得最多的，是希望香港各界要团结一致维护“一国两制”。两年前，81岁的张浚生说：“香港的前途还是很光明的，得继续保持他的优势，而且得把优势充分地发挥起来，要建立新的优势，在整个国家的建设中起一个很重要的中介作用。”三年前当看到香港发生“占中”大规模非法事件的乱象时，面对访问的记者，他忍不住流下泪来。这位老人希望香港好、希望香港能在“一国两制”下得到更好的发展，这是发自内心的真实情感，令人感动。

中联办20日在唁电悼念中表示："（张浚生）坚决贯彻执行中央对港方针政策，大力宣传'一国两制'和基本法，广泛团结香港社会各界人士，为香港顺利回归及平稳过渡作出了突出贡献。回到内地工作后，他继续大力推动香港和内地新闻文体、教育科技等交流合作，为保持香港长期繁荣稳定发挥了积极作用。"这是对张浚生涉港工作的中肯总结，充分体现了他对香港所作出的贡献。

张浚生的名字与"一国两制"事业、与香港繁荣稳定、与港人长远福祉，紧密相连。习近平主席在今年春节团拜会上指出："只有奋斗的人生才称得上是幸福的人生。"张浚生在维护国家主权、安全和发展利益上，有坚强的意志；在促进香港"一国两制"成功实践上，有坚定的信念；在推动香港青少年健康成长上，有坚韧的理想。为意志、信念、理想奋斗了一生的他，是幸福的，也值得香港市民永远怀念的。

哲人日已远　典型在夙昔

——怀念张浚生社长

廖书兰*

张浚生与刘皇发都在香港回归祖国的大时代里，做出了贡献，是对国家有功的人士，如今他们两人皆已先后作古。

认识张社长，是我写《刘皇发故事》，受发叔之嘱，要我访问他。

张社长曾说，他与发叔有两点相同，第一，大家同是客家人，张是福建闽西客家人，刘是广东宝安客家人。第二，大家同岁数，只差了三个月。而笔者今天要说有三点相似，第三点是，他们离世仅相距七个月。

张浚生是1985年7月来到香港，其时《中英联合声明》已经正式生效，《香港特别行政区基本法》已开始起草。"基本法起草委员会"于1985年5月份成立。

《中英联合声明》正式签署后，中央需要知识程度高的人才来香港参与回归工作。

那时，邓小平提出干部队伍"四化"的要求，即革命化、年轻化、专业化、知识化，国家要培养接班人，而张浚生自己说，他在这"四化"都沾上了边。1981年9月至1982年8月他被送到中央党校第二期中青年干部培训班学习，与国家前主席胡锦涛同班。张浚生可称得上是国家培养的优秀栋材之一，因此被调来香港工作。

* 廖书兰　博士，香港新界乡议局议员

张社长身为一位学者高官，毕业于浙江大学机械系光学仪器专业，但他对中国传统文化有相当深厚的功底。例如，当他提到新界王刘皇发的时候，他特地强调这个“王”并不是霸道的“王”，而是指在新界居民当中，很有声望的人。

有一件令我难忘的事，是1998年他离开香港回到浙江大学。有一天，他在翻阅香港人捐款给浙大的捐款名册上发现漏了刘皇发先生，他知道刘皇发确实捐过100万给浙大，所以浙大礼聘刘皇发为该校顾问教授，当时他亲自陪同刘皇发到浙江大学访问，还有《大公报》副总编辑陈彬，于是张浚生特地交代浙大，一定要加上刘皇发的名字。

张社长一生忠于党，忠于国家，忠于自己，是一位让人尊敬的学者高官。1998年后，他长居“上有天堂下有苏杭”的杭州。今年2月19日下午因急性肺栓塞在家中与世长辞，可说是寿终正寝！福禄寿全归！据了解，他前一天晚上还与中联办的朋友交流，探讨香港的发展形势，谈笑风生。

如今他的离去，留下我们对他无限的哀思与不舍，希望他在天之灵看着香港安定繁荣！不负他当年在香港13年所做的工作！

他的学者风范，他的微笑与言谈，言犹在耳，历历在目……不禁想起“哲人日已远，典型在夙昔。”

深切怀念张浚生先生

文满林*

原新华社香港分社副社长张浚生2月19日在杭州病逝,消息传来,令香港不少爱国爱港社团人士,认识和不认识张先生的市民,尤其是上了年纪六七十岁的爱国人士深感哀痛,对张先生深表怀念。

催生学会　支持回归

笔者是个劳工阶层,闲时喜欢写稿。初时写些杂文投稿报刊。自上世纪八十年代中,时值中英两国就香港回归问题进行谈判,社会产生不少疑虑和争论,不少传媒报刊增设时事评论版,笔者就不知天高地厚撰写一些心声和所见所闻投稿报刊,诚幸报刊刊登。想不到拙文引起时任新华社香港分社副社长张浚生的留意,并于1992年相约在港岛赤柱新华社“别墅”相见而认识。自1992年至1998年张先生根据中央决定离港返回内地前的8年中,笔者时有就香港回归问题向张先生和新华社香港分社提供个人意见及建议。纵然所提的意见及建议并不成熟,但却得到张先生的赐覆,令笔者深受激励,至今还保存多封张先生的亲笔信。

上世纪九十年代,是香港回归中英双方进行角力最紧张最关键的时刻,作为新华社香港分社高层及新闻发言人,工作异常忙碌。一方面要时刻应

文满林　香港华人革新协会副会长

对英方及彭定康的斗争挑衅,另一方面又利用仅有空隙约撰写时评的人士见面座谈,鼓励大家多发表一些支持香港回归,以及批评彭定康"三违反"的评论文章。香港政治经济文化学会的创建,都是因为张先生邀请不少写时评的人座谈而互相认识,然后大家一起建议组织一个写时评的团体方能发挥力量,学会就在1994年5月正式成立,一直至今,在香港回归祖国的过渡期及回归后都起到一定的作用。这不能不归功于张先生从中起到的催生作用。

离港后保持友谊

张先生于1998年4月23日离开工作13年的香港,此时香港已经回归祖国。因为时间匆促,张先生没有多少时间与大家见面告别,但又不想不辞而别,唯有用信件形式广发给他所认识的朋友。当大家收到张先生的告别信时,他已经返回杭州浙江大学。张先生在告别信中写道:在此告别之际,我们互相间都是依依不舍,但聚散离合,从来都是难以避免的。我相信我们的友谊将永远保持,将来也有许多见面畅叙的机会。的确,张先生返杭州浙江大学至他逝世的20年来,不时来港公干,约见旧友。而香港不少爱国爱港的社团中人和社会各界人士,也不时专程到访杭州浙大,就是想见一见张先生这个广受香港市民欢迎的"老友记"。记得2000年,香港华人革新协会借会庆活动,组团访问杭州浙江大学,拜会张先生。笔者虽然因工作而没有随团去拜访张先生,却写了一信托团长波叔转交张先生,不久就收到回信。张先生与华革会这个老牌爱国社团的交情不浅,在华革会50周年会庆,就得到张先生亲临祝贺,并用毛笔书写贺词:"艰苦奋斗历半个世纪,爱国爱港创美好明天。"题词深得老会长蔡渭衡击节赞赏,并将墨宝挂于会所当眼之处。

张先生在港的13年间,为香港回归作出了很大的贡献。他不但深受爱国爱港社团组织人士的欢迎,同时也深受香港普罗市民的认同和喜爱。就算一些政见不同的头面人物,也不得不对张先生为人表示敬佩。尤其是张先生经常保持笑面的"招牌",比说话更能化解对方的敌意。

张先生走了,令人深感悲痛,也令人深深怀念,永远值得怀念。

深切缅怀《镜报》挚友、老师张浚生先生

《镜报》全体同仁

原新华社香港分社副社长张浚生先生于2月19日在杭州病逝，享年82岁。噩耗传来，《镜报》全体同仁异常震惊，万分悲痛。

张先生是《镜报》的挚友、《镜报》的战友，更是《镜报》的老师。《镜报》的许多活动，都获得张先生的全力支持，尤其是香港回归那段时间，《镜报》关于回归的言论总是得到张先生的高度赞赏、认同和支持。

携手引道回归舆论

1984年，《中英联合声明》草签。随后，为了开展相关工作，年富力强的张浚生先生于1985年被派到香港工作，在新华社香港分社先后担任宣传部副部长、部长。1988年担任新华社香港分社副社长，后兼任新闻发言人，至1998年离任。

在香港回归前的过渡时期，中英双方就香港回归安排经常有意见分歧。张浚生先生作为中方驻港机构的新闻发言人，他的言论经常被视为代表中方的立场。

《镜报》创办人徐四民先生是爱国爱港的侨领，《镜报》的宗旨是“振兴中华、爱国爱港”，当时发表的关于香港回归的各类文章，立场和中央保持一致，经常和张先生携手引道回归舆论，双方在舆论阵地的并肩战斗中，结下了深厚的友谊。张浚生先生也与徐四民先生成为挚友，并在徐四民先生去

世之后，依然关爱和指道《镜报》的发展。

共同应对彭定康

当时香港传媒基本掌握在西方手中，支持香港回归的传媒只有传统的《大公报》《文汇报》和民办的《镜报》等少数报刊。1982年6月15日邓小平会见12位香港知名人士，透露中央已决定解决香港回归问题。参加会见的徐四民回港后，7月份的《镜报》报道邓小平会见12位香港知名人士时，非常含蓄地透露了这个资讯。此后，《镜报》被西方媒体视为传递中方关于香港回归权威资讯的重要媒体。

1992年，彭定康上任，他的第一份任内施政报告中提及政改方案，试图绕过中共中央改革香港的选举制度，同时还与西方政客经常发表一些不利于香港政权平稳交接的言论。为应对这一违反《中英联合声明》的做法，新华社香港分社建立了新闻发言人制度，并由张浚生兼任新闻发言人。

针对港督彭定康的"三违反"（违反英方在《中英联合声明》的承诺；违反与《基本法》衔接的原则；违反中英两国政府以"七封书函"达成的协议）的言行，张浚生代表中方进行了有理有节的反驳。张浚生曾回忆道："当时斗争真是激烈，彭定康上午讲，我就下午讲；他下午讲，我就晚上讲，甚至有时他前半小时讲，我后半小时就回应。后来彭定康曾托人传话说，张先生能不能少讲他一句。我回答说，你不讲我也不讲，你讲了我就必须得讲。"

与此同时，原本要退休的《镜报》社长徐四民也因为不满意彭定康就任港督后违反《中英联合声明》的一系列举动，表示"彭定康不倒我不退"，以《镜报》为阵地，发表了各类有理有据有节反驳彭定康的文章。

以上种种，让张浚生先生与《镜报》创始人徐四民、与《镜报》结下了深厚友谊。

离港后依然关爱《镜报》

香港回归后，张先生虽然离开香港担任浙江大学党委书记和浙江大学发展委员会主席，并为祖国的教育事业作出了不凡的贡献，但他老人家一直心系香港，无时无刻关心着香港的一点一滴。他一如既往关心和爱护着《镜报》，如对两地交流、青年教育和企业社会责任等问题等，经常提出宝贵意见。他给予《镜报》的意见都非常中肯到位，《镜报》能有今天的发展与张浚生先生是分不开的！为此，《镜报》高层还专程前往杭州，当面致谢和聆听他的教诲。2014年凤凰卫视拍摄《我的中国心——徐四民专辑》时，张先生是其中的被访嘉宾之一。在《镜报》创刊35周年时，张浚生先生特地发来贺信，赞扬《镜报》在改革开放以及香港回归等重大历史进程中作出的重大贡献，再次赞扬了《镜报》“振兴中华诚实敢言”的办刊宗旨。

敬爱的张浚生先生，我们永远不会忘记20多年前您与末代港督彭定康精彩绝伦的唇舌交锋，突显您的高超口才和睿智，为香港的顺利回归立下的汗马之功；我们永远不会忘记您对《镜报》的关怀备至，对后辈的教道和爱护。您的博学、智慧，您对祖国的忠贞不二和奋斗终生的精神是我们学习的榜样！

一路走好，我们崇敬的张先生，您的形象、您的音容将永远铭记在我们的心中！

张浚生社长的人格魅力

李远荣*

惊闻张浚生社长于今年2月19日病逝，我感到很痛心。

回忆2013年10月9日，蔡丽双小姐约戴方、李幼岐、陈兆实、蔡曜阳和我等6人，于是日下午3时到香港铜锣湾富豪大酒店拜访张浚生先生。张浚生先生曾任职新华社香港分社副社长，香港回归后调到浙江大学任党委书记，退休后仍在浙大发展委员会任要职。这次是来香港公干，本来是下午5点要离开酒店乘机回杭州，但他念念不忘老朋友，仍利用这短暂的时间和我们见面，至为难得。

虽然多年不见，张先生仍然能说出我的名字，使我大为感动。一个小时的聚会，就像和亲人话家常一样，他那亲切的笑容、和蔼可亲的态度，却永远铭刻在我心中。

张浚生先生在香港任职13年，在与我的交往中有三件事是我毕生难忘。

张先生担任新华社香港分社副社长，大家都尊称他为张社长。他日理万机，为香港的繁荣稳定作出巨大的贡献。在香港人眼中，他是位出色的政治家、外交家，却万万没想到，他在工余，对文学艺术和书法都有精心的研究。

张浚生副社长平生爱好书法，他曾送我一帧墨宝，写道：“铢集寸累，日

李远荣　1941年生，福建南安人，香港作家

进有功”，这成了我的座右铭。张副社长的书法笔走中锋，随心所欲，挥洒自如。他写字似不经意，不过信手挥毫，其实是炉火纯青，潇洒而俊逸，含蓄而挺劲。

1994年底，我出了一本写人物传记的书，名叫《名人往事漫忆》，特寄一本去新华社香港分社，请张社长指教。书刚寄去不久，张社长就写来一封热情洋溢的信：

远荣先生：惠赠《名人往事漫忆》大作一册收到，谢谢。先生亦文亦商，卓然有成，令人钦佩。先生的许多名篇，我早在《香港文学》这本杂志上已经拜读，可谓神交已久矣！

令尊给你们的训示：做一个有用的中国人，要热爱祖国、热爱家乡，你用言行去实践。令尊的这些话，也是我们作为一个中国人应该去做的，愿同此共勉。

谨此　即祝新年愉快

张浚生谨上

1994年12月23日

有一次在香港作家联会的聚餐会上，张社长看到我，便走过来热情地握着我的手说：“李远荣先生，你的书我花了四天时间才看完，其中尤其喜欢你写的有关郁达夫的评论文章。”我愣住了，这是我首次和张社长见面，不知如何回答才好，只说一句：“谢谢！谢谢！请多多批评指教。”

1996年4月18日，我写了一部10多万字的人物传记《李光前传》，想请张社长写序，他也答应了，很快就写好，题为《芭蕉抚臂无人见，暗替千花展绿荫》，使拙作生色不少。1998年《李光前传》成为新加坡和马来西亚10大畅销书之一。张社长为拙作写的序被编入《亲历回归与合并——张浚生访谈录》（浙江大学出版社出版）这本书中。

1998年张社长调到浙江大学担任党委书记。因为他人缘好，临走前，很多单位和好友排着队为他饯行。香港作家吴应厦对我说，张社长对咱们旅港闽籍作家很关心，咱也请他吃个便饭表示感谢！我回答说，这想法当然好，但人贵有自知之明，衡量一下自己的身份，这是不可能的事。谁知吴应厦胆粗粗，打电话给张社长，张社长为此推掉了几个约会，来到敦煌大酒楼和我们吃便饭。当时出席饯别宴的有：张诗剑、陈娟、蔡丽双、吴应厦、戴方和我共七人。我们谈得很投契，蔡丽双小姐还把平日收集的一本有关张社长的剪报送给他，他很高兴。后来，陈娟小姐还专为此次聚会写了一篇长文，在香港《文汇报》发表。

张社长虽为领导，但他飘逸、洒脱、清润、淡雅、高远，所有脚印都那么自然、清晰、高尚，眼到之处都那么让人尊敬。他不曾追求永恒；然则，当他把自己融进历史时，历史却把他雕刻成了永恒。

张浚生一身正气爱憎分明

李劲岐*

前一代或再前一代的香港人，相信个个都熟知张浚生先生，因为他在香港工作了13个年头，担任新华社香港分社（中联办前身）副社长兼发言人，电视新闻出镜率和报纸上的见报率非常之高。那个时代的香港人，真可说没有人不知道张浚生的。他的学养甚高，气度不凡，口才一流，待人亲切，毫无官气，加上他在政治上的立场坚定、爱憎分明，给那个时代的香港人留下了极为深刻的印象。

我认识张浚生超过30年，也就是1985年他来港工作不到一个月时，经北京一位朋友的介绍，在中环一间餐厅相聚共进晚膳。当时他是宣传部副部长，后升部长，三年后任副社长后再兼任发言人。可能因我那时在传媒界工作，与张社长多有交往。后来，他告诉我他的直线电话号码（那时尚无手提电话），这样，致电时就不必经过总机及秘书转驳的麻烦了。这也是非常友好的表现，令我铭记于心，永不忘怀。

作为新华社香港分社的副社长兼发言人，张浚生立场坚定，学养高超，见多识广，更是思维敏捷、口才了得。他在对外发言或与记者的答问中，常有不少“金句”出现。举例说，后来不少时事评论员指摘反对派和外部势力对中央和特区政府“说三道四”，这一用法，最初就出自张浚生之口。用“说

---

* 李劲岐　男，上海人。曾任香港《成报》前主笔，现任香港文化促进协会顾问

三道四”指摘反对派和境外势力的一派胡言，端的是一针见血，既有分寸，又让人十分解气。

最能表现张浚生立场坚定、爱憎分明的有一个非常典型的例子。“末代港督”彭定康的“仇华反华”业已是人所皆知，他在任期内即英国降旗临走之前，利用掌握香港行政大权的最后时光，搞了个以“反中乱港”为目的的《政改方案》。当时，身为新华社香港分社副社长兼发言人的张浚生，第一时间指出这是“三违反”的方案，即：违反中英联合声明，违反与基本法相衔接，违反中英两国外长达成的谅解和协议。但彭定康执迷不悟，死不悔改，因此，张浚生最终只好不留情面地说了一句狠话，他指责彭定康是“既要当婊子，又要立贞节牌坊。”这是民间俗语，但却形象地揭穿彭定康的政治诡计和卑劣品性。张浚生的坚定立场和爱憎分明，也由此可见一二。

张浚生在调回内地担任浙江大学党委书记前，曾与我告别，并告诉我是主管教育的陈至立部长在北京亲自向他宣布这一新任命。就我而言，张浚生比我年长，又知识渊博，真正是亦师亦友。张浚生的形象，正面、正派、正气，尤其是他的爱憎分明，对朋友爱，对敌人憎，这一形象，将永留我心间。

斯人已去　音容犹在

王宽诚教育基金会

张浚生先生，无论在内地或香港这是一个深入民心的名字。

王宽诚教育基金会与张浚生先生结缘始于1985年。那一年7月，因工作需要，张先生从浙江杭州市委副书记的任上调任新华社香港分社宣传部副部长、部长、副社长。在他到港后最先拜访的两个人中，其中一位就是祖籍浙江宁波、王宽诚教育基金会的创办人、时任中华总商会副会长的王宽诚先生，从此开启了张先生与王家、与基金会30余年的友谊。

张先生亲切慈祥、博学多智，在其一生中展现了人性的“真、善、忠、信”。张先生为人谦逊无私，拥有豁达风趣的亲和力；他做事求真务实，并善于倾听；张先生对于来自内地及香港找他帮助的各阶层人士施予援手，又特别关心生活困难的学子们，他捐出稿费设立“浙江大学浚生贫困学生助学基金”予以帮助，他对弱者的关怀怜恤，散发出慈悲之心。张先生是一位有浓浓家国情怀的人，他在香港的回归、国家的高等人才培养事业作出杰出贡献，恪尽一己报国的责任。张先生以心会友，珍视每一份结下的缘，哪怕是过了几十年的小事，他仍可如数家珍。他待人以诚，相处以礼。张先生不仅拥有高尚的情操，更有寻常人的情怀。他在言行间都散发着大爱、忠信、仁义的美德。他的大德遗爱人间。

张先生，基金会的这位老朋友、好朋友，从来没有忘记王宽诚先生创办的基金会。2012年，76岁高龄的张先生，亲自到访基金会，当他了解到基金会近30年来，积极参与国家培养高端科技人才事业，对基金会的工作表示赞赏及给予肯定，为王宽诚先生之“宽以济世，诚以育人”理念得以实现感到欣慰。为此，他特别给基金会题写“德泽华夏”和“为国育才，赤心永存”等字幅。张先生作为基金会的老朋友，一直对基金会给予关心和支持，无论是事业发展方面，还是基金会的资助项目方面，他都积极地给予具有建设性的意见和建议，这些意见和建议对我们设立项目时的决策、管理以及评估都有很大帮助。2013年，为进一步促进基金会与浙江大学之间的合作，已退居二线的张先生特意邀请基金会访问浙江大学，亲自介绍浙江大学四校合并以来的发展情况，并建议基金会在浙大设立具有品牌性质的讲席教授及杰出青年人才引进项目，以拓展与浙大合作培养人才的广度和深度。2015年，承载着王宽诚先生和张浚生先生为国育才之共同信念的“浙江大学王宽诚讲席教授”和“浙江大学王宽诚青年学者”项目正式成立、运作。今天，这两个项目已在浙大的人才培养事业中发挥作用，我们将铭记张先生对基金会工作的关心和支持，把培养高端科技人才的事业继续做好，我们更会继续管理好浙大这两个项目，循此作为对张先生的敬意和纪念。

张先生走了，走得有点匆忙。但我们相信，当年，在香港回归问题上，他代表着国家的庄严，却又充满着学者的睿智、辩者的机敏，善于用事实说话的音容将永留人间；当年，在浙江大学四校合并的世纪工程上，他以花甲之龄坚韧不拔地再次投身国家高等教育事业的意志和奉献精神将永留人间；我们更加相信，他那倾其所有，捐资助学，爱人以德的无私大爱，人们将永记心间……

斯人已去，唯留余香。谨以此文纪念张浚生先生。

（2018年8月6日）

张浚生与“微笑行动”

浙江微笑行动志愿者服务中心

“张老(浚生)是令人尊敬的人,中国的微笑行动(母亲微笑行动的前身)能有今天的发展,要感谢他的支持帮助。尤其是当我们身处逆境时,他更是毫无保留地倾力支持!如今,怀念他的最好方式就是为我们共同认可的事业多出些力!”

——韩凯医生

1984年,《中英联合声明》的签署,正式确定了中国收回香港领土主权,实行“一国两制”的日期。此时英国政府已统治香港百余年,英国的文化、法律在香港影响很深。为了保证政权的平稳交接,需要一批年富力强、文化素质高、思想开拓的领导干部赴港工作。张浚生就是在此背景下,被调到新华社香港分社工作。

在香港的工作经历,也成了张浚生与中国的微笑行动结缘的开始。13年的驻港经历,他见证了香港回归的全过程,也留下了口碑。他与香港各界人士都有交往,董建华、范徐丽泰、金庸、邵逸夫、马临等社会名流,都是他的好朋友。因此,他自然参加了香港的很多慈善活动。他回忆说:“有一次香港娱乐界的朋友搞慈善义演,请了很多商界的精英,其中一个节目是点名唱歌,商界人士当场募捐,谭咏麟上台提议,是不是让张先生也唱一首,当时香港还没有内地官员在公众场合唱歌的先例。台下立刻有人答应15万港币,梅艳芳也加了3万元,我就唱了一首《潇洒走一回》,大家都高兴得不得了……”由于张浚生的积极参与,这次募捐活动非常成功。

正因为他有香港参与慈善事业的丰富经验,回到内地以后,他应邀担任浙江慈善总会顾问。中国的慈善事业起步较晚,1994年2月16日,《人民日报》上发表一篇评论员文章——《为慈善正名》,这是党媒在新中国成立后首次正面启用“慈善”这个词。文章中说:“社会主义需要自己的慈善事业,需要自己的慈善家。人们都心慈面善,都乐善好施,都乐于助人,那么社会中的假恶便会无容身之地,我们为之奋斗的文明祥和、丰衣足食的社会主义现代化便会早日实现。”自此,民间慈善事业悄然兴起,中国“微笑行动”就是开风气之先的活动之一。

中国的“微笑行动”是医护人员等的志愿者组织,旨在为贫困地区困难家庭患儿进行免费手术,从而使唇腭裂患者过正常生活。韩凯医生是中国的微笑行动的发起人。1989年韩凯在弗吉尼亚大学医学院求学期间,认识了国际微笑行动创始人Magee夫妇,将“微笑行动”带进中国。1990年,他和夫人林静医生一起将此付诸行动,并于1991年5月在杭州组织实施了首次活动,给176名贫困家庭的唇腭裂患者提供了高质量的慈善手术,并引起了轰动。

2007年杭州微笑行动慈善医院成立,香港方面提出邀请张浚生担任理事长。尽管当时工作很忙,社会活动很多,张浚生还是欣然答应,他说“微笑行动”是国际性的。很多人治好了唇裂,等于改变了一生。从此他与中国的“微笑行动”结下了不解之缘。

作为一位在政界、学界都有突出建树的风云人物,张老先生用他先进的理念、丰富的经验、广泛的人脉,推动着“微笑行动”在中国的发展。毫无疑问,假如没有他,“微笑行动”在中国取得这样的发展是不可想象的。

2007年,中国的“微笑行动”在杭州成立微笑行动慈善医院,张老先生担任了杭州微笑行动慈善医院名誉理事长,一任就是11年。2008年,微笑行动慈善医院正式营业,从2007年11月试运营以来,已经免费治愈了近400

名贫困唇腭裂患儿。在“微笑行动”的慈善晚宴以及各种公开场合，他号召各界人士纷纷慷慨解囊，踊跃捐款，以帮助更多唇腭裂的贫困孩童获得免费治疗。2009年他帮“微笑行动”争取邀请到了香港艺人张学友担任爱心大使。张学友还应邀前往杭州，为微笑行动慈善医院做义工。张浚生在这次慈善晚宴上发言说：“治愈一个唇腭裂的孩子，就等于治愈了这个家庭的心理创伤。”譬如韩凯通过免费的手术，治好了一个菲律宾女孩子，现在这个女孩子已是菲律宾的著名歌星，就是非常有意义的一件事情。

2015年，“微笑行动”与中国妇女发展基金会共同发起成立“母亲微笑行动”专项基金，张浚生担任专项基金管委会总顾问。在微笑行动慈善医院，每次开会他都反复强调，一是要保证医疗安全，好事应该好好办。办坏一次就会前功尽弃，名誉扫地；二是要保证资金安全，必须用到实处，不能有一点疏忽或漏洞。2016年，“母亲微笑行动”专项基金管理委员会第一届第二次会议在杭州召开，张浚生出席会议，并一致表决通过中国“微笑行动”加入中国妇女发展基金会“母亲”系列项目，正式命名为“母亲微笑行动”。

在2015年“母亲微笑行动”专项基金管理委员会第一届第一次会议召开前夕，张浚生因公务不能到场参会，手书一封送与微笑行动发起人韩凯医生，表达了对于“微笑行动”的深深祝福。

杭州微笑行动慈善医院常务理事会韩凯先生：

欣悉中国妇女发展基金会微笑行动专项基金第一届第一次理事会议在杭州召开，并承蒙邀请与会，我因公务出差北京，不克前来参加，深感可惜，谨以此短笺致以热烈祝贺！杭州微笑行动慈善医院在你的领导和众多社会热心人士及义务工作者的大力支持下，多年以来在全国，特别是西南部地区和边远山区为贫困家庭面部畸形患者提供免费慈善治疗和救助，使得成千上万患者恢复了笑容，重拾了尊严和信心，愉快地投入我国社会主义建设的伟大洪流中。你们的爱心和慈悲之心及义举，广受社会赞誉，为社会进步与发展提供了正能量。

现在你们在中国妇女发展基金会的大力支持下，成立杭州微笑行动专项基金，进一步凝聚社会各界热心公益的力量，筹措更多慈善基金和扩大医疗资源。这必将使得微笑行动这项造福人群的事业得到更大更好的发展，造福更多的患者，必将使得友善、慈爱的社会风尚得到更好的弘扬。

谨祝理事会圆满成功！

张浚生谨上

2015.11.1

张浚生的慈善之心，来源于优良的家风，也来自自身的素养。张浚生的高祖、曾祖是康熙年间四、五品的高官，曾被派往台湾平过乱。他的父亲本是私塾老师，家道中落，养活不了一家人，就改行做裁缝。父亲不仅裁缝手艺好，还能烧一手好菜，周围邻居家有什么红白喜事，都会请他去帮忙掌勺。其母亲也是心地善良。正是由于祖辈所遗传的善良正直的品性和后天的良好教育，使他成为一位心有大爱的最美慈善人。

2018年2月19日下午3时15分，慈悲长者张浚生在杭州永远地离开了我们。虽然斯人已逝，但他老当益壮、践行公益的身影，依然时常浮现在我们面前。人们仿佛看到，晨光明媚，彩霞满天，“微笑行动”的队伍出发前，张浚生赶到现场，他微笑的面容好像朝阳，他挥了挥手，空气都在摇晃……

我们永远怀念您，母亲微笑行动的理事长、最资深的志愿者——张浚生先生！

忆张浚生对高校联的深厚情谊和支持

郭明华*

在二十世纪八九十年代，时任新华社香港分社（现今称“中联办”）副社长的张浚生，是香港社会公认的最忙碌的人之一，几乎每天新闻里都能见到他代表中央政府和新华社香港分社发表意见，关心香港的发展和香港回归祖国的相关事宜。同时，大家也能在许多公众场合见到他的身影，为社会活动主礼，和社会各界打成一片。

中国高等院校香港校友会联合会（简称高校联）的筹划和创立，正是在张浚生的亲切关怀和支持下，顺应香港社会发展的形势，在一批学长的努力下成立的。高校联成立后，张浚生就担任了高校联的名誉会长，亲切关怀和指导高校联的发展，是广大校友们所熟悉的、亲切感很强的一位领导。

1998年，张浚生奉命调回内地担任浙江大学的党委书记，负责浙江大学、杭州大学、浙江农业大学、浙江医科大学的四校合并，组建国际级的高等教育机构。虽然他工作繁忙，但依旧关怀高校联的会务和发展，每当高校联有代表团前往，他总是拨冗接见，有时还并宴请香港的客人。

在他任职浙江大学领导期间，经常来香港参加一些活动。在停留香港的紧张时间内，他总要留出时间会见高校联的负责人；如若遇上高校联召开理事大会，他还会莅临会场和全体理事见面座谈，表达对高校联会务的关心

郭明华　中国高等院校香港校友联合会会会长

和支持。

2008年，为迎接北京奥运会，高校联在港举办盛大的音乐联欢会，时任浙江大学发展委员会主席张浚生亲自率领浙江大学艺术团来港，和高校联艺术团一起，献上了一台优秀的文艺汇演，预祝北京2008奥运会成功。

如今张浚生社长虽已仙逝，但他到香港与校友欢聚一堂的时光，仍历历在目，校友们为失去一位和蔼的老领导和熟悉的老朋友悲痛不已……

我们深切缅怀老社长的高风亮节和人格魅力，愿老领导一路走好！

时光流逝忆浚生

周文骞*

我认识浚生是在他的学生时代。他是机械系光仪专业的学生，我是作为政治课教师在机械系上政治经济学。我们见面时，他总会叫我“周老师”，其实我并没有教过浚生，但他是一位优秀的学生干部，我由此结识了他。

我们熟悉起来是在“文化大革命”期间，浚生参加的组织主要以青年教师与学生中的党、团员骨干为主，主张在省委领导下有序地开展运动，反对未经调查任意把人打成“走资派”、“资产阶级学术权威”，反对乱揪、乱斗，打、砸、抢。当时我所在的马列主义教研室的教师大多数也参加了这个组织。浚生在这段时间中充分表现了他的组织才干和领导能力，把一支来自不同单位、几千人的队伍带成为有异常战斗力的组织。

“四人帮”倒台，十年动乱、“文革”结束后，浙大成立了“揭批查‘四人帮’反革命集团运动办公室”。办公室主任由王正之同志兼（后为北师大党委书记）；浚生、魏益华、周广仁为专案组组长；我为秘书组组长。专案组的任务特别繁重，工作夜以继日。我所在的秘书组要承上启下，写报告、写简报，许多材料来自专案组，所以同浚生的接触十分频繁。记得有一次由校革委会主任杨海波（后为教育部副部长）带着浚生与我参加省“揭批查‘四人帮’办公室”的会议。原来通知的是座谈会，到了会场见到一屋子都是人，会议突

---

*周文骞　男，浙江诸暨人，1931年7月出生，教授。曾任浙江大学马列主义教研室教师、化工系党总支书记、校长助理、校党委副书记、浙江省社联副主席

然变为经验交流会。主持者告诉我们:第一个介绍的是浙报,第二个就是浙大。当时我们都毫无准备,此时浚生主动挑起了担子。他用笔在随身所带的小本子上写了几个字,半小时后就上台发言,娓娓道来,有板有眼,既有案例分析,又有经验总结,相当精彩。会后主持人要浚生把发言整理成稿,作为简报发到全省有关单位。

在运动基本结束后,浚生回到光仪系担任党总支书记,我到化工系担任党总支书记。1980年“文革”后浙大第一次党委选举,浚生被选为党委常委并任副书记。他分管除组织外的所有党务工作,范围广、工作忙,但他做得非常出色。尤其在学生工作上,全校性的各种活动开展得红红火火,体育竞赛、文娱演出、演讲比赛经常进行,对学生的思想品德教育极为重视。在他的领导下,我所在的化工系化工专业77班还获得了“全国先进团支部”的称号。

后来,我也调到校部分管全校后勤系统的工作,财务、基建、后勤、医院等都在其中。这样同浚生的合作就更多了,他所负责的许多工作离不开钱、财、物的保障;而后勤服务工作如房屋分配等难题也离不开党的思想工作的支持。通常时任党委书记刘丹会把我们俩找到家里商讨工作,有时也会在浚生家中小小的客厅中面对面研究问题。我们之间常常会海阔天空地闲扯。谈笑中我发现浚生知识渊博,不仅精通本门业务,也有极佳的中文根底,而且为人风趣,不拘小节,是一位才子型的人物。

这种紧密合作持续了一段时间,他就奉调到杭州市委任副书记兼秘书长,以后又调到新华社香港分社工作。自此以后,就逢山远隔,只是零零星星地听到有关他的一些信息。有一次,新华社香港分社刚退下来的副社长李储文来访。他是代表香港著名企业家邵逸夫前来浙大洽谈捐赠事项的。浙大方面先由我出面商讨具体项目,再由校主要领导拍板敲定。这就是浙大邵逸夫科学馆的由来,是邵逸夫先生在全国教育系统首次捐赠,影响颇大。其背后推动者乃是在香港工作的浚生。以后香港知名人士陆续对浙大所有捐赠、助建的项目,无一不与浚生的努力有关。

浚生从新华社香港分社卸任后，他的去向传闻多了起来，可能性大的是到四校合并后的新浙大任主要领导。听到这个消息后同浚生熟悉的同志都十分高兴。在中央任命文件尚未公布前，我们一些同事、教师和学生在浙大附近的一个叫“蔚蓝海岸”的餐厅宴请了他，前来的有两桌人。宴会上众人纷纷表示，欢迎他重返浙大，树高千丈，叶落归根。同时还表示，在他上任后，决不会因私人问题找他去通融，瓜田李下，避免人们说浚生是徇私。据我所知，与会者都是严格遵守了这一承诺，无一人麻烦过他。浚生在席上说，中央有关领导部门曾多次找他谈话，他的去向有多项选择，最后还是确定回浙大。他说，浙大是他的母校，成长壮大的地方，他对浙大怀着深深的感情，愿在人生最后一岗为浙大作贡献。

在他主持四校合并后任党委书记期间，工作是极为艰难的。一要把原来分散的几个学校统一为新的浙大，心往一处想，劲往一处使，拧成一股绳。这项工作进行得相当顺利，在这基础上，浙大的各项任务都完成出色，学校的实力与声誉与日俱进。另一个具有战略意义的设想是他与潘云鹤校长共同策划，把浙大所属院系重新按照前沿学科调整、设置。这是高瞻远瞩的措施，指引了浙大未来发展的方向。事实证明了它的正确。去年年底，全国开展建设“双一流”高校的活动中，对全国所有高校的一流学科作了评定，浙大名列前茅。其中评为Ａ+和Ａ的学科极大多数就是他任上确定的高技术、创新性的前沿学科。这就为浙大今后发展开启了一个广阔的天地。

直到他从浙大领导岗位退下来后，见面反而多了起来。他也会参加熟人操办的一些聚会，我经常发现他喝酒比较多。我是滴酒不入的人，我常常劝他，年纪大了，少喝一点，对身体不好。他在兴头上听不进去，总是说饮酒无妨，开心第一。以后，我看到他身体一天一天胖起来，脸色一天一天红润起来；再后来，又听说他血压高，心脏也不好，还装了心脏起搏器。我为他的健康担心，但他工作还停不下来，继续为浙大操劳。他担任了浙大发展委员会主席，为浙大引进资助，设立助学基金；还多次担任教育部派往重点高校的巡视组组长，似乎一刻也没有闲下来。2018年春节前几天，我到浙大医院去配些常用药，在医院门诊楼的后门碰到了他。老远他就同我打招呼。见面时，他笑嘻嘻地说："周老师，近况如何？"我问他身体怎么样，还喝不喝酒。他回答，"这是老黄历了，我早就停了，现在身体很好，没有大病，今天是来做几项常规检查。"我看他人瘦了不少，很精神，看不出有病的样子，也就放心了。哪知道这是最后一次相见，没有几天就传来他过世的噩耗。真是大吃一惊，哀伤中冥冥觉得他还在我眼前，那个笑嘻嘻的模样。一颗明星骤然陨落，实在可惜。

本文最后，我还想说几件鲜为人知的事。第一件是"文革"初期，刘丹同志作为浙大一号"走资派"被打倒，日批夜斗，处境十分凄凉。尽管浙大师生中对这位白发苍苍的老人颇有同情的不乏其人，但在萧杀的气候中仍登门看望者少而又少。浚生却是其中的一位，常去看望这位曾经关心过他的老领导，而且还冒着风险为刘丹同志代写过检查报告。滴水之恩，涌泉相报。这真是真情相待、难能可贵的行为。

第二件事在他担任党委书记时，上级单位派来巡视组检查浙大工作。在对浙大领导意见反馈时，讲到有人反映外语学院院长有许多问题，如何如何不好。言下之意是说，浚生有包庇之嫌。浚生闻之，怒气顿生，对巡视组说"不"！他说浙大"文革"历史我是清清楚楚，提意见这个人我知道，他原是造反派头头，至今仍然戴着有色的派性眼镜专门挑毛病，搬弄是非。巡视组随后再次了解情况，知道真相后，临别时向浚生表示了歉意。为维护正义，保护基层干部，敢于在上级派来的大员前说不同意见的人，为数不多。

第三件事是近年发生的。在任浙大年青副校长褚健被人检举遭刑拘事件中，我知道的浙大教师、干部与褚健创办企业的员工曾有几次上书国家有关部门，反映情况，最早一次是有800人签名，包括几位退离休领导与两院院士。最后一次是由2087人签名的上书，时间是在2016年国庆前夕。2017年1月此案就开庭了结，褚健也在这年春节前释放了出来。浚生在此事中一直实事求是，主持正义公道，通过各种渠道向中央及有关部门反映情况，陈述历史事实。本来此事浚生可以完全不管，一个声誉颇佳的人士何必去沾身。但对于褚健的提拔任用、办企业、搞科研、企业公转民等浚生还是了然的。虽然他也从浙大领导岗位上退下来了，不过他还是出于公心，坚持党性原则，毅然地说，对人不能用的时候用他，出了事情却弃之不管，这样会令人寒心的。事情已经过去，浚生铁肩担道义的精神令人钦佩。

以上三件事中，可以窥见浚生高尚品德之一角。往事越经年，浚生为浙大所作的贡献，为教书育人所付出的辛勤劳动，会深留在我们心间。

另附小诗一首，以志哀悼：

春潮方涌江南时，白雪红梅艳若诗。
乡关梦断故土远，壮心已随闽水逝。(注)
港澳豪情难离舍，浙大奋力长相思。
莫话往矣旧时月，老树前头发新枝。

注：浚生是福建长汀人

(2018年8月)

新浙大的开拓者和奠基人

——追忆我心中的张浚生同志

郑造桓*

一、定格在永别的怀念中

今年正月初四下午，我们一家正在外地探亲，突然收到学校领导和老师们发来的短信，说张浚生书记当天下午因肺血栓突然在家中病逝。这则噩耗让人一下子懵了。几天前学校举办春节团拜会，邱利民教授拉着我和张书记一起拍了照片。怎能想到，这竟被定格为永别的纪念！

于是我们马上收拾行李，抓紧往回赶。下午赶回来，我和老伴直奔张书记家，院子里有很多浙大师生。我们祭拜灵堂，看望杨老师和子女们。杨老师非常坚强镇定，述说了突然发病和急救情况。

张书记心脏不好，已经装过两次起搏器。有一天，我们一起参加一位老教授的文集首发式。他坚持把会开完，也讲了话，结束时我陪他下楼。他悄悄告诉我，今天感觉很不舒服，胸闷。但是，他答应的事是一定要做的，所以还是来了。我请他抓紧去医院检查，千万别大意。送走后，我在他座位上看到会议程序表上写着几个字"不忘初心，牢记使命"，这正是他一生的座右铭。我顺手把它保存下来，谁能想到，这竟然是我看到他最后留下的墨迹！

郑造恒　原杭州大学党委书记，新浙大组建后任校党委副书记兼纪委书记

二、筹备四校合并结情缘

我与张浚生同志素不相识，是四校合并的筹备工作把我们联系在一起。他在香港工作13年，其中7年是按《基本法》规定艰难地处理过渡期的各种矛盾和斗争，顺利完成香港回归后，1998年4月回杭，马不停蹄地立即投入只有半年时间的四校合并紧张筹备中。

在第一次筹备工作会议上，他说，我这辈子做了两件大事，一件已经完成了，那就是参与香港回归祖国，让分割99年的香港重新回归祖国的怀抱，这是全国人民的共同期望；另一件是把分开46年的四所同根同源的学校重新合并为一所新的浙江大学，这是中央的重要决定，是老浙大人几十年梦想的共同心愿，是刘丹老校长的嘱托，也是国家交给我们这些人的新任务和新使命。他诚恳地希望大家齐心协力和他一起把这件大事办好，不辜负国家和人民的重托。他心情沉重地说："如果办不好，我只好跳西湖、跳钱塘江了。"这番话，情真意切，非常动情，体现了对老浙大的深厚感情，体现了为国家建设世界一流大学的历史担当，让人十分感动。

有几次，我向他反映自己的想法：1996年4月杭大刚刚换届，充实了一批优秀的新生力量，正是发挥作用的时期，他们进新班子比我更适合。他并不认同，说先把筹备工作搞好再说吧。又有一次我在省里办事，听说省里准备研究新浙大班子了，我就赶紧找分管领导再三说明在班子人选中，我只比浚生同志小几岁，是年龄最大的，干不了几年，请其他同志留在班子里保持工作的连续性、稳定性，这是最适宜的选择。后来张书记告诉我这是学校民意测验中形成的共识，我们不能随意改变！而且这项议题会议已经审议通过了，还是服从组织决定安心工作吧！

筹备工作分若干组，我在筹备成立大会这个组，这是当时的首要任务。有很多问题我都向张书记请教，他安慰我，新浙大成立大会是缩小版的香港回归大会，当时我负责香港回归大会筹备组的工作，会议规格高，规模大，要求特别严格。我们的会议只是规模小、规格低一些，很多工作都相似，五脏俱全,也要做过细的工作。那个阶段,我脑子里像放电影一样,一幕一幕地反复过程序。开始我们组有蔡立三和赵匀两位搭档。后来又请张乃大、陈子辰来加强。我们能不能把新浙大成立的第一炮打响就在此一举。张书记在香港久经考验,经验丰富,在重大问题面前,他总有将帅风度,沉着冷静,不慌不忙,亲力亲为,成为我们的主心骨、定海针。

1998年9月15日,新浙大成立大会在玉泉校区体育馆举行。会上,国务院副总理李岚清、教育部部长陈至立、浙江省委书记李泽民、北京大学陈佳洱校长等都分别致辞和讲话。张浚生同志代表浙江大学致答谢词。由于大家共同努力,会议开得很成功。

会后有个小插曲。会上张书记讲话中引用杜甫的《望岳》一句诗:会当凌绝顶,一览众山小。会后,有好几位高校领导对我说,你们浙大是大哥大、巨无霸,要一览众山小啦!我便打圆场说,泰山只不过1500米,在五岳中也不算高,你们才是珠穆朗玛峰、昆仑山、天山呢!会后我和张书记说了这件事。他微笑着又非常坚定地说,四校合并就是要有"一览众山小"这样的壮志与气魄,就是要旗帜鲜明地把建设世界一流大学作为奋斗目标!我听了深深感受到这就是他的决心和风格。

新浙大没有辜负党中央国务院的期望,在若干所合并学校中平稳融合、快速发展,多次得到时任教育部长陈至立的肯定和好评。周济部长还多次在大会讲话中肯定浙大是高校改革发展的一面旗帜。

三、稳定校区秩序全身心投入工作

四校合并后,工作千头万绪,张书记抓的第一件事就是各校区的稳定,充分发挥各校区的领导管理协调作用。印发的第一个文件是关于加强校区管理工作的意见,对确保各校区教学科研各项工作的正常运行,发挥了重要作用。

合并中最难的一件事是学科的重组和优化。原四所学校学科上总体是优势互补,但真正组合起来,重复的学科不少,动了谁的奶酪,都有意见。这项工作是由庞学铨副书记和冯培恩副校长分管的，但是张书记、潘校长都亲自过问，参与得最多。他们大大小小开了70多次座谈会，个别谈话听取意见几百人次，最后形成20个学院组建方案，再交给大家反复讨论。经过再三修改完善，最后大家基本上认同，接受了这个方案。

新浙大成立头几年，工作头绪太多，每个人工作都忙不完。张书记尽管要处理的事情很多，但他仍然千方百计地参加各校区、各学院、各学科的学术活动和学生的一些活动，一天忙到晚。他有个小本子，把答应的活动都记得密密麻麻，决不会出错。我看张书记太忙，实在于心不忍。有一次，民主生活会上，我提出两位主要领导要抓改革发展、学科建设、对外合作、人才培养和引进人才等全局性的大事，尽量摆脱行政事务性工作。张书记听了，只是笑笑，没有说什么。

我曾经问过张书记，在香港工作有些什么特点？他说，新华社香港分社是国家的派出机构，与港英当局和社会各界没有组织关系。在那种环境中必须善于通过参加一些社会活动，广交朋友，在融入社会中发挥作用。他说，我在香港每年元旦春节写贺年卡，都要发三四千封。回到浙大每年也至少发三四百封。看来张书记是把在香港做群众工作、统战工作的作风带到学校中来了。这对当时磨合期的四校非常必要，起到了很好的效果，广受师生欢迎。于是我才大彻大悟！当初民主生活会我提出的意见，原来他是用香港的工作方式，已经做出了回答。学校第一次举办集体婚礼推荐“最尊敬的证婚人”时，大家一致拥戴张书记为首届证婚人，充分体现了广大师生对他的尊敬和信任。

浙大是省里和教育部、中组部重大活动的试点单位。早些年试点“三讲”教育，工作组配合学校开展活动。那个年代高校和国家整体风气都相对较好，不像后来，在一些地方一些行业，腐败问题愈演愈烈，积重难返，甚至到了不动大手术就不能根除顽疾、不过正就不能矫枉的地步。当时工作组组长先讲了目的、要求、步骤、时间安排等，其中一位工作组同志补充强调，你们不用总结成绩，这是明摆着的，主要是查找问题，分析危害和原因，再拿出解决和改正的具体措施就行了。

张书记为人谦和，又非常讲原则。他不赞成的事情就态度鲜明，决不含糊。他说，我们认真学习了中央“三讲”教育的通知，没有写只讲问题，不讲成绩。马克思主义的基本原理是唯物论和辩证法，对任何事物都要一分为二，实事求是。我们浙大决不搞那种“我不是人，我为什么不是人，我今后怎样做人”式的试点活动，这样搞不符合中央精神，势必走偏方向，否定了广大师生员工的努力和工作成绩。组长听了认为有道理，便说，就按学校的意见办，紧紧贯彻中央精神，总结经验查摆问题。

那次“三讲”教育，我们没有关门搞“三讲”。经张书记同意，我们分别把省委书记、省长和市领导，还把中科院院长、浙大老校长路甬祥请来，结合省、市、国家的发展规划，认真总结经验，查摆问题，研究高校如何为国家和地方的经济发展和人才培养提供更有效服务。这次试点教育很成功，浙大的做法和经验得到肯定和推广。

浚生同志对自己要求非常严格，以身作则，党性很强。有一次，他对我说，去参加一个会，给他咨询费一万元怎么处理。我说，现在没有相关规定和处理办法。我向他介绍，省里计生委主任在全国大会上获奖，奖金2万元，她把这钱作为垫底成立了计划生育优生优育基金会，后来搞得很大。我建议他先放着，以后有条件搞个扶持贫困学生基金会，为培养家庭困难学生出些力。后来终于成立了贫困学生助学基金，在卜凡孝副校长推动下，目前已筹集了3600多万基金，扶持了3000多位贫困学生。这是大家协助他晚年期间做的一件大好事，实现了他多年的心愿。

四、一张五六百名同学签名的大字报

新浙大成立不久，突发了一件最令人痛心的事。那年美国为首的北约轰炸南斯拉夫，说是误炸了我国驻南联盟大使馆，造成三位新闻记者当场牺牲，激起全国人民的愤怒。西溪校区的几位同学立即写出抗议北约侵略暴行的大标语，贴在练球场护球的铁丝网外面。有两位日本留学生正在那里练足球，踢了一会儿，就把大标语踢掉了。中国同学就找他们评理，日本留学生说是震掉的，不是踢下来的。这件事很快就被保卫处同志平息了。

晚饭以后，又有一些同学来到留学生楼，找日本留学生评理，也有别有用心的人煽动说，日本留学生污辱中国女学生啦！这样人越聚越多。保卫处的同志怕出大事，把日本留学生带到保卫处二楼保护起来。我们把学生引到大礼堂和大家讲清事情真相，告诉同学要冷静，不要受骗上当，相信学校会妥善处理好。我在台上讲，有人就在下面起哄，后来有人就带头喊"下课！""下课！"胡建淼副校长上台和大家讲，大家也往下哄。后来有人喊，日本留学生被带到保卫处了，去保卫处要人去。大家就蜂拥着往保卫处跑，这样保卫处周围就集聚了至少两三千人，场面十分混乱，难以控制。张浚生书记经历的世面多，也在香港这种环境中磨砺了13年。他非常镇定，让人起草一份《给浙大同学的一封信》，说明这件事的真相、处理意见和对同学们的几点要求。请公安部门调来一辆宣传车，他在宣传车里用扩音器宣读，分管学生和宣传工作的童芍素副书记也轮换宣读。那天，张书记刚从北京出差回来。在去北京时在机场不慎跌跤，把胳膊摔伤了，他是把胳膊用绷带吊在脖子上坚持宣读的。这样宣传有一定效果，大部分人在观望，仍有不少人用石头往保卫处二楼抛，有些人硬往二楼冲。

当时省市主要领导、省市公安部门领导都亲临现场坐镇指挥，公安干警和校保卫处同志冒着受伤危险守护在保卫处周围和二楼过道。到了夜里十一点，趁公安干警换岗时把日本留学生裹在里面带了出来，总算避免了危险。在这种混乱局面下，学校能做的工作非常有限。我们把能找到的班主任、辅导员、院系干部、老师都通知来了。只见黑乎乎的一大片人群，看不清，有力也用不上。早上五点钟左右天亮了，学生们的面目看清了，大家点名，一个一个往外拉。同学们一见到老师都乖乖走出来，散去了。

早上七点多，大家到食堂吃早饭，只见食堂的玻璃窗上贴了大字报：张书记，我们对不起您！几位同学对昨晚的盲目莽撞行为向张书记、向学校表示歉意：让学校各位领导和老师费心了！以后吸取教训，不会再做这样的蠢事了。这张大字报表达了很多同学的反思，也引起很多同学的共鸣，大家不约而同地在上面主动签名，吃早饭的工夫，已经签了五六百个名字。最后几位同学把大字报拿下来，送到张书记办公室里当面道歉。通过昨晚的突发事件，他们越加对张书记由衷地敬仰和爱戴。张书记很感动，他说学生们非常可爱，知错能改就是好学生！鼓励同学们听党的话，像老浙大人那样，为祖国争光，为国家建设和发展出力。他告诉我，这份大字报他一直保存着，作为一份永远难忘的纪念。

五、中国现代大学校园的模板

有一次，我到部里开会，发现部属75所高校统计材料中有些数据令人震惊。新浙大由于连续三年本科招生超负荷，在人均教室、图书馆、操场、食堂、实验室、宿舍等各项指标中，均排在倒数后三名。回校后，我向校党委常委会作了汇报，指出浙大办学条件正在严重恶化，要引起高度重视。

会后，我和张书记探讨了这个问题。他说，为了减轻本科招生压力，我们已经与杭州合作筹办浙大城市学院。我说还可以考虑与宁波合作办浙大宁波学院。有一次，我在省里开会，宁波市市长和我坐在一起。他告诉我，去西安跑了很多次，想把西安电子科技大学搬到宁波办，搞交钥匙工程。学校都谈妥了，但陕西省里坚决不同意，说把学校卖了就成为历史的罪人！

我提醒他，可以考虑与浙大合作办宁波学院，他一拍大腿说："哎呀，我怎么把浙大给忘了呢？"回去后，他与市里领导商量都同意，于是就派一位任副书记的浙大校友和他一起多次到浙大联系合作办学事宜。还有一条就是学校一直在考虑的，选一个合适的地块，办一个现代化的新校区，成为浙大标志性的校区，彻底改变办学条件和面貌。

张书记对这些想法非常重视。宁波方面多次来谈，与潘校长为主进行商议。张书记等相关校领导则在杭州市周围一连看了九个地块。有一次开会，张书记和杭州市领导坐在一起谈了看九块地的事，市里主要领导一听非常着急，他说，浙大是杭州的金名片，还有一个是西湖！如果浙大到外地办学，杭州的脸都丢尽了！我给你们找，保证让你们满意。后来，他请张书记等学校领导两次去看离西溪湿地不远的一块地，大家觉得不错，有很大发展空间，就敲定了。这就是现在的紫金港校区。

张书记为改善办学条件，操碎了心。他和分管领导一起狠抓筒子楼改造，狠抓“450”工程，在四年内要建设50万平方员工宿舍，改善住房的短板。现在，终于优选了合适地块，在分管领导和基建处玩命式的努力拼搏下，26个施工队一万多人，每天三班倒日夜奋战，一年就建成了60多万平方的崭新校区。新校区的建设，大大推动了杭州市西部大开发计划，一个杭州西部科教大走廊正在迅速形成。

当李岚清副总理来紫金港校区考察时，仔细地把新校园看了一遍，非常满意。他深有感触地说，今后国际友人要看看中国的现代化大学，我们就请他们到浙大看看紫金港校区。

时任省委书记张德江同志在浙江主持工作时，对浙大非常重视，10多次到浙大考察、调研、做报告。新校区的开工仪式就是张德江同志亲自启动的，他还把省市相关领导和部门请到紫金港校区开现场会，要求杭州市再给新校区预留5500亩土地作为二期工程。

习总书记在浙江主持工作期间，亲自到浙大18次。有一次把省委常委会放在浙大紫金港校区开，专门研究如何支持浙大建设世界一流大学，支持浙大为省和国家发挥更大的作用。

六、六年巡视情深谊长

从2007年2月到2012年底，是我和张书记接触交流最多的6年。我们俩被教育部党组聘为巡视专员，巡视部属75所高校。我们常常被分在一个城市，彼此有个照应。他分在天大，我就在南开；他在上交大，我就在复旦；他在北外，我就在传媒等等。每年暑期还参加一次总结学习交流会，一起出发一起回来。这个阶段比较宽松，聊的话题非常广泛。

他给我讲了他唱的一首歌竞拍慈善公益款18万元的故事；讲他智斗香

港末代总督彭定康的故事;讲他和香港国学泰斗饶宗颐老先生的交往,与邵逸夫先生、金庸先生建立的深厚情谊;讲起邵氏基金会对浙大有特殊感情,捐助的项目也最多,四校加起来不下10多个。

张书记对巡视工作非常认真负责,也有很多独到见解,受到大家的尊重和欢迎。每次开会发言大家都请他先讲,然后大家再讲。他看问题很敏锐有深度。有一次,他巡视一所大学回来后和我说,这所学校成人教育管理混乱,在基建项目中有很大隐患。他建议学校要高度重视,同时也向部里作了汇报。后来,过了不久查出问题,有两位副校长被处理。

2009年初,教育部按照中央统一部署,在全国重点大学开展科学发展观教育实践活动,把部巡视组转为中央巡视检查组的一部分,分片巡视全国重点高校。张书记负责北京市北大片的巡视工作,我参加了西北片的工作。

我们除了谈工作也谈一些其他情况。他告诉我,他是客家人,生于1936年7月闽西南与江西交界山区的长汀县。客家人是指河南、河北等地南迁的中原人,多住福建、广东和台湾等地的山区。长汀离井冈山根据地、瑞金、古田会议的旧址都很近,是中央苏区的核心区域。

他的记忆力特好,小时候的事,当时红军唱的歌曲、抗日战争歌曲、解放战争歌曲还记得,说唱就唱起来。看得出他从小就传承了红色的基因,对一生都有决定性影响。

他还和我讲,他们的祖上是清朝的命官。到了祖父一辈,家道中落。祖父是手工业造纸工人,父亲当过教书先生,又学裁缝,生活勉强维持。他说,我们客家人,非常勤劳,靠耕读传家。他小时候看过很多书,有古诗词、四书五经、古典文学等,有什么就看什么。说着说着他就背起水泊梁山108将名和号,张口就来。他说,他的大哥早年参加革命,抗日战争时期北上抗日,先到浙江四明山根据地,后北撤到江苏山东一带。

由于他阅历丰富,知识面广,在学校一直是好学生和学生干部。中学时就作为学生代表参加县里的人代会。高中毕业时他和老师带着学生要走路赶到漳州参加高考。学生时期的经历,培养了他的组织活动能力和领导才干。他于1954年考入浙大机械系光学仪器专业。1958年毕业留校任教，以后到学校的机械工厂当车间主任、支部书记。

张书记从小就练书法，写得一手自成一体的行书。他经常应邀为人家题词，很有文采。他又是一位社会活动家，兼任了很多社会公益事业和学术界的职务，如唐云书画馆的馆长、浙江儒学研究会会长、徐霞客研究会名誉会长等。他的一位老同学，业余爱好是搜集和研究《红楼梦》的版本目录学，要出书，请张书记写篇红学版本目录序，他经过一番研究就完成任务；在中央党校学习时，当时正出现一种激光热，学员们就说老张是学光学的，给我们讲讲激光吧！他又经过一番准备，到图书馆查阅资料，然后给大家专门作了激光科普的讲座。张书记学到老，讲到老，做到老，兴趣爱好非常广泛，有刻苦钻研精神，践行了老浙大人干一行、爱一行、钻一行的作风。

在巡视中，我们俩谈得最多的话题还是浙大的合并与发展。他说我们赶上了千载难逢的机遇。没有小平同志的《中英联合声明》，香港就不知何年何月才能回归；没有中央决定建设世界一流大学的宏伟目标，已经分开46年的四校就没有重新振兴浙大的大好时机，因此如何把握好机遇，对浙大非常重要。

新浙大成立后，张浚生书记发挥在香港累积的人脉资源优势，为浙大发展筹措了很多经费和项目。在他和潘校长主持工作期间，筹划了很多重大活动，引进和培养了一些重量级人才。邀请联合国秘书长安南到浙大演讲；请大数学家丘成桐先生到浙大任教，办数学研究中心；请英国科学家霍金来学校讲座；请国际电磁科学院院长孔金瓯教授加盟浙大；请金庸先生任人文学院院长；请著名汉学家杜维明来浙大讲学；还引进了方肇伦、陈宜章、巴德年、段树民、唐孝威、沈家骢、贺贤土等一批资深院士，加快学科建设发展。在他策划下，建立了包玉刚、曹光彪、李达三、汤永谦、姚文琴、唐学元、陈曾焘、陆增镛等奖学金和基金会，为教师学生提供学习深造机会，培养了大批人才。他为浙大呕心沥血，殚精竭虑，为新浙大建设做出了突出贡献。

历史有很多偶然性和相似之处。1936年4月，竺可桢校长在全面抗战前夕，受命于危难之际，带领全校师生举校西迁“文军长征”。经过8年抗战，发展壮大，历经千辛万苦使浙大浴火重生，成为当年的“东方剑桥”。

几乎就在这同时，1936年7月，一个小生命在中国工农红军革命根据地诞生。在浙大建校一百多年、分开四十六年之际，他受命于四校重新合并的艰难岁月中，开启了新浙大在一任任书记校长带领下、全校师生员工不懈接力的新征程。他就是圆梦新浙大、引领新浙大，走向新的发展时期的张浚生同志。

从1998年到2004年的6年间，张浚生同志主持四校合并重新振兴新浙大过程中，带领学校班子始终秉承中央关于建设世界一流大学的要求，提出三步走的发展方略：五年打基础，十年见成效，在建校120周年左右，使浙大朝着综合型、研究型、创新型的世界一流大学目标迈进。我们充满信心地期待，在浙大人一代代不懈攀登中，浙大一定会逐步成为现代化的“东方剑桥”，成为世界一流大学，为国家和人类社会做出新贡献。

当我们在为实现这个伟大目标奋斗时，千万不能忘记：带领新浙大重新崛起的开拓者和奠基人张浚生同志。一世师德风范千古，两大贡献山高水长。

张浚生同志的名字将永远镌刻在浙江大学的历史丰碑上！

我的好领导　我的好老师　我的好朋友

——深切怀念张浚生同志

黄书孟*

2018年2月19日，张浚生书记永远地离开了我们——噩耗传来，我泪流满面，悲痛不已！

张浚生同志是我所尊敬的好领导，是我的好老师，也是我的知心朋友。

我和张浚生书记是有很深缘分的：

1978年，我考取原浙江大学马列主义教研室的研究生。此时，张浚生同志是浙大党委常委，马列主义教研室是他所分管的部门之一。10月5日，我到浙大报到，成为浙江大学的一名学生——从这时起，张浚生同志就是我的领导和老师了。

1979年年底，我在读研究生期间，去江西、福建实地考察中央革命根据地：1929年1月，毛泽东同志率领红四军离开井冈山革命根据地，转战赣南、闽西；3月，毛泽东同志亲手建立了中央革命根据地的第一个县级红色政权——福建长汀县革命委员会。同年，毛泽东同志在长汀县辛耕别墅召开的前委会上，决定在赣南、闽西建立新的革命根据地，并初步提出了建立农村革命根据地、以农村包围城市最后夺取全国政权的思想。

长汀县正是张浚生同志的故乡——张浚生同志1936年诞生于长汀县。所以，他从小就受到红色根据地的革命熏陶。

黄书孟　男，1942年出生，山东省莱芜市人。浙大研究生毕业，教授。曾任杭州师范学院院长、浙江医科大学党委书记、浙江大学副校长等职

因为长汀县的革命史料十分丰富，所以，我们在长汀县的学习考察长达一周，连1980年元旦也是在长汀县汀江边上的望江楼度过的。当晚，整个餐厅就我们一行四人。老板看我们是外乡客，有些伤感，对我们招待有加，令我们备受感动。元月2日，我们参观了瞿秋白英勇就义地罗汉岭，受到深刻的革命教育。

长汀县一周的学习考察，为我撰写刘英（江西瑞金人，曾任浙江省委和闽浙赣省委书记，1942年被国民党杀害于浙江永康方岩）的传记收集了大量的史料，也为我后来撰写《毛泽东率领红四军创建赣南闽西根据地的理论意义》一文打下了坚实的基础。张浚生同志对该文很感兴趣，看后大加赞赏，我很受鼓舞。

我和张浚生同志在一起，经常会聊到他的老家长汀。每到这个时候，张浚生同志会眉飞色舞，声音都会高起来，并经常向我讲述更多的长汀的故事。他对自己家乡的无限热爱和眷恋的赤子之心每每令我动容——只有热爱自己的家庭、热爱自己故乡的人，才会热爱自己的祖国和人民！这一点，在张浚生书记身上得到了深刻的体现。张浚生同志是从革命老区走出来的人，根正苗红！

1981年底，我从浙大毕业；1982年初，我被分配到杭州师范学院工作。当时，杭州师范学院属省市共管以市为主管理的学校。1983年，张浚生同志从浙江大学党委副书记岗位上调任杭州市委副书记。这样，张浚生同志也就是杭师院的领导，自然就又成了我的上级领导。

但我真正认识张浚生同志，却是相识二十年后的1998年。

1996年，我从杭师院院长任上调浙江医科大学任党委书记。

1998年4月30日上午，国家教育部和中共浙江省委省政府联合召开会议，宣布成立新浙江大学筹建工作小组，张浚生同志任组长，我等为组员——1998年4月30日，我与张浚生同志从相知到相识，开始荣幸地在他的直接领导下工作。

新浙江大学筹建工作小组从4月30日成立到9月15日新浙江大学正式

成立，在张浚生同志的领导主持下，共举行了20次工作会议，为新浙江大学的成立作了充分的卓有成效的筹备工作，张浚生同志功不可没。

张浚生同志亲历香港回归后，又亲力亲为四校合并。在四校合并之初，浚生同志就提出了把浙江大学建设成为综合型、研究型、创新型大学的明确目标，为浙江大学的建设和发展倾注了他的全部智慧和心血，为建设世界一流大学作出了巨大的贡献。

我和张浚生书记从相知相识到相交，前后整整四十年，浚生同志给我留下了极为鲜明、刻骨铭心的印象：

他掌控全局，运筹帷幄；坚信马列，志笃不移；忠诚于党，立场坚定；忠于人民，大公无私；坚持真理，光明磊落；爱憎分明，刚正不阿；以诚待人，以心交友；知识渊博，文理贯通；爱生如子，情深似海。

安息吧，我的好领导、好老师、好朋友浚生同志！

你永远活在我们心中！

（2018年5月1日）

“臻”言铭记

卜凡孝*

我最敬爱的张浚生老师离开我们已有一段时间，但老师一直以来对我们的善言教诲却始终不忘，并受益匪浅。

“与人为善，不要整人”

上世纪八十年代初，由于西单民主墙的影响，一场自由选举的风潮影响到校园。当时，正值西湖区人大代表选举之时，校内有少数受自由化影响较深的同学跳出来参选。他们自设讲台，公开演讲，以激烈的话语引起舆论，给学校思想政治工作带来很大压力。

那时张浚生老师是分管学生工作的副书记。学校对如何对待这批学生有两种意见：一是强压、批判、处分，二是批评、教育，以理服人。张浚生书记赞成以情接触，以理服人，避免处分。他坚持深入基层，深入一线，到宿舍去，到寝室去，面对面做工作，还单独约这些同学沟通。此后，这些同学有的被选为浙大校学生会干部。为了保证校学生会正常工作，学校推荐我入选为浙大第十九届学生会主席。

张浚生老师找我谈话，提出要求，这届学生会责任重大，任务艰巨，希望我能协助学校做好如下几件事：1. 团结学生会所有成员，围绕学校的中心工

卜凡孝　男，1945年12月8日生。浙江大学原副校长。1978年考进浙江大学化自专业，任校学生会主席。毕业留校后，曾任校团委副书记兼学生会秘书长，分部副主任，校长助理，副校长

作开展活动;2. 政治上坚持党的领导,坚持思想工作的正确方向,制止自由化思想在学生会中蔓延;3. 坚持为学生服务的宗旨,充分发挥桥梁作用,创新工作,成为学生们信得过的自己的组织。在张老师的直接领导之下,加上团委的指导,我以责任心和同学的信赖激励每个人,努力工作迎来了学生工作的新气象,向学校交出了满意的答卷。后来,我问张老师当时对这些同学开展工作时,你是怎么想的。张老师语重心长地跟我说,"我经历了建国以来大多数运动,我从未整过人。我知道整人既残忍,又恶劣,遗患多多。挽救一个人事业多份力量,打击一个人事业会树立很多阻力。尤其是学生正值成长,必须坚持教育为主。"在我身为学校领导18年的日子里,我时刻提醒自己与人为善,发挥所长。

"你们这样做,我很放心"

2000年,为了加快新校区建设,张浚生书记带领我们基建后勤一批干部到南方考察,一路上兴致勃勃,憧憬我们的新校区如何建设。我们参观了中山大学珠海校区,仔细询问了立项规划设计、建设管理各个环节,学习了不少经验。后来又参观了中人建设集团总部,这是一个挂靠部队的工程承包公司。我们考察了他们的技术管理实力、经济实力和业绩。中人集团热情地接待了我们,并请我们吃了晚餐,回到住宿地方后,他们又送来了礼品,每人一只手表。看到礼物,我二话没说,立即命吴伟丰同志退回。张老师知道此事后说,"你们这样做,我很放心。新校区建设即将全面铺开,今后我们面对很多施工单位,作为甲方管理人员,一定要守住底线,不受贿,不贪污,不浪费。作为共同建设者,我们目标一致。但作为甲乙方,一定要互相制约,避免物质关系,确保新校区建设成为廉洁自律的典范。"

"坚持利用社会资源发展的方向"

四校合并之初,浙大办学条件被嘲弄。所谓"第三只眼看浙大"的文章就是这个时候出现的。张浚生同志召集会议讨论对策,强调解放思想,拓展融资渠道，加快新校区建设步伐，坚持利用社会资源发展的方向，改善教职工和学生的住宿条件，坚持改革开放，改善教职员工的生活环境。在张浚生书记的指导下，我们以收费做抵押，创新融资模式，保证了建设资金的需求。坚持后勤社会化改革，提高后勤服务质量，拓展了校外市场，稳定了队伍，启动了以外养内的新模式。

在短短的三四年之内，浙大教职工住房从全国最差到全国最好。新校区的成功建设，大大提升了办学条件，有力地支持了教育改革、科研改革和体制改革，确保了中央四校合并决策的成功。

“不能有一个浙大学子因生活困难辍学”

作为党委书记，张浚生老师是学生的贴心人，他观察细致，体贴入微。2004年，他曾经问我：“卜凡孝同志，浙大困难学生大约多少？”我回答说：“据饮食中心统计，每月生活费200元以下15%，160元以下极困难户约7%。”为此，他开了许多次座谈会，反复核对，确信浙大极困学生约5%。他提出多方筹资的办法，解决极贫学生的困难。“五个一点”到位，决不允许一个浙大学子因生活困难而辍学。同时，率先在新生入学注册环节中设立绿色通道，使困难学生一跨入浙大校门就体会到浙大的温暖。

张浚生同志退休后，我们以他的名义设立了浙江大学浚生贫困学生助学基金。基金已运行13年，基金余额3600多万元，已救济学生3千多人次。

“求是创新是立校之本，什么时候都不能忘记”

去年的9月，有一天我们和张老师见面茶叙，那天正逢四校合并19周年，席间就自然谈到了四校合并和浙大发展问题。张老师讲了一番发聋振聩的话语。他说，现在事实证明当年中央决策四校合并组建新浙大是非常有远见的，非常正确的。今天，四校牵手进入了世界名校之列。同时在培养人才和支撑地方经济社会发展方面都起到重要作用。他说，例子不要举了，大家都知道。尽管现在校内外对四校合并的怨言和不理解依然存在，恐怕再过二十年也不会消失。不过,这无关大局了。只要我们继任的同志头脑清楚,胸有全局,敢于担当,在用人遣物上公平公道即可。他说,风物长宜放眼量。我们不能满足,要看到工作的不足,要看到竞争激烈,要看到环境对我们要求也越来越高。这时我就问道,张老师,就你来看,现在浙大发展还要注意哪些问题?他笑了笑说,我不便多发言。我说没关系,我们俩闲说话。在我再三鼓动之下,他又说了一大段。今天回想起来,他讲了概括起来有以下几点:“第一、求是创新是浙大立校之本,什么时候都不能忘记。一定要坚持,并体现在我们日常工作中,如科学研究、教学改革、学生管理培养、后勤服务等都必须贯彻体现。第二、努力创造一个宽松自由和谐的校园环境,学术可争论,观点可表达。这是大学的氛围,是名校的特点。教师管理与学生管理要探索新路子,把自己教育自己组织好引导好。第三、不要铺摊子。一个学校追求齐全、追求完美容易走入误区。不断摊煎饼,不断办分校,会加重负担,分散办学精力,弱化办学资源。现在浙大是该收缩的时候了,不能再盲目铺摊子。对外合作要讲实效,切忌见小利忘大计。第四、坚持一流目标不动摇。科学研究要鼓励合作,组织大课题,组织大团队,用资源鼓励合作,用活跃学术交流活动发现课题激励创新,形成氛围。第五、资源倾斜。稳住排头学科,推动次位学科,配以精准人才引进,推动浙大学科建设再上一层楼。第六、学生管理再说一句。16年前试行的学园式的管理证明是好的,要想法改回去,逐渐打乱同专业同宿舍的状况,适应学分制的教育管理,为学生知识相互影响交叉创造条件。词不达意,凡孝同志不要笑话噢,哈哈!”在我们迎来四校合并20周年之际,作为新浙大开拓者和奠基人的张老师,他的那一番话语重心长,字字珠玑。

浚生老师已去,可他的思想、他的品质、他的音容笑貌永远在我们心中。

先生之风　山高水长

张乃大*

张老师已经离开我们数月有余，每当想起和他一起的时光，音容笑貌犹在眼前，思念之情萦绕心头，心里总是在想："怎么说走就走了呢?"感叹岁月如风，人生如梦。

我与张老师交往几十年，他在我心中有三个身份：领导、师长、挚友，但我及许多人都一直称他为张老师。一是因为这是那个比较纯真的年代的历史遗存，那时大学里学生对教职工都称老师，教职工之间也大多互称老师，不像现在都以官衔相称；二是因为他平易近人，没有官气，风度儒雅。正因为如此，他的逝世才引起那么大的反响。斯人已去，风范长存。我这篇拙文的标题，借用范仲淹赞严子陵（严光）"云山苍苍，江水泱泱。先生之风，山高水长"的后两句，我感觉最恰当不过。

二十世纪八十年代初，我在浙大土木系担任党总支副书记，分管学生工作。张老师那时担任学校党委副书记，也分管学生工作，他是我的上级领导。30多年过去了，他抓的两件工作至今令我印象深刻。一件是助学金改革。那时改革开放刚刚开始，很多人还不知改革开放怎么样和自己分管的工作结合。张老师上任不久就抓对学生牵动比较大的助学金（即后来的奖

张乃大　研究员。1977年8月毕业于浙江大学土木系。留校工作后，曾任土木系党总支副书记、校党委学生工作部部长、校长办公室主任、校党委副书记。1999年调任浙江中医药大学党委书记

学金)改革。那时的助学金评定很宽松,吃大锅饭,对学生没有什么激励作用。张老师提出要改革,助学金评定要和学生的成绩、表现挂钩。当时很多人不理解,认为太超前了。他多次召开会议,一方面允许大家发表不同意见,一方面引导大家树立改革的意识,提高大家的认识,统一大家的思想。最后大家认识达成一致,并拿出了一个切实可行的方案。这件事在我的脑海里留下深深的印迹,事后多年我才认识到他那时改革的意识就那么强,思想就那么超前。另一件事是维护学校的稳定。当时社会上自由化思潮泛滥,正值学校校学生会换届,很多学生提出要搞竞选,有些学生要竞选学生会主席。他们张贴大小字报,每当就餐时就在食堂门口演讲。大多数学生莫衷一是,不知怎么办好,也不知选谁好。照这样发展下去,不但学生会主席选不出,还可能发生大的风波。张老师一方面要求各系密切掌握学生的动态,加强对学生的正面引导,一方面召开各种会议,听取建议、意见,商讨对策。我记得临近选举的前一天晚上,他召开学生线工作会议,宣布党委的决定:党委决定推举化工系一名年纪较大的党员同学,作为校学生会主席人选,要求各系连夜做好工作。我记得我连夜找到土木系学生会主席等人,传达党委的意见,要他们到同学中做好工作。在各系的共同努力下,这名同学顺利当选,风波也就平息了。

张老师到香港工作后,我们联系较少。1996年,浙大百年校庆要拍一部专题片在中央电视台播出,片子中需要有采访张老师和一些给浙大捐赠过的香港知名人士的内容。我和徐有智同志带着中央电视台摄制组到了香港,张老师听说我们来了十分高兴,不但答应采访,还帮我们联系好了几个采访对象。记得是查济民先生做东,在半岛酒店宴请张老师等采访对象和我们摄制组。这是我多年之后再次见到张老师,我觉得他更加儒雅、谦和,大将风度。最令我吃惊的是,他和每一位香港知名人士都是那么亲密无间、礼贤下士。我心里想,工作都做到家了,有这些人支持,香港还能不回归祖国吗!事后我问张老师:“你怎么和这些人关系那么好。”他说,关键是交朋友,我到香港这么多年就是广交各界朋友,坦诚相待,建立感情,上、中、下各个层面都要交朋友。

时光荏苒,岁月如梭。1998年张老师又回到浙江大学工作。四校要合并,他担任四校合并筹建小组组长,我在统筹规划组分管宣传报道等工作。要拟定宣传口号,制作宣传画册,对接新闻单位,准备文艺演出等,工作十分繁杂,又涉及四个学校,令人摸不到头绪。那时我经常向他请示汇报,很多具体工作都得到了他的指导。四所大学合并成一所大学,这在从来都是拆分容易、并起来难的中国实在是太难了。当时各种观点、看法纷繁复杂,各种建议、意见林林总总。针对这种情况,张老师向我们明确指出,宣传工作要加大力度,要多宣传四校合并的好处及合并后的优势,要宣传新浙大"综合型、研究型、创新型"和世界一流的办学目标,以此凝聚人心,鼓舞士气。这时我再一次体会到他站得高、看得远,善于抓住问题的关键。

张老师博学多闻,经验丰富,每次和他在一起,我都获益匪浅。在我离开浙大后他依然给了我许多指点和帮助。记得我去中医学院报到前,张老师在邵科馆为我送行,他对我说,乃大,当一把手和当副手完全不是一回事,分管一块工作和抓全面工作全然不同,对此你要有心理准备。凡事要从全局着眼,从大局出发,当一把手要抓大事,不要被小事缠住手脚,有些事让别人去做,天塌不下来。在此之前我从未往这方面想,也毫无感觉,更无经验可谈。他还语重心长地对我说,乃大,到了新单位不要急于表态,先搞调查研究,你才有发言权,才不会出错。他的这些点拨,使我对未来的工作有了清醒的认识和足够的心理准备。后来的实践证明,他的这些点拨对我做好工作帮助太大了。在以后的日子里,我为了汲取营养,做好工作,经常回到浙大,向张老师请教,了解浙大改革发展的情况。不管多么忙,每次张老师都热情接待,认真仔细地回答我的问题,毫不保留地向我介绍浙大的做法、经验和教训,有时还把一些资料送给我。

党的十六大召开后,举国上下都掀起学习、贯彻、落实的热潮。我急于想找一个党代表给中医学院传达会议精神,介绍会议盛况。这个党代表最好能结合高校的实际传达。这时我想到了张老师,他是党的十六大代表。

张老师接到我的邀请,欣然应允。为了做好报告,他还专门约我向他介绍中医学院的情况。在报告会上张老师不仅十分准确地传达了会议的精神,介绍了会议盛况,还结合高校实际谈了贯彻落实的建议。他的报告在学校里引起很大反响,大家都认为报告既有理论,又有实际;既传达了精神,又谈了贯彻落实的建议。特别是张老师关于办好一所大学,一是要有一个高目标,二是对学生要有一套新的、完整的培养理念,三是要达到前两个目的,就要从各个方面创造条件努力去实现办学理念,对大家的启发很大。

以上是我与张老师在工作和交往中的点点滴滴,细小而平凡,却尽显他的精神、品格和睿智。行走在记忆的长河是甜蜜而温馨的,而回到现实却令人怆然泪下。

2017年国庆节后,我们几个校友、老部下还和张老师有过一次聚会,那次聚会我虽感到他身体大不如以前,但没想到他那么快就和我们诀别了,令人感叹世事无常。他走了,他轻轻地走了。

尊者已去,我们追思故人,感悟人生,要像他那样身居高位而又俯身向下,仰望星空而又脚踏实地。这样,国家才会兴旺,民族才会复兴。

深切缅怀尊敬的张老师

陈子辰*

今天，2018年9月15日，恰逢在杭的同根同源的四校合并改革、组建成新的浙江大学20周年。回想20年来浙江大学的跨越发展，特别怀念四校合并筹备组组长、并校后首任党委书记——张浚生老师。他和校长潘云鹤院士一道，团结带领学校新班子和全体师生，推进并校改革、加快融合发展，开启了中国高等教育新一轮改革的序幕，树起了中国大地上高校改革发展的一面旗帜，谱写了浙江大学改革创新发展的新篇章。

四校合并之初，在深入调研、认真分析国内外社会、经济、科技、教育、文化发展的基础上，张老师展望国家发展、时代进步，深思熟虑地提出浙大要建设成为"具有世界先进水平的综合型、研究型、创新型的一流大学"的目标愿景，以此引领、团结广大师生员工同心同德向前看、齐心协力促发展。时至今日，这一目标仍然激励着浙大师生砥砺前行。

张老师十分关注学科建设和创新。记得1999年，机械、信电、化学、物理、光仪、电机等六个院系的教授研究世界科技新发展，拟跨院系组建"微系统中心"。当时，我把这些教授的想法向张老师作了汇报，张老师大力支持，并鼓励要"发扬浙大求是创新精神，大胆地闯出一条新路"。他和潘校长一

---

* 陈子辰　男，福建福州人，1950年1月出生，博士，教授。1978年考入浙江大学机械系。曾任系副主任、研究生院副院长兼校党委研究生工作部部长、校党委副书记兼研究生院副院长、校党委常务副书记兼纪委书记等职

道亲自到会，鼓励大家多学科协同，大胆创新，走在交叉学科领域的科技发展前沿。师生们10年的艰苦努力，终于结出了硕果——2010年我国首颗皮纳卫星成功升空，至今仍正常工作。浙大的皮纳卫星成功研制，开辟了我国设计、制造卫星的新路子。这颗卫星不但凝聚了浙大多学科师生创新勇气和聪明智慧，更饱含着张老师对浙大年轻教授们的热情鼓励和殷切期待。

张老师高度重视教育教学改革发展。并校之初，他和潘校长带领校领导班子认真分析了浙大当时的办学基础和学生构成，解放思想、克服困难、排除阻力，果断停止了专科招生，联名向教育部写信，请求加大研究生招生数量，要我即带这封亲笔信赶到教育部汇报。学校两位主要领导为国家发展培养更多的高层次高素质人才的历史使命感和责任感，深深地感动了部领导。次年，在全国各校普遍增招了不到2%研究生新生的情况下，浙大扩大了一倍的研究生招生名额，极大地优化了学生结构，激发了浙大导师们培养研究生的积极性，为浙江大学向更高层次发展创造了有利的条件。

四校刚刚合并时，针对一些高中毕业生在报考浙大时存在对不同校区的疑虑，张老师提出要建设新校区，从物理空间上彻底消除校内和社会上对并校改革的误解，加快推进实质性的融合。在党政班子中，他引导班子成员进一步解放思想，抓住机遇，大胆提出“要盘活校内资源，包括适当借钱”建新校区。他十几次实地勘察，寻找合适的校址，最终确定现在的紫金港校区。回想当初，学校的这一正确决策，不但为浙大创建世界一流大学培养优秀人才争得空间、争得发展新机遇，在推动学校发展中，解放思想、盘活资源，“不等不靠不观望”，超常规推进学校基本建设，走在了全国高校前列。

张老师非常关心教职工生活。记得2002年夏天，他不顾年龄大、血压高，亲自带队赴西藏高原慰问援藏教师。一路上，他征询同行的老师和干部对学校工作的意见，一直在思考如何解决浙大教职工宿舍紧张的问题，并在途中专程赴四川大学学习考察教职工住房建设的经验和做法。回校后，即召开学校领导班子工作会议，专题研究教职工住房问题，提出了3年时间建设20万平方米教师住宅的计划(后来发展为“450工程”:4年建成50万方教师住宅)。住房条件的改善,为学校教职工解除了后顾之忧,对稳定师资队伍,提升人才引进工作质量和力度发挥了重要作用。

作为学校党委一把手,张老师高度重视党的基层组织建设。他多次亲自为全校党支部书记上党课。在全校“三讲”教育活动中,他带头剖析自己,为全校党员干部作出了表率。他深知建设好各级班子和干部队伍是并校改革的关键,合并初期,首先做到人、财、物、教学、科研“五统一”,同时,原四校近百个院系调整为20个学院,机关部门统一设立,800多名中层干部精简为200余名。在力度如此之大、情况非常复杂的调整组建工作中,以张老师为首的学校党政领导班子统一思想、统筹规划、细致工作,广大党员干部顾全大局、服从组织安排,保证了并校改革的顺利进行,避免了一些高校在合并改革中曾走过的弯路,深得时任省委书记张德江同志的高度赞誉。

20年过去了,在国家和省委的大力支持下,依靠几届领导班子和全体师生员工的共同努力,浙大教学、科研、人才培养等方面取得了骄人的发展成就。此时此刻,我们更加怀念新浙大发展的开创者和奠基人张老师。他为国家教育事业和学校发展作出的重要贡献,他爱国爱党爱校爱师生的深切情感和博大胸怀,他不计个人得失、勇于担当的领导风范,将永远铭记在人们心中。

20年前的这场并校改革,我有幸在张老师直接领导下参与其中,深受教益并深为感动。而我个人与张老师的结缘,则要追忆到36年前。当时,我作为先进(学生)党支部代表与汪槱生教授作为优秀党员代表一道出席浙江省委举行的表彰大会。会议报到那天,我接到学校党委组织部通知,将由学校党委张浚生副书记亲自带领我们两人参加会议。那是我第一次“零距离”接触到尊敬的张老师。张老师带我们两人坐车到会议报到处,住进会议安排好的招待所二楼房间,会议结束后,又手把手指导我修改会议精神传达汇报文稿,亲自带着我到学校各有关单位党员会议上汇报、传达会议精神。要面向会场上这么多的师生、干部、党员讲话,我平生还是头一会,而且当时我还只是一名学生党员而已,胆怯得很。临开会前,我对张老师说:“张书记,我怕汇报不好。”张老师微笑地说，“今后不要再叫我张书记，就叫我张老师好了。”并鼓励我：“别怕，放开些，有我给你坐镇呢。”他还特别细心指导我：“不要照本宣科，可以结合些生动例子传达好会议精神。”自此，我们师生间建立了割不断的联系。张老师谆谆教导、循循善诱时的音容笑貌和人格魅力，对年轻人无微不至关怀的人文情怀，仿佛就在眼前。回顾我的成长历程，任何进步都离不开党组织培养、同志们的帮助支持。尊敬的张老师就是我成长过程的一位领路人。

张老师虽已离我们而去，但他的坚强党性、家国情怀将一直激励我们早日把浙江大学建成中国特色世界一流大学，激励我们为实现“中国梦”而不懈努力！

真正的共产党人

——我所看到的张浚生先生

张　泽*

我是2010年到浙大后，才有机会认识张浚生老书记的。他在我眼里，一直是一位真正的共产党人，学者风范的老领导，睿智亲民的知识分子老干部。

本人也曾在官场略有经历，加之前后几十年的孤陋寡闻，能让我由心敬佩的老干部，确实不多，但老张书记是一个例外。究竟为什么？其实就是一种感觉，下面就谈谈几件事儿，作为这种感觉的依据。

记得有一次和老张书记一起吃饭，聊到了当时他在香港新华社工作时的情况，当时的形势非常的严峻，情况非常的复杂。末代香港总督彭定康总是和邓小平的“一国两制”唱对台戏，利用总督地位，到处讲话，散布不利于香港回归的言论。后来，新华社香港分社的张浚生先生就是和他唱对台戏，彭定康上午讲，张浚生就下午去批驳彭定康，彭下午讲，张浚生就晚上批彭定康，彭晚上讲，张就转天早上批驳他的各种说法。后来，我的一些香港学术界朋友告诉我，他们说当时张浚生的讲话很厉害，不急不恼，绵里藏针，针锋相对，搞得彭定康下不来台。据说，后来彭定康恳求张浚生，说你能不能在我讲完之后，不讲？结果张浚生先生回答说，你讲我就讲，你不讲，我也不讲。搞得彭定康非常害怕张浚生。在那么复杂的政治、社会环境条件下，得到这么多香港人的认可和支持，说明张浚生先生不仅有水平，而且有能力，

张　泽　材料科学晶体结构专家，中国科学院院士。浙江大学材料科学与工程学院教授。1980年毕业于吉林大学物理系，1983年、1987年分别在中国科学院金属研究所获硕士、博士学位

做工作深得人心，为香港的顺利回归做出了重要贡献。

还有一次，和老张书记一起聊天，我请他讲故事。他讲到，有一次出席晚会，同桌的著名女歌手梅艳芳与他人聊天，说到一些事情让她非常的伤心，抑制不住痛苦，泪流满面，在场的记者们冲过来照相，抓新闻题材。当时，老张书记立刻站了起来，用身体挡住抓拍梅艳芳的镜头视角，对记者说，人家这样伤心，拍下来不好，谁家里都有兄弟姐妹的，应该关照自己家亲人不受伤害。我可以想象出那种场景，老张书记就像一个慈爱的老父亲，保护自己的女儿。作为中央派来的新华社香港分社的高官，能够以这样的一种非常人性化的形象，来保护和关照一个痛苦中的女孩子，相信让在场的人，以及后来报道出来使香港广大居民，感觉到非常的意外，就是觉得这样的共产党高官，非常人性化的对待当时的弱者，使人们通过老张书记这样的人，以及所做出来的事，让香港居民看到了中央政府对香港回归的诚意和真心。我相信这样一个场景，这样一段故事，比做多少场报告，讲多少篇的大道理，要有效得多，更能够令人信服中央的政策，赢得香港人民的心。

第三个故事，也是一次和他聚会，他讲道当时学校里因为什么事情要处理一个学生，他也是站出来为这个学生讲话：其实每一个人都会有错误的，在特定的场合、特定的情况下，出了一些事情，尽管不妥，也应该考虑当时的客观原因，年轻人，哪有不犯错误的，应该多从他们的角度去考虑问题，看待和处理这些事和人。当时听他讲这段故事，我就非常的感动，心里想，这样的领导，不假大空地讲大道理，不居高临下盛气凌人地教训人，而是以人心对人心，坦诚相待，这才是一个真正的共产党人，这才是一个真正的共产党的领导干部应该有的素质和胸怀。浙大有这样的领导真是学生和老师们的幸运。

去年阴历年底，省里召开春节茶话会，我去向旁边一桌的老张书记问安，他还笑眯眯地对我说："给你写了幅字，过几天给你拿来"。我知道老先生的书法非常好，也不知道老先生给我写了些什么。几天后，老先生突然走了，这成了我终身的遗憾。

先生虽驾鹤西去，但他永远是我心中那种以心感人、以理服人的真正共产党人。

张浚生书记关心研究生教育追忆

杨树锋*　许为民*

听到张浚生书记去世的噩耗，我们深感震惊和悲痛！

张书记是一位高明的领导，他以开阔的思维和高超的艺术，驾驭四校合并后的新浙江大学航船行稳致远，"成为我国高等教育改革的先锋，发展的标兵，改革发展的一面旗帜"。

张书记是一位亲民的领导，他尊师重教，爱生如子，喜欢深入基层，亲自接待反映问题的师生，直接听取来自一线的声音，纳善如流，是广大师生心中"最敬爱的好书记"。

张书记是一位睿智的领导，他以自己丰富的人生阅历和智慧，给浙大学生、老师、干部、校友，给所有的浙大人以亲切的引导和启迪，他是"力行求是精神"的楷模。

张书记1998年担任新浙大党委书记到2004年离任的六年期间，浙江大学的研究生教育得到了跨越式发展，在校研究生规模从5200人增加到16856人，增长224%，博士学位授权点从73个增加到181个，增长148%，博士后流动站从12个增加到39个，增长225%。这其中，饱含着张书记对研究生教育的指导和关心，往事历历在目，令人难以忘怀。

杨树锋　男，1947年生，教授，中国科学院院士，长期从事地质学的教学与科研工作。四校合并初期担任浙江大学研究生院常务副院长

许为民　男，1980年浙江大学毕业，教授，博士生导师。曾任研究生管理处处长，党委研究生工作部部长，浙江大学宁波理工学院院长、党委书记

“研究生教育是强校之基”

张书记对研究生教育的认识站位是很高的。他在很多场合一再强调："研究生教育是我们学校极为重要极为关键的部分。""对学校建设世界一流大学最关键的部分,是研究生教育。"他为新组建的浙江大学提出了"综合型、研究型、创新型"的九个字建设目标,并特别说明:"研究型就是要在搞好本科教育的同时,大力发展研究生教育","成为国家高级人才培养基地和高科技研究开发基地。"他的高瞻远瞩,对于我们这些在学校研究生教育管理岗位上具体工作的人来说,是一种巨大的精神力量,一直受到激励和鼓舞。

张书记对研究生教育的重视还体现在一系列实践中。当我们遇到学校研究生教育方面重大问题时,总会想到去请教张书记,他也总是有求必应,为我们分析问题,不但指明方向,还帮助排忧解难。

记得四校合并后首次研究生新生开学典礼是在1998年9月18日,"新浙江大学成立大会"后的第3天。这一届共招收研究生1930人,招生入学时情况比较特别,报名、考试和录取都分别由合并前四个学校独立完成。因历史原因,四校的研究生培养管理方式有所不同,研究生之间也对"你是哪个校区"的问题比较敏感,其背后是对"老浙大"和"新浙大"的认知差异。举行好开学典礼,有利于研究生新生树立"我们都是浙大人"的认同,张书记深知这一点。因此他在极其繁忙的工作中特别抽出时间参加了开学典礼并发表讲话,给了研究生新生以很大的鼓舞,对加快在研究生教育层面上的四校融合起了重要作用。

"文革"结束后,我国于1978年恢复研究生招生制度。四校合并当年正好是20年。为此研究生院和浙大博士生分会在1998年12月18日联合举办了"纪念恢复研究生招生20周年座谈会"。这个会本来我们想有学校分管研究生工作的领导参加就可以了,结果张书记知道后欣然前来参加,并且做了热情洋溢的重要讲话,从世界科技态势、国家创新发展、学校一流建设的高度谈了他对研究生教育重要性的认识,使"本科生教育是立校之本,研究生教育是强校之基”的理念在全校师生中更好地确立起来。

特别让我们难以忘怀的是张书记参加全校暑期研究生教育工作会议的情景。四校合并后的每年暑假，学校都要召开研究生教育工作会议，参加人员主要是学校有关部门、各学院分管领导。张书记在任六年期间，一共开过5次，他参加过2001年和2003年两次会议，并做了重要报告。会议前，杨树锋提出要为张书记准备讲话稿，张书记笑着拒绝了，他说：“你们给我提供一些基本数据和资料就可以了，不用写稿子，写了稿子我也不念，我自己会准备。”果然，每次讲话，他都是拿着自己手写的提纲，高屋建瓴，旁征博引，侃侃而谈，娓娓道来，既顶天，又立地，让人心服口服，收益良多。两次会议的讲话内容会后由研究生院通过录音整理出来，成为指导学校研究生教育发展的重要文献，也收录在《六年的跨越——浙江大学1998—2004年研究生教育发展探索》（浙江大学出版社，2006年1月）和《亲历回归与合并——张浚生访谈录》（浙江大学出版社，2011年5月）两书中。

2001年是浙江大学的研究生招生规模三年连续两位数增长的最后一年，达到4646人（其中博士生1205人，硕士生3441人），是1998年招生数的2.4倍，也是浙大研究生教育从规模发展走向内涵发展的转折年。张书记为此重点讲了提高研究生培养的质量问题，他强调要在“狠抓整体培养质量中突出杰出人才的培养”，要“认真抓好综合素质的培养和提高”，要重视对研究生的国情教育、历史教育、道德教育、思维方式和科学态度教育。两年后的2003年，张书记在阅读研究生院送给他的会议资料后，做了认真准备，重点阐述了研究生教育数量与质量的关系，再一次强调要培养研究生的创新思维、创新意识，全面提高研究生的政治素质、人文素质。这两次讲话，都为我校研究生教育的内涵发展指引了正确的方向。

“心里时时刻刻装着学生”

张书记认为，作为大学的领导，要时刻爱护学生，关心学生。他不仅这样说，也这样做。他知道普通学生常常要鼓足勇气才敢找学校的书记、校长，就特别交代秘书孙旭东："有学生来找我，千万别挡驾。时间再紧，见一面，聊几分钟也好。不要让他们失望而归。"另外，经常参加各种学生活动和亲自拆阅并回复师生来信也成为他联系群众、了解情况的重要渠道。

四校合并后的第二年，浙江大学在校博士生规模超过1000人。鉴于博士生在学校研究生教育和科学研究中的重要地位，为了更好体现博士生在校园文化建设中的特点和作用，党委研究生工作部根据广大博士生的要求，提出把原来隶属于研究生会的博士生分会独立出来，专门成立博士生会。当时，全国没有一所高校有独立的博士生会，校内也有一些人不理解，认为博士生也是研究生，放在研究生会内就可以了，没有必要独立。为此，许为民陪同当时分管研究生思政的陈子辰副书记专门去向张书记汇报。听了汇报，张书记明确表示支持，认为即使目前全国其他高校没有，我们也完全可以创新。正是在张书记的鼎力支持下，1999年5月8日我校成立了全国高校的第一个博士生会。

博士生会成立后，如何开展工作？许为民转达了首届博士生会主席团希望能直接听取张书记指示的愿望，张书记马上答应，确定与博士生们见面时间。时任首届博士生会主席的夏振海是机能学院博士生，他回忆道："我至今记得，张书记鼓励我们这些当年浙大的博士生，不仅要继承浙大求是学风，也要能开拓创新。建议我们博士生会既然是国内首家，就不仅仅要做过往研究生会组织的常规工作，要能有更多创新，要开展能体现浙大博士生特点和优势的活动，要敢于走出校园到广阔社会去锻炼自己，也回报社会。"张书记还当场答应博士生，他会抽出时间参加他们服务社会的相关活动，以表示支持。

一个月后，博士生会在共青团浙江省委的支持下，策划了1999年暑期组织11支博士生报告团赴全省11个地市走访报告的活动。活动一开始，张书记欣然亲自带领一支博士生团去了衢州，并为衢州市500多位党政干部做报告，受到当地各方面的热烈欢迎，也为博士生们作出了表率。夏振海还记得，到达衢州当晚，张书记专门到博士生报告团驻地看望10多位团员，鼓励大家服务好当地，向乡镇、向企业、向一线学习，同时叮嘱团员们在暑期夏季也照顾好自己的身体，使博士生们深受感动和鼓舞。

2000年暑期，正值国家推进西部大开发战略之际，团中央首次组织了清华、北大、浙大等几十所高校“百支博士生报告团”，赴西部10个省份，浙大博士生会组织了五支队伍参加。夏振海带领其中一支赴贵州遵义市的一个县服务，出发前又去向张书记请教：这趟去要注意些什么？张书记给他们介绍了遵义的经济、农业特色，例如当年浙大西迁带去的茶叶种植技术已经使湄潭县成为西部乃至全国的茶业大县；向他们讲了遵义是赋予浙大求是精神以灵魂的地方，强调了博士生此行的特殊使命和意义；还对报告团的专业组成给了具体建议，希望此行能切实对当地一线有所贡献。

许为民还清楚记得一件事：一天半夜11点多，在家里正准备睡下，突然接到管理学院一位MBA学生的电话，告知他们班上一位同学遭遇车祸，伤势严重，生命垂危，刚送到同德医院抢救。接到电话许为民马上赶去医院。刚到医院10分钟，张书记也到了医院，他仔细询问和察看伤情，并对有关部门负责人提出了明确的工作要求，在场的许多MBA学生都深为感动。

上述点滴，看似小事，却充分体现了张书记对浙大研究生全面成长的关心和爱护，也是他“在学校工作，你心里必须时时刻刻装着学生”信念的最好注解。

“一流意识，全局观念，奉献精神，踏实作风”

主持领导四校合并组建新的浙江大学意义重大，难度更大，曾经被浙江省的一位老领导称为是“比当个省委书记还难一百倍”的事情。按照张书记自己的说法，他是怀着“背水一战”心情上任的。面对重重困难，张书记以他的睿智和胆识，与新组建的领导班子成员一起，实现了平稳合并，让当时这艘中国高校的“航空母舰”顺利起航。

这其中，机关部处的调整被张书记视为新浙大面临的最主要四项工作之首。因为在浙大之前，有的高校合并不成功，就是因为干部任用这一环出了问题。对此，张书记高度重视，借鉴他以前在杭州市工作期间部委办改革的经验，采取了沉稳谨慎、分步到位的机构调整方法。对此，我们都亲身经历、感同身受。

张书记对于干部的爱护首先体现在严格要求上，他提出高校干部要有“一流意识，全局观念，奉献精神，踏实作风”四方面素质，并要能够具体体现在实际工作中。在学校管理机构分批调整组合中，研究生院和党委研究生工作部纳入了第一批组建单位。1998年9月28日，学校召开了由四校区从事研究生教育管理人员参加的工作联席会议，会议确定成立行政和思政两个联络组，由杨树锋为行政联络组召集人，许为民为思政联络组召集人。10月21日，学校召开研究生工作座谈会，张书记非常重视，亲自参加。在杨树锋和许为民分别代表两个联络组汇报了研究生教育线上合并推进工作情况后，张书记做了重要讲话。记得他特别强调各级干部要从有利于新浙大融合的目标出发，打破干部原来来自哪个校区的概念，顾全大局。由于我们两人都是来自老浙大的玉泉校区，难免会让人感到其他校区的研究生教育线上干部没有受到重视。为此张书记专门嘱咐我们：要搞五湖四海，不要按校区划线，干部要择优任用，要让每个同志各司其职、各安所位、各得其所，保证研究生教育有一个稳定和谐的发展局面。

同年11月6日，学校公布了新浙大研究生院组织机构任命：杨树锋任研究生院常务副院长兼学科建设处处长，许为民任党委研究生工作部部长兼研究生管理处处长。随后，学校党委又决定：党委研究生工作部的2名副部长采用全校公开招聘的方式选任。因为当时学校多数部处还没有组建，来应聘的人员很多，根据搞“五湖四海”和择优任用的原则，最后来自原杭州大学组织部的副部长沈满洪和来自原浙江大学光电系的党总支副书记金海燕被选中，并在12月11日被任命为党委研究生工作部副部长。两人在这一工作岗位上表现出色，成长也很快，后来都走上了重点高校的领导岗位，沈满洪现在是宁波大学校长，金海燕现在是东华大学党委副书记，这也体现出当年张书记领导四校合并干部队伍调整坚持搞五湖四海的深远意义。

张书记对于干部的爱护还体现在真诚关心上。2004年张书记从浙大党委书记岗位上退下来后，依然给予过我们很多关心，而且这种关心是发自内心的，真诚无私的。

许为民在2005年调任浙江大学宁波理工学院院长后，也多次继续向张书记请教，并得到了张书记各方面的关心和指导。许为民清楚记得，张书记曾经回忆起他1978年在北京参加全国科学技术大会时，省委领导希望当时只有几千学生的浙江大学能够尽快发展为万人大学的情景，感慨那时办万人大学的不容易。张书记语重心长地说："小许，你现在就是万人大学的校长了，责任很大，担子很重，一定不要辜负组织和师生的期望哦！"许为民到宁波理工学院后，成立了学院咨询委员会，想请张书记来主持，但是又为请副省级的母校老书记到学校下属学院当咨询委主任是否合适而纠结。抱着试试看的忐忑，许为民小心翼翼向张书记提了这一想法，没想到张书记一口答应，他说："这个学校也是在我任上办起来的，帮助把宁波理工办得更好，我愿意尽力。"后来每次的学院咨询委会议他都亲自主持。另外，在2008年6月张书记又作为宁波理工学院赴香港交流访问团的顾问，带领我们在香港拜会各界贤达，在香港媒体宣传理工学院。期间，通过张书记的亲自推荐和支持，香港企业家金维明先生捐助100万元协助理工学院成立了"金宗城法学中心"，捐赠50万元设立了"新丽奖学金"。张书记以他具体务实的行动给了宁波理工学院极大支持。

张书记对于干部的爱护也体现在谆谆教导中。他多次语重心长地对我们说：作为一个单位或者部门的领导，要有自知之明。你在这个位置上，是因为历史的机遇，要知道在你下面的人中比你能干的人多得很，不是非你不可。同样，在你上面比你不如的人也有，也用不着不服气。要摆正自己的位置，认真履行自己的职责，不要斤斤计较个人的得失。这些话简洁形象，富有哲理，并透过他举手投足的身体力行给我们以生动的教育。现在，张书记虽然已经离开了我们，但是他慈祥亲切的音容笑貌永远留在我们脑海中，他循循善诱的谆谆教诲让我们一辈子都受用！

（2018年7月22日）

心中的丰碑

——张浚生老师永远活在我心中

王玉芝*

张浚生老师走了，走得那么突然，让人不能接受。2018年2月19日（戊戌年初四），在外地的我得到噩耗后，顿时满眶泪水，陷入深深的悲痛之中。

认识张浚生老师40余年了，除了公开场合以职务称呼，我都习惯叫他张老师。1977年8月，我大学毕业，留浙大流体力学专业任教。1978年，“文革”结束后，学校成立以刘丹书记为首的新一届党委会，受组织的信任与培养，我当时任学校党委委员。从那时起，在党委会上经常当面聆听刘丹书记及张浚生老师等前辈领导的讲话发言，深受教益。他们的思想作风与品格，他们的高超领导艺术与才能，他们的处事风格与修养，深深影响着我们年轻一代。

1979年，我正式调学校团委工作（之前任校团委兼职副书记），1980年张浚生老师任学校党委副书记，先后分管宣传工作、学生工作，我成为张老师直接的部下，耳濡目染，使我有更多的时间与机会，在工作学习各方面得到他的悉心指导。1983年3月，张老师调任杭州市委副书记，1985年7月去新华社香港分社履新，直至1998年4月他重回母校主持四校合并工作，前后离开浙大15年，由于他肩负重任，工作繁忙，见面机会不多，但只要回杭州回母校，有机会相见，都会与大家谈杭州的改革发展，谈香港回归中奋斗的故

王玉芝　女，江苏南京人，浙江大学党委原副书记，工学硕士，研究员。1977年毕业于浙江大学流体力学专业。留校任教后，曾任校团委副书记、力学系党总支书记、党委组织部部长等职

事。他记忆超群，加之亲身经历，每次谈话都让我们感到充满信心，充满力量，充满情感，让我们后辈收益匪浅。人生路上遇有这么一位信仰坚定、知识渊博、睿智坦荡、关爱师生的恩师，实属幸运。回忆往事，历历在目，桩桩小事都折射出张浚生老师宝贵的品质、高尚的风范和独有的人格魅力。

红深专透　志为家国

张浚生老师在浙大求学期间是政治和业务能力都很强的“又红又专”学生，1958年他作为当时“双肩挑”的学生典范，留校任教。日后凭借他过硬的业务素质和突出的组织管理才能，在教学、科研和管理岗位都做出了突出的成绩，为浙大为国家做出了重大贡献，真正实现了他当年18岁入浙大时，曾赋诗“平生立志为国酬，红透专深是所求，益民即如萤火闪，似此青春亦风流”所寄托的远大理想与抱负。同时，他对高校培养“双肩挑”学生与教师的意义与内涵，有自己深刻的诠释与理解。

上世纪80年代初，我在校团委工作时，一度思想不稳定，想回教研室专职做业务工作。张老师当时分管学生工作，因为他平易近人无架子，又肯热心帮助下属，我们有什么困难与想法，都愿意向他开口。有一次，我向他提出离开团委回教研室的想法后，他笑起来说道：有这些想法很正常，我也经历过这个阶段。学校就是要培养“又红又专”的人才，现在你们做学生工作，也是在管理岗位方面磨炼自己。他又说，做一段时间，你还可以再去搞业务学习提高，实际上管理工作做好了，对自己业务学习有促进作用的。他还说，目前学校扩大招生，行政及学生管理工作力量不够，像你们这样年轻教师太少，这也是学校的工作需要啊！要服从这个大局。你们平时要坚持挤时间看书学习，保持自己良好的学习能力。他还讲了自己的经历，并说他回去每天晚上还要忙着光仪系和激光专业的事情。后来我了解到，张老师参与组织筹建了激光专业，开设过“光谱仪器学”、“激光技术和仪器”等课程，还翻译了一批国外学术论文，负责指导过的科研项目还获得国家和省里科技奖，并代表学校赴京参加全国科学大会。

即使张老师后来走上管理领导岗位，他也始终做到活到老、学到老，饱览丛书，通今博古，不断了解世界前沿科学技术，钻研中国历史和传统文化，积累了丰富的人文和科学素养，厚积薄发，使得他日后在多个领域工作中，轻车熟路地驾驭教育科技领域规律与方向，举重若轻地推动各项事业的改革与发展，持之以恒地履行报效国家和民族的初心。

作风民主　实事求是

张浚生老师的一生是实践“求是”精神的典范。他始终坚持党的实事求是的思想路线，不唯上，不唯书，一切从实际出发，讲真话，办实事，敢于和善于把中央精神与本地本单位实际相结合，坚持原则性与灵活性相结合，这充分展示了一位真正共产党人高尚的政治品格。

上世纪80年代初，浙江大学涌现出的化工系化工专业77班先进集体，被团中央命名为“新长征突击队”，受到社会各方面表彰与宣传，校内也积极开展了“向化工77班学习”的教育活动。当时校团委学生工作线同志，在营造氛围、宣传舆论方面做了不少工作。但如何结合学生实际，深入开展宣传学习活动，却缺少抓手。在一次张浚生老师召开的座谈会上，一些做学生工作的同志流露出了畏难情绪。张老师了解后，决定专题进行调研，想听听学生对开展“向化工77班“学习活动的真实想法。我当时随同张老师一起到系里调研，他耐心地听同学发言，即使个别同学言辞激烈，他也不打断学生的讲话。随后在他主持召开的专题会议上，他结合学校实际和学生实际，谈了开展此项活动的工作思路。他在讲话中旗帜鲜明地强调，一切坐而论道、言不及义的政治空谈和各种形式主义，以及袖手旁观的消极畏难情绪，都应当克服。他说，以化工77班同学为榜样，从我做起，从小事做起，当前要以专心致志抓学生业务学习为抓手，抓学习纪律、抓学风整治，身体力行，培养学生勤奋老实的作风，把学习活动引领到正确的方向。按照张老师的要求，明确了工作着力点，使学习活动在浙大扎实开展起来。

1998年四校合并，工作千头万绪，而理顺体制及工作机制是头等大事。

张老师和潘云鹤校长团结领导班子成员，运筹帷幄，周密部署，深入基层，听取意见，求真务实，扎实工作，切实保证了并校工作顺利推进。在这其中张老师作为掌舵人和压舱石，起到了关键作用。

学科调整学院组建是并校工作的重中之重，为此花了一年时间，深入各校区、各院系，开展了全方位的调研。直至1999年5月25日正式宣布成立组建20个学院。我记得在当时学院组建中曾发生了一件事，大约在1999年4月中旬，信息电子系部分教师得到学科组建的不确定信息（传信电系并入电气工程学院），并有传单发至学生，全系研究生本科生甚至一年级学生都反对。当时浙大一年级学生在之江校区，听到这一信息后，他们来到玉泉校区汇集了约200名左右的学生，要求当面向学校领导反映意见。张浚生老师当天下午正在邵科馆给学生作报告，听到这个消息后，他决定让同学们在邵科馆大厅等待，他报告结束后再与同学见面听意见。在当天晚上的见面会上，张老师耐心地听取学生们的发言，并回答了同学们情绪激动的提问，他在会上向同学们强调一定会认真听取同学们的意见，全面了解、客观分析，把学科组建工作做好。张老师与同学们平等的对话，真诚的态度，赢得了同学们的理解与信任。会议持续到晚上近十时，张老师又吩咐后勤同志，安排好车辆把之江校区一年级同学安全送回，事情就这样平息下来。

当时我参与学院设置、机构组建、职责规范以及领导班子配备等方案的制定工作。张老师对我说，这些工作难度大，责任重，影响广，事关并校工作的成败。他强调，你们一定要广泛听取意见，认真调查研究，精心制订方案，提出建议设想，再提交常委会研究。他说，提出的方案要从建设一流大学的全局着眼，要从有利于合并融合、稳定的开展工作出发，采取沉稳谨慎，分步到位的方法。在指导思想上要很好地坚持中央有关四校合并的指示精神和原则，又要结合新浙大的实际。记得当时经过多轮讨论论证后，形成了较为成熟的设置方案，而我又对设置方案（草案）个别问题提出一些不同想法，在方案正式宣布前，张浚生老师又专门打电话征求我的意见，并对相关问题进行了解释。他作风民主，善于听取各方意见，令人感动，永远是我们学习的榜样。

敢说真话　敢于担当

张浚生老师一身正气，坚持原则，敢说真话，勇于担当，遇到与原则不符、与事实不符的情况，他敢于表明自己的观点。他一生历经风雨，但始终坚守政治方向，对党忠诚，对人民负责，对干部群众关心爱护，遇事不惑，敢于承担，德高身正又智慧处事，不论他身处哪里，在那个工作时期，都有许多故事被传颂。

2002年初，紫金港校区已初步建成，但部分教学设备订货没到位，新校区何时投入使用，使原先分散各校区的学生尽快融合，成为当时师生员工极为关注的话题。春学期开学，党委常委会决定由黄书孟、卜凡孝二位副校长负责新校区的搬迁工作。一万多名学生一下子要进入紫金港校区，教学生活一系列安排尚不见端倪，一时引起相当多的教师、干部怀疑，有人产生不满情绪。张浚生老师在做了大量调研后，做出明确决断：2002年秋学期起，一年级新生和二年级老生一起入驻新校区，并且态度坚定，没有回旋余地。当时不少干部到组织部来反映工作难度与怨气。在一次工作汇报中，我向张老师报告了干部教师目前的思想状况。张老师严肃指出，组织部要做好干部的思想工作，新学期入驻新校区工作目标不能变，只要学生能吃能住能上课就没问题。他说，50年代我们来到玉泉浙大读书，也是一边建设一边上课。你们组织部门要抓紧把新校区机构搭好，把干部配好，明确职责，干部心中就有数了，有些工作要一边做一边完善。在搬迁紫金港新校区的问题上，张老师顶住各种非议，稳住方向，敢于担当，带领班子领导同志推动新校区各项工作扎实开展，终于在2002年10月8日首先搬迁接纳了大二学生，10月14日2002级新生全部到紫金港校区报到，二届本科生共约15000人，从紫金港启航，开始了他们大学新的生活。同时，在学生管理方面，成立了校区学工委，开始实行学园制，开创了国内大学生管理的新模式。

记得2003年，非典肆虐，北京、广东等地已沦为重灾区，杭州也有输入病例发生，我校医学院附属几家医院承受巨大压力，承担着防治“非典”的重任。附属二院在急诊处理一例疑似“非典”病人过程中，发生延迟报告的情况。在当时的背景环境下，省市有关部门在多种场合对二院的领导和职工进行公开批评，并连续几天要求学校立即对二院相关领导和职工做出组织处理，我也曾在半夜四时左右接到有关负责人电话，要求浙大立即做出处置决定。张浚生书记也承受着巨大压力，但他始终坚持做好医疗工作为先，坚持组织处理要在搞清事实情况后再慎重决定的原则，短短几天，顶住各种压力，多次召开专门会议，了解情况，布置落实、检查工作方案。最终证明该病例并非SARS输入病例，二院没有发生医源性SARS感染病例。在那错综复杂的关键时刻，张浚生老师顶住压力，敢于说话，敢于担当，勇于保护干部群众的利益。直至今天，这些经历仍铭记在浙大人的心中。

包容宽厚　心系师生

张浚生老师是一位杰出的政治家、教育家，他高屋建瓴，举重若轻，深刻认识和把握教育规律，根据国家需求和学校特点明确学校的办学方向，娴熟地运作大学的日常管理，殚智竭力地推动学校改革发展；他热爱学生，尊重知识，尊重人才，团结教师，善于做知识分子工作，保护师生的积极性、创造性，注重尊重和激发师生事业成长和发展过程中的自信心，深受广大师生的尊敬与爱戴。

2017年浙大120周年校庆期间，我参加了一次校友师生聚会，毕业30多年的一批浙大优秀校友，举杯同敬张浚生老书记，笑语“感谢张老师当年的不杀之恩！”这批校友上世纪80年代在浙大求学，都曾是学生干部，思想活跃开放，当年张浚生老书记分管学生工作，他以一颗爱护学生之心，花了不少心血，和风细雨，教育引导鼓励他们，帮助他们解决成长过程中出现的问题，而不是采取简单打棍子、扣帽子的惩罚方式。张书记爱生如子、循循善诱的工作方法，对这些学生在浙大的成长经历，以及对他们日后事业发展产生了巨大的影响，如今他们在政界、学术界、商界都卓有成就，成为国家的栋梁。他们永远把老书记视为值得信赖的人生路上的引路人与师长。

张浚生老师关心教师，身体力行地帮助他们解决实际问题。1998年任校党委书记后，他常去实验室拜访教师。高分子系沈之荃院士当时办公室连电话都没有，他立即给后勤部门联系，要求装上电话，保证学术带头人最基本的科研工作条件。至今沈之荃院士对老书记的关心仍念念不忘。

张浚生老师善于辩证地从实际出发去看待和分析知识分子在工作过程中出现的问题，秉承实事求是的态度处理问题。我在组织部工作期间，记得有人反映一位“双肩挑”的学院教授，因假期出国，影响自己分管的行政管理工作，于是有少数人提出免其职务的意见。张老师知道这一情况后，立即要求组织部门先认真调查了解其出国时间长短、在国外具体的工作等情况，再研究决定如何下结论。后来我们了解到该教授利用假期与国外导师合作，共同开展研究项目，以及其出国前相关行政工作也做了布置，但经办人没有落实到位等情况。张浚生老师了解这些情况后说，学校工作与政府机关不同，要鼓励教师利用节假日多参与国际前沿科研，同时希望落实相关人员做好涉及的行政管理工作，他不同意处理这名学者。后来我把张书记的有关意见告知了那位“双肩挑”学者，并希望其兼顾好教学、科研与管理工作，这位教授听后非常感动。张书记实事求是、柔中有刚的行事风格，使浙大的许多教师感到工作氛围和谐宽松，给他们的教学科研管理工作创造了更好的发展空间。

严于律己　赤诚奉献

1998年4月，张浚生老师以义无反顾、背水一战的胸怀，肩负起“创建世界一流大学”的历史使命回到浙大。他以强烈的责任感和对母校难以割舍的感情，承担起四校合并的重任，全身心投入到新浙大建设的艰巨工作中。他带领领导班子成员，团结全校师生员工，坚决贯彻执行党中央国务院关于四校合并组建新浙大的战略决策，深入各校区各院系，马不停蹄地开展各项工作。机关部处调整、学科学院重组、统一管理制度与政策、制定学校中长期发展规划和重点项目，合并初期的件件难事都牵挂着他的心。

机构改革、部处组建、干部调配、人事安排是保证四校合并融合发展的关键工作。他多次强调选拔干部一定要广泛听取意见，要坚持原则、坚持条件，"五湖四海"选干部。他要求组织部门同志的工作要沉下去，要多跑各校区去认识、熟悉教师、干部，与他们交朋友，做到心中有数，好中选优。张老师选人用人，光明磊落，从不封官许愿，强调按组织程序办事。当时集中调整机构和人事安排，组织部门多次带着沉甸甸的材料，去之江校区向常委会汇报情况，供讨论研究。那时常委会为集中精力、避免干扰，就放在之江校区开会。当常委会讨论出现意见较大分歧时，张老师总会要求组织部门再做进一步了解后再向常委会汇报，以便准确掌握信息，用好用准每个干部。他对组织工作、干部工作要求严格，一旦出现差错，毫不留情批评指正。在张浚生老师和潘校长领导下，在班子的其他成员努力工作下，逐步形成风正气顺融洽的工作氛围，机构改革、干部人事工作顺利开展。到2000年底，经过两轮分阶段的机构改革和人员调整，校部机关管理机构从55个精简到25个，机关管理人员从并校初期的1135人调整到599人，全校中层干部从731人调整到360余人。经过改革调整，理顺了校院管理关系，强化了管理机构职能，学校管理重心开始下移，为确立以学院管理为重心，以服务师生为根本的管理理念和组织架构打下了很好的基础。

张浚生老师胸怀天下，心系百姓，慈祥宽厚，有很强的亲和力。无论在杭州、香港还是在学校，凡是有过与他交往的人，无不为他特有的人格魅力所折服。他与社会各界都建有良好关系，有情有义，热心助人。据张老师夫人杨惠仪老师讲，在整理张老师遗物时，发现他写好的有名有姓的字幅，多达83份没送出，从这些人的姓名看，上有社会名人，下到普通百姓、普通师生，可见他的为人处事，是那么平易近人，有求必应。

张浚生老师一生对自己、对家人，对身边熟悉的人，坚持原则，严格要求。他本人及家属从没向组织提过任何要求，清正廉洁，低调做事做人。在他主政浙大期间，在干部人事安排等方面，不递条子，不打招呼。他对高校这些年存在的学术不端行为及现象，一直都持鄙视、批评、抵制的态度。特别对学校一些领导干部利用岗位职务权利到处挂名，申报自己没有直接参与工作的某些研究项目，并获得省部级等奖项，赢得“名利双收”的现象，他在多种不同场合进行严厉的批评指责，痛斥“这是典型的以权谋私”。他还说：“我退下来时，也有同志好心劝我挂名搞个什么研究中心，我断然拒绝。”并说：“我已脱离专业多年，也出不了新的成果了，挂了名压制年轻人，对学科发展、科技创新没有任何好处。”

张浚生老师在玉泉校区原行政楼二楼的办公室悬挂着一幅他最看重和喜欢的启功先生题写的字幅，上面写着张老师自己的一首诗：“理想是大同，典范是周公。他年堪笑慰，霞彩满天红。”有一次去张老师办公室汇报工作，谈到并校过程中工作的艰难，他指着墙上那条幅对我说：“我们与周公相比，真是差之十万八千里。”他的一生以伟大的无产阶级革命家周恩来同志为榜样，不忘初心，砥砺前行，为党为国赤诚奉献，为把浙大建成世界一流大学殚精竭虑，不遗余力，努力奋斗。

今天，浙江大学已列入我国“双一流”建设高校行列，走过和初步实现了张浚生老师在并校初期提出的“三步走”发展战略，即：五年打基础，十年见成效，在建校120周年左右，使浙大能朝着具有显著办学特色和世界先进水平的综合型、研究型、创新型的一流大学奋力前进。在并校建设新浙大20周年之际，我们更加怀念新浙大改革发展的开拓者、奠基人张浚生老师，他的功绩必将载入史册。

张老师，您是我心中的一座丰碑，年华流转，初心不变；岁月流逝，永恒师魂。

张浚生老师永远活在我心中。

山高水长　恩情永铭

——怀念敬爱的张浚生书记

郑　强*

2018年2月19日正月初四，刚过完春节，我从外地返回杭州，飞机刚降落机场，打开手机，一条令人震惊的消息，让我半晌说不出一句话来。马上从孙旭东同志（张浚生书记原秘书）那儿确认了敬爱的张浚生书记不幸突然去世的消息，我顿时泪流满面。未曾想到，2月12日我到浚生书记家里提前给他拜年，竟成永别！好领导、好书记、好教授、好长者……撕心裂肺，我感到如失己父之悲恸！

我本科就毕业于浙大，有一份难舍的浙大血缘和情缘，对学校前辈特别崇敬。很早就知道浙江大学浚生书记曾在香港为回归工作做了重要贡献，也曾听到很多香港的教授跟我谈起过，心底里对浚生书记怀有深深的敬仰之情。1995年我留学日本返回母校浙大任教。1998年四校合并，浚生书记返回浙大工作。由于本人有一点艺术天分，有一点登台露面的机会，在四校合并大会结束后，也就有了跟浚生书记握手的机会。后来又在学校的几次会议上有过交流。当时我还是个小伙儿，在高分子系任教，浚生书记就鼓励我好好工作。他还谈到对高分子系创始人杨士林教授的尊重，谈到对浙大老一辈科学家人品和学问的称颂。浚生书记睿智深邃、风度款款、平易和煦，得到他的指点和鼓励，我辈荣之、幸之！

郑　强　男，福建武夷山人，1960年生，工学博士、教授。浙江大学党委副书记（正厅级），贵州大学原校长

往事历历浮现，如此深刻，又如此清晰，在我的执教生涯中，有几件事让我终生难忘……

第一件事，1999年到2000年前后，我发现老百姓们普遍质疑电信部门存在超短时收费——“振铃费”的不公现象，就对此提出异议。这在当时被视为挑战了电信部门的一家独大。我发起了107名教授（含院士）签名活动，要求电信部门提高服务质量、端正服务作风。但是，在这个过程当中，由于一些误解，有个别领导把我们初心很好的举动，当成了负面行为。一时让很多教授产生恐惧，连电话都不敢打，担心受到影响。因为这个事，浚生书记在办公室接见了我与另外两位教授代表。当时，浚生书记对我们讲的话，到今天为止，我记忆犹新，而且影响终身。他说，“郑强同志，你们不必害怕。这件事情你们做得对，我会跟中央上级部门讲的，郑强同志和教授们是我们自己人。”当时在场的3位教授，都感动得掉下眼泪。由于中央领导的高度重视，有关部门给予我们正面的肯定表扬。浙江省电信管理部门领导专门到学校向我及其他教授道歉，并充分肯定我和浙大教授们的行为对改进电信部门服务具有积极推动作用。央视一套热点栏目“新闻调查”还专程来杭州采访报道，节目在全国播出后产生强烈反响。《中国青年报》也专门对此事连续报道，称这次维权事件使浙大这所百年老校再次名扬全国。我现在在很多场合都会讲这个故事。一方面浚生书记教会我们用正确的方式和途径反映问题，另一方面浚生书记作为党的高级干部，对大学教授如此旗帜鲜明地予以保护，使我终生难忘。

第二件事，2002年，浙大高分子学科参评全国重点学科时遭遇不公平评审而落选。时任浙大高分子系主任的我代表浙大高分子学科参加答辩。精心的准备，丰富的素材，优良的成果，突出的优势，流畅的表达，仍不能入选，在浙大、在全国高分子界引起了很大的震惊。在当时走投无路的艰难时刻，张浚生书记和潘云鹤校长一起联名致信时任教育部部长陈至立同志，呼吁学术公正。全国化学界著名院士也纷纷致信教育部，呼吁增补浙大高分子学科为全国重点学科。上述呼吁和要求，在全国高校尤其是高分子学界产生了很大反响，引起了教育部的高度重视。教育部有关部门负责人在总结全国重点学科评选工作的专门会议上明确指出，浙大高分子的落选，是明显的误评错审。争取到这样的结论，正是浚生书记对浙大学科建设发展的亲力支持，感动和感染了所有人。

随着浙大高分子学科不断发展的需要，高分子大楼亟待新建，资金上暂时出现缺口。2004年，我发起高分子大楼筹建全国募捐活动，迅即引起热烈反响。当时募资建楼多为企业家捐赠或设立基金支持，由学科自己募捐筹资建楼，在当时恐怕尚属学校首例。浚生书记不仅带头捐款，还为新大楼捐资纪念碑亲自题词："捐资兴教泽被万代　作育英才功在千秋"，为高分子学科的发展壮士气、指明路。

第三件事，2005年，四川大学面向全球招聘副校长，我以优异表现被确定为考察对象。同时，我又通过评审，被教育部批准为"长江学者"。当时，我面临四川大学的力邀和留在浙江大学的两难选择。浚生书记出于对浙大高分子学科长远发展的考虑，力挽我留在浙大做学问，亲自出面与教育部领导商议我的未来安排。经过张曦书记、潘云鹤校长，还有王玉芝副书记等学校领导亲自出面与教育部、四川大学沟通协商。教育部最终同意我选择留在浙大做"长江学者"。也正因如此，才有了后来，在杨卫校长的亲切关怀下，在高分子系沈家骢院士、沈之荃院士统领下，我与浙大高分子系教授们一道，为高分子学科在再次启动的全国重点学科评估中，最终取得化学学科类第一名的优异成绩；为浙大高分子化学与物理国家重点学科、高分子合成与功能构造教育部重点实验室的申报去努力去拼搏并取得最后成功的事儿。留在浙大，以及后面的所有故事，都跟浚生书记对我的指引和帮助息息相关。可以这么讲，浚生书记是我人生道路的重要引路人！

第四件事，2012年，为了贯彻执行浙大对口帮扶贵州大学的任务，经教育部和贵州省委批准，我去贵州大学任校长。临行前，浚生书记专门教导我，要好好报答贵州人民，好好报答湄潭父老乡亲！并亲书"不急不躁 谋而后动"，勉励我在贵州大学好好当校长、扎扎实实干工作。在贵州大学任校长近五年间，我一直将浚生书记亲书的这幅字端挂在办公室正前方，以端己心、以正己行。

我在贵州大学任校长期间，浚生书记两次到贵州指导我的工作。其中一次我陪同浚生书记去湄潭浙大办学旧址参观时，他感慨地说："当年竺可桢校长率领我浙大师生一路西迁到遵义湄潭的七年艰苦岁月，是贵州人民，是湄潭人民用深情收留了我们浙大，养育了我们浙大。'求是精神'和贵州人民的深情，是今天我们浙大后人必须视为祖传珍宝予以相守相传的。"

浚生书记访问贵州时，时任贵州省委书记陈敏尔同志（现任中共中央政治局委员、重庆市委书记）会见了浚生书记。他高度评价浚生书记为四校合并组建成立新浙大作出的重要贡献，并对浙大对口帮扶工作，对我在贵州大学治校表现予以了充分肯定。会见结束后，浚生书记亲切地对我讲："郑强，你到贵州来做出的成绩，贵州领导认了，贵州百姓认了，贵大师生认了。我这才放下心来。这是我这次贵州之行最欣慰的亲身感受。恰恰是在这样的夸奖面前，你更要谦虚谨慎，更加言行低调。"

可以说，这几年在执校贵州大学期间，正是牢记着浚生书记的教诲，我才能够始终怀着感恩贵州之心，始终抱着发展贵大之志，尽自己最大努力，让贵大广大师生满意，让贵州省委省政府满意，被授予"贵州省高等教育发展特别贡献奖"，并在2015年荣获"全国学生最喜爱的大学校长"称号，在全国教育界产生了好的影响，没有辜负浚生书记的殷切嘱托和希望。

还有几件事情是我终身难以忘怀的，在我整个浙江大学的任教成长期间，浚生书记给予了我父辈般的直接教育和指点。

其一，浚生书记曾去四川大学考察，那里也是我研究生曾就读的母校。浚生书记专程拜访了我的导师、1944年在湄潭毕业于浙大化工系的徐僖院士。他对徐院士的爱国主义精神和徐院士对母校浙大的真挚情感深表敬意和赞誉。拜访之后，浚生书记专门对我说："郑强，你简直就跟徐僖院士从一个模子里刻出来的。"浚生书记所说的"一个模子"主要是指，和徐院士一样，心直口快、脾气不小、爱校荣校。浚生书记对我的这些脾性风格非常了解，所以也总能用恰如其分、亲切自然的方法关心我、指导我。

其二，我在担任材料化工学院副院长期间，有一段时间，工作不够顺利，心情比较烦躁，浚生书记给我亲书了林则徐的居官铭箴格言《观操守》。我母亲看到这幅字的时候，亲口对我说："凡师者如此教诲，即似亲父。"正是由于浚生书记的言教，让我眼界得以开阔、境界得以提升、工作得以进步。后来，我与浚生书记常笔墨相交，书记的奇逸洒脱同样体现在他提笔用墨上，我十分佩服和向往，时常求教，浚生书记笑答："笔随心走，墨由情动。"此后每当我提笔，总会想起他的这番提点。浚生书记的真性情、大智慧处处闪光，实在令人敬佩、让人信服！

其三，我刚担任浙大党委副书记不久，在筹办学校新年音乐会的时候，浚生书记对我在协调有关方面的表现存在的不足，疾言厉色地提出了批评，言辞之严厉，让在场的人都感到十分惊愕，据说，这是浚生书记在浙大对待同事、对待下属很少见的。那时我自己已可算浙大一位有阅历有资历的大牌教授，平时都是说教于人，当时的场面的确令我十分难堪和尴尬。然而深思细想，也只有如父亲这般至亲，才会这样至情至深的严厉批评。这件事让我真正感受到浚生书记作为师者长者对我们年轻后辈教诲的良苦用心。后来我遵照浚生书记的教诲，妥善地处理了后续事宜，当年的新年音乐会取得了圆满成功。

其四，有一次我随同浚生书记到日本高校考察访问，期间不慎突然腰部扭伤，躺在宾馆的床上不能动弹。浚生书记来到我的房间看望我。为了帮我减缓疼痛，他亲自给我按压。没想到经浚生书记按压后，竟神奇般地让我站立了起来，堪称"妙手神医"。

浚生书记既是我的老领导，是我敬重的前辈，更是我的灵魂导师和引路人！在我人生历程中的几个关键选择节点上，是他给了我方向，鼓励我！鞭策我！支撑我！我在浙大的成长，每一步都离不开他的谆谆教诲。

浚生书记的一生，学富五车、功德无量。我个人认为，两件事必将载入史册：一是他参与并亲历了香港回归的历史伟业，为香港回归做出了重要贡献;二是他领导并主持了四校合并组建新浙大的重大历程。作为一名浙大人,站在浙大发展的新起点上回看过往,我们倍加感到,正是滚生书记等前辈奠定了坚实基础,才有了新浙大的辉煌发展。中央政治局原常委、国务院原副总理李岚清同志前不久在杭州接见我时,对滚生书记予以了高度评价:"新浙江大学的组建在中国高等教育史上具有重要意义,为中国高等教育发展提供了浙大经验。张浚生同志在组建过程中,很好地完成了中央所交给的艰巨任务。"

浚生书记逝世当晚,我在浙江医院情不由己地抱着书记遗体痛哭,诉不尽哀思。学校党委邹晓东书记指定由我总协调负责举办张浚生书记的悼念活动。中共中央政治局委员、中宣部黄坤明部长亲自电话指示我:"送好德高望重的张老师。"于公,我是悼念活动总负责人,必须按照组织和领导要求,以高度的责任感办好;于私,我多年受书记恩泽如海,时时处处我都带着深厚情感,送别慈父般的书记。

敬爱的浚生书记,您的离去,是国家的损失,是教育界的一大损失,更是浙大的巨大损失!

敬爱的浚生书记,您的音容笑貌,温暖后人;您的精神品格,千古流光;您的光辉成就,泽被世代!

(2018年7月9日于紫金港)

往事回思思不尽

——深切缅怀学长、挚友张浚生同志

戟　锋*

戊戌年正月初四傍晚，接到一位老师打来的电话，说张浚生书记走了。我不敢相信，因为除夕晚上，我还收到朋友发来他与张书记一家吃年夜饭的照片，照片上老张依然精神矍铄。直到多位好友来电并告知，才知道噩耗已成为事实，即便感情上无法接受，也必须面对残酷的现实。七点半，我与夫人随永志一起冒雨打的去浙江医院。我们到的时候，告别厅已人头攒动，花圈、香案、果品、哀乐，一切笼罩在悲伤的气氛之中。在内厅当我见到躺在花丛中的老张遗体及边上守灵的杨惠仪老师时，顿觉悲从中来，一阵刻骨铭心的哀伤漫向全身，难以自抑……

当天晚上我无法入眠，一直沉浸在往事的回忆之中。一件件、一桩桩，犹如一幕幕电影在脑海里重演……

我与老张相识相知已有近半个世纪。他是我的学长，由于相隔届数多，我进电机系读书时他已经是光仪系的老师了，两人并不认识。直到“文革”爆发，学生和教师多有接触，我们66届又在学校里多待了一年半时间，尤其是我毕业后分配到青岛，三个半月后（1968年4月）又落实政策，奉命调回学校执教，才慢慢熟悉起来。但真正开始交往，应该是在粉碎“四人帮”前后，我俩都卷入了一场当时被定性为“反革命政治事件”的活动中。

---

* 戟　锋　男，原名谢定乔，1941年生，浙江余姚人。浙江大学原电教新闻中心主任、浙江大学书画社原副社长、研究员

爱憎分明　敢作敢为

老张一生光明磊落，爱憎分明，遇到大是大非问题敢于挺身而出。

1976年1月8日，周恩来总理在北京逝世。总理在人民心中具有崇高的威望、特殊的感情。噩耗传来，我们都感到万分悲痛。

总理逝世时，老张还在德清带领教师、学生搞农业学大寨的教育活动，后来他回忆说——听到总理去世的消息，心里感到非常难过。这不仅仅是悲痛，还为国家的前途命运担忧，因为"在我内心，认为中国只要有毛主席在，有周总理在，就觉得希望还在。"他们正商量怎么布置灵堂，结果传达的"中央文件"却是"不准设灵堂"、"不开追悼会"、"不戴黑纱"。负责传达的同志边读边流泪，下面也是一片哭声。总理一直是老张心目中的偶像，他曾在一首《述怀》诗中写道："理想是大同，典范是周公。他年堪笑慰，彩霞满天红。"如今看到"四人帮"如此诋毁总理，既难过又气愤，便站出来说："我们决定要布置灵堂，让附近的农民来悼念周总理。就算因此把我打成反革命，我也认了。"最后，在他的组织下，几个大队的农民都到灵堂祭拜。

"四人帮"在"文革"期间的倒行逆施、强奸民意、祸国殃民，早已使全国民众忍无可忍。从3月底开始，人们自发悼念周总理，痛斥"四人帮"。一场遍及全国声势浩大的群众运动，正在民间酝酿掀起。

老张当时已从德清回来，他觉得北京在悼念周总理，我们也应该做些什么？于是经常与几位看法相同的老师在大U（学生第一宿舍）一个电机系的房间里交流信息，分析形势。最后商定做三件事：在校内大字报栏搞一个"丙辰清明特刊"——抄录三篇悼词，即恩格斯《在马克思墓前的讲话》、斯大林《悼列宁》和邓小平代表中共中央在总理追悼会上致的悼词；配一篇《编者按》；在校门口仿效北京人民英雄纪念碑的造型，制作一座高大的木碑，挂上总理遗像，披上黑纱，供师生们瞻仰。组织人员撰写揭露批判"四人帮"的文章，制作花圈，使浙大的悼念活动更有特色和气势。

清明节前夜，浙大校园灯火通明，校门内大字报栏前挤满了人。师生们默默地阅读着“丙辰清明特刊”，神情激动！

校门口的“纪念碑”前，摆放着鲜花、铁树，周围放满了各色花圈，一排排、一层层。纪念碑四周人流不歇……

民众自发悼念周总理的活动，激怒了“四人帮”，他们将悼念活动定性为“反革命事件”，进行残酷镇压。杭州也腥风血雨，“四人帮”在浙江的帮派骨干将省市和浙大的悼念活动，尤其是浙大“丙辰清明特刊”、“三个悼词并列”也定性为“反革命事件”。他们逐级动员，层层排查，扬言要揪出“黑后台”。正当他们准备进一步向师生员工开刀的时候，1976年10月，老一辈无产阶级革命家粉碎了“四人帮”，扭转了乾坤。从后来揭发出来的材料看，要是“四人帮”仍在台上，将有大批师生、干部被审查、关押，老张和我肯定也难逃囹圄之灾，后果不堪设想。

襟怀坦荡　真诚待人

随着交往的深入，我感到老张襟怀坦荡，待人真诚。无论对同事、对朋友都真心实意，从不敷衍应酬，而是尽心尽责尽情。

粉碎“四人帮”后，浙大也与全国一样，成立了“运动办公室”，负责揭批“四人帮”运动。1978年2月，又恢复了党委(原来是革委会核心小组)，刘丹同志任党委书记，学校的各项工作开始步入正常轨道。期间，我和老张的工作也都发生了变动——1977年初，我临时抽调到学校运动办公室秘书组工作；同年7月正式调到党委宣传部校刊室。而老张作为光仪系的党总支书记，先后成为校党委委员、党委常委。1980年7月任浙大党委副书记。这样一来，老张作为领导与我的接触机会大大增加。由于两人有前面的“患难与共”，有共同的爱好(文学、书法、诗词等)，他又非常关心我的情况，因此谈的内容越来越多，双方的友谊也与日俱增。

当时，我的组织关系在党委宣传部，上班在运动办公室，而经常忙碌的又是领导临时交给的任务，可以说“忙得不亦乐乎。”归纳起来，主要做了三件事：

整理浙大运动材料——运动办公室秘书组除了周、郑两位组长，只有我和金海两个兵。我俩的主要任务：一是由组长授意，为学校领导起草讲话稿；二是按照省运动办的要求，编辑简报，整理浙大运动期间的档案材料，分期分批上报。由于材料太多，秘书组撤销后，我又留守与钦、朱、孙等同志搞了半年多。

恢复已停办十年的校报——“四人帮”粉碎后，教育战线全面拨乱反正，整顿教学秩序。校党委希望尽快恢复校报，开展正常的宣传工作。我调校刊室不久，徐有智、叶建新两位也调了进来。我们一起深入调研，做复刊的准备工作，终于在1978年编辑出版了停刊十年后的第一期《浙江大学》校报。

受刘丹同志委托，负责主编1979年5月“浙大赴美考察代表团”专用的《浙江大学》画册。

……

一段时间下来，我觉得自己的性格并不适合当干部，多次向领导提出，希望能回电机系当教师。老张知道后，表示非常理解我的心情。他说“我们都是学有专业的人，我的本行是光学工程、激光技术，放弃了觉得非常可惜。我也希望能回到业务岗位上去发挥作用。”但他同时又说，当然，目前是非常时期，学校急需管理人才。我们都是党员，在组织上还未做出决定前，仍应该安心做好本职工作，今后若有机会还可再回去。

老张对朋友非常真诚，也想得很周到。他知道我所学的电器专业已经撤销，如若回去，势必也得改行。于是建议我发挥自己爱好美术、具有艺术天赋的优势，开一门全新的课程——《工业设计》。老张说，工业设计是以工学、美学、经济学为基础对工业产品进行设计。其中产品设计就包括造型设计、机械设计、电路设计、平面设计、包装设计、广告设计等等，是一门很有前途的学科。他分析道，美院的学生懂美学、懂设计，但对机械、电路一窍不通；而学机械设计的工科学生，擅长机械业务和工业技术，但缺少美学熏陶，设计不出新潮、美观，具有现代风格的外形来。他笑着说：“你是开这门课程最合适的人选!”

老张还给我介绍了德国包豪斯设计学院的创建和发展。他说,《工业设计》前途非凡,我们国家已有不少专家对此引起高度关注。可以预言:今后《工业设计》不仅仅是一门课程,还可能是一个专业、一个学系,甚至是一个学院。

在老张的鼓励下,我开始搜集这方面的资料和信息,并利用业余时间着手编写有关《工业产品造型设计原理》的教材。

1981年下半年,我再次向学校领导提出希望能回电机系工作。领导还是没有答应。当时老张已去中央党校学习,无法商量。时任教务处长的缪进鸿老师认为回系不现实,建议我调到教务处下属的电教科任职,说电教是教学机构,又与你的专业相关。组织部长周广仁也同意他的看法。于是,1982年初我被调到电教科任科长。本想作为过渡,1986年,电教科又与党委宣传部下属的业务机构(校报、摄影、对外报道、广播台等)合并组建成“浙大电教新闻中心”。这样,我也无法再回电机系。自然,花费一年半时间编写成的书稿——《工业产品造型设计原理》(近20万字)也就没能发挥作用。值得欣慰的是——曾与我一起参与设计“总理纪念碑”的机械系许老师几年后开出了这门课程。许老师是我大学时代“艺术队”(学生书画社)的队友,以后又一起在“浙大美学研究中心”兼任副主任,在设计方面很有天赋。正如老张所预见的:许老师不但在校内率先开出工业造型设计的课程,又参与创建了浙大工业设计系、现代工业设计研究所,成为浙大很有特色的一门学科。

老张的博学和见识,真诚和坦率,使我有事都愿意向他讨教,两人的友谊也不断加深。他在给我的诗集作序时是这样写两人关系的:“戟锋同志早年就学于浙江大学电机系,毕业后曾分配到山东青岛工作,后返母校任教。他是我之数十年挚友,也曾同过甘苦,共过患难。他虽然从事的专业是电气工程,但诗、书、画皆精,为我等从事工程科学技术者所倾慕,皆称其为‘才子’。”

身份变了　情谊依旧

老张在浙大有着深厚的人脉和很好的人缘，除了领导、老师、学生，还有老同学、老同事和一批老朋友。他从1983年调离浙大，出任杭州市委副书记兼秘书长、政法委书记；1985年到香港，先后出任新华社香港分社的宣传部副部长、部长、副社长；直到1998年回浙大担任党委书记，至今已有35个年头。社会上有朋友问我，张浚生官当得那么大，对你们这些老朋友的态度是否变了？因为大家所看到的社会风气是——当官后身份变了，对曾经患难与共的朋友会冷漠、疏远、看不起，甚至居高临下。我笑着说："只举一个例子，35年前，我叫他'老张'，35年间，无论他担任什么职务，无论在什么场合，我仍叫他'老张'，从未改过口，他也乐意我这样叫。你说他的态度有没有变？"其实，变与不变，就得看一个人的品德和修养，"正其谊、不谋其利，明其道、不计其功"，老张向来淡泊名利、清正廉洁，是做大事、做实事的人，怎么会势利小气？

自老张离开浙大后，与我们接触的机会少了。但老张每次调动，我们这批老朋友总要为他饯行或接风，彼此珍惜这份友谊，在我的诗集中留下了痕迹：

1983年3月，组织上调老张到杭州市委工作。我们这批老朋友知道后既高兴，又有些不舍，大家提议要聚一聚。为了不影响他的工作，直到5月份才选了个星期天到灵峰相聚。人不多，也就十几个。虽然当时已过了赏梅的季节，灵峰也尚未整修，除了满坡梅树，便是远近山峦，但环境幽美，非常清静，大家的心情都很好。我们坐在草地上，吃着自己带去的果品，回忆往事，祝贺迁升，希望老张能干出一番事业，为学校争光。大家聊得非常开心，还拍合影留念。回家后我赋词一首：

浪淘沙(灵峰相聚送张浚生调任)

1983/5/8

惜别聚相游,离思难收。云峰幽谷意悠悠。往事如涛情滚滚,涌上心头。慷慨莫言愁,歌送征舟。满坡梅树笑声稠。华夏腾飞凭奋发,业绩争酬。

1985年7月,老张调新华社香港分社任职。虽说与上次的调动并无多少区别,但毕竟在杭州可经常见面,香港就不同了。当时香港尚未回归,从内地去香港办出境手续也很麻烦。因此在我们这批老朋友看来,今后见面的机会更少了,总有依依不舍的感觉。7月13日,我们十几位朋友在望湖楼为老张践行。席上,老张拿出魏文伯同志为他去香港题赠的"奋飞"两字,大家边欣赏边向他敬酒,相信凭他的睿智、勤勉,一定会在新的工作岗位上展翅"奋飞",取得杰出成绩。并相约,待捷报频传时再聚西子!

江城子(望湖楼为张浚生调任新华社饯行)

1985/7/13

荷花十里碧兼红,意融融,别匆匆。望湖楼上,壮语祝东风。记否前年刚道别,春正晓,聚灵峰。此行香港志犹雄,事亲躬,竟赢功。奋飞拼搏,捷报笑频从。毕竟西湖情结处,祈早日,喜重逢。

俗话说:"一语成谶"。词中有"毕竟西湖情结处,祈早日,喜重逢"句,没想到13年后,老张果然回到了杭州。关于"四校合并"的消息早有传闻,但时而呼声高,时而呼声低,直到浙大百年庆典时才明朗。后来听说老张要回来任党委书记,无论是浙大师生还是校友都感到格外高兴,我们这批老朋友更是喜出望外,大家提出一定要在老张正式上任前见见面。

后来消息传来,说老张将于1998年3月24日来杭,但马上又要返回香港。经联系,老张同意在他离开杭州前一起吃顿饭。于是相约在杭州"新世界大酒店”相聚。当时，国务院批复给教育部和浙江省委的文件已发：“同意四校合并，任命张浚生为筹建小组组长，潘云鹤为副组长。”因此老张回浙大之事已无悬念。

吃饭时，谈到合并之事难度很大。老张说：“是的，我知道今后会遇到的困难无法预计。但四校合并是老校长刘丹同志和许多浙大人的共同心愿，我也一直赞同并支持，没有理由推诿。考虑到自己对浙大的情况熟悉，又有在香港这么复杂的环境中工作13年的经验，所以我还是有信心挑起这副重担。”其实，大家都知道，老张是筹建四校合并的最合适人选。

“新世界”为张浚生返浙大任职接风（七律）

1998/3/26

话别灵峰十五秋，悲欢往事逝悠悠。
杭城政绩凭才智，港岛维权赖运筹。
慷慨陈词多浩气，沉机处事足风流。
百年求是逢重并，有幸共驱世纪舟。

1998年9月，老张正式出任合并后的浙大党委书记时，我已退居二线，不久就退休了。加上学校总部迁到紫金港校区，所以我们见面的机会很少。但每次学校有活动偶尔遇到（如2004年5月21日浙大书画社2004年年会、2009年12月30日浙大校史研究会成立等），他总会热情握住我的手，问身体情况，有什么新作，聊上几句。2012年11月30日上午，我接到通知去西溪校区美术馆参加《诗书浙大——林乾良校友捐赠藏品展》暨《诗书双妙——浙大校友自书诗》首发活动。老张的身份既是学校的领导，又是《诗书双妙》中书法的作者。我到得比较早，正独自在展厅看张宗祥、马一浮、马公愚、陆维钊等一批名家作品的时候，老张已站在我的身后，等我发现，赶紧招呼。几年未见，彼此感到特别亲切。他用双手扶住我的胳膊，仔细瞧了瞧，笑着说：“胖了，胖了，要注意锻炼哦！”时间还早，我们一起先看了他的作品——用行书抄录他自己的旧作七绝《赠校友》:“寸草春晖思杭城,难忘母校培养恩。玉泉花树今更茂,紫金港启新航程。”然后又看了我的作品——书写的是我2005年3月创作的七律《灵峰赏梅》。两人一起谈了诗词创作,交流了书法心得,聊得很开心。正当我们准备去看苏步青、陈从周等著名学者的手笔时,主持人来请老张,于是便匆匆分手。那天中午我还有事,活动未结束来不及与老张招呼,便提前走了。

从政多年,老张在香港和内地有一批知名人士的朋友,也有不少高级领导干部的朋友,但始终没有忘记我们这些最基层的普通朋友,用老张自己的话说:“即使因工作变动而分开了,大家仍长期保持着良好的友谊。”老张从不摆架子,虽然很忙,但朋友提的要求,只要正当他一定会认真对待。

2003年底,我的诗集初编完成,将复印稿寄给老张,希望他能为《戟锋吟草》作序。我知道老张很忙,是否有时间看稿写序,没有把握。没料到新年元宵节刚过,我就收到了他撰写的题为《心同野鹤与尘远 诗似冰壶见底清》的序言,我是既高兴又感激。听杨惠仪老师说,为了这篇序,老张整个春节假都用进去了。这篇序言语言质朴,感情真切,分析透彻,点评到位,犹如向熟人介绍自己的一位老友,娓娓道来,使人读后倍感亲切、温馨!

2011年春,我的画册又要出版,老张答应写一幅书法。送出版社的时间临近,老张怕我担心,就托人带信来说,他在外地,明天回来就给我写。果然几天后我就拿到了他的大作。上面书写的是他自撰的一首诗:“看似都是铁,难辨假与真。一经洪炉炼,钢渣自浮沉。”老张总是能设身处地为别人考虑。

君子之道 坦然无私

与老张交往半个世纪,有一种特别的感受——那就是“君子之道”。“君子”是孔子心目中理想的人格标准。庄子说:“君子之交淡若水,小人之交甘若醴。”

君子之间因心怀坦荡,所以无须存有戒备之心,不用奉承拍马,讲究太多的礼节。既有原则、有礼貌、有情谊，又无私欲，心境可以如水一样清澈。

老张去香港后，我们一直没有联系，也从不打电话写信，这并非没有情谊，而是相知在内心。每当新年来临，彼此都会不约而同准时发出贺卡。我定会选一张浙大贺年片中最漂亮的那张，用毛笔写上新年祝词；他也定会在新华社专制贺卡上签上他的名字，年年如此。老张每次回杭州办事或探亲，无论多忙，总会抽时间与我们相聚。与当年一样，大家喜欢聊往事、聊学校情况、聊当前形势……但谈得最多是他对香港的印象及香港回归有关的情况——他回忆说："过去对香港没特别的印象，就是觉得比内地繁华。1986年我陪一个香港新闻代表团到上海，从机场到锦江饭店，一路黑乎乎的，与香港灯火通明的夜景相比，我的眼泪就掉下来了。""我们在香港很重要的一项工作，是团结香港各界人士，让香港民众了解我们，信任我们。所以就要入乡问俗，广交朋友。我经常参加分社组织的招待会、酒会，当地行业、学会的庆典、年会及公司开张、慈善演出等。"他讲到——浙大邵科馆是邵逸夫先生支持内地教育的第一个项目。浙大用得好，他很满意，于是每年都会向内地捐一亿、二亿；他曾与爱国实业家曾宪梓一起唱"没有共产党就没有新中国"；他与曹光彪先生一家是多年的朋友，曹先生多次捐资浙大、清华等高校，支持教育科技发展……他还讲了件趣事：一次在港丽酒店举行的为慈善事业募捐的演唱会上，因一批歌星盛情相邀，他不得不上去唱了一首《潇洒走一回》，没想到居然卖了十八万，算是为慈善事业作了贡献。老张非常健谈，尤其是老朋友见面。但他又是一个原则性很强的人，无论是谈形势，谈回归，他可以讲得声情并茂、神情激动，但决不会超越范围，都是该讲的讲，不该讲的决不会讲。难怪他离开香港时，香港新闻界的朋友特意在赠送给他的纪念牌上写着"缜密灵活，言多不失"八个大字。

老张光明磊落、清正廉洁，不提倡朋友间吃喝送礼，讨厌那些巧言令色、自作聪明，不走正道，贪小便宜的人。他常说："君子坦荡荡，小人长戚戚。"五十年来，我除了给他写过一幅书法，送过几本自己的著作，从没有送过一次礼品，老张非但没有不高兴，却一直来对我很关心。举几个例子：

老张出任杭州市委副书记后，有一次找我谈事，问我愿不愿意出去到市里工作？原来当时杭州市正在组建各局班子，市委领导希望老张能推荐几位浙大老师到市里任职。老张觉得我能胜任文化局的工作，“举贤不避亲”，所以想听听我的意见。我没有同意，老张也知道我不愿从政的脾气，也就没有再做我的工作。

他还曾向刘丹同志推荐我去中国国际文化交流中心浙江分会任职。刘丹同志于1983年10月任省人大常委会副主任、党组副书记，兼任中国国际文化交流中心浙江分会理事长。1986年春，文化交流中心筹办一份对外《文化交流》杂志，希望物色一位负责人，老张就推荐了我（但他从未与我说起过）。后来因当时电教新闻中心刚成立，学校已任命我为中心主任，我又不愿意出去，就搁置了。

老张刚进浙大时写过一首诗：“平生立志为国酬，红透专深是所求。益民即如萤火闪，似此青春亦风流。”虽是六十年前的作品，但字里行间依然能读出他的志向和决心。老张是浙大培养出来的领导干部，对浙大有特别深厚的感情。无论在杭州市委任职还是在香港工作，始终关心着浙大的建设与发展。四校合并回来任浙大党委书记后，更是殚精竭虑，为创办世界一流大学付出了艰辛。他还充分利用自己在海内外特别是香港特区的影响和人脉，先后引进了包括哈佛大学、麻省理工、柏林工大等世界名校在内的一大批国际顶尖学者，极大提升了浙大的国际影响力。他还请邵逸夫、曾宪梓、田家炳、黄周旋、曹光彪、李达三、周尔卿、陆氏兄弟、陈曾焘、林伯欣等一批乡贤、好友给浙大资助，支持学校建设。即便2004年7月从党委书记职位上退下来任浙大发展委员会主席后，仍然为浙大到处奔波。就我自己所经历的一件小事，足可看出老张办事认真、一丝不苟的作风和为浙大尽心尽力的精神。

2014年10月24日，学校联络办负责人小顾给我打电话，说张书记叫他来找我。原来2015年是香港“王宽诚教育基金会”成立30周年。该基金会由王宽诚先生出资一亿美元，专门资助大陆、台湾及港澳学者出国攻读博士学位、开展博士后研究及学术交流，为我国培养高级科技人才作出了贡献。为了祝贺基金会成立30周年，浙大决定要送一份礼品，最后商定送一幅画。联络办同志先联系名家，没料到请名家作画没有10万元润笔费根本不行。老张知道后就叫联络办找我。我笑着对小顾说："我画没有问题，只是我的水平不高，能不能达到要求？"小顾回答，张书记说完全可以！就这样我画了两幅，老张亲自挑选了一幅中堂。上面画的是雄鹰、苍松，配上我自撰的对联："展翅长天开气象，倾情教育涌春潮。"事情完成后，老张再三叮嘱联络办，一定要买些笔墨纸张送给我。等到第二年香港"王宽诚教育基金会"成立30周年画册出来后，又嘱咐联络办同志专程将两本画册送到我的家里。老张身为学校领导，对一件小事尚如此认真负责，令我钦佩、感动！

……

"往事回思思不尽。"老张走了，但他的精神品格、音容笑貌将永远留在我的心里！现录我为老张撰写的挽联作为文章的结尾：

沉痛哀悼张浚生同志（挽联）

一生忠悃，香港回归，智斗肥彭，缜密机灵，见先生中华骨气。满腹才华，四黉合并，领创一流，尽心竭力，知学长求是深情。

（2018年3月22日于浙大求是村听泉轩）

您永远活在我们心中

——缅怀老书记张浚生教授

王宽福*

老书记走了，走得如此突然让人难以接受，一下子我呆坐在那里，往事历历在目。张书记的谆谆教诲，关注我的成长，对我父母的敬重和关爱更让我铭记在心、难以忘怀。他平易近人、是我敬重的长者和好书记。

我与张书记相识是在浙大四校合并时。1996年10月，我从化工系到学校兼任房地产管理处处长，1998年迎来了开创浙大历史的四校合并，作为新华社香港分社副社长的张浚生刚完成了香港回归祖国的历史任务，便马不停蹄地接受了国家的委托，挑起了浙大四校合并领军人物的重担。

1998年9月15日，四校合并组建的新浙大隆重地举行了成立仪式，张浚生在同一天被中央任命为新浙大的党委书记，我也担任了新浙大第一任房地产管理处处长，因为工作关系常有见面机会，他希望大家把合并工作做细、做实，让合并有个平稳过渡。要我们多听下面意见，多去各校区走走，及时解决合并中的问题，对各校的同志要一视同仁。根据张书记的要求，我们推出了条块结合的管理模式，业务上各科室进行纵向管理，各校区仍设管理办公室进行横向管理，方便各校区职工日常事务的处理，深受大家欢迎。处内也很快融合，房改、公房管理、教师公寓等新的领域都得到有效推进。

为了更好加快四校的融合，创建一所"综合型、研究型、创新型"的具有

---

*王宽福　男，1942年3月1日生，浙江大学化工机械研究所退休教授，1959年考入浙大化工系化工机械专业，先后任化工系副主任、校房地产处处长

世界先进水平的一流大学，建设新的基础部又迫在眉睫。张书记为物色新校区，从1999年下半年起跑遍了萧山、余杭、海宁、临安、小和山和富阳。10月份的一天，张书记兴冲冲地告诉我们，新校区有着落了。他说："原来看过富阳黄公望国家森林公园旁的一块地，有山有水环境不错，就是太小，只有1300亩，要想再发展就不行了，后来杭州市委王国平书记知道了，就让我们去看三墩的一块地，这原是市里规划的生活示范区，准备让给我们，希望我们不去富阳，留在这里。我和卜副校长去看过几次，里面有条高压线，还有300亩地是给省里盖房的，和王国平书记沟通后，他痛快答应省里的地另给，高压线市里出钱移走，新校区的事这就定了"。紧接着张书记主持浙大和杭州市签订了战略合作关系，每年各部门举行联席会议商讨双方须解决的疑难问题，让我们受益匪浅。华家池校区无土地证的问题得以解决(原和省林勘院、广电局有土地纠纷无法办理土地证)。新校区边建设边审批，仅一年多时间就完成了3300亩地、71万平方建筑面积的紫金港校区的建设，在张书记任内以国内高校建设的最快速度又创造了历史。张书记的魄力、实干、高效精神让人叹服。

为了浙大的发展，张书记利用他在香港的人脉和影响，请邵逸夫、曾宪梓、田家炳、黄周旋、曹光彪、李达三、周亦卿、陆增镛、陆增祺等一批乡贤给浙大资助，办好新浙大。考虑到浙大在人文领域是短板，他又诚邀香港的好友金庸先生来当人文学院院长，他特地关照我要关心金庸先生，为他更好在浙大工作创造条件。我们一周内就为金庸先生落实了办公用房，配备了办公所需设施。我也专门陪同金庸先生夫妇看了学校环境和可提供的校内外住房(包括院士楼)，金庸先生十分大气地表示："我应张书记之邀来浙大，已是浙大一员，但不享受浙大的待遇(工资和住房)，只要一枚浙大校徽，愿为浙大的发展尽绵薄之力。"在金庸先生带领和帮助下，浙大的人文学科在海内外的影响迅速扩大，足见张书记的人格魅力。

张书记见到我时多次谈起他和我父亲王仁东先生相识、相知、相处的情景，深情地回忆父亲给他们上理论力学课，看见父亲陪同钱学森访问浙大等往事。他说,你父亲真不简单,敢于坚持真理,无私无畏,“文革”中又受冲击,但为国效力矢志不渝,他又说,当年我们一起参加全国科学大会,你父亲还向我表达再次要求加入中国共产党的心愿(父亲1983年去世后被追认为中共党员),值得我们学习。这些谈话让我也深受教育,对我也是一种鞭策,张书记一直关注着我的进步,2001年我被浙大评为优秀共产党员。

2008年是父亲诞辰100周年,学校同意开一个纪念会,出一本纪念文集,在教四大厅设一个纪念铜像。张书记最了解我父亲,我就找到了张书记,希望他为父亲纪念文集作序和题签书名,他欣然答应一个月交稿,半个月后让我先去取书名题签。他说杨达寿老师建议的这个书名好,能如实地反映你父亲的一生,接着他就和我探讨了书名“松篁诚笃”的含意。他在序言的结尾作了这样的叙述:“他如松之高洁,如竹之挺拔,忠诚于祖国,忠诚于人民,对学术孜孜以求,对事业笃实力行,这种精神风范永垂青史!”我想这也是对张书记的最好写照。又过了半月,我应约去取稿,张书记给了我一篇以“无私无畏、为人师表的典范”为题的近三千字长文,更让我感动的是稿件上修改数次的痕迹。我说你费心了,他说:“我修改了好几次,要如实写好,有的地方还是要斟酌一下的。”有的好友看到张书记的书名题签认为“笃”用了“草”字头会否是笔误,我斗胆向张书记提出,他说:“你放心不会错的”。他又耐心地给我上了一堂书法课,张书记当即找出四本书法大辞典,翻出一些范例给我看,他说:“书法上的草书常会有些变化,但有个原则:‘可以由繁变简,但不能由简变繁’,竹字头用草字头代是很普遍的,书名上‘篁’是竹字头,所以‘笃’就用草字头了。”让我长了知识,也深感张书记知识的渊博。临走时,张书记说我再写一个条幅给你,立刻铺好纸连写了两张“怀念王仁东先生、学习王仁东先生”,比较了一下挑了一张较满意的给我,我连声说谢谢、谢谢。过了数月,纪念会的日子定了,我去给张书记送请柬,并希望他在会上发个言,他看了纪念会的日期,告诉我说:“真不巧,这时候我在武汉高校主持巡视工作,没法参加了。不过没关系,我会写好一个书面发言交给王玉芝副书记请她代读,会议可请王玉芝副书记主持。”张书记的妥帖安排让我放心和由衷地感谢。纪念会开得隆重、顺利，杨卫校长还到会代表学校讲了话。

我最后一次求助张书记是在2012年，当时母亲因脑溢血住院抢救，医药费的开支极大，母亲自结婚后就随父亲来到浙大已七十余年，为保证父亲更好工作，自己就放弃了工作的机会。她从1956年至“文革”前历任了几届杭州市政协委员，父亲1983年去世后，她就失去了浙大办医保的唯一途径，2012年后加入了市医保，但要一年后才能启用，离启用还需要三个月。张书记听后就为此事给杭州市秘书长写了一封信帮助沟通，介绍了我母亲的情况，希望能在允许的范围之内给予考虑和照顾，后来在杭州市有关部门帮助下解决了此事。这一件件真挚、细微的关爱是我们永远不能忘却的。

张书记你虽离我们而去，但你睿智、豁达、亲切的音容笑貌、谆谆教诲将永远留在我们心中；你无私奉献、勇往直前、敢为人先、宽厚仁慈、诲人不倦的品格是我们永远学习的榜样，你将永远活在我们心中。

深切缅怀张浚生书记

郑筱祥*

2018年春节伊始，微信群突然传来张浚生书记因病突发与世长辞的噩耗，难以置信。他和蔼可亲的音容笑貌和稳健的步态深深地印在我的脑海中，难以忘怀。

20年前的1998年，张书记从香港返回杭州，担当起四校合并组建新浙江大学的重任，在把浙江大学建设成为世界一流大学的进程中，张书记充分发挥自己在香港多年工作的广泛影响和与社会各界朋友良好的人脉关系，多次组织学校各部处、各学院领导和多学科教授们访问香港，我也有幸与张书记有了近距离的接触。

记得第一次跟张书记带领的代表团到达香港国际机场，我们一出飞机，候机楼中的香港同胞不论男女老少，人人见到他都非常热情地向他打招呼，他也很高兴地向他们一一回礼，场面十分动人，我们随行的各位备受感染。一个人能够受到如此众多的普通老百姓发自内心的爱戴和尊敬，可见他在香港的工作是多么深入人心！我听香港的老同学告诉我，香港回归前，每天吃晚饭时分，电视就实况转播时任新华社香港分社副社长兼发言人张浚生与港督彭定康的对话，张社长坚持原则，反应敏捷，讲话艺术高超，亲和力强，能够为各方接受，香港同胞对他十分尊重。机场的一幕让我们见证了张

郑筱祥　女，1945年2月出生，日本筑波大学医学博士，浙江大学教授，原浙江大学求是高等研究院常务副院长，浙江大学生物医学工程与仪器科学学院院长

书记在港工作13年的努力，赢得了广大民众对他的信任、赞赏和敬仰。

到达香港后，张书记在港的一批乡贤、好友董建华、邵逸夫、曹光彪、查济民、周亦卿等，多次分批设宴邀请。为了向他们介绍浙江大学四校合并的优势与学科建设的发展规划，努力为支持学校的学科建设筹措资金，他不辞劳苦，日夜奔波应酬。记得有一次，他一个晚上参加了六场活动，对一个年逾花甲的老人来说，这不仅需要充分的精力和体力，更重要的是要具有执着的工作态度和贴近民众的工作作风。

在他的影响下，学校领导组织我们生物医学工程学院向周亦卿先生汇报了当时学科的状况和设想，得到了周先生的资助，与学校投资共同建设了"周亦卿科技大楼"，张书记亲自为大楼题名。大楼落成时，张书记与周先生和他邀请的儿时挚友一起剪彩，气氛十分融洽和谐。

访港期间我们访问了香港的高等院校，包括香港大学、香港中文大学、香港科技大学和香港理工大学等，张书记带领大家与这些学校的校长、教授们进行了深入交流，共同讨论合作研究的有关事宜。1999年，浙江大学与香港中文大学成立了生物医学工程联合研究中心，张浚生书记亲自赴港参加了成立大会。2000年浙江大学与香港中文大学联合在杭州首次举办了IEEE EMBS国际电子电工工程师学会电子生物医学学会学术会议的地区会议，时任国际电子生物医学学会主席等海外学者约250人前来参会，大会共有400余位代表出席，是中国生物医学工程学科首次举办的最盛大的国际会议。开幕式上张书记代表浙江大学致了欢迎词，会议圆满成功，为中国的生物医学工程学科与国际接轨并迅速发展起到了重要的作用，也促进了我校生物医学工程学科的发展。2000年教育部第一批学科评估中浙江大学生物医学工程学科荣获全国第一。

2006年，在香港著名爱国企业家、浙江大学资深学长查济民名誉博士和夫人刘璧如女士的大力推动与鼎力支持下，学校邀请位居世界科技前沿的3位著名学者：美国休斯敦天普科学讲座教授、香港科技大学校长朱经武先生，美国加州大学罗氏达蒙讲座教授简悦威先生，美国英特尔公司技术和制造事业部高级副总裁兼总经理周尚林先生出任浙江大学最高学术职位——查氏讲座教授(顾问),组建了浙江大学求是高等研究院,进一步促进了学校的多学科交叉,聚集了一批优秀的年轻科学家,攀登国际科学高峰。

学校聘请原香港大学校长徐立之先生担任求是高等研究院院长,我们为布置徐院长的办公室,向张书记讨幅墨宝,他立即答应,书写了“宋王安石登飞来峰诗一首”,请人裱好后,亲自送到我们学院来。徐先生看了后,十分开心,一再表示谢谢张书记。

张浚生书记对教育事业长期关注与奉献,在浙江大学四校合并的过程中为中国高等教育体制改革、跻身世界一流水平踏出了一条示范之路,是一位优秀的教育家。

张书记平易近人,待人和蔼可亲,很有人情味,没有一点架子,有问题请教他,他都会笑眯眯地耐心倾听,帮忙解决,所以大家都很乐意和他交谈,是我们心目中德高望重的良师益友。

张书记对老一辈先生十分尊重,浙江大学生物医学工程学科创始人吕维雪教授生病住院期间,他多次去探望,了解病情,叮嘱医生要全力医治。当他得知吕先生病危时,立即赶往医院,一直陪到吕先生走完最后一程。这样的好书记,怎么不令人感动?!

张浚生书记驾鹤西去,令我们十分悲痛和怀念。他不愧为一位杰出的爱国主义者,一位具有十分亲和力的外交家,一位忠于教育事业的教育家。他为香港回归祖国和浙江大学四校合并作出的重大贡献,永远铭记在我们心中!

科技园的指路明灯

——回忆张浚生老师对浙大科技园的关心和支持

葛周芳*

张浚生老师不仅是我在光仪系读书时的老师，还是我毕业留校任教后的系、校领导，我既是他的学生又是他的下属，我习惯喜欢称呼他为张老师。张老师虽然永远离我们而去，但仿佛还是昨天刚发生的事，我依然沉浸在对老师的深深缅怀之中。思不尽的峥嵘岁月，颂不完的丰功伟业！

张老师曾和我谈起他一生中做过许多件大事，其中，参与并亲历香港回归祖国和主持四校合并创建世界一流大学，是老师亲历亲为的最具历史意义的两件大事，而创建浙大科技园则是第二件大事中不可或缺的重要组成部分。在四校刚合并后一段时间里，科技园和新校区的建设还曾被学校列为第一重点工程，科技园的建设和发展一直牵动着张老师的心。

四校合并后的第二年，为贯彻落实科教兴国战略和中共中央、国务院《关于加强技术创新，发展高科技，实现产业化的决定》，教育部、科技部联合启动建设国家大学科技园计划，我国在一些著名大学开始了创办国家大学科技园区的试点工作。正在这个时候，浙江省柴松岳省长收到了国家科技教育领导小组编发的清华大学一个访问团去美国硅谷考察后写的一份材料，讲的是斯坦福大学对硅谷建设发展所起的重要作用。他把这个材料批给了张浚生书记和潘云鹤校长，提出“借鉴硅谷的做法，以浙大为主力军，省

---

*葛周芳　男，汉族，1944年2月出生，研究员。1962年9月考入浙江大学光学仪器工程系学习。留校任教，曾历任浙大科研处副处长、国家大学科技园管委会主任等职

市共同努力，在杭州造就出一个小硅谷”。其实，新浙大组建以后，作为省部共建的一所重点大学，如何立足浙江、面向全国，为地方经济建设做好高水平服务，一直是张老师及校领导班子考虑的一个大问题。张老师生前在徐有智等老师著的访谈录《亲历回归与合并》一书中阐明了这个问题。他说，李岚清副总理在新浙大组建和来浙大视察过程中，多次指示学校领导班子，共建的基础是贡献，任何大学，包括浙江大学，首先要为这个地方的经济和社会发展服务好，这样才有可能调动这个地区来支持学校的发展，没有贡献，你就别想人家来给你搞共建。有了中央的决定，有了中央领导的指示和省长的批示，老师觉得非常高兴，学校马上就开始筹建，争先向国家教育部、科技部申报创办国家大学科技园，希望能通过大学科技园这个平台，发挥学校科技、人才和知识的综合优势，在政府支持和国家政策的引导下，提升浙大服务社会的能力，推进产、学、研结合，充分发挥浙大科技园在高新技术孵化、创新创业人才培养、高新技术产业辐射以及提升学校教学和科研水平的重要功能，成为区域创新体系的重要组成部分和区域经济社会发展的主要创新源泉，也成为创建一流大学的一个重要标志。实际上，上述这个思想张老师多次给我们讲过，也就是我们创办大学科技园的宗旨和定位。1999年12月，国家教育部、科技部联合发文建立国家大学科技园，浙江大学国家大学科技园列为全国首批15个试点单位之一。

2000年6月，根据创建科技园的需要和组织安排，我和韩高荣、朱文斌同志分别从科研处、材料系和基建处调任科技园管委会主任和副主任，稍后，徐有智老师也调任管委会副主任，加强科技园工作的领导。当时，我们的直接分管领导是程家安副校长，程副校长是一位非常好的领导，事关科技园建设发展的全局性的重大问题，程副校长本人或带着我们都会及时向学校和张书记、潘校长等领导汇报、请示，需要省、市支持的重大事项也会请张书记或潘校长出面争取解决，另外加上我是张老师的学生这层关系，因而就有幸有更多的机会，得到张老师的言传身教。

科技园的功能定位、科技园的选址、科技园的管理体制和运营机制、资金筹措、省市资源争取等等，每一件、每一桩，张老师都曾付出了大量心血，给予我们关心、支持和引路，好像一盏明亮的灯，一直指引着科技园前进的方向。譬如科技园选址问题，根据国内外办大学科技园的经验，园址最好在学校附近。另外，对浙大来说，还有个特殊情况，当时正在找新校区（基础部）建设用地，科技园用地最好一并考虑。由于时间紧迫，张老师不辞辛苦，带我们从富阳到余杭，从老和山到小和山，从青芝坞到古荡湾，逐一考察。当时曾有两个设想，一个是大学科技园从玉泉校区北门开始沿着西溪路规划1700亩，这样的话，浙大从玉泉校区开始，连上科技园再到三墩新校区，形成泛浙大概念的科技成果转化和高技术产业化带，会对地方科技产业的发展产生很大的影响。二是科技园建在玉泉校区南面的灵峰附近的青芝坞一带，几乎是连着玉泉校区，师生们进行科技成果转化、创新创业非常方便，再加上周围环境优美，适合建大学科技园高科技孵化器。那里的土地原来红线划着的就是浙大的，后来被农民占用了。张老师是一位政治素质非常高的领导，为了科技园的建设，为慎重起见，和程副校长又带着我们专门去看过那块原来红线内的区块。我还清楚记得，那天大雪纷飞，天气很冷，张老师还专门穿上了从来没有穿过的羊毛皮靴。有关科技园选址问题，当时还真闹了个小插曲，省里有位同志误以为浙大要在西湖风景区搞科技园，说“风景区怎么能给浙大？”所以，后来浙大科技园核心区地块就放在了西溪路老和山这边了。

明确创办大学科技园的办园思想，是能不能办好大学科技园的全局性问题。张老师在这个关键点上为我们指明了方向。1999年下半年，根据中共中央、国务院《关于加强技术创新，发展高科技，实现产业化的决定》，国家教育部和科技部启动了国家大学科技园建设计划，浙大被列入首批国家大学科技园建设试点单位，不少省市领导希望在他们所在地与浙大共建浙大科技园，来加速推动科技成果转化和高技术产业发展，如省内的杭州、宁波、温州、嘉兴和绍兴，省外的江西南昌、深圳、福建武夷山等省市，都开出了非常优惠的政策和条件，希望浙大能“出山”，形势喜人又催人奋进。当时，我们就把这个情况向张老师、潘校长做了汇报，他们非常重视和支持，指出浙大要建设成世界一流大学的办学指导思想，必须贯彻到学校一流的教育教学、一流的科学研究、一流的社会服务和一流的文化传承等各个方面，当然，创办大学科技园的指导思想也要与学校的办学思想相吻合。四校合并后的办学思想是很明确的，就是要定位在“高水平、强辐射”上。所谓“强辐射”，就是要以浙江省和长三角为重点，利用浙大的人才和知识优势服务全省，面向全国，不断拓展。同时，四校合并以后的新浙大应该能在更高层次上为国家和区域经济发展提供更高水平服务，这种高水平服务包括人才培养、科技攻关、成果转化和决策咨询等内容。张老师特别指出创办浙大科技园的指导思想，就要充分体现学校的办学思想，他创新性的提出可以采用“一园多点”的方式，实现“高水平、强辐射”的服务。当然，服务的根本优势还是要紧密依托学校的学科，发挥人才、科技及知识等优势。这一办园思想对浙大科技园分院布局具有重要意义。张老师不仅在思想上高屋建瓴对科技园进行指导，而且在行动上亲力亲为。当时张老师不管年事已高，仍不辞劳苦，带领科技园的同志分别到杭州、宁波、嘉兴、绍兴、温州、深圳、江西南昌和福建武夷山等地考察，和地方政府商讨共建科技园的可行性，争取地方政府支持浙大科技园的建设与发展。根据“一园多点”的办园思想，我们把科技园的核心区设在杭州，首批在宁波、南昌等地建立了分园，受到了当地政府的欢迎和大力支持。

浙大科技园在1999年下半年开始筹备，2001年10月，学校举行科技园工程奠基仪式，标志科技园建设正式启动。从开始筹备到举行工程奠基仪式，花了近两年的时间，主要精力放在了建设资金的筹措上，这也正是当时启动科技园建设碰到的一个最大的困难。当时的情况是科技园的建设，尽管省市都很支持，但真正落实起来还是会有曲折。为了解决这个问题，张老师和潘校长亲自找省领导和财政厅汇报、商量，柴松岳省长很支持，同意拿出6000万元作为科技园的启动经费，但后来不知道什么原因，最后真正拨下来的只有4000万元了，而且这4000万元，省里有位领导还批了一句“在并校的四亿中扣除”，让人百思不得其解。为了科技园建设尽快启动，张老师和潘校长从全局出发，在法律框架内，学校决定自筹6000万元，用于成立科技园的建设和运营平台主体——浙江大学科技园发展有限公司注册资本金。说实在，做出这个决定是两位领导挑了担子，揽了风险的。在全国建设大学科技园中，在当时环境条件下，还没有一个高校领导敢这样做的。

科技园的建设发展，无论是基础设施建设，还是高新企业孵化，无论是风险投融资体系建立，还是科技成果转化，都需要大量资本的支持。政府拨付的启动经费和大学自身支持的少量资本金是非常重要的，但还远远不够。我们经过深入的调查研究，认为通过引入民间资本，实行市场化运营机制，是可以解决上述困难的。但是在当时，对于引进民间资本来做国家大学科技园的建设和运营，在领导层面和执行层面都是有争议的。我们自己也怕冒风险，因而压力很大。在这个关键时刻，又是张老师和潘校长等领导给了我们坚定的肯定与支持。有一次，我们向张老师汇报有关寻找科技园建设合作伙伴事情时，他明确指出，学校给的这点钱是资本金和启动经费，是学校的血本钱，绝不能给弄丢了。科技园的建设和运营还得要通过市场化的运行机制，吸引民间资本解决，孵化器建设可以不求所有、但求所用。学校领导的支持给我们开阔了视野，吃了定心丸。后来，浙大科技园从杭州核心区到宁波分园、江西分园等都是按照张老师这个指导思想做的。2003年下半年，学校党办的同志，根据学校领导的有关指示，把我们在第二次全国大学科技园工作会议上的经验交流材料，经整理和提升，报教育部办公厅。不久，教育部办公厅以“浙江大学科技园积极引入民间资本加快自身发展”为题，编撰了“教育部简报(2003)第228期”，并报中共中央、全国人大、全国政协和国务院。简报指出：“浙江大学科技园在建设过程中，积极引入民间资本，在创建高新技术企业孵化平台、突破基本建设瓶颈、完善创业投资体系和推动科技园体制创新等方面，取得了明显效果。”

斯人已去，精神长存。当前，浙江大学科技园正随着他的母亲——浙江大学，前进在创建世界一流大学的大道上。老师忠诚于党、爱国爱港，为党和国家的事业奉献毕生心血的精神；老师求是创新、潜心治校，全心全意为全校师生服务的品行；老师德高身正、鞠躬尽瘁的崇高风范；老师的音容笑貌和博学多智、刚柔兼蓄的独特人格魅力已永驻在我们心中，正在成为我们建设繁荣、富强的祖国和世界一流大学的宝贵精神财富。

对张浚生老师最好的缅怀，莫过于不忘初心，撸起袖子加油干，为把浙江大学和浙大科技园早日建成世界一流的大学、世界一流的大学科技园而努力奋斗。

音容笑貌犹在　高尚情怀永存

——追忆恩师张浚生老书记

冯时林*

戊戌新年，正月初三，天空积着阴霾。在老家走亲访友时，我接到好友的电话，说张浚生老师晚上将与中联办一位老同事相聚，请我陪同赴约，便匆忙从余姚赶回杭州。晚上，大家边喝茶边聊天，相聚甚欢。张老师兴致勃勃地回忆了在香港紧张而富有成效的13年工作经历，讲述了他参与香港回归及平稳过渡的全过程，回顾了与港英政府三任总督的谈判历程，尤其与彭定康斗智斗勇的紧张而有趣的场景。他对"一国两制"政策的深刻领悟，让我们敬佩不已；他对香港基本法谙熟于心，时不时能背上一段，让我们为之折服。从他谈笑风生、妙语连珠的话语中，我们深切感受到他对参与中华民族百年复兴史上的重要历史事件的自豪和荣耀。他对香港充满感情，非常关心香港的稳定和繁荣，也对香港"占中"事件发表了独到的见解和批评，认为应进一步加强对香港青少年重历史知荣辱的教育，并对历史教育的现状提出了反思和建议。同时，他也高度评价了习近平新时代治国理政新理念新思想新战略。大家促膝长谈四个多小时，无不被这位八十多岁老人坚定的理想信念、深厚的爱国情怀和踏实的工作作风深深感动，我们仿佛又回到了当年在他的领导下在浙大共事、并肩作战的日子。然而，谁也不曾想到，这竟是我与张老师的最后一次见面。

冯时林　男，浙江余姚人，1953年9月出生，1978年浙江大学化工系毕业留校，在职研究生学历、研究员。原浙江大学保卫部部长、中国计量大学副校长

翌日下午二点，我突然接到张老师儿子张云的电话，说张老师正在绿城医院抢救。这个消息犹如晴天霹雳！我立刻和爱人赶到绿城医院抢救室，见到了伤心欲绝的杨惠仪老师及其儿子孙女。杨老师抚摸着张老师安详的脸庞悲痛万分，喃喃地说："老张，你怎么一句话也没留下，怎么就走了？"我敬爱的张浚生老师于2月19日下午3时一刻永远地离开了我们……

我的悲痛之情难以言表，一时泪如泉涌，有太多的话想说，可是一时间竟无语凝噎。昨晚我们还一起小聚，聆听其真知灼见，领略其大家风范。饭后我送他回家时还意犹未尽、精神抖擞，怎么说走就走了呢？他的突然离去，让我难以置信，更难以接受，潸然泪下，往事历历涌上心头。

我曾在张老师手下工作，曾在他身边陪伴，曾得到他的关爱提携。张老师在世时，我们可以时常见面，听他侃侃而谈，无论大事还是小事，他的话语总可以让人悟出为人处世的真谛，而如今却再也没有这样的机会了。

斯人已逝，音容宛在。谨以此文，深切追念我心中的张老师。

浙大相遇缘注定　良师益友伴终生

1975年，我在浙江大学化工系念书时，认识与我同个镇的老乡电机系戟锋老师。他学识渊博，古文诗赋、书画篆刻样样精通，可谓是浙大才子，在我老家也富有影响力。我对他非常崇拜，经常有事无事去他家里闲聊，受益匪浅。

1976年1月8日，敬爱的周恩来总理与世长辞。浙大一批中青年教师看不惯"四人帮"倒行逆施的行径，冒着被"四人帮"死党抓捕的危险，清明时节在浙大大门口矗立了人民英雄纪念碑，以大字报特刊形式开展悼念周总理活动，一时间轰动整个杭城，成了当时浙江省的重大政治事件。有几个老师被抓，一时间白色恐怖笼罩着浙大。也就在这时，我有幸认识了浙江大学一批优秀的中青年教师和名人贤达，像张浚生、吴敏达、周文骞、朱深潮、黄永才、陆建华(小陆子)、章荣高、朱萃汉(阿牛)等人。

后来"四人帮"的阴谋被粉碎了，浙大一片欢腾，广大师生扬眉吐气。事后从戟老师那儿得知，大门口所谓的“政治事件”，都是张老师和他们一起策划的，我被他们的正义行为和爱国情怀深深感动。有位老师曾和我说过：“文化大革命”是一场浩劫，也是考验人性、德行、品性的试金石。有的人有胆有识，有的人有识无胆，有的人无胆无识，更有甚者，有的为了个人的私利可以颠倒黑白，混淆是非，对自己的老师拳脚相加。像张浚生老师这样有思想、有智慧、有胆有识、敢于担当，真是浙大难得的人才，今后可担重任。这就更加深了我对张老师的了解和敬重，从此他也成为我人生道路上的良师益友。

1978年我毕业留校，担任化工系的政治辅导员，后又担任化工系分团委书记和学生党支部书记。1980年张老师担任学校党委副书记，分管学生工作，因为工作关系，与他的联系更多了。此后30多年来，我与张老师的联系从未中断，友谊日益深厚。张老师成为我一生成长和发展中最具影响力、感染力和人格魅力的导师。

我记得当时张老师经常深入学生小班、党支部调查研究，抓典型树榜样，动员学生“学雷锋　争三好”，甘当新长征的突击队、突击手。那时，化工系的党团工作开展得有声有色，党总支班子很团结，抓工作非常得力，各项工作走在了学校前列。我所在的化工系化工77班被团中央评为“新长征突击队”，我也获得了校级“新长征突击手”荣誉称号。张书记经常来化工系听取工作汇报，有时让化工系党总支副书记郭承章老师和我去他办公室汇报学生工作情况。由于我们的工作踏实有效，经常得到张书记的表扬，彼此之间的师生感情与日俱增。

香港回归展风采　四校合并立功勋

我心中的张老师是一个有大格局、大智慧的人。他亲历并全程参与了我国香港回归和新浙江大学建设两件大事，创造出辉煌业绩。

1985年，张老师获派到新华社香港分社工作，处理香港回归和统战工作长达13年，直至回归翌年(1998年)才功成身退。这是他一生中最忙碌的日子，他把人生中最精华的岁月都献给了祖国统一事业。他后来跟我回忆起那段岁月时说，那时候的斗争非常激烈，经常与港督彭定康斗智斗勇。彭定康上午发表言论，他下午就进行反驳；彭定康下午提出异议，他就晚上予以回应。时间紧迫之时，他会在半小时内就对彭定康的观点进行抨击回应。在香港那个复杂多变的环境里，张老师是祖国的发言人，代表了中央的立场。他以自己的人格魅力、机智灵活的辩才，巧妙地化解了各种危机。他"缜密灵活，言多不失"，赢得了香港新闻界的高度认可，被称为"张铁嘴"。

主持浙大四校合并事关重大，千头万绪。这一重任，从他个人内心来说，绝非第一选择。但在关键时刻，张老师义无反顾地舍弃个人利益，服从国家和政府安排，抱着"做不好，我是要跳钱塘江的"豪情壮志，殚精竭虑，呕心沥血，全身心地投入，忘我工作。合并前的四所大学虽说同根同源，但已经分开了46年，各自都已经形成了很完整的运作体系，要想真正融合起来是一个非常棘手的问题。

张老师曾举过一个例子，四校合并前校级领导就有38人，中层干部有731人，其中正处级278人，被人称为"处级干部一礼堂，科级干部一操场"。要让他们当中的一部分人转岗分流，难度可想而知。但张老师既然接受了任务，就以高度负责和真诚的态度，哪怕前面是刀山火海或者是地雷阵，他都在所不辞，仅用四个月就完成了新浙大的筹建工作，最后给党和国家交上满意的答卷。如今浙江大学蒸蒸日上，迅速崛起，成为举世瞩目的名校，张老师在其中居功至伟。

诚以待人赢信赖 淡泊名利崇厚德

"天清江月白，心静海鸥知。"我心中的张老师是一个待人真诚、淡泊名利的人。在香港的13年，是他和香港新闻界打交道的13年，也是和各行各界结交朋友、坦诚相待、建立感情的13年。张老师和金庸先生交情深厚，他们间的友谊始于香港，张老师回内地担任浙大党委书记后，盛情邀请金庸担任浙大人文学院院长。金庸先生慨然应允，并表示要与张老师共进退："只要张先生在位，我就当这个院长。”两位先生肝胆相照，令人敬仰。

张老师待人真诚、淡泊名利的人格魅力，也让他与香港各界人士建立了深厚的友谊，争取到香港各界精英在香港回归祖国过程中的鼎力相助。师有百行，以德为先。他经常教导我们：要做一个品德高尚的人，古有德能安邦，德能平天下，当今也一样。作为一个党员干部要淡泊名利，要做大事、做实事，凡事不要浮躁，不要单纯地去追求名利。能力水平比我高，但职位比我低者有之；能力水平比我低，但职务比我高者有之。共产党员就要服从组织安排，千万不要比官位大小，要看对社会和人类贡献的大小，这样自己的心态就会好。

1985年6月，张老师临去香港赴任前，特意把我叫去，叮嘱我说：“刘丹老校长子女不在身边，你要多多关心老校长的身体，精心照顾好老校长的生活。”牢记张老师的嘱托，我坚持做到每周一天去老校长家，嘘寒问暖。老校长病危时，张老师特地从香港打来电话，询问了解老校长的病情；老校长逝世后，我打电话向杨惠仪老师报告，张老师百忙之中特地从香港赶回来参加老校长的追悼会。张老师这种对老领导、老同志、老革命的诚挚敬重，为我们后辈树立了榜样。

对于身边朋友、晚辈，张老师更是以诚相待，知人善任。他谆谆教导我们：“校级领导，一定要有所为，有所不为，纲举才能目张，抓大放小。什么事情眉毛胡子一把抓，什么事情都抓不好。领导干部一定要多读书，读好书，挤时间学习，活到老，学到老。”他在香港的工作十分繁忙，面对灯红酒绿的香港，种种考验可想而知，用他自己的话说：“从不涉足歌舞地，忙里偷闲惟读书。”充分彰显了一个党的高级干部的意志、毅力和思想境界。在他的谆谆教诲和身体力行的影响下，我在保卫处处长这个岗位一干就是20多年，努力秉持从容与淡定的态度、坚持与奉献的品质，得到师生和校领导的认可。张老师的培养教育、引领进步对我恩泽终身。

严于律己弘正气　廉洁奉公意自昂

1983年，党中央高度重视各级干部队伍“四化”建设和培养，从高校选调了一批教师干部充实到地方担任领导职务。省委任命张老师为杭州市委副书记、政法委书记，他离开浙大前，把我叫到办公室说：“小冯，我要去杭州市委工作了，明天去报到，我的办公室你帮我整理一下，凡是公家的东西你交给党办，我私人物品包括信件你把它送到我家里。”按照他的要求，我把公家的物品交给了党办，把他私人物品用两只纸箱装好，晚上送到他家里。张老师9点左右回来，看到我连连说：“小冯，辛苦你了。”他发现箱子里有两件乡镇企业搞活动时送的精美纪念品和两幅字画，就对我说：“把纪念品、字画送到党办，放到礼品陈列室。我离开学校了，这是他们送给学校的礼品，应该归公，我不能要。”张书记的一席话让我深感震惊，从一件普通礼品的处理中，他让我认识到了什么才是真正的公私分明、克己奉公。

又有一次，香港某集团公司的董事长来看他，请他帮忙和相关部门的领导疏通关系，临走前送给张老师一本书。事后，张老师发现书中夹着一只信封，里面装了两万元美金。他当即就把这笔钱交给了浙大发展基金。据他的秘书孙旭东、包永平回忆，诸如此类之事屡见不鲜。张老师以他的实际行动，彰显着共产党人一身正气的高尚品格、两袖清风的廉洁操守。

张老师对身边越是亲近的人，越是严格要求，从不放任自由。无论是秘书，还是他的子女，都不能有半点特权，更不能为自己谋私利。他的女儿张虹现任浙江医院副院长，她的医术、医德和服务管理水平众口皆碑，人缘也好。张老师在位时，总是让她安心工作，钻研业务，当一名好医生。直到他退位后，医院才提拔她当了副院长。他从不为子女的升学、工作、升迁等多说半句话，一切靠自己奋斗。作为一名共产党员，他始终坚定理想信念，始终保持共产党人的蓬勃朝气、昂扬锐气和浩然正气，无私无畏，求真务实，为党的事业、人民的利益不遗余力地奋斗。

他严于律己、严守政纪，为我们树立了光辉的典范，是值得我们永远学习的榜样。张德江委员长在从浙江省委书记调任广东省委书记之时，和张老师长谈了两个小时，临走时握着张老师的手说："我党太需要像您这样的领导干部了。"

倾情关爱助成长　扶危济困情意浓

我心中的张老师还是一个关爱学生、情系学生，非常有爱心的高级干部。记得我担任化工系分团委书记和学生党支部书记时，他经常深入基层，深入学生小班、学生食堂、学生寝室，关心学生的生活学习和成长。有好几次的年三十，他都到学生寝室与同学们一起包饺子，慰问留校学生。他一再告诫我们做学生工作的同志，一定要和学生交朋友，要知道他们在想些什么，要了解他们有哪些困难，包括学习困难、家庭困难、心理困难。对于有困难的学生要给予更多的关爱，并鼓励同学之间做到互帮互助互爱，不能让一个同学掉队。尤其对来自贫困地区的同学更要关心爱护，一定要用好助学金和困难补助，让大家感到大集体的温暖，安心学习。

从小家境贫寒的张老师经常向我们回忆他中学时的政治老师陈天青对他的关爱。师恩如山，师德难忘。得到关爱的张老师一直惦记着反哺社会，退休后他最大的心愿就是在浙大设立助困基金，资助浙大寒门学子，确保他们不因贫困而辍学。

他的想法，很快得到了他的学生、时任浙江大学副校长卜凡孝及一大批朋友的大力赞同和积极响应，得到了中天建设集团有限公司董事长楼永良、浙大网新信息控股有限公司董事长赵建、原中程科技有限公司总经理周哲等单位以及个人的鼎力支持。2005年，一个由内地和香港部分校友及社会人士发起，面向海内外各界人士募资的浚生贫困学生助学基金会正式成立，用于资助家庭收入低微、未能全部支付学费及生活费的浙江大学在读全日制本科生和研究生。从设立之初的460万元，到2017年2月总额突破3600万元的规模。基金会给寒门学子健康成长、顺利完成学业带来了希望与曙光，也实现了张老师多年的夙愿。

学生工作中也会出现一些突发事件。1999年5月8日,北约轰炸了我国驻南斯拉夫大使馆,消息传来,浙大学生义愤填膺,开展了一些抗议活动,在墙上贴了不少海报、标语。5月10日傍晚,偏有几个日本留学生往标语上踢球,还动手撕扯大字报,中国学生前去阻止时,竟被日本留学生拳打脚踢。这就激起了中国学生的义愤,西溪校区留学生楼前人数越聚越多,最后达到4000余人,要求学校严办日本留学生。

张老师当时有伤在身,但事发突然,他和其他校领导陈子辰、卜凡孝、郑造桓、童芍素等相继赶到现场,要求学生暂时离开。但学生群情激动,不愿退让,甚至喊出:“张浚生下课!”张老师一下子生气了,拍着栏杆说:“你们知不知道,我在香港与英国人面对面斗争了13年!”一向佩服张老师的学生们一听这话,觉得自己用语不当、情绪过激,也就安静了些。

这时,省委领导,省公安厅、市公安局等有关领导都到了现场。当时有公安部门的同志提议,是否用高压水枪、催泪瓦斯驱散学生,张老师坚决制止。他的原则是:一要保证日本留学生的安全;二是不能伤害到自己的学生。他说:“就是学生把我打死,也不能伤害自己的学生。”经过现场领导商讨,最后达成共识:这件事由日本留学生引起,必须将之开除;学生要求日本留学生道歉,这是爱国行为,是正当的,但此刻需要冷静处理,不能冲动。

与此同时,全校的中层干部都在现场劝阻学生,防止事态扩大。省公安厅的领导和学校保卫部密切配合,给日本学生戴上假发,悄悄将之转移。当时天已经大亮,中国学生也陆续离开了。次日,学校的开除通告和留学生写的检讨书在全校进行广播,整件事情终于妥善处理完毕。此举得到了中央领导的首肯和国内外舆论的一致好评。当时的情景历历在目,张老师的果敢与智慧,令我们敬佩不已。第二天中午,第三食堂门口贴出了“张书记我们爱您,您永远是我们的好书记”的道歉信。此次事件中,我保卫干部、公安干警30多人被打伤,西溪校区保卫办的玻璃全被砸碎,窗框被拉掉,留学生楼5、6床棉被被烧。我校保卫干部配合公安特警做到了“打不还手,骂不还口”,以稳定大局为重,冷静、理智地处置了此次突发事件。张老师对西溪校区"5·10"事件调查报告专门批示:"我校保卫部全体干部和省市公安干警一起奋不顾身、保卫校园,保证不出外事事件,值得赞扬,并向你们致以敬意"。

相濡以沫成佳话　革命伴侣长相依

一个成功男人的背后一定有一个伟大的女性,这话在张老师伉俪身上得到生动体现。记得张老师和我说起,他上大学时家境贫寒,当时是穿草鞋进校园的,那时他读书很用功,成绩优秀,担任班级团支部书记。杨惠仪老师是学习委员,上海人,家庭条件好。杨惠仪老师没有嫌弃他是山里来的穷学生,经常帮助他、鼓励他。大学一年级时,张老师得了胸膜炎,因经济困难,加上身体疾病,几乎到了辍学的边缘。在杨惠仪老师的细心照料和同学们的帮助下,张老师的身体逐渐好转。杨惠仪老师的陪伴使他度过了艰辛的大学时代。大学毕业后,他们组建了家庭,生活幸福美满。无论是"文革"期间他受批判遭打击,还是被下放到"五七"干校劳动,杨惠仪老师始终坚贞不渝、同甘共苦。他们互相关心,互相支持,尤其在香港13年,杨老师始终伴随着张老师,当好助手,做好资料收集等工作。每一次出席酒会和重大节庆活动,杨老师总是身着旗袍,落落大方,优雅端庄地以社长夫人的身份出现在公众面前,受到香港社会各界的高度关注,大家都亲切地称呼她为"杨大姐"。她勤俭持家,缜密细致,无论是对子女的培养教育,还是对长辈的孝敬关照,从不吝啬,贤惠娴淑。他们伉俪情深、相濡以沫,幸福地走过了美满的金婚。他们的家庭、爱情和生活也是我们后辈学习的成功典范和楷模。

他们互相尊重,互相体贴,互相信任,互相理解。杨老师平时风趣幽默,很会讲笑话,增添了生活的乐趣。张老师作为新闻发言人和中央对港政策的宣传大使,每次出席重大活动等公众场合,杨老师总要给张老师精心打扮,从各种场合穿什么款式的衣服到佩戴什么颜色的领带,她都要认真考虑,努力给公众一个好的形象。杨老师每天的工作很忙,既要收集各种新闻媒体时事政要,各种评论和新闻信息,包括中央的一些指示精神,供张老师掌握大量的信息资料;又要照顾好张老师的身体,保证他有良好的精神状态。为此，她还学会了煲汤，坚持每天一早为张老师准备一杯白开水，一小包维生素和降压、降脂等保健药。张老师从来不问什么药，杨老师包什么他吃什么。在新华社香港分社工作时，张老师坚持每天步行上班，一路上要不断地跟港民打招呼，大家都亲切地称他“张社长”。杨老师跟在身后为他指左边、右边，张老师随杨老师指的方向向大家招手致意。杨老师和我们回忆起那时的情景，总是洋溢着一种心心相印的幸福感。

而立之年，我折服于张老师海纳百川的气度；不惑之年，敬重于他淡泊名利的气节；待到五十而知天命，则对张老师以诚待人品格有了新的感悟。如今我已是花甲之年，始终牢记张老师严于律己、实事求是、勤奋踏实、无私奉献的精神作风，尽己所能，做更多有意义的事情。如今，言犹在耳，斯人已去。千言万语化作对张老师无限的思念，愿张老师一路走好！点点滴滴，永存心间；高尚情怀，永驻人间！

最后，谨以一首小诗沉痛悼念张老师，愿先生安息：

惊闻噩耗泣苍穹，叹悲英灵落长空。
清池澹澹思旧影，疏梅点点忆尊容。
或因邓公招旧部，难辞万众哀别送。
幸有祥云放异象，白鹤西归舞霓虹。

追忆与张浚生同志相处的往事

蔡秀军*

2018年2月19日深夜，惊闻浙江大学原党委书记张浚生同志不幸溘然长逝，悲不自胜。此时的浙港两地，张浚生同志生前的亲人、好友、同事无不为斯人的离去而缅怀。回忆起与张浚生同志从相识到相知，点点滴滴，恍若昨日。

拳拳爱国之心，勇于担当，甘于奉献

第一次听到张浚生同志的名字，是在报纸的新闻栏里，当时正值香港政权平稳交接的过渡期，中央政府任命张浚生同志为新华社香港分社副社长，肩负起维护香港繁荣稳定的重任。后来偶然从浙大领导处得知张浚生同志曾就读于浙大，任教于浙大，可以说是我们前辈，我们浙大人的骄傲。之后，每次看到有关香港回归的新闻，便会格外留意一些。当年的电视新闻里，时不时会出现张浚生同志的身影，不论是面对彭定康为首的港英政府的阻挠或挑衅，还是西方政客妄图破坏政权平稳交接的不利言论或是记者犀利的发问，镜头里的张浚生总是从容淡定、处变不惊、不卑不亢、有理有据地应答。他思路严谨，措辞缜密，充分展示了一位共产党干部高度的政治素质和修养。每每看到他与港英政府不友好分子针锋相对、唇枪舌战，看到他坚毅

蔡秀军　男，浙江温岭人，1963年11月出生，1986年毕业于浙江医科大学，教授，博士生导师。现任浙江省政协副主席，浙江大学邵逸夫医院院长，中华医学会外科学分会副主任委员等

而沉稳的目光，总觉大快人心，内心也对张浚生同志产生了无比敬仰之心。

在分管香港分社外事工作期间，张浚生同志广交香港各界名流人士，他积极宣传我党关于“一国两制”的政策方针，以便争取更多具有爱国情怀的人士或外国友人的支持与认同。1997年7月1日零时1分，当中华人民共和国国旗在香港特别行政区冉冉升起的那一刻，这位热血男儿流下了激动的眼泪。“生而立志，志在家国”，这位对国家满腔热忱对党赤胆忠心，将立志报国作为自己一生奋斗目标的知识分子不辱使命，终于圆满完成了党交给他的这个艰巨的历史任务。13载的香江情缘，张浚生同志既是香港回归的亲历者，也是这一历史时刻的见证者。

博古通今，学贯中西，他犹如一盏明灯点亮我前行的道路

1998年，张浚生同志在卸任新华社香港分社副社长一职后回到杭州，使命感和责任感让他再一次无条件接受了组织的安排，担负起四校合并成立新浙大的重任。上任第二天他便展开了筹备工作，开研讨会，实地调研，虽已62岁，可工作起来的干劲连年轻人都不得不折服。我有幸在一次会议上与张浚生同志结识。当时他坐在主席座，耐心地倾听每一位参会者的发言，他不时地点头，始终面带微笑，儒雅而谦和，第一次近距离聆听他的讲话，我深切地感受到了一位学者型领导的大家风范。会后，我主动向张浚生同志介绍了我在邵逸夫医院工作的情况及医院当时的发展，张浚生同志自始至终认真地听完我的介绍，对我们医院的发展给以了很高的评价，并给了我很多的鼓励。同时，他也聊起了1986年与邵逸夫先生初识的情景，以及多年来与邵逸夫先生建立起的友谊。正是由于张浚生同志的穿针引线，对邵逸夫先生最终决定在杭州捐赠建设一家医院起了很大的作用。每一次邵逸夫先生回到大陆，张浚生同志必陪伴邵逸夫先生左右，邵逸夫先生在国内无偿捐赠的每一个项目中都留下了他俩的身影。之后由于工作的关系，我与张浚生同志多次在各种会议上碰面。张浚生同志为人极其平易近人，每一次见面交谈，张浚生同志总是旁征博引、引经据典，他学识渊博，谈古论今，风趣幽默。有时候，聊着聊着我都会忘了他是一位德高望重的老领导，仿佛就像是在和一位志趣相投的老朋友聊天。我相信，和他共事过的同事或交往过的朋友一定会有和我一样的感受。就这样，我们建立起了一份忘年交。20年的交往中，他对我的职业规划、为人处事以及人生方向都给予了诸多指引，今天我所取得的成绩正是有赖于他一路的指导和启迪，说他是我人生的导师一点都不为过。

2014年，正值邵逸夫医院建院20周年，我邀请了张浚生同志出席我院的庆典活动，张浚生同志欣然应允。我还记得庆典那天，他早早来到了医院。是啊！邵逸夫医院对他而言太熟悉了，1号住院大楼、门诊大厅、邵逸夫医院历史陈列馆，还有我们这些他看着成长起来的医护人员，这是一个他一直关注、关心、倾注爱的地方。多年来，张浚生同志一直致力于促进和协助与邵氏基金的沟通，对邵逸夫医院的加速发展可谓功不可没。那天，邵逸夫先生的夫人方逸华女士、原浙江医科大学的老校长郑树教授、邵逸夫医院前院长吴金民教授也受邀出席了庆典活动，老朋友们相见甚欢，谈笑风生，一起回忆着邵逸夫医院初创之时的场景，往事历历在目。那一刻，空气中弥漫着快乐而祥和的气氛。也就在那一刻，我们一起留下了一张珍贵的合影，照片中的每个人的脸上都洋溢着发自内心幸福而满足的笑容。

爱校如家，视生如子，提携后辈不遗余力

当年，张浚生同志受命中央担下四校合并这个千斤重担时，就立志要把新浙大建设成为一所“综合型、研究型、创新型”的世界一流大学。张浚生同志说一流的大学不仅需要一流的学术骨干队伍，一流的学生，一流的设备，还需要一支一流的管理队伍。他清楚地认识到学科建设、教学改革、科研创新都离不开人才的培养和引进。而“名人效应”将会快速吸引大批优秀人才的聚集。所以他首先聘任了已定居香港，也是我们浙江老乡、我国著名武侠小说大家——金庸先生担任浙江大学人文学院院长。接着他利用在港工作期间积累的人脉以及多年来结交的海外人士从哈佛、耶鲁、麻省理工等世界名校或知名研究机构引进了大批学术大师和学术骨干参与新浙大的建设与发展。

张浚生同志也非常重视对年轻人的培养,他善于发现年轻人身上的亮点,总是全方位地思考年轻人的个人成长,极尽所能地为他们提供发展的平台,大胆提携起用年轻的干部。他曾对我说:“我们自己不能做也不能培养出那些只会一拍脑袋出思路的干部,一定要有科学的人才培养方法和管理思路。要重视创新,没有创新就没有发展,所以要培养有创新能力的人才,要相信年轻人、要放手让年轻人去干,要重视和鼓励年轻人的学术创新。”在张浚生同志任职浙大的6年里,他鞠躬尽瘁,为浙江大学在国内的综合学术地位乃至国际知名度和影响力的提升都做出了卓越的贡献。

他也极其关爱学生,视生如子。张浚生同志自己是一位从艰难困苦中走出来的人,他深知奋斗的不容易。他总是说:“学生是民族的希望,国家未来之栋梁。”他会亲自给新生上入学的第一课,冬日的夜晚他亲自查看晚自习的教室是否有足够暖气,除夕夜和留校的学生一起包饺子。看着有些学生因家庭经济原因面临失学的可能或影响学业,他总是痛心不已,于是在2005年,由张浚生同志发起的“浙江大学浚生贫困学生助学基金”得到了香港等海外知名爱国人士及社会人士和浙大校友的鼎力支持,至今捐赠的金额已高达3600多万元,资助了3000多名学生,很多曾受资助的学生现正在各行各业将他们的所学回馈社会。当年张浚生同志创建这个基金时,其实已离开领导岗位,退居二线,为什么他仍有如此的号召力让海内外知名人士纷纷慷慨解囊,我想这源于他内心的善、无私的爱,正是这些高贵的品质,他的人格魅力才赢得大家的尊重和信任。

如今,张浚生同志虽与世长辞,但他的崇高精神却将以另一种形式永存!他必将影响一批又一批浙大学子不忘初心、砥砺前行!深深地向这位精神不朽者致敬!

平生为国酬　丹心照汗青

——深切缅怀恩师张浚生老书记

徐有智*

恩师浚生老书记走了，再也不会回来了。

2月19日下午，我们全家在三亚度假，突接张老师溘然而逝的噩耗，怎么也无法相信这是真的。记得丁酉年三十除夕的晚上，按惯例，我和夫人王玉芝从远在千里的三亚打电话向他和夫人杨老师拜年，他还精神抖擞，笑声朗朗，谁知转眼间竟人天永隔。呜呼！天不假年，痛失恩师，令我们悲恸万分，寸肠欲断。

我和张老师因缘际会，相识相知四十年了。恩师对我的教诲、关心和帮助，刻骨铭心，他是我人生道路上永远的引路人、导师和挚友。

恩师驾鹤西去的这些日子里，每每念及，潸然泪下……他的家国情怀，他的博学睿智，他的凛然正气，他的宽厚胸怀，他的音容笑貌，深深融入在所有爱他和他所爱的人们的心田里。

“你们有大作为，才会有地位”

1977年下半年，我大学毕业留在学校工作。那时粉碎“四人帮”不久，百废待兴，正本清源。为了清算“四人帮”的流毒，学校也和全国一样成立了揭

徐有智　男，1953年6月出生，浙江宁波人。浙江大学出版社原总编辑兼党总支书记，研究员。1977年毕业于浙江大学流体力学专业，曾任党委宣传部副部长、电教新闻中心副主任、新闻办公室主任、浙大科技园管委会副主任等

批查“四人帮”反革命集团运动办公室，下设秘书、材料、大批判三个组，具体负责全校开展揭批查运动，我就被临时抽调到运动办公室大批判组工作。当时刘丹同志担任中共浙大核心小组组长。到了1978年7月，浙江省委和中国科学院党组决定建立中共浙大委员会，撤销了党的核心小组，刘丹同志任党委书记。那时张老师担任光仪系党总支书记，后来又被增补为党委常委。在运动办公室工作期间，我了解了浙大在“文革”中发生的很多事情，特别是在我们班的同学自发参加了学校“四五”清明节悼念周总理活动，而对张老师他们在“文革”中身受迫害而坚贞不屈，以及在“四五”清明节悼念活动中坚持真理，不畏强权，爱憎分明的高尚品质，从心底里感到由衷的钦佩。

“文革”结束后，省里有文件停办学校“五七”干校，并要求浙大定期抽调干部参加省“五七”干校轮训。学校有关部门领导找我谈话，计划在运动办公室工作结束后，抽调我去省“五七”干校轮训一段时间。当时我有思想顾虑，向组织上提出，希望正式确定我的工作岗位后再去参加干校轮训。寒假过后，有一次学校俱乐部开会。散会后在回行政办公楼的路上偶遇张老师，我就冒昧上前和他谈了去“五七”干校轮训的事。他仔细地听完我的想法后表示十分理解，他亲切地对我说，“小徐，你的想法有道理，工作岗位还是应该先落实好。”他说会找有关同志再沟通一下。尽管此前与张老师彼此熟悉，但像这样和张老师直接面对面的交谈，这是第一次。当时他给我留下的印象：很儒雅，很随和，乐于助人。

1978年12月，党的十一届三中全会开启了中国改革开放的伟大历史征程，全面拨乱反正，学校工作重心已经转移到教学科研上来了。党委决定重新恢复出版《浙江大学校刊》，由宣传部长李杰华同志任编委会主任，专门成立了校刊编辑室，我也就被正式安排到宣传部担任校刊编辑，还有叶建新同志，负责校刊室工作是戟峰老师。1979年元旦，一度停刊的《浙江大学校刊》复刊第一期正式出版。

1980年7月，学校召开“文革”后的第一次党员大会，选举产生新一届党委会。刘丹同志任党委第一书记，张黎群同志任党委第二书记。张老师担任了党委副书记，分管学生工作，还有党的宣传工作。他对校刊工作很重视，记得有一天下午，我去他办公室谈校刊工作，也谈了一些工作上遇到的困难。他听后笑眯眯地说，“你们情况我都了解。校刊很重要，是学校宣传舆论工作重要阵地。”他说，“我管校刊，管大事。一般小样送部领导审阅就行了，重要稿件可直接送我审阅。”他还说，校刊要多报道学校教学科研的情况，要缩短出版周期，条件成熟可以10天出一期。当我提出希望学校增加校刊人员时，他说，“现在学校千头万绪，压力很大，首先要把教学科研搞上去，进人的事以后再议。”他还说，“你们要学校支持校刊工作，这很好，但关键还要看你们自己干得怎么样。要靠你们自己努力，把校刊办好。校刊在学校工作中有大作为，你们才会有地位。”那次谈话，张老师给我留下了另外一种印象：有思想，讲原则，真诚坦荡。

“背水一战，我有信心一定尽力做好”

浙大的四校合并是二十世纪九十年代末一件轰动全国的大事。听说张老师要回来主持四校合并工作，大约是1997年的年底，说是省里有关四校合并的报告已报国务院批准了，一直找不到更合适的人来主持这项工作，时任中国科学院院长的路甬祥向陈至立部长和李岚清副总理推荐了张老师。听到这个信息，我们都很兴奋。

1983年，张老师离开学校到杭州市委任职，后来又到香港工作，我们之间一直保持着联系。君子不忘其旧。每次回母校，他总会抽出时间和昔日的同事和学生见上几面。他热爱母校，有情有义，尤其是到香港工作后，始终关心支持母校的发展，凡母校有求，他都尽心尽责，利用自己充沛的人脉关系，牵线搭桥，促成了许多香港爱国人士慷慨解囊捐资捐物支持浙大办学，他自己也经常陪同邵逸夫、包玉刚、曹光彪、李达三等香港知名人士到浙江、到浙大来参观访问，由于我在学校做新闻报道工作，因此经常在学校举办的一些重大节庆活动中见到他。

1996年，为了筹备浙大的百年校庆活动，我们与中央电视台合作拍摄一部宣传浙大百年成果的专题片。根据拍摄计划，需要采访张老师和一些杰出校友。这年7月，我和梁书记带领中央电视台的摄制组专程到广州、深圳等地采访。当时正值香港回归的关键时期，我联系张老师，他欣然答应，百忙之中专门抽出时间，从香港赶到深圳接受采访。他面对镜头，侃侃而谈，深情回忆当年在母校求学读书任教的情景，言谈之间饱含着他对母校深深的眷恋。同年12月，我和乃大副书记又带领中央电视台的摄制组专程去香港，事先我告诉张老师，这次来香港希望采访一些曾经捐赠浙大的香港知名人士，张老师听后，很高兴，亲自帮助联系上查济民、曹光彪、王剑伟、欧阳纯美等等知名人士。那天在半岛酒店，由查济民先生做东宴请，张老师又兴致勃勃赶来和我们一行热情见面。他儒雅谦和，虚怀若谷，给记者们留下了深刻印象。

在胜利完成香港回归祖国的历史任务后，张老师若能再回母校主持四校合并大局，我们感到，他是最合适的人选，也是许许多多浙大人所期盼的：他见过大世面，历经磨砺，举重若轻，求真务实。他在浙大读书、工作、生活了30多年，当过教师，做过教学科研工作，又担任过校系领导，了解学校情况，也懂得高校办学规律。更重要的是他一直赞同和支持四校合并。

到了1998年3月份，有关四校合并的事在社会上传得沸沸扬扬了。3月23日那天，中央电视台新闻评论部主持人杨继红给我打电话，要求到浙大来采访有关四校合并的事。我说，四校合并的事中央文件还没传达，我不方便现在就接待你们来采访，她说中央已经下文件了，筹备小组的人也定啦，我们要先过来，做一些前期采访准备工作。中央新闻单位的信息还是很灵通的。其实就在3月23日那一天，国务院办公厅批复给教育部和浙江省政府，同意浙江四校合并，任命张浚生为筹建小组组长，潘云鹤为副组长。批复任命文件也于同日下达。

3月24日，张老师从香港回到了杭州，当天和省里主要领导见了面，又到浙大和学校几位领导见了面，告诉他们，国务院已经正式发了文件，他决定回杭州和潘云鹤同志一起主持四校合并工作。

第二天晚上，我们在杭州新世界大酒店和张老师见了面。那时，我们都已知道张老师要重回浙大，既感到高兴又为他担心。老朋友老部下见面，张老师兴致很高，谈笑风生。他说，“离开学校15年，离开浙江13年，又重新回到杭州，回到母校，真是没有想到。”他还说，“四校合并是刘丹老校长和许多浙大人的共同心愿，我也一直支持”“既然中央定了，我也就服从。这个差事，我知道是非常难的。四个学校分开那么久了，要再合起来，谈何容易。几万人的一个大学，上上下下、方方面面，有多少工作要做，足以让人寝食难安。”他又说，“既然来了，我就不怕，反正是背水一战，我有信心一定尽力做好，办不好，我也就只好跳西湖，跳钱塘江啦。”说完他又爽朗地笑了。席间，我就把下午与中央电视台记者商谈采访有关四校合并的事告诉了他，他说很好啊，你们先找潘校长谈嘛，现在中央文件还没传达，我不方便出面。明天我要先回香港一趟，处理一些公务，大约要一个月后再回杭。

4月30日上午9点，我带领学校新闻办公室的同事赶到省府大楼，参加“新的浙江大学筹建小组成立大会”和“新浙江大学筹建大会”的新闻报道工作。在会场上，又见到了张老师。他是前天晚上从香港赶回到杭州的。他笑着走过来，和大家握了握手说，你们辛苦了。

这两场会议规格很高、阵容强大。教育部部长陈至立、副部长周远清和十来位司局长都来了，还有省长柴松岳、省委副书记刘枫、副省长鲁松庭和有关厅局领导以及原来四个大学的党委书记、校长和干部教师。下午的会议还宣布了几个文件，一是有关成立四校合并领导小组的文件；二是成立“新浙大筹建小组”的通知；三是教育部和浙江省共建、共管新的浙江大学的文件，这个文件规定了四校合并后的浙江大学管理体制。

会议开得非常成功，几位领导同志讲话高屋建瓴，对大家鼓舞很大。张老师也在会上讲了话、表了态。他说，“担任新浙大筹建小组组长，感觉压力很大，难度很大，一下子很难适应。过去13年生活在资本主义社会，环境与内地不一样；离开学校也有15年了，国家发展变化太快了，高等教育也迅速发展，再回到浙大也不认识了。”他表示，要尽快进入角色，重新学习，义无反顾，团结战斗，有中央和省委教育部的支持，有筹建小组的团结合作，新浙大筹建工作一定能圆满完成。讲到最后，他引用杜甫的两句诗："会当凌绝顶，一览众山小。"此时此刻，这真实反映了他那份自信、抱负和志向。

"为并校创造良好的舆论环境"

并校前，我在学校从事新闻宣传工作，并校后，我仍然做这件事。在我30多年的工作生涯中，非常庆幸遇到了张老师这样一位居高望远、深谋远虑、知人善任、有胆有义的好领导、好师长。

张老师在香港新华分社工作时，担任过宣传部部长和副社长兼新闻发言人，在香港回归过渡时期那种十分复杂的环境下与媒体打交道，展开舆论斗争，有丰富的工作经验。他知识渊博、思想开明，他坚持真理、勇于担当，他襟怀坦白、谦逊无私，他情感真挚、善交朋友。现在回想起来，在张老师主持新浙大筹建和主政新浙大工作的这段时间，真是我们从事新闻宣传工作的黄金时期。

1998年4月30日，新浙江大学筹建工作正式启动的新闻发布后，引起了社会上很大反响，许多媒体闻风而动，纷纷来电来函要来采访报道。当时，我在浙大党委宣传部和新闻办公室任职，主管校内外媒体的宣传报道工作，每天都要处理和接待许多新闻单位的采访要求。那时我们就感到很为难，宣传工作内外有别，哪些事情可以对外说，说到什么程度，哪些事情不能说，说了会干扰整个筹建工作，这个度如何把握好，的确很难。

"五一"长假后，筹建工作正式启动，张老师也到玉泉校区行政楼上班了。他在繁忙的筹建工作之中，也了解我们工作的难处。他知道，兵马未动，舆论先行，良好的社会舆论环境对筹建工作很重要。

5月14日下午，张老师开完会后，专门抽出时间，在办公室约见了我。在听了我关于新华社等媒体记者来校采访并校情况汇报后，他说："舆论宣传工作很重要，明天筹建小组要开会专题研究这个问题。你长期在学校工作，情况了解，想听听你的意见，也想谈谈我的想法。"然后他就不紧不慢谈了半个多小时。看来他是认真思考过的。他的谈话,站得高,想得远,既宏观又具体,针对性很强。

为了写这篇文章,我特意翻看了当年的笔记本。他那次关于宣传工作的谈话,重点有那么几条:筹建工作过程中,重大活动不多,主要是我们内部工作,一般不主动对外发布消息;中央和地方正规新闻单位要求来采访,是为以后报道并校积累资料的,要好好接待配合;四个学校从事宣传和新闻的同志要讲大局,相互协调,做好工作,建立一个互通信息形成合力的有效机制;对外发布有关四校合并的信息,统一口径,由我自己负责发布;校内报刊、电视、广播的宣传,很重要,你们要制定一个计划,及时通报信息,发表评论,引导舆论,为并校和新浙大发展创造良好的舆论环境。

过了一个礼拜,5月20日上午,张老师又亲自召集四个学校从事宣传和新闻的同志开了一次会。他在会上谈了四校合并的重要意义,谈了浙大的优势和特色,谈了做好舆论宣传的重要性,谈了如何把握好舆论宣传尺度等问题。他说,要加大宣传工作力度,多宣传四校合并的好处和优势,多宣传新浙大立志创办世界一流大学的目标,以此凝聚人心,鼓舞斗志。

在繁忙的筹建过程中,张老师不仅亲自过问指导宣传舆论工作,而且身体力行宣传四校合并的重大意义。他对我说:“现在社会上对并校有些不同的看法,而且大家也很关心筹建工作情况,你们定个时间,我专题讲一讲。”6月2日下午,张老师应邀接受学校筹建工作宣传组的集体采访。在那次访谈中,他全面系统地论述中央决策四校合并的重大意义,深入浅出地介绍了并校后的办学优势和特点,并第一次对新浙大的办学目标和长远发展提出了“综合型、研究型、创新型”九个字方针,他说要用十五年到二十年左右的时间,经过整整一代人的努力,把浙江大学建设成世界先进水平的一流大学。

这次访谈内容经我们整理,在校报、广播、电视等媒体上发表后,在校内外引起很好的反响,对广大师生员工正确理解中央决策的重大意义,统一思想,解疑释惑,排除干扰,振奋精神,对顺利推进筹建和合并工作起到了积极的作用。

“努力宣传好传播好浙大新形象”

1998年9月15日，新浙大成立大会召开，标志着我国规模最大、学科最齐全的一所真正意义上的综合型大学的诞生。合并后能否很好融合，学科齐全的新浙大能否产生新优势，既是广大师生所期盼的，也是为社会所关注的焦点。已担任新浙大党委书记的张浚生多次指示我们，要努力宣传好、传播好浙大的新形象，而他自己也一如既往，亲力亲为，关心和指导着我们做好新浙大的新闻宣传工作。

2000年5月，教育部组织中央新闻单位采访团来学校采访报道浙大并校改革成果，事先张老师认真听取有关接待工作安排，提出具体要求，并亲自出面向采访团介绍并校改革成果，事后他又嘱咐我们收集整理中央各大媒体上刊登的报道文章，指示我们要在校报上连续刊登并配发评论员文章，他对我说，“不要宣传我们个人，要突出强调浙大并校改革的成果，是中央领导直接关心，教育部和省委省政府大力支持，广大师生团结奋斗的结果。”

2002年6月上旬，我们准备组织中央主要新闻单位记者来浙江大学实地采访并校改革成果活动，张老师很赞同，在筹备过程中，他几次听取汇报，提出具体采访事例和典型。采访活动的前一天晚上，他刚从台湾访问回杭，就打电话给我，详细询问我们接待和采访活动安排情况，再三嘱咐我，一定要把这次采访活动组织好，把浙大并校改革成果宣传好。第二天，他亲自出席集体采访活动，向记者们介绍并校改革取得的成绩，并现场回答记者提问。这次集体采访活动取得很好的成效：“浙江大学并校带来新优势”“在学科的高原上造峰”“浙江大学向世界一流稳步前行”……新华社、人民日报、光明日报、中国教育报、中国青年报等媒体都在头版或显著位置发表了长篇报道，对宣传传播浙大的新形象起到了重要作用。

那时候，我们做新闻宣传工作心情舒畅，干劲充足，与新闻界的关系也特别融洽，学校有什么大事需要报道，他们都会主动前来询问。每年我们都会主办新闻发布会、记者恳谈会或记者联谊会，主动邀请中央和地方媒体的记者来校采访报道。每次这样的活动,张老师总是亲自出面发布信息或接受采访,回答记者提问。他知道媒体记者需要什么,他不讲空话套话。他作主旨讲话,引证论据,娓娓道来,豁达风趣,如沐春风,有观点,有故事,每次都给记者们留下深刻的印象,赢得他们交口称赞。光明日报资深记者叶辉老师不止一次对我说过,“张老师博学多智,记忆超群,每次采访,我都可以写成一篇大文章,真是受益匪浅。”文汇报的资深记者万润龙老师评价张老师,“听张一席话,胜读十年书。”正是张老师的人格魅力,很多媒体朋友都把他视为一位值得终身信赖的师长和挚友。

“这件事我们处理得很及时”

浙江大学在社会上超高的关注度,使我们从事新闻宣传工作的同志,经常处在风口浪尖之中,特别是在互联网快速兴起发展的新时期。所幸的是,浙江大学拥有一位心地无私,敢勇直言,不怕事,敢担责的好书记。

1999年5月8日,因北约轰炸我驻南斯拉夫大使馆,引发了浙大数千学生上街游行抗议事件,吸引很多媒体都派记者来采访报道。谁知,第二天傍晚,又因此事引发了西溪校区中国学生与日本留学生的严重冲突,发生数千学生大规模围攻事件。

这一突发事件,由于涉及对外关系和社会稳定,引起省里和中央高层的震惊和社会上极大关注。当晚我带着一些媒体记者在现场采访。西溪校区,人山人海,数千中国学生把留学生楼围得水泄不通,情绪激动的同学一次次往上冲,把门窗玻璃都打碎了,场面十分混乱,稍有不慎就会酿成重大安全事故。在这关键时刻,张老师沉着冷静,指挥若定,一方面他让有关部门起草“给浙大同学的一封信”,另一方面他亲临第一线,请公安部门调来一辆宣传部,他坐在宣传车上,一只手握着喇叭,一只手因摔伤而系着绷带,通宵达旦,镇定自如地高声向学生喊话,宣读学校通告,要求同学们保持冷静。当时他那种临危不惧,指挥果断的形象,我至今记忆犹新。

事件平息后,网上的BBS议论纷纷,各种传言都有,要不要向社会公开事件真相，这成了我们又一道难题。正好第二天上午，新华社浙江分社记者打电话给我，说要来采访这一事件，写个内参，向中央报告。我当即向张老师请示，他一听说好，你马上带她过来。他说，现在网上各种信息都有，有些是不实的，造谣的。我们要立即公布事件真相和学校处理意见。我一听，心里就踏实。采访完后，很快，以新华社杭州电讯形式向全世界发布了“破坏声讨北约 殴打中国学生 浙江大学开除一名日本学生”的消息，平息了社会舆论。第二天，张老师告诉我，香港《文汇报》当即转发了新华社的这条电讯，他说，“这件事我们处理得很及时，中央领导和省里都很满意，效果很好。”

事后我才知道，在处理这件突发事情上，张老师是承受着很大压力的。在事发现场，他心里装着学生的安危，当有人提议采取非常手段处置时，他坚决不同意；当事件平息后，开会讨论开除挑事的那位日本留学生时，有人有不同意见，包括来自北京部里某个领导的压力，他坚决顶住了；同样在要不要通过媒体向社会公开事实真相这件事上，也是有压力的。我们一些朋友都说张老师无私则刚，不畏权势，敢于担责，在这件事情的处置上，再一次体现他身上的这种高风亮节。中央有一位领导同志曾称赞张老师，“像你这样正直无私的老同志，现在我们党内已经不多了。”

“相信对后人会是有益的”

2004年7月，张老师从党委书记岗位上退了下来，担任学校发展委员会主席。2005年3月，我也离开了工作了30多年的新闻宣传岗位，先调到浙大国家大学科技园，后又到学校出版社任职。

退下来后，张老师似乎更忙了。他先后受聘全国保持共产党员先进性教育活动督导组组长和部属高校巡视专员以及高校学习实践科学发展观检查指导组组长，常年奔波在全国各地，深入到各地高校、国企进行巡视、督导，而一回到杭州，又有很多学生、校友和朋友找他。他古道热肠，人缘又好，热情友善，乐于助人，大家碰到有什么困难或有什么难题，都乐意找他帮忙，例如出席哪个会啊，剪个彩，讲个话，填个词，作个序等等，只要他认为对国家对社会对师生有意义有价值的事，他都会欣然同意。

2007年5月，学校110周年校庆活动期间，记得有一次，我们和张老师见面聚谈，他又滔滔不绝，如数家珍地讲述他在香港的那些故事。这些故事，生动有趣，非常珍贵，大家听着也就不断地鼓动他写回忆录。这时我忍不住又说了，张老师，有您这样人生经历的人不多。您是做大事的人，使命所在，责无旁贷。香港13年，亲历香港回归这件大事，全球瞩目；回来主持四校合并，也是一件世人关注的大事。我说，我多次建议您写一本回忆录，把这些重大史料留下来。现在退下来了，可以抽些时间做这件事了，既有益当下，更功在社稷后人。他听了就笑着说，"是啊，小徐，这件事我也再三想过了，是该做的时候了。当年在香港也有很多朋友都劝我把这些经历写下来，有作家朋友，还有媒体记者，我都一一谢绝，那时我认为时机还没成熟。"他又说，"现在有关香港回归的一些重要历史记录，陆续出了好几本书了，我都看了，特别是国务院港澳办领导李後、鲁平，还有我们新华社香港分社老社长周南等同志的口述回归的书，都极富历史价值，我在香港时间比他们长，经历了过渡时期的全过程，也许我可以从另一个角度提供一些历史资料，相信对后人会是有益的。"他笑着对我说，"好啊，小徐，就由你负责做吧，你现在出版社工作，也有这个条件。"

说实话，自从接下这个任务之后，我也有好几晚没睡好，担心怕做不好，有负信任，不好交差，又怕没时间，在出版社每天忙忙碌碌，要抽大块时间写作，也确实做不到。还有回忆录怎么写，要采访哪些人，等等，也不是一件简单的事。于是我找到了以前的同事李曙白和单泠，我深知他们能帮我，他们有思想，文笔好，又熟悉浙大的历史，我们在一起工作那么多年，合作得很愉快，更重要的是，他们对张老师也有很深的感情。

与张老师商量了几次，大体确定了回忆录的结构布局，确定以第一人称口述的形式，以时间为序，以细节故事取胜，融真实性、史料性和可读性于一体，再现张老师风雨兼程、波澜壮阔的一生，而重点则放在他亲历的两件世人瞩目的大事上:香港回归和四校合并。此后,我们三人作了分工,在查阅了大量有关文献和历史资料基础上,根据写作重点,分别列出近300个问题,提交张老师回忆和准备。

一个月后的8月6日,我们来到张老师在玉泉校区原行政楼办公室开始了第一次采访。那天上午,他9时前就到办公室了,见到我们就热情地招呼我们坐下,然后他亲自为我们泡茶,他说,我特意带了家乡福建的好茶。泡好茶,他就坐在长沙发上,茶几上堆满了各种图书和报刊,他手上拿了一叠纸,我一看,在白纸上他写了满满的好几页,在我们提交给他的问题提纲上,有些地方他还用红笔划了一些线条,在空白边上用圆珠笔密密麻麻写了很多文字,显然他是做了认真充分准备的。

访谈就从我们提出的问题开始。从儿时生活到成长过程、大学读书、从教从政生涯,以及香港工作和主持浙大合并,他娓娓道来,带着我们渐渐进入他所经历的那些年代,那些事情,那些场景之中,有我们熟悉的,也有不熟悉。特别精彩的,他讲述香港回归过渡时期当中,发生的许多重大事件,例如中英交锋、87股灾、大亚湾核电站风波、张杨事件、政治风波等等,很多鲜为人知事件的幕后故事,讲了很多与他交往香港名人的奇闻逸事。令人叹为观止,他思维之清晰,知识之广博,记忆力之好,很多年以前的往事,一些细节他都记得,小时候读过的哪些书,书中的人物和故事……兴致来时他还会背诵几段书中的诗词歌赋。我们一边录音,一边忙不迭地在笔记本上记着,也不时地插话提问,希望能挖掘出更多读者感兴趣的细节和故事。

这样比较集中的访谈就有30余次80多个小时,经常是上午下午连续谈,有时第二天继续谈。他精力充沛,每次访谈总会带上一些纸,上面写满了这天要谈的内容或提纲,这是他晚上思考和查阅了很多资料准备好的,就像他当年教书时的备课笔记。

在断断续续近三年时间的访谈、整理、写作和一遍遍反复修改书稿的过程中,我感受最深的是,张老师对国家民族的大忠大爱,以及他那种志存高远,孜孜以求,百折不回的精神。我想,也正是这种信念和精神支撑着他走完了不平凡的人生历程，为国家和民族的振兴建功立业。

张老师的人生经历与新中国建设及中国改革开放的历史进程息息相关。当年他在浙大求学时曾赋诗“平生立志为国酬，红透专深是所求；益民即如萤火闪，似此青春亦风流”表达自己志向。他多次说过，“我是新中国成立后，党和政府一手培养起来的知识分子，从青年时期就立志要为国家民族贡献自己毕生的精力。”在他的办公室里挂着一幅书法作品，是启功老先生亲笔手书的张老师自己写的一首诗：“理想是大同，典范有周公。他年堪笑慰，霞彩满天红。”张老师很喜欢这首诗。诗言志，其实这就是他做事做人的座右铭，也是一位杰出的爱国者奋斗者，一位新浙大开拓者奠基者，他人生心路的真实写照。

2011年6月，《亲历回归与合并——张浚生访谈录》出版后，得到了读者的广泛好评，内地和香港的媒体也做了大量报道。半个月后，香港联合出版集团陈女士来电话，要求购买该书版权，由中华书局在香港出版。我把这件事告诉了张老师，他很高兴地说，我在香港工作那么多年，很多事情他们都有兴趣，想了解。几经商量，这本书于2011年11月由中华书局和浙江大学出版社联合在香港出版，张老师为此改写了序言，加了简历，他还亲自挑选一些图片。2012年5月，我去新加坡参加国际图书展，在香港中华书局的展台上看到了这本书，放在很醒目的位置。

在迎接香港回归20周年之际，我曾向张老师建议，希望重新修订再出第二版，增加一些当年因敏感而没写入的，随着时间流逝而逐渐解密的很多故事。张老师也表示同意。可惜这个心愿再也无法实现了，每每念及，痛心不已。

“静下心来，读点书，挺好的”

我最后一次与张老师见面是在2017年12月23日，在杭州西湖山庄与北京来的客人和一些朋友见面聚谈。而在这之前的11月份，张老师曾因感冒引发肺炎在浙江医院住院治疗了一段时间。

记得11月1日那天,我去医院看望张老师,带去了中国科学院院士丁仲礼校友托我转交张老师的一封信函。他在信中告诉张老师,他们八位浙大七七、七八级毕业的校友为纪念恢复高考40周年写了一本书,恳请张老师为该书写个序言。上午10时左右,当我带着书稿信函,推开6号病区二楼病房时,张老师正坐在病房的椅子上,手臂上输着液。“张老师,听说你病了,大家挺挂念的,还好吗?”“好的,没什么大毛病,只是感冒发烧引起肺炎又影响了心脏功能,已经服了药了。过些天就出院了,你们不要担心。”

我紧挨着他,坐在病床上,把书稿和信交给他,我说丁仲礼他们这些同学以前在浙大读书时,都是《求是园》、校刊的学生骨干,也是您的学生。他们每人写了一篇文章,回忆当年高考的事情,集起来也有20多万字了,想要在纪念恢复高考40周年出版,您与这些同学都认识,也了解,又是当年学校的老领导,想请您为这本书写个序言。“好啊,这些同学我都了解,《求是园》创刊时,当年还我写了一篇小文章呢!”他爽快地答应了。

我知道张老师这两年身体不如从前,心脏装过两次起搏器,需要休息静养。临走前,我把书稿留在他这里,叮嘱说,“你不要太累了,书稿大体上翻一下就可以了,我都看过了,文章写得很好,很生动,没问题的。”“那我也要好好看看的,不然怎么写序呢?”我急忙说,“我已经给曙白说好,序言先请他写个初稿,到时您看一下,再修改好了。”“那好吧,辛苦你们了,书稿我还会仔细看看的,特别是有些文章,我要好好看看的。”

几天后,当我再次推开病房门的时候,他正一手输着滴点,一手捧着书稿在看呢!我连忙走到他身边,他一边翻看书稿,一边指着用笔轻轻划过的地方说,“小徐,你看,这句话这样写是否准确?”“这个同学的名字,好像写错了?”“这里是不是打字打错了,读了不通顺?”……他一页一页地翻给我看,有疑问的地方都用笔做了记号,看着张老师那认真严肃的表情,我心头一热,都知道,张老师是一位做事严谨,非常认真的人,可这时,他是躺在病床上呢!二十多万字,这么仔细地读完,要花费他多少时间和精力!

然而,让我更难忘的是:张老师出院后的12月6日,这天上午9时半左右，我和曙白带着写好的序言初稿，如约来到老行政楼的办公室请他审阅。等我们在沙发上刚坐下，他就站起来，走到办公桌边，拿着几页纸，递给我们，“这是我在医院里抽空写的序言，你们看看，行不行？”我拿起来一看，满满麻麻写了4页半纸。我和曙白都很感动，我说，“不是说好的，由曙白代您写一个初稿嘛，您病着，怎么还亲自动笔了呢？”“我习惯了，在医院正好闲着，又没人打扰，能静下心来，读点书，挺好的。”说完，他又爽朗地笑了。

张老师写的序言题为“咀嚼历史　体味人生”。序言高屋建瓴，纵横捭阖，把这些同学求学成长的人生历程，放在中华民族绵延数千年的历史长河中来考察，引申出正确看待历史，看待人生问题。他写道，“进程中既有明媚的阳光与坦途，也有狂风堕雨和高山险阻”，“每个人都会经受不同程度的锻炼和考验”，他引用了作者对自己人生经历的不同感悟，告诉后辈学子一个人生真理，只有最终通过自己的努力，把握住时代变化的脉搏，脱颖而出，才能创造出自己的人生辉煌。这篇序言他是深入思考过的。序言的字里行间寄托着他对青年一代的殷殷期盼，融入着他不凡的人生感悟。

这或许是张老师留给世人的最后一篇文章了。我反复诵读，浮想联翩，感激涕零……苍天垂青，时代赋予他一生绝佳的历史机遇，而他不忘初心，持之以恒，从未松懈过对梦想的追求，也从未辜负时代赋予他的使命。借用他在序言中引用鲁迅先生的一段话，“战士的日常生活，是并不全部可歌可泣的，然而又无不和可歌可泣相关联，这才是实际上的战士。”

斯人已去，风范永存。敬爱的张老师，我们心目中永远的智者、师者和挚友，一位真正的共产党人，您的英名，将与世长存！

（完稿于2018年5月18日）

亦师亦友　至理至情

——忆张浚生书记

姚先国*

张浚生书记是我的老领导，更是师长和朋友。1982年我从复旦大学经济学硕士毕业后分配到浙江大学马列教研室工作，那时他是浙大党委副书记。我认识他，听过他讲话，但他并不认识我。1985年我去德国慕尼黑应用科技大学进修两年多。回国时，老张书记已调任杭州市委副书记。后来他又去香港工作了。我们再次交集，已是1997年浙大百年校庆之后。

20世纪90年代是个火红的年代。邓小平南方巡视，确定了市场化改革的大方向。改革开放如火如荼，各项事业蒸蒸日上，大学学科建设也随着社会需求变化而不断发展提升。老浙大是理工科为主的学校，到20世纪90年代文科社会科学已有长足进展。工商管理学院、人文学院、对外经贸学院相继成立。在百年校庆之际，传来了"四校合并"的消息，随之筹备工作紧锣密鼓进行。老张书记担任新浙大筹建小组组长。经过一年左右的紧张工作，学校领导班子建立，校机关各部处、各校区均已整合到位。1998年9月15日之后，学院的整体架构形成，各学院实质性合并工作随之展开。从那时起，我开始与老张书记有了深度接触，深切体会到他"待人举轻若重，处事举重若轻"的领导风范。我印象最深的有三点。

姚先国　男，浙江大学文科资深教授，校学术委员会副主任。1953年2月出生于湖南华容县。1982年复旦大学研究生毕业后到浙江大学任教，历任经济系、工商管理学院、对外经贸学院、经济学院、公共管理学院、社会科学学部负责人

一是他办学的大格局、大视野。“大学之大，不在于大楼，而在于大师。”四校合并后的新浙大，定位于建设世界一流大学，一开始就把着力点放在名家名师的引进和师资队伍的培养上。老张书记利用他在国内外的人脉关系与社会影响，聘请了许多海内外知名人士来浙大任职、任教。如大家熟知的金庸先生任人文学院院长、国家体改委副主任高尚全教授任管理学院院长、原国台办副主任王在希少将担任台湾研究所所长等等。他对我们经济学院情有独钟，特别关心。不仅聘请了著名经济学家、中国社科院常务副院长王洛林教授担任院长，还聘请了香港著名企业家查济民先生担任名誉院长。查先生与金庸先生同属海宁查氏家族，不仅事业有成，实力雄厚，而且急公好义，乐善好施。尤其让人想不到的是他对国际经济学界十分熟悉，与许多诺贝尔经济学奖得主是好朋友。他在就任名誉院长时表示，以后每年请一位经济学诺奖得主来浙大讲学，费用都由他出。他说到做到，经济学院成立的第二年(2000年)起，他连续邀请了美国的威廉·夏普、福格尔，英国的莫里斯等四位诺贝尔经济学奖得主来浙大讲学，这在当时是很少有的，对促进浙大的对外学术交流和社会影响，扩大师生的视野都有很大的帮助。

二是他深入细致的工作作风。新浙大的经济学院主要由老浙大的对外经贸学院和杭州大学的经济与金融学院合并而成。杭大经济学科起步早，教师人数也多。杭大经济学科负责人史晋川与我是老朋友，也是复旦经济学院的老校友。学校有关方面曾找我们谈话，让我们负责组建新的经济学院。我们两个就此沟通过，谈得很愉快。但第一次公布院系负责人名单时，却没有史晋川。原来是他突然不想干了，还有传闻说他要调到清华。我赶紧向张书记报告。他十分重视，约我们吃饭、长谈，从四校合并的目标、理念、中国经济发展的人才需求到建设一流学科的愿景和我们这代人应有的担当。一席话，让我们深受鼓舞、干劲倍增。张书记这种礼贤下士、平等待人的态度和深入细致的思想工作，也让我深受教育。后来史晋川任学院党委书记，我任常务副院长，在王洛林院长的领导下努力工作。老张书记、潘校长等校领导也始终给予关心和指导。在四校合并后第一次全国学科评估时，经济学院理论经济学和应用经济学同时参评，分别列全国第6、第7，跻身于全国十强行列。后来，一个专门研究大学合并的吉林大学博士来找我访谈，说是张书记让她来的，并告诉我："张书记说你们是合并最成功的学院之一。"其实，如果没有张书记的悉心关怀和支持，我们不会这么顺利成功。

三是他独特的个人魅力。老张书记天资聪颖、阅历丰富、博闻强识，是香港城市大学的荣誉博士。加上他为人谦和、没有架子，使得其具有独特的人格魅力。与他在一起，确实是如沐春风，没有拘束。我自己记性差，特别佩服他的记性。与他谈话时提到他所经历和处理过的事件，他都娓娓道来，如数家珍。与港台和海外华人交流时尤显其亲和力与吸引力。我曾兼任台湾研究所副所长，对此有切身感受。有一次（2000年），我陪同他接待一批台湾重要客人，会谈后游览西湖，游轮上有卡拉OK，大家趁兴唱歌。没想到台湾来的女宾也会唱样板戏，她提议唱《智斗》，请老张书记唱刁德一，让我唱胡传魁，她自己唱阿庆嫂，大家笑成一团，十分开心。

张书记写得一手好字。浙大公共管理学院院训"以天下为己任，以真理为依归"就是他留下的珍贵墨宝。2002年，中国正式加入世贸组织，中国发展的国际环境发生了重大变化。金庸先生提议，人文和经济联姻，大家一起来讨论新经济环境下的文化发展问题，大家都很赞同。于是就有了2002年5月在杭州召开的"新经济条件下的生存环境与中华文化"国际研讨会。会议由浙江大学主办，麻省理工学院和香港城市大学等单位协办，来自国内外学者近200人参加了会议。张书记作为会议名誉主席亲自出席，并提交了《浙江的地域文化与经济的互动关系》的论文。由浙大出版社出版的会议论文集《新经济条件下的生存环境与中华文化》，今天读来仍然有其学术价值。

退出一线之后，老张书记担任了浙江省咨询委员会的主任，我是委员，依然经常有碰面的机会。我这个人有个坏毛病，开会常迟到。有一次省咨询委开会，我难得准时到场了。一进会场，已经落坐的老张书记就打招呼说，"姚老前辈到了！今天难得没有迟到，要表扬。"引得哄堂大笑。老张书记比我年长20有余，却称我"老前辈"，笑声过后，自然引来了众多邻座的疑问，“老张书记应该比你年长吧？怎么叫你‘前辈’？”我只好把自己的“丑事”又说了一遍。我年轻的时候经常胡子拉茬的，长相又显“着急”，所以30多岁就经常让人误以为是“老教授”。带儿子出门，人家老以为是孙子。有一次一位同行来信和我们商议合作，抬头写的是“尊敬的姚老前辈”，所以得此雅号。老张书记听说了，也和大家一样这样称呼我。他与浙大老师们交流，从不摆架子。平常在交谈中，我们对学校的工作发表些评论，如果说错了，他总是会耐心地说“这个情况你不了解。当时……”一二三地慢慢说来，让人心服口服。

2018年元旦学校的新年团拜会，我见到了老张书记。散会时，我去和他道一声“新年好”，握手告别，不想竟成为永别！我年前因病入院，一住就是三个月，听闻噩耗时，我还在医院，最后一程也未能去送别，万分遗憾！我相信，老张书记将永远铭记在我们心里，他对浙大发展的贡献将永载浙大史册！

张浚生书记与浙大青年教授联谊会

褚　健*

2004年7月19日，张浚生书记因为年龄原因卸任浙江大学党委书记一职，我作为普通教授参加了新老书记交接大会。那一刻，值得浙大人永远铭记。我和参加会议的教师代表、学生代表和中层以上干部，满怀感恩和敬仰之情，在依依不舍中，用长时间、经久不息的热烈掌声送给老张书记。如此之长的掌声没有经过事先导演或策划，那是所有参会师生发自内心的崇高敬意和由衷感激，不掺虚伪，毫无粉饰。老张书记在最后致辞时声音略带哽咽，用热切和激动的目光回应着大家的掌声，他一定感受到了浙大全体师生员工对他的高度认可和留恋。此情此景，几人能及?!

现在回顾那段并不遥远的历史，往事清晰可辨，历久弥新中越发令人回味和感慨。

老张书记原本就是浙大的学生、老师和领导，他在离别浙大15年后，再次回校执掌原浙江大学、杭州大学、浙江农业大学、浙江医科大学四校合并和新浙江大学建设发展的历史重任。在这一重要的历史阶段，在全校师生和世界各地50万校友的热切期盼中，张书记以崇高的情怀，无私的境界，教育家的胸襟，不辱使命，不负重托，不仅非常顺利地完成高难度的四校合并任务，他担任书记期间更成为浙大历史上公认发展最好的时期。

褚　健　男，1963年月出生，博士，教授，曾任浙江大学副校长、浙江大学青年教授联谊会会长、浙江大学智能系统与控制研究所所长。现任宁波工业互联网研究院院长，中控集团创始人

四校合并对所有干部、教师和学生都有巨大的情感冲击，有兴奋也有沮丧，有观望也有叹息……更多的是热切的期望。四校合并的成败取决于人心的融合。为了促进四校合并后的新浙大快速融合，2000年学校决定成立浙江大学青年教授联谊会。我们青年教授联谊会的教授们，既是改革开放最大的受益者，也是学校承上启下的中坚力量。学校领导们深知青年教授之间的快速融合有助于四个校区之间的融合，有助于人心的稳定，更有利于学科的发展和学校的发展。

不知为什么学校让我担任首任会长，当时深感诚惶诚恐，责任重大，好在有张土乔等来自四个校区的许多优秀年轻教授的携手齐心、共同努力，特别是在老张书记和分管领导庞学铨副书记的悉心指导和帮助下，浙江大学青年教授联谊会在融合原四校文化和推动学科交流方面发挥了一定的作用。

老张书记高度重视青年教授联谊会的工作，经常给予我们大力的支持和谆谆教导。老张书记知道我因为担任会长而心里发憷，就尽力多给予我信心和力量。我每次向老张书记汇报工作或请教问题时，他总是耐心指导。他多次告诉我，四校合并的意义在于学科交叉，学科交叉能否取得成果在于不同学科间教授们的交流与合作，他反复强调，浙大四校合并有根有缘，学科覆盖理工农医文法经管等，互补性非常强，除了数学学科博士点有重叠外其他博士点都不重复，在国内高校中学科综合性最好，综合力量最强，他要求我们青年教授之间要促成一些合作，特别是跨大学科合作，如工科和医学、工科和农学等，他希望浙大能够成立一批跨学科的研究机构。

老张书记平易近人，没有任何架子，和我们青年教师打成一片，经常主动要求参加我们的活动。他鼓励支持我们到县市区去对接地方社会经济发展和企业的需求。我们多次组织百名教授到一些县市与当地政府和企业对接，许多活动都产生了巨大反响，不仅促进了浙大教授与地方的合作，同时加强了青年教授之间的交流、友谊与合作。

老张书记也是我们在校内各种活动的常客，他不仅主动坦诚地了解青年教授们的想法，也让青年教授们了解学校的想法和发展方向。这样的交流拉近了青年教师和学校领导之间的距离。

老张书记和我们不仅在座谈会上交流思想碰撞火花，也在餐桌上加深感情。例如在聚会喝酒时，我们知道老张书记酒量比较好，大家都想能有机会和尊敬的领导喝上一杯，为了活跃气氛，我和几位喜欢热闹的教授会鼓动大家向老张书记敬酒，我们以为老张书记可能只会抿上一口而不会和每一位敬酒的人都喝。但是，老张书记来者不拒，非常痛快地和大家分享快乐，让青年教授们非常感动。那时候老张书记已过花甲之年，但依然雄风不减当年。说不上"大碗喝酒、大块吃肉"的豪爽，但也让我们年轻的教师们心潮澎湃，大有"士为知己者死"的真情实感。多年后他每次和我们谈起当年的情景时，依然兴高采烈地说我："哈哈，你那时总想把我灌醉，还想把青年教授们联合起来把我灌醉，还好我酒量好！"老张书记真诚而悉心地爱护、重视和培养青年教授的高风亮节令我们万分感动，难以忘怀！

在老张书记的精神感召下，我们的确按照他的意见在青年教授中推动深入交流沟通，产生了很多合作的机会和研究课题。我无法历数因为浙大青年教授联谊会的平台而促成多少不同学科教授之间的合作，但可以肯定的是，我和许许多多青年教授都因此而终身受益，永远怀着使命感，带着家国情怀，为浙大和国家的发展而不懈追求。

后来，我和老张书记之间的交往越来越多，潜移默化中，他给了我终身难忘的教益和指导，成了我人生道路上的导师和引路人。他经常向我们讲起他年轻时的经历、"文革"期间的遭遇，以及他在香港回归全过程中的工作经历。每次听他娓娓道来，宛如历史事件流水般地淌过，时而惊涛骇浪，时而慷慨激昂，那些他为香港回归而忘我奋战的豪迈岁月跃然眼前，尽显张老师的风骨、魂魄，令人肃然起敬。他顺手拈来的古诗、故事、远久的歌词等，无不让我们惊叹和钦佩他的博学多智和深厚底蕴。

我还有幸曾经随同老张书记出访俄罗斯和乌克兰，当时我作为浙大代表团的团长，老张书记作为"政委"，访问达成的成果、双方交流的场景、经历过的趣闻轶事,都似乎发生在昨天。

我们谁都没有想到,昨天还好好的他,与家人好友及同事部下喝茶聊天,谈古论今,今天却离我们而去。2018年2月19日,我开车从扬州回杭州的路上,突然被微信朋友圈中出现的一条噩耗惊呆了,脑海里闪现出他在我记忆中的一幕一幕,许久都不愿相信那是真的。

如今,当年的青年教授很多都已经成为学校的各级领导和学科带头人。愿我们这些曾经受益于老张书记教诲的人,不忘初心,砥砺前行。对他最好的报答和感谢或许就是,传承他的崇高精神和不朽风范,身体力行地履行他的殷切期望和谆谆教诲!

多年受教和受益于老张书记,积累了无限的感慨,他每一次尽心竭力的教育指导、每一次弥足珍贵的启发交流、每一次真诚相待的倾听探讨,都让我满怀感激并受益终生。他无时无刻都在关注着国家、关注着浙大、关注着我们年青的学者,他宽宏的胸怀、渊博的知识、长者的博爱、无私的奉献,都永远留在我的脑海里。

敬爱的老张书记永远活在我的心中!

忆张浚生书记二三事

王建安*

今年7月初，接浙江大学出版社编辑来电，方惊觉张浚生老书记驾鹤西去已近五月，然音容笑貌犹在眼前，每每念及，泫然欲泪。特撰此文，以示缅怀。

2018年2月19日，正月初四，下午2点不到，我突然接到了省保健局局长陈卫东的电话，非常焦急："建安，你赶紧来绿城医院一趟，张浚生书记不太好！"听罢，我心里咯噔一下，连忙以最快速度开车前往。时值春节假期，路上行人寥寥，十多分钟后我就已到医院，马上投入了全力的抢救，但无奈终究回天乏力，老书记最终仍不治而去，于下午3点15分永远地离开了他所牵挂的亲人和朋友、所热爱的这个世界。在场人员无不悲恸万分。

细数往事，历历在目：1992年春节，在香港我第一次见到了时任新华社香港分社副社长张浚生，此后近30年，因工作等因缘际会，曾有幸多次当面聆听老书记的指导和教诲，他为人热情爽朗，处事果断又富有艺术，并且非常愿意照顾和提携后辈晚生，这让我受益匪浅，也对我的处事为人产生了很大的影响。

王建安　男，1961年11月出生，心血管内科学博士，浙江大学教授。现任浙江大学医学院附属第二医院院长、心脏中心主任，欧洲CSI（心脏结构与瓣膜介入学会）共同主席

香港除夕夜的饺子宴

1991年10月，我被公派到香港大学医学院附属玛丽医院做访问学者，为期一年。那时，作为一名工作还不满10年的浙江医科大学附属第二医院（即“浙医二院”）心内科医生，对这首次出境交流、做访问学者的学习机会，我非常珍惜，深觉需要学习的太多，因此春节假期主动要求留下，没有回家。

当时张浚生同志已任新华社香港分社副社长多年。20世纪80年代末90年代初，因回归渐近，港英政府蓄意干扰，香港普遍人心不稳，存在不少的怀疑、质疑。张浚生上需与港英政府针锋相对、据理力争，中需与香港各界广泛接触、争取支持，下需深入百姓民众当中消除隔阂，事务繁杂、任务艰巨，自不言而喻。他曾说，那十几年是他一生中最忙的日子。香港媒体素来苛刻，但对于张浚生他们是服气和敬佩的，称他“缜密灵活，言多不失”。可以说，香港的平稳回归，他做出了不可磨灭的突出贡献。

但即便如此繁忙，春节前夕，他还会特别惦记着驻港留学生们的过节问题，专门邀请大家去参加新华社香港分社的新年团拜会。

除夕当天医院里病人特别少，我早早地下了班，特地换上了正装。玛丽医院在港岛西部的薄扶林道，新华社香港分社当时在港岛中部湾仔皇后大道东，两者距离不过十多公里，我舍不得打车，前后倒了两趟公交车，花了将近一个小时，终于来到了新华社。分社的团拜会非常热闹又温馨，张社长的新年致辞幽默又风趣，大家在他的倡议下，一起包饺子、看春晚，让我们本因“独在异乡为异客”的失落感消弭殆尽。在边煮边吃饺子的过程中，张社长还边与我们拉家常。我还记得他很真诚地对我们说，你们从内地来香港，不仅仅是学习者，也是国家政策的宣传者、解说者，他希望通过我们这些留学生们，能进一步做好香港各个大学老师和学生们的思想工作，让他们相信党中央政府关于“港人治港、一国两制”的伟大创举，是能够管理好香港的。

言谈中，张社长得知我从浙江杭州过来，还特别向我问起杭州的发展近况，他说他在浙江大学学习和工作过30年，又在杭州市政府任过职，对这片土地特别充满感情。他还特别动情地说，眼下正是祖国发展的大好时机，需要一大批有知识、有能力、有眼界的青年人为之奋斗，并嘱咐我要好好学习香港的优秀经验，为祖国的医学发展做贡献。

这么多年过去了，但是1992年那个除夕夜，张社长的拳拳之心、诤诤之言，犹如昨日。

风尘仆仆的座谈会

1993年，在张浚生副社长的牵线搭桥下，在浙江省委省政府的支持下，在时任浙江医科大学郑树校长的努力张罗下，香港知名实业家邵逸夫爵士慷慨捐资，由浙医二院具体筹建的公立综合性三级甲等医院——浙江大学医学院附属邵逸夫医院（以下简称"邵逸夫医院"）即将落成，浙医二院选派了一批各学科青年骨干前往邵逸夫医院，为次年医院开张运营做准备。我从美国进修回来之后，作为心内科骨干于年底被调往邵逸夫医院，参与大内科的筹建工作。

1998年初，为了顺利完成浙江大学、杭州大学、浙江农业大学、浙江医科大学"四校合并"这一"中国高等教育史上举世瞩目的大事"，中央决定让刚刚圆满完成香港回归任务的张浚生同志具体负责合并工作，并担任合并后新浙大的党委书记一职。

4月的一天，张浚生书记带着新浙大筹建小组同志来邵逸夫医院调研，听取广大基层单位的意见，当时距他回杭履新还不足一月，一路风尘仆仆。邵逸夫医院参加调研会议的人员有时任院长吴金民、党委书记何超，还有一些科室代表，我是大内科中方负责人并负责心内科管理工作（邵逸夫医院建院初期由美国罗马琳达大学团队托管，所有临床部门均设中美方负责人），也参加了调研会。那天天正下雨，吴院长带着大家在医院门口等候迎接，张书记来时一手拿着一把雨伞，一手与大家边握手、边问好，非常亲切儒雅。

调研会上，张书记高度肯定了吴金民院长、何超书记带领下的医疗和管理团队们，为邵逸夫医院顺利发展所作出的巨大努力。同时，他还积极认真听取了医院关于“四校合并”的建议和意见，他说，一线的声音对合并工作的落实有着很重要的意义。

9月15日，新的浙江大学正式成立，这凝聚了张浚生书记的无数心血和智慧。更值得一提的是，新浙大工作步入正轨之后，张浚生书记充分利用他在香港多年的人脉和积累，为两地的教育往来和人才交流穿针引线、牵线搭桥。香港各大高校的知名学者和教授纷纷来到浙大，或担任兼职教授，或参与学科建设和人才培养。最为人乐道的是，1999年，他聘请了定居在香港的武侠小说大师金庸先生担任浙大人文学院院长。张书记后来卸任时曾回顾道，香港所有知名的大学和著名学者，都与浙大有着或多或少的联系和往来，实业家们则为浙大兴建大楼、捐资设备，或支持科研、提供经费，或资助人才、扶持教学，大大支持了浙大发展。

数十个电话的热切关心

张书记对友人的关心，是非常细致入微、打动人心的。

大概2003年初，方逸华夫人的阿姨在上海生病了，病情比较严重复杂，因邵逸夫先生的缘故，他们想来邵逸夫医院治疗。当时我已任邵逸夫医院副院长，受刚上任的何超院长委托，随救护车赴上海把病人接到杭州，一路颠簸抢救，责任艰巨，不一细言。方夫人的阿姨后来在邵逸夫医院住院诊治数月。张书记知道这个事情后非常牵挂，不仅第一时间亲自来到医院探望，还先后给何超院长和我打了数十个电话，仔细地询问了病人的情况、治疗的难点、可能存在的风险、我们的治疗方案、阶段性的进展等等细节情况，并做了很周到的嘱咐。据说，后来方夫人辗转得知此事之后，大为感动。

2004年7月后，张浚生虽从浙大党委书记岗位退休，但他仍是“老骥伏枥，情系千里”，始终身体力行地继续关心着浙大、心系教育，继续关心着医院的发展，对我们的工作都给予了很多的支持和指导。

亦师亦友的长久关怀

张浚生书记是我的领导、是我的老师,但很多时候,他也像长辈、像挚友一样地关心着我的个人成长。2001年,我任大内科中方负责人、心脏中心主任,带领着大内科80余名主诊医师(attending)团队工作,受到了同事们的认可;下半年,在张书记的关心下,我被组织部选派到省委党校学习,并于2002年初进入医院班子,担任邵逸夫医院副院长,直到2005年再次回到浙医二院担任党委书记,后又任院长至今。期间,张书记曾多次来附属医院调研、视察,每次都会特地关心我的工作情况。

进入21世纪以来,国内的心脏介入技术迅猛发展。在医院的支持下,我带领心脏团队建起了心导管室,完全按照国际最先进的理念设计,导管室与心内监护室毗邻而设,当时这在全国都是非常领先的。因此,我们在介入治疗领域也做了非常多的探索。2002年年底,张书记来医院视察工作,交流中我向他汇报了一些设想,不料张书记饶有兴趣,细细地问了很多问题,他很郑重地说,看到临床专家们主动地围绕着老百姓的健康难题,去思考、去探索、去研究,他感到非常欣慰,这说明四校合并以来,学校对学术的重视和引导,也是成功的。他还说,他在海外工作这些年,见过很多誉满全球的医学大家,他们无一不是医学的科学家,他们给老百姓看病,更是勇于去探究未知,这也是医学能够不断前进的原动力。张书记的话,就像冬日暖阳,暖人人心,令人倍受鼓舞。更令人感动的是,他后来还多次主动来关心我们的项目进展。在他的鼓励下,我们的团队更加潜心深入研究,取得了一系列原创性成果,并获得了国家和省级的科技奖,我自己也由此真正地走向了医学科学家的成长之路。

张书记爽朗乐观。他曾患有心律不齐,并安装了心脏起搏器,在此前后,我多次到浙江医院给他做心脏检查;有时我到办公室向他汇报工作,也顺便为给他解释一些关于心脏保健的知识,希望他能多休息、少操劳,每次他总是哈哈一笑,说知道啦知道啦……不想如今竟已成永别。

张浚生特殊的人生经历弥足珍贵，他先后亲身参与和见证了香港回归祖国和浙江大学四校合并这两件在中国乃至世界上都令人瞩目的大事。他的博学多智、他的热情慷慨、他的家国情怀，深深地融入在了那些激荡的岁月里，影响了无数的人。

生死两茫茫，不思量，自难忘。张书记，您永远活在我们每一位思念者的心中。

此情可待成追忆

——记张浚生书记关心浙大文科建设若干事

张梦新*

张浚生书记是我十分敬重的一位领导，作为新浙江大学筹建组组长和四校合并后新浙江大学的第一任党委书记，他为浙大的建设和发展可谓呕心沥血，殚精竭虑。在这里，我讲几件亲身感受的张书记关心浙大文科建设的事情。

一、盛情邀请金庸先生出任人文学院院长

张浚生书记有着丰富的管理经验，他深知要办成一所高水平大学，首先是要有高水平的教师队伍，特别是要有一批高水平的学术带头人。为此，新浙大成立时他与潘云鹤校长及浙大领导班子成员聘请了一些有高深学术造诣的著名学者教授来担任新浙大各学院的院长。1998年四校合并之初，共设立了20个学院。在理工农医类学科的学院中，浙大聘请了多位学术造诣深厚的中国科学院、中国工程院院士任院长。在社会科学类学科中，则聘请了著名经济学家高尚全担任管理学院院长，王洛林担任经济学院院长，金庸担任人文学院院长。

在聘请金庸先生担任人文学院院长的过程中，张浚生书记起到了极为关键的作用。这首先是因为张书记曾在新华社香港分社担任领导多年，早

张梦新　男，浙大传媒与国际文化学院教授、博导，四校合并后担任浙大人文学院党委书记

在1985年时就认识了时任《明报》社长的金庸，两人来往密切，相交多年，情好弥笃，视为知己。其次，是因为张书记以自己的真诚和热情感动了金庸，他亲自写信打电话，并与金庸先生约谈，终于让年过七旬的金庸慨然应允，答应出任人文学院院长。

新浙大人文学院由中国语言文学系、历史系、哲学系、社会学系、新闻与传播学系、艺术学系、国际文化学系7个系和古籍研究所、韩国研究所、日本文化研究所等组成。1999年时就有在编教职员326人，其中教授83名，副教授104名；有博士后、在读博士生、硕士生、外国留学生400余名，全日制本科生1800余名，在读成教学员2250余名。因此无论是规模还是规格，当时的浙大人文学院都可谓全国最大的一个超级学院，在浙大人文社科类学院中更是举足轻重。浙大党委和行政领导对人文学院的班子作了精心安排，除了由金庸先生担任人文学院首任院长外，还请廖可斌教授担任常务副院长，徐岱、肖瑞峰、黄华新、邵培仁教授担任副院长（以后艺术学系主任陈振濂教授也增补为副院长）。本人有幸忝任人文学院党委书记，施元湘、张丽东、沈坚任党委副书记（以后张丽东辞去副书记，由吕国华接任）。

金庸先生在从1999年到2005年任职浙大人文学院院长期间，以其在国内外学术界的地位和社会声望，积极为浙大人文学科的发展出谋划策，邀请了国内外的多位著名专家来校作讲座。他不但自己每年来校给中文、历史、哲学和国际文化等系的学生开设讲座，与人文学院的老师们座谈，而且还亲自指导卢敦基、王剑等博士生。而每次金庸先生来浙大，张浚生书记尽管事务繁忙，但只要能挤出时间，总是亲自会晤金庸先生，为金庸先生接风洗尘，并邀请我们几位人文学院的主要干部作陪，同时也听取我们对学院工作的情况汇报。在我的印象里，这已几成惯例，在金庸先生任职浙大人文学院院长的6年里几乎一直保持着。这不仅是张书记对金庸先生这位老朋友的热情和尊重，反映了张书记为人的古道热肠，重情重义，也体现了他对人文学院和人文学科的高度重视和关怀。

二、努力关心支持文科的建设和发展

张浚生书记、潘云鹤校长和浙大领导，在四校合并之初就提出要把浙江大学创建成一所世界一流的综合型、研究型、创新型大学的奋斗目标。张浚生书记确信，“一流的大学必须具有一流的人文学科”，因此他对浙大的人文学科给予了极大的关心。

1999年10月28日，金庸院长主持召开了浙江大学人文学科建设和发展大型研讨会。来自全国知名高校的60多位著名专家学者与会，他们中有中央党校的龚育之教授，中国人民大学李文海教授、方汉奇教授、刘大椿教授，中国社会科学院江蓝生教授、方克立教授、金吾伦教授，北京大学袁行霈教授，北京广播学院赵玉明教授，武汉大学陶德麟教授、张巨青教授，复旦大学章培恒教授、丁淦林教授，南京大学叶子铭教授，华东师范大学郭预适教授、徐中玉教授，河北大学詹福瑞教授等等，他们大多是国务院学位委员会文学、史学、哲学、社会学、语言学、新闻学、艺术学等各学科评议组的组长或评委，都是享有盛誉的名家大师，许多还是校长、副校长和院长。人文学院党政班子成员和所属10个系所的负责人全部与会。张浚生书记莅临这次盛会，并向与会专家们致了热情洋溢的欢迎词。研讨会开了一整天，张浚生书记自始至终专注地听取专家学者们的意见，认真做着笔记，他还与冯培恩副校长、庞学铨副书记、金庸院长一起和与会专家们合影留念。

这次研讨会层次高、规模大，与会专家为浙江大学人文学科的建设发展提出了许多宝贵中肯的意见和金点子，不但使浙大人文学科进一步明确了今后发展的重点和思路，也提升了浙大文科在国内学术界的影响和美誉度，提振了人文社科类师生勇创一流的信心与勇气。这也是张浚生书记和金庸院长联袂导演的一次成功之作。这次会议后，学校启动了人文社会科学“强所、名师、精品”建设计划，力图通过5年左右时间的努力，建设一批在国内居领先地位、在国际上有一定影响的人文社会科学学科，引进和培养一批国内外学术界知名的学术带头人，推出一批经得住时间考验的学术精品。

当然，浙江大学要实现创建世界一流大学的奋斗目标，单凭提高国内的影响力是远远不够的，必须放眼全球，走向世界。因此，在张浚生书记的亲自策划和参与下，浙江大学又于2002年筹办了于当年5月举行的“新经济条件下的生存环境与中华文化”国际研讨会。张浚生书记和浙大经济学院名誉院长、香港著名企业家查济民先生担任了这次研讨会的名誉主席，潘云鹤校长和金庸院长担任会议主席，香港协成行集团主席、方润华基金会主席方润华先生担任大会的高级顾问，香港城市大学校长张信刚教授任大会学术委员会主席，浙大人文学院院长查良镛教授、经济学院院长王洛林教授、北京大学季羡林教授、复旦大学章培恒教授、美国哈佛大学燕京学社主任杜维明教授、浙大沈善洪教授、香港大学张五常教授、北京天则经济研究所茅于轼教授、浙大廖可斌教授、姚先国教授为大会学术委员会委员。浙江大学发展委员会执行主席胡建雄教授担任会议组织委员会主席。会议以浙江大学为主办单位，由美国麻省理工学院国际文化研究中心、香港城市大学、香港其士国际集团、香港协成行集团、香港兴业国际集团、香港新世界发展有限公司、香港亚非纺织集团、香港中文大学、新加坡国立大学、新加坡南阳理工大学、中兴实业银行杭州分行为协办单位。

由以上开列的这份名单，我们已可窥见这次国际研讨会的规格之高，阵容之强大，以及学术委员会专家团队的超级豪华。而从众多香港专家学者和企业家的出席名单，我们也可略知张浚生书记这位在香港新华分社工作过13年之久的老领导，其人脉之广，影响力之大，以及他为开好这个国际研讨会倾注的心血和努力。

张浚生书记还亲自为这次研讨会提交了论文，他在题为《浙江的地域文化与经济的互动关系》的论文中认为：“浙江文化与浙江经济之间长期以来存在着良性的互动，浙江历史上的知识分子（‘士’）有着关心经济、参与经济的优良传统，这在我国‘重农轻商’的传统文化中，是难能可贵的。”继而提出：“摆在浙江大学全体师生面前的一个重大课题，就是如何为中华民族的伟大复兴、尤其是为浙江省的两个文明建设做出自己应有的贡献。对此，我在1998年一篇题为《期待浙江学派》的文章中，曾经提出这样的想法：'……如何继承浙江优秀、绵长的人文传统，推动学术进步，形成当代人文社会科学领域中的浙江学派。'我认为，浙江大学的贡献大小，关键取决于浙江大学在科学技术创新和人文学术思想上的创新能不能与时俱进，能不能不断提高。而创建浙江学派既是这个努力的结果，也是对这个努力的推动。"在论文的结尾处，张书记满怀期望地写道："我们有理由相信，在新一代浙大人的不懈努力下，浙江优秀传统文化中的精神一定能在以知识经济为特征的新世纪中焕发出新的青春。"

该论文重申了建立浙江学派的主张，并呼吁浙大师生应在科学技术创新和人文学术思想上的创新能与时俱进，不断提高，为中华民族的伟大复兴、尤其是为浙江省的两个文明建设做出自己应有的贡献。从中我们可以清楚了解张浚生书记为什么会关心重视人文学科的深层次原因，理解他"一流的大学必须具有一流的人文学科"的肺腑之言。

三、积极推进人文学科为社会经济发展服务

当代大学的主要功能除了培养人才和搞好教学、科研，就是为国家和地方经济社会发展服务。张浚生书记作为党委的一把手，要统抓浙大全校的党务工作、思想政治工作等诸多工作，事务非常繁忙，但是他总是千方百计地积极推进学校的人文学科为国家和地方经济社会发展服务。张书记从1983年4月起，先后担任过杭州市委副书记兼秘书长、市政法委书记等职，所以四校合并之后的浙江大学与杭州市的合作一直非常紧密。2000年就签订了《中共杭州市委 中共浙江大学委员会 杭州市人民政府 浙江大学关于加强战略合作的若干意见》(以下简称《意见》)。《意见》指出："加强双方的战略合作，是杭州市建经济强市、创文化名城"，"率先基本实现现代化的需要"；"也是浙江大学更好地为地方经济社会发展服务，建设世界一流大学的需要"。"杭州市和浙江大学共同建立战略合作促进委员会，由中共杭州市委书记、浙江大学党委书记担任主任，杭州市市长、浙江大学校长担任第一副

主任……”所以时任杭州市委书记的王国平和浙江大学党委书记的张浚生担任了战略合作促进委员会主任。2001年4月8日，杭州市和浙江大学举行了战略合作座谈会；2003年，双方又对战略合作促进委员会的成员进行了调整，但是张浚生书记都一直是代表浙大出任战略合作促进委员会的主任。

张浚生书记很好地履行了战略合作促进委员会主任的职责，不但从发展战略和规划合作、科技和创业合作、人才和教育合作、建设和后勤合作等方面促进双方合作，还具体地指导帮助下面的学院推进与杭州市的合作工作。在此我仅举一例。2001年8月2日，中共杭州市委宣传部和浙大人文学院签订了《合作协议书》。合作内容主要有三：

（1）合作开展杭州文化建设方面重大基础及应用课题的研究。

（2）合作开展文化管理、经营、新闻、艺术等方面专业人员的教育培训工作。

（3）合作开展或承办有关杭州文化建设及学院学科发展的国内外文化、学术交流活动。

虽然这并非浙大和杭州市的一个市校层面的合作，但是张浚生书记和杭州市王国平书记都亲自到会，并与双方与会人员亲切交谈。大家心里都很明白，这里有张书记的积极推进与给力。也正因如此，双方与会人员交流得很愉快，讨论了许多拟合作的具体工作，并建立了合作领导小组。这次会议后，人文学院就逐渐与杭州市委宣传部及其所属市级宣传系统多家单位和各区、县宣传部建立了全面、良好的合作关系，办了多期培训班，开展了多项课题研究和学术交流活动。

四、一位尊师重教的好领导

徐朔方教授是浙大中文系的一位老教授，也是我的博士论文指导教师。他1947年毕业于浙江大学，半个多世纪以来潜心研究古代文学，是中国古代小说和戏曲的重要开拓者，著作等身，享誉海内外。曾担任第六届全国人大代表、第七届省人大常委、国务院学位委员会中文学科评议组专家、国家古籍整理规划小组顾问、中国戏曲学会副会长等职。2001年10月，人文学院举行了“庆祝徐朔方教授从事教学和科研55周年暨明代文学国际研讨会”。

张浚生书记得知后不但亲自与会，而且热情洋溢地为这次国际研讨会开幕致辞。在致辞中张书记强调：“新的浙江大学成立后，我们确立了建设具有世界先进水平一流大学的奋斗目标。我们确信，一流的大学必须具有一流的人文学科”，“……在这一计划的实施过程中，人才是关键，而造就若干位像徐朔方教授这样的学术大师和名家又尤为重要。事实证明，一位品德高尚、学术精湛的大师和名家，就能带起一个学科”。张书记还勉励大家，“我们的中青年学者要努力向徐朔方教授等老一辈学者学习，以学术为生命，克服浮躁情绪，淡泊名利，潜心教学和研究，培养出高质量的学生，写出高质量的论著，为提高我校人文社会科学学科的学术水平，实现把浙江大学建设成为具有世界先进水平一流大学的目标作出应有的贡献。”

张浚生书记的与会和致辞，不但体现了他的尊师重教和对老先生们的尊重，也是对当时社会与校内存在的重理轻文偏见的纠正，寄托了他对浙大广大中青年学者的殷切期望，寄托了他对提高我校人文社会科学学科学术水平的殷切期望。

哲人已逝，风范永存。张浚生书记虽然离开了我们，但是他的谆谆教诲和对浙大人文学科的关爱却深深地留在我们心中，并激励我们为弘扬求是创新优良传统，为把浙大建成具有世界先进水平一流大学的目标砥砺前行！

泣别圣明师

李曙白*

2011年5月，由徐有智、我和单泠合作采写的《亲历回归与合并——张浚生访谈录》，历时将近三年，经由张老师反复审改，终于就要付梓出版了，有智嘱我拟一篇后记。《后记》的开头我是这样写的："早在上世纪70年代末、80年代初，我们三人刚在浙江大学工作时，张浚生书记就是我们的师长和领导。许多年来，不管当面还是背后，我们一直习惯称呼他为张老师。在一所大学，不以其职务而以老师相称，我们以为是一种更为尊重的体现。"我的这段话是由衷的。

我是1977年恢复高考后第一届考进浙江大学的，所学专业是化学工程。77、78级是非常特殊的两届大学生，一方面"文革"多年来累积的历届生加应届生共十三届，一齐涌入高考考场，竞争空前激烈，只有特别佼佼者才能有幸进入大学校门。因此，入学以后，同学们格外珍惜来之不易的学习机会，满怀强烈的社会责任感和历史使命感，刻苦学习，求知若渴；另一方面，学生中一大批经历过社会大舞台历练的青年，他们勇于思考和实践，也给大学带来前所未有的生机和活力。

当时，以《光明日报》刊登的《实践是检验真理的唯一标准》一文拉开思想解放运动的序幕，民间自发的文化启蒙，也乘此东风蓬勃展开。在浙江大

---

*李曙白　男，1949年出生，江苏如皋人。1977年入读浙江大学化工系，本科毕业后留校至今。中国作家协会会员

学,以热物理系一帮学生为主体创办的学生刊物《Star》聚集了一批满腔热血的有志青年,政论、散文、诗歌、小说,言辞犀利,文采斐然,很快在同学中传播开来。不久,从北京“西单民主墙”的取缔开始,全国上下清理非法刊物。《Star》停办,各地追查地下刊物的消息不断传来,在浙江大学,参与办刊的一些同学忐忑不安,不得不为自己的前程担忧。就在这时候,刚刚担任浙江大学党委副书记的张浚生老师和校团委副书记陶松锐老师,顶着巨大的压力,为这些学生陈情力辩。后来校团委把他们接收到团委的一份刊物《浙大团讯》中,让大家发挥自己的特长,在延续自己的兴趣的同时,也以这种方式保护了学生。

我那时并没有参与《Star》的办刊,但是在《浙大团讯》扩大队伍过程中,也被陶松锐老师吸纳进去。《浙大团讯》后来发展成为在全国高校中颇有影响的学生刊物《求是园》,由陶松锐老师任主编,参与过创办《Star》的医仪专业77级学生王晓东任副主编,我是诗歌组组长。张浚生老师对《求是园》一直十分关注和爱护。他专门写过一篇短文《祝求是园内百花盛开》,刊登在创刊号上,给予支持和鼓励。文中说:“我们的时代是人才辈出的时代,我们的学校是精英群集的学校,学生的学习、生活是灿烂多姿的,让我们通过这个刊物,用各种表现形式,使学生的生活增加更加绚丽的色彩。”“祝《求是园》内百花盛开! 祝《求是园》成为祖国可爱土地上一块小小的,但令人赏心悦目的美丽的园地!”

1982年1月,我毕业后留校,在校团委工作。陶松锐老师便把《求是园》的具体工作交由我负责。我在校团委大约一年时间,期间除负责宣传和组织工作外,大部分时间用在《求是园》的组稿编辑上。一年中刊物出版了三期,是《浙大团讯》改版为《求是园》的第3、4、5期。那时候每期刊物都要送学校领导,我也不知道校领导们是不是都看了。记得有一天,是第5期《求是园》出版之后,可能是1983年初,我在学校第七宿舍西边的路上遇到张老师,他那时候还是校党委副书记,不久就调杭州市委担任副书记了。我在学校工作不久,很少接触学校领导,见到张老师招呼一下就打算过去。令我意外的是他却把我叫住，就在路边和我说起了《求是园》的工作。很显然，他是认真读过这一期的文章的，而且记得很清楚。他说了其中几篇文章，对学生作者的才华赞叹有加。我们就在七舍边上聊了有20多分钟，最后他还特意叮嘱，说《求是园》是一份学生刊物，不宜只发表文学作品，要兼顾其他，特别是报道学生生活、反映学生风貌和追求的文章，要占有一定的分量。我那时候热衷于文学，所以在办刊上有些偏颇。只可惜我很快就离开了团委，调到校刊工作，没能自己纠正过来。好在后来的办刊者比我把握得更加全面，《求是园》也越办越好。

我们结缘《求是园》，特别是参与自发创办学生刊物的一帮同学，都对学校当年放学生一马，不予追究，因势利导的做法，怀有一份感激之情。当年在《Star》创刊号发表《社会主义三十年》一文、在全校引起轰动，后来又参加西湖区人民代表竞选、闹得沸沸扬扬的热物理系78级的洪钢同学，当这些风潮过去，社会上开始整肃之际，他的母亲得知以后忧心如焚，非常担心学校会给予处分，特地从北京赶到杭州了解情况。洪钢后来回忆说，正是张浚生书记代表学校找他谈话，帮助他放下包袱，还鼓励他端正思想，发扬热心为学生服务的一面，为学校工作献计献策。后来，洪钢在校学生会选举中担任了副主席，做了许多有益的工作。30多年之后，洪钢见到老张书记，在敬酒时还不忘调侃一句："多谢当年不杀之恩！"

实际上，当年看似有激进之言行的这些同学，也是爱国心切，有理想与激情，可以说是学生中勇于思考和行动的佼佼者。毕业后的这数十年，大家都在各自领域做出了突出贡献，在改革开放的大潮流中，成为出类拔萃的弄潮儿。可以这样说，他们没有辜负学校的培养，没有辜负当年师长的庇佑和期望。

2016年夏天，当年参与《Star》《浙大团讯》和《求是园》编辑的几位同学在浙大相聚，大家提出来，应该写点什么回顾那段生活，作为青春记忆。正好第二年2017年，既是母校的120周年校庆，又是恢复高考制度40周年，也算是我们的一份献礼吧。后来几经周折，一直到2017年11月才完成了八位同学的定稿和落实了出版社，书名则商定为《绝代回眸——七七、七八级大学生八人行》。这八位同学是地质78丁仲礼、医仪77王晓东、低温78叶健勇和李立新、机械78孙小青、电机78陈大柔、内燃78洪钢、化工77李曙白。早在各自撰稿期间，我们就讨论过序和后记的问题，大家一致认为，我们这本书最好是请老张书记写序，而后记则当年《求是园》主编、校团委书记陶松锐老师最为合适。

请张浚生老师写序的事由丁仲礼出面，我人在学校，联络事宜自是义不容辞。老丁写了一封信，说明出书原委，因不明通讯地址，便寄浙大出版社徐有智老师转交。老张书记接信后慨然应允，因为他太忙，便约定由我先写一序言初稿，他在此基础上修改增删。我当时正在老家南通照看父母，便将编辑好的书稿打印后寄徐老师，由他转交张老师。大约20多天后，我从老家刚回到杭州，徐老师告诉我，老张书记约我们去一下。我那时已经写好一份序言初稿，便打印了两份带去。

老张书记从书记岗位上退下来后，仍然忙于学校的工作，他在玉泉校区老行政楼有一间办公室。那天早上大约8点半钟，我和徐老师到他办公室。老张书记看上去有点疲惫，他告诉我们，他因为肺炎引发并发症，在浙江医院住院治疗，刚刚出院不久。就在住院期间，他把我们八个人的文章都仔细读过，并且写好了序言的初稿。老张书记的序言稿是手写的，共计A4纸4页半，题为“咀嚼历史 体味人生”。前4页是正文，后半页是补充说明，意思是要将丁仲礼和我两人的诗歌在序言合适的地方提及。序言高屋建瓴，从人类文明史形成的角度，高度肯定了我们这本书出版的意义，文中还多处引用了我们各自文章中的内容，稿纸上有涂涂划划的痕迹，看得出文稿是经过深思熟虑、反复修改了的。我知道，一般请名人写序，就是作者自己准备好稿，让写序者过过目而已。而老张书记抱病读完我们超过25万字的文稿，并且如此慎重地写出序稿，令我十分感动。

看到老张书记的序稿，我本不想再拿出自己的初稿，但徐有智老师告诉老张书记，我也准备了一份，老张书记要看，我只好拿给他。他看得很认真，看过以后说，我关于恢复高考制度和七七、七八级大学生特点的部分，写得比他全面、准确，他让我把他的稿和我的稿整合一下，再给他看。我们八个作者，为了联系方便建了一个临时微信群。回到家，我便把老张书记抱病读稿写序的事在群中说了，大家都很感动。几天以后，我把整合好的序给张老师送去。那天《解放日报》的记者要采访他，我知道老张书记都是8点半到办公室，所以特意早点过去，想在记者采访之前把稿交给他。我敲开门，发现记者们已经到了，老张书记让他们等一会儿，一边收下我的稿，一边还不忘向记者们介绍，说我是著名诗人，也是他那本传记的作者之一，是为七七、七八级大学生的一本书请他写序的。我放下序稿，转达了我们八个作者的谢意，便匆匆离开了。过了两天，老张书记请徐有智转告我，序稿整合得很好，他没有任何修改。

从老张书记写序到我整合两稿请他审阅，是在2017年12月上旬到中旬的事，我去送稿是12月11日，星期一，那天他在接待记者，精神显然比我前次去好多了。我完全没有料到，那天的匆匆几分钟，竟成永诀。得到老张书记与世长辞的消息时，我正好又回老家南通照看都已耄耋之年的双亲。我们《绝代回眸》的八位作者在群中议定，以八位学生的名义，联合送一花圈，表达我们的一份心意。我先草拟了一份挽联：弄潮香江　功垂青史　神州留英名；践行求是　学子有幸　泣血别恩师。因不够对仗，后由丁仲礼修改，定为：香江弄潮　名满当代　青史长记经纶手；杭城求是　功垂千秋　学子泣别圣明师。

《绝代回眸——七七、七八级大学生八人行》的序《咀嚼历史　体味人生》成稿于2017年12月中旬，我不知道这是不是老张书记生前撰写的最后的序言和文稿，如果不是，也肯定是最后几篇之一。老张书记离去之后，我曾反复捧读，在序言的字里行间，流动着的是他对我们这些学生一如既往的关切和期望，是他的坦诚与超乎常人的亲和力。

令我万分抱憾的是，他抱病替我们写序的《绝代回眸》一书，还在出版社按程序审稿，待到面世之日，老张书记，我到哪儿给您送书哇？

“学子泣别圣明师”，张老师，您一路走好！

怀念张浚生先生

陈　鹰*

2016年的春天，张浚生先生陪同香港前特首董建华先生来我们学院访问时，当时，先生欣喜地看着新校区里的一切，十分高兴。先生非常喜欢校园里传统的建筑风格与布局，对有山有水也很喜欢。先生反复地说道，学校建设舟山校区的决策是相当正确的，历史会证实这一点的。同时又说学院的师生们为海洋学院的建设作出了非凡贡献，浙大会感谢他们的。

那天，当听到先生仙逝的消息的时候，几乎不敢相信。回想起先生到舟山校区访问的场景，历历在目，感慨万分。

我与先生接触并不频繁，但受先生抬爱，关系一直不错。先生从领导岗位上退下来后，接触越来越多。先生对我的教诲，对我的人生发展影响很大。最近，徐有智老师嘱我写篇回忆文章，我在想，我一定要花些时间，好好做做这篇文章。

记得我第一次知道先生名字时，还是1980年前后我在浙江大学机械工程学系做学生的时候。我知道我们学校的张浚生副书记，调到了杭州市委做副书记。当时，学校的领导去省市担任领导职务，还是蛮多的。但我记住了先生的名字，因为我知道先生是从机械系转到光仪系去的，也知道了先生后来从杭州调到新华社香港分社任职。那时，才知道中国有新华社香港分

陈　鹰　浙江大学教授，从事海洋技术研究。曾任浙江大学机械电子控制工程研究所所长、流体动力与机电系统国家重点实验室主任、海洋学院院长、校长助理等职

社这样一个机构。

于是，在20世纪末香港回归前后，我经常在屏幕上看到先生的风采，通过先生了解香港回归的全过程。当时，我心里感到十分的自豪。毕竟，先生是浙大出身嘛，而且是机械系的系友。

四校合并时，先生回到浙大工作，我正担任机械电子控制工程研究所的所长。当时先生陪人参观我们研究所的流体动力与机电系统国家重点实验室，经常有所接触。印象比较深的一次，是先生带着香港青年精英团访问我所在的重点实验室，先生向我介绍了张明敏先生，很香港很精神但稍有点个矮。印象深是因为先生指着张明敏问我是否认识，我一时还认不出来。

每次在校园里碰到先生，先生总会驻足与我聊上几句，或了解一下研究所的近况，或谈谈个人的发展。作为一名普通的教授，心里还是很温暖的。毕竟，先生担任合并后新浙江大学党委书记，任务繁重而艰巨，十分忙。我一个基层干部，也使不上什么多大的劲儿，唯有把自己的工作搞好，也算是对新浙大发展的微薄贡献。

2005年，我因组织调动出任兄弟高校的领导职务时，去向先生辞行。先生说了一句话，你可一定要回到浙大来啊！我当时有些诧异，先生说了这样一句话，对我的触动还是很大的。那时我的想法是为浙江省的高校发展，奉献自己的力量。我记得我当时的回答是模棱两可的，我会做好我自己的每份工作。很难说我后来决然回到浙大创办海洋学科，是否与先生的这句话有关。现在回想起来，先生对我是厚爱的。离开前我向先生求一幅字，先生愉快地答应了，说过几天让旭东给我拿过来。很快，我拿到了先生的墨宝，写的是毛主席一首著名诗词的一段话，“鹰击长空，鱼翔浅底，万类霜天竞自由。怅寥廓，问苍茫大地，谁主沉浮？”毛主席的这段有气魄的话是我平生最喜爱的，先生这幅字我一直挂在我的办公室里，这几年来因工作关系，我不断地搬迁，但这幅字从杭电的行政楼搬到西溪校区的东横楼，再移到紫金港校区的海洋大楼，一直迁到舟山校区行政楼，始终陪伴着我。在今天，天天看到先生这幅书法作品更有了新的意义——见字如见先生啊！

有几次先生去看望我校的汪槱生院士、孙优贤院士等人的时候，经常会把我拉上，这使得我有机会与先生接触交流，即使是我离开了浙大。先生对几位院士的关心，让我看到先生对人才的高度重视，以及先生与院士们之间的亲密关系。记得有一次汪院士拉着我的手对先生说，陈鹰是一定要回到浙大来的，浙大是需要发展海洋的。先生回答说早就说过这样的话了。先生对我如此高看一眼，我始终心存感激。

2009年，我响应国家大力发展海洋事业的号召，回校创办海洋系，先生知道后十分高兴。特别是我们要与舟山市一起共建舟山校区，扩大规模举办海洋学院，先生给予了莫大的支持。记得有一次先生要去香港访问，临行前专门把我和阮啸书记一起叫到他在紫荆花路上的家里，商量如何求得香港著名浙商的支持，来资助建设海洋学院，并嘱咐我们一定要写好一份有吸引力、有分量的海洋学院建设方案。

迁入舟山校区之前，我请先生给我们新校区写幅字，为我们图书馆门前的铜亭写幅楹联。先生欣然答应，写下了"树求是魂海纳百川力学笃行兴国运　立创新业洋连五洲文聪智敏铸辉煌"。当我们做楹联时，发现字数太多，再与先生商量楹联的两行字各把前面的"树求是魂"和"立创新业"四个字去掉，先生认真考虑后回复说可以。就这样，我们在今天的图书馆旁的"凝思亭"前，可看到"海纳百川力学笃行兴国运　洋连五洲文聪智敏铸辉煌"的楹联。先生还专门给我打电话嘱咐说，楹联上的印章是习近平主席当时任浙江省委书记时专门找人为先生刻制的，让我在制作时注意印章与上面的文字拉开些距离。在那个楹联上，先生的字功底厚重，苍劲有力，是我们校区里面十分难得的一件高水平的文化物，熠熠发光。

2017年的6月17日，先生在王玉芝、杨华勇、姚玉峰、徐有智等老师的陪同下，专程安排来海洋学院调研访问。

先生首先向我了解了海洋学院的发展近况，目前学院有多少教师、有多少学生、有多少学科专业、食堂住宿情况如何等等，问得很详细。当了解到教师每周需往返舟杭两地时，先生嘱咐一定要做好工作，解决教师们的实际困难，使得大家能够安心在舟山校区工作。

那次我陪先生认真仔细地参观了校区里的每一个实验室，先生对学院里的“三池六槽、一筒一台”实验设施，赞叹不已，流连忘返，一路上讲了许多海洋对当代中国发展的重要性，要求我们把实验设施管好用好，把基础研究做扎实，把海洋工程技术发展好，为国家培养急需有用的海洋专门人才。

尽管年事已高，先生还坚持乘坐船只去浙大的另一个特殊所在——摘箬山岛参观。在我的记忆中，这应该是先生第一次登上摘箬山岛。当登上“紫金港号”科研船时，先生看到熟悉的名字十分激动，连说“紫金港号，好！”我告诉先生我们在海上还有一个“华家池号”海工实验平台，先生感兴趣地问了命名的过程。利用从码头前往摘箬山岛的一段时间，我在贵宾室里用挂壁电脑，详细介绍了摘箬山岛建设的全过程和十几个由各学院完成的上岛项目，先生听得十分认真，不断地插话询问一些情况，深入了解摘箬岛在海洋学院建设过程中所发挥的作用。

我们一起参观了摘箬岛海洋试验站大楼、“华家池号”海工实验平台、海洋工程材料试验场、潮流能发电平台等设施。特别是我们一起登上了海洋能发电平台，先生饶有兴致地观看了潮流能发电系统的叶桨和控制室等，并向驻台师生了解发电系统的相关情况，深为浙大在海洋科学技术方面取得的成绩而感到由衷的高兴。

先生临行回杭州之前，还专门拉着我的手跟我讲，他每年都要来一次舟山，看看舟山校区和海洋学院的发展情况。就在去年年末在杭州的一次见面中，先生还又跟我说，明年我还去舟山，嘱我安排。不曾想，这是先生最后一次造访舟山校区……

尽管先生已驾鹤仙去，但先生的音容笑貌，犹在心中。回想起来，我与先生的交往，对我的人生成长，助益颇多。我想，我要认真做好自己的工作，与同事们一道，建设好海洋学院，以告慰先生在天之灵。

（2018年5月于舟山校区求是苑）

琐忆敬爱的张老师

吴永志*

2018年2月19日，戊戌年正月初四傍晚近6点钟，友人给我发来微信，告张浚生老书记下午突发疾病抢救无效溘然长逝，现在浙江医院告别厅设临时灵堂。我顿时心头一惊，忙打电话给戟锋老师，相约在细雨悱恻中一起赶到浙江医院。我俯身在张老师的耳边轻唤：张老师安息，您一路走好！当我回望门外细雨飘洒的夜幕，在泪眼朦胧中，往事一幕幕地浮现在脑海里。

——我认识张老师，那是在二十世纪七十年代末期。我当时是数学系助教，辅导77级光仪、激光、医仪、自仪专业4个班级的《高等数学》，并在教三上习题课。当时光仪系请了校外一位老先生在辅导《英语900句》，我"搭便车"也一起听听学学。张老师也在其中，我对他爽朗、睿智、平易近人的风范留下深刻印象。那时张老师名字中的"浚"好像常常写成的是繁体"濬"。1982年7月我从数学系调到校长办公室工作，与当时任学校党委副书记的张老师更加熟悉。

——1998年上半年的一天，我在邵逸夫体育馆后面马路上远远看到，党委办公室副主任孙旭东正陪同新浙大筹建小组组长张老师向我迎面走来，我快步上前："张老师，您好！很高兴见到您，您是老领导，我还是叫您张老

吴永志　男，1950年9月生，浙江鄞州人。浙江大学教授。1976年毕业于浙江大学应用数学专业。曾任浙江大学数学系团委书记、校长秘书、校长办公室副主任、现代教育技术中心主任、档案馆馆长等职

师。”孙旭东忙向张老师介绍我是电教中心副主任。张老师笑容满面地接上说:“我认识我认识,吴永志嘛。还是叫我张老师好,亲切。”

——2005年7月,在学校中层干部换届中,我从现代教育技术中心奉调到学校档案馆任馆长。经过学习和调研之后,我把档案馆基本工作概括为收、数、管、用、研、展6个字,并提出加强档案编研工作的侧重点。于是我着手创编《浙江大学馆藏档案》年刊。我发现馆藏照片中有张老师和刘少奇同志在一起的画面,遂与张老师联系见面。2006年3月13日下午,我来到张老师在玉泉校区教11二楼靠东南侧的办公室。张老师热情地接待了我。我把有关档案宣传资料递给了张老师看,他说,档案工作的确很重要。然后他带我看了里面的一个房间,他一一指给我看他存放在这里的很多实物等珍贵的资料,说他会好好整理,把它们保存在学校档案馆里。我说太好了,您老书记对档案工作这么支持,我们一定要把档案工作做好做到位。他对我提出许多希望,要充分发挥档案信息资源的作用,要给捐赠者颁发捐赠证书等等。我告诉张老师,我正在创办《浙江大学馆藏档案》,打算一年搞一期,目的是想挖掘档案史料,进一步开发、利用,整合馆藏档案信息资源,不断创新、丰富编研成果,展示浙大深厚的历史底蕴和文化积淀。我说创刊号开辟的“历史瞬间”栏目,很希望张老师给我们写点回忆当年刘少奇同志视察浙大的文字。张老师欣然应允。没过多长时间,我们就取到了张老师亲笔写在方格文稿纸上的一叠文稿,题目为《回忆少奇同志视察浙大》,整整7页,这是他一个字一个字写出来的,字迹娟秀工整,内容生动翔实,字里行间洋溢着他对领袖的崇敬和怀念。我第一时间展读,心生无限感慨,张老师真的记忆超人,文采斐然。我把张老师的文章和馆藏的刘少奇同志视察浙大的照片编辑在一起,刊载于《浙江大学馆藏档案》/ 2006(总第一期)“历史瞬间”的栏目上,图文并茂,相得益彰,可让读者真切感受到生动鲜活的人物形象,追忆久远的历史图景。

——2008年6月13日,当时学校党委副书记王玉芝在主持学校文化景观的设计,那天她邀我一起到发展委员会主席张老师办公室,请老书记张老师审视正在设计中的名誉校长刘丹同志的半身铜像小样稿。我就坐在张老师的邻座。刘丹同志半身铜像的小样稿就摆在离张老师1米多前方的桌子上。张老师凝视良久,说刘丹同志不仅是我们学校一位德高望重的领导,更是一位社会主义教育家,树立他的铜像是全校师生员工的共同心愿。他说,我是刘丹同志的学生,我到香港工作后,只要回到杭州,我一定抽时间去看望刘丹同志,聆听他的教诲。他肯定铜像以刘丹同志晚年形象为刻画,然后他对由中国美术学院沈文强教授设计的样稿,提出了十分中肯的修改意见。离开他办公室的时候,我握着张老师的手说,张老师你什么时候方便,到档案馆来视察视察。张老师当即答应:“好的好的,不是视察,我来参观参观,看看。”

——没想到,6月23日上午,张老师真的来到西溪校区档案馆来访问了,我和副馆长王榕英、何春晖连忙到楼下迎接。张老师很客气,说,“惊动你们三位馆长了,我来学习学习。”我们三人和张老师在楼下有“档案馆”字样的门口合了影。走进档案馆,张老师首先注意到了独具馆藏特色的“俊彩星驰”长廊。这条利用照片档案展示院士风采的特色走廊已成为档案馆工作空间的一部分,张老师饶有兴趣地看了许久。随后,我在会议室就档案馆现有组织机构、馆藏结构、基础设施等基本情况,以及数字化档案馆建设、馆藏资源建设、编研展览方面工作向张老师做了系统的介绍。当我讲到档案馆目前如何在摸索中建立名人档案,投入精力挖掘珍稀办学史迹,积极主动变常规归档为即时归档,将有历史价值的档案及时收集进馆时,张老师听得特别仔细,发自肺腑地说了句,“你们努力了!”简单的话里蕴含着令人鼓舞的肯定和激励。张老师说,档案工作很重要,认识历史才能指导将来,可历史是转瞬即逝的,档案承担着记载历史的重要作用。他又说,档案工作是默默无闻的,需要有很高的奉献精神。我知道,张老师从1954年考入浙江大学,到2004年从四校合并新浙江大学党委书记的岗位上离任,与浙江大学结缘50年,对学校一往情深,他谈起母系从光学专业到光电信息工程学系的发展历程更是如数家珍。会议室一旁墙面上悬挂着几张年代久远的毕业合影，张老师脱下眼镜搜寻着1958届学生毕业照中熟悉的面孔。他一眼便认出与他同届的他的夫人杨惠仪老师的形象，指着对我们说，你们看，那时她梳着两条辫子呢。言语间流露出张老师杨老师的伉俪情深。也正是那一年的11月，刘少奇到浙大光学车间视察，毕业留校担任光学车间主任的他陪同主席参观了光学实验室。张老师在2006年曾为我们第一期的《浙江大学馆藏档案》撰文回忆当时的情景，为馆藏照片作了充实的注解，也为学校留下了珍贵的记忆。他还告诉我们他曾收集了一部分浙大历史史料，将来会交给档案馆保存。我们陪同张老师还一一参观了沈德绪家庭档案馆、馆藏精品档案展、档案查阅室和库房设施。快要离开档案馆，我请张老师在贵宾题词册上题词，张老师很高兴的应允："好的好的，我写几句。"我们展开题词册，张老师当即写下："档案工作是传承历史促进发展的重要工作。我校档案馆的同志做出了很好的成绩，谨向你们表示衷心的感谢和敬意！张浚生二〇〇八年六月廿三日"这是张老师作为老书记对学校档案工作所给予的极大支持，给予我们莫大的鼓励。真的，我们很受鼓舞、激励和感动。

——2008年秋季的一天，张老师来电话告知档案馆可以到他家里去接收他已经整理好的个人档案资料。于是，我安排了特种档案办公室的工作人员到张老师家里。张老师对档案馆的工作人员说，你们都带回去好了，都捐给档案馆了，保存在档案馆里，我很放心，或许还有利用价值。大家深受感动。从张老师家里，整整接收了装满4、5只大纸箱的档案资料，收藏到档案馆来了。经检点登录后，有照片档案681张，聘书22件，各种证书3件，译著2册，报刊媒体报道6件，实物10件。我在主编的《浙江大学馆藏档案／2008》（总第3期）"名人档案"栏目上，请副馆长何春晖撰写了《高等教育专家——张浚生》文章，又选编、整合了14幅有代表性的图照，予以介绍，呈现了张老师不凡的人生和卓越的业绩。

——2009年10月20日下午，我陪同张老师在紫金港校区学生活动中心二楼参观《翰墨丹青 情寄求是——浙江大学档案馆馆藏书画精品展》。张老师的诗词、书法造诣颇深，"翰墨丹青 情寄求是"的展名就是张老师应档案馆之请题写成条幅形式，并作为其中一幅精品展出的。展览是从档案馆收藏的800余件党和国家领导人题词，国内书画名家、校友、师生等作品中，精选了120余幅优秀书画作品展示，展现了浙江大学源远流长的人文历史底蕴和浙大人蓬勃向上的精神风貌，为新中国60周年华诞献礼，也是校档案馆书画类档案最全面最丰富的一次展示。张老师沿着展板，饶有兴致地一幅一幅地欣赏过去，并深情回忆他与其中熟悉的领导人、书画家的交往。他希望校档案馆今后继续创新档案展览主题，努力挖掘题材，适时举办反映浙大校史文化的特色专题展，作为校史馆爱国主义教育基地的延伸展览，进一步发挥浙大求是文化对社会公众，尤其是广大青少年学子的宣传教育作用，弘扬百年名校的人文传统和创新精神，增进师生爱校荣校的情怀。

——2017年学校120周年校庆前夕的一个早上，我在校园里打好太极拳回家，快到玉泉校区大门口的路上，一眼就看到张老师停留在广告牌前，我连忙上前向张老师打招呼问好。他马上握着我的手说："最近看到你有好几幅书画作品在展出。"我说："哎呀，张老师，不好意思，我那是交交作业，参与参与。"张老师却笑着说："不错不错，你多创作好的书画作品。"我望着张老师："多谢张老师鼓励。您多保重！"我当时的感觉，张老师的确老了许多。是的，张老师从学校党委书记退下来后，在浙江大学的校园里，我们总是能经常看到，作为浙江大学发展委员会主席，年逾古稀、饱经风雨沧桑的张老师还在为中国的教育改革忘我地工作着。同时他作为浙江省政府经济建设咨询委员会主任，他不停奔波在浙江的四面八方献计献策。他的身影还不断出现在全国各大高校的校园里，调研、巡视、考察、咨询、论证，忙得不亦乐乎。正如他的诗词所言，"理想是大同，典范是周公。他年堪笑慰，霞彩满天红。""唯愿行所好，未思立修名；何事符竹累，不老书斋中。"他渊博的知识、极强的外交才华，他的幽默爽朗，他的博闻强记，无不散发出迷人的光辉，历久弥新。

张老师，您那超凡的记忆力，缜密的思辨力，宽厚的亲和力，高超的领导力，是求是学人的骄傲和典范。张老师，永远怀念您！

儒雅　坚毅　求是

——忆敬爱的张浚生老书记

吴伟丰*

1998年，在时任国务院副总理李岚清的推动下，全国高等教育体制改革迎来了新的一轮热潮，其标志就是国家决定原浙江大学、杭州大学、浙江农业大学、浙江医科大学四所高校合并成立新的浙江大学。而上述四所院校原本是在1952年全国高等教育体制改革（当时称为院系调整）中从浙江大学分离后成立的，可谓同根同源。合并之前，四校均已在国内具有一定地位和影响力，形成了自己的办学特色与专业特长；合并之后，浙江大学成为覆盖了除军事学科外的所有学科门类的综合性大学，目标是将新的浙江大学建成一所世界一流的大学。合并之前，四所大学共有5个校区，占地4000余亩，分别地处杭州城的市中心、东部、西部和南部。四分五散的校区区位，给合并后各学科的实质性融合形成了空间上的障碍，如果将各个学科都迁往该学科实力最强的校区，则相应的校区将成为专业单一的学院（如文学院、工学院、医学院、农学院），可是合并的目标是要"发挥学科门类齐全的优势，通过不同学科间的交叉渗透，培育新的学科，培养复合型综合型人才"，显然，两者背道而驰。为了解决这个难题，学校设想"申请征地，建设一个能够容纳一、二年级本科生的基础部（新校区）"。

2000年10月18日上午，为了准备第二天教育部张保庆副部长代表李

吴伟丰　男，曾任浙江大学基建处处长，紫金港新校区建设工程指挥部副总指挥，浙江大学建筑设计院党委书记、副院长等职

岚清副总理到杭督查浙大基础部(新校区)建设工作的进展情况,时任浙江省教育厅的一位副厅长亲自上门服务,送来了"浙江大学基础部(新校区)项目建议书"的批复文件,至此,新校区项目建设工作全面展开。我作为学校基建处处长,被任命为"浙江大学基础部(新校区)建设工程指挥部副总指挥",协助卜凡孝副校长负责新校区的规划设计、工程建设和投资控制的组织与实施,有幸在张书记的领导下参与了新校区建设的重要历史阶段,也因此有机会领略到张书记儒雅而坚毅的风度与气质。

新校区选址

浙江大学要建新校区的决定,使杭州市政府颇为两难:一方面,浙江大学是世界知名的大学,四校合并是高等教育体制改革的标志性成果,浙江大学要建新校区,杭州市政府理应支持;另一方面,经过多年的发展建设,杭州市城区范围内根本无法提供数千亩的土地。为此,张书记不顾年事已高,不辞车船劳顿,率领校领导和若干职能部门负责人,奔赴杭州周边的绍兴、海宁、富阳、余杭等县市考察调研选址。各地也确实热情高涨,纷纷提供多处地块及各种支持政策,争相邀请浙大新校区落户,但都由于这样或那样的原因未能选定。基于这种状况,2000年7月,杭州市委书记王国平同志在率团赴浙大参加有关座谈会上表示,"浙大"与"西湖"、"良渚遗址"是杭州市的三张金名片,杭州市要大力支持浙江大学早日建成世界一流的大学。于是,杭州市提供了两个地块供学校选择,最终新校区选址确定在如今的紫金港校区。

举重若轻的儒雅风范

张书记举重若轻的儒雅风范给我印象最深。新校区的建设是举世瞩目的重大工程,3000多亩校园60万平方米校舍,从选址、立项、征地拆迁、补偿安置,到规划设计、开工建设、竣工验收、交付使用,只有两年时间。其间,3000多亩地的工地,2万多的施工人员,现场是车水马龙、机器轰鸣;晴天尘土飞扬，雨天一片泥泞；指挥部的同志们与施工、监理、设计单位的工程技术人员一起，晴天一身汗，雨天一身泥，披星戴月，日夜奋战，总感觉每天都有千头万绪的工作需要理顺，有“千军万马”的会战需要协调。可每次遇到张书记，总见他挂着慈祥的笑容，从容不迫。他来工地巡视，对我们除了慰问就是鼓励，从不对具体事情下指令，更不要我们立“军令状”，反倒是经常提醒我们要注意保重身体，使我们备感信任与温暖，同时也在无形之中增强了我们的责任感和紧迫感。

一锤定音的勇气和担当

每年暑假，学校都要召集中层干部开两天务虚会，组织干部学习理论，研讨学校发展的重大问题，明确目标、统一思想。2002年暑期，由于紫金港新校区建设会战正酣，卜凡孝副校长和我作为新校区建设工程指挥部的总指挥和副总指挥，学校特许我们免于参加会议，留在工地现场指挥“会战”。一天，我正在卜副校长办公室汇报工作，他的手机响了，手机那头是正在主持暑期务虚会的张浚生书记，张书记问卜副校长，怎么样？新校区能否如期交付？全校干部都非常关心！10月6日二年级老生迁入有无问题？(新生开学报到定在10月14、15日两天)，新校区究竟行不行？卜副校长转过脸把张书记的疑问告诉我，我回答说，到10月6日，教学楼保证可以上课；学生宿舍保证可以入住；学生食堂保证可以开饭；校区主干道至少粗沥青基层完毕；水、电、暖、汽、通讯、排污各系统保证正常运行。但是次要道路、运动设施、图书馆、学生活动中心、园林景观等不能全部到位。张书记听了我们的汇报后，心里就有数了，他对参加会议的全校干部说，新校区怎么样算行？我看能吃、能住、能上课就行！这么大的工程(3000多亩校园的市政、交通、园林景观和60万平方米建筑)，这么短的工期(从立项到交付使用只有不到两年时间)，我们不能要求面面俱到。原来，会上有很多同志对新校区能否按期完工、新生入学报到地点是否可以在新校区等提出了很多疑问，思想较为混乱。张书记在会上明确表达了上述意见后，一锤定音！打消了大家的疑虑，统一了全校的思想。当时大家确实都感到压力很大，如果新生不能按录取通知书上指定的时间、地点报到入学，那可能就会酿成轰动全国的大事件！张书记的“一锤定音”需要何等的勇气与担当！又体现上下级之间一种多深的信任与默契！

践行求是校训的楷模

平日里张书记待人亲切和蔼，工作上则很讲民主，非常实事求是，每每决策之前都要广泛听取意见。在确定新校区的征地规模时，鉴于前期选址过程中的种种困难，也为了减少操作中的麻烦，最初学校打算按1500亩的规模征地。在一次会议上，我向张书记建议，回顾浙江大学的历史，现在的玉泉校区是1950年从杭州市中心的大学路迁至玉泉的，新校区建设这种事情至少50年才有一回，因此建议争取征地3000亩。张书记听了笑着说，能有3000亩当然好啦！向这个目标努力吧！经过学校多方努力，最终征得了3300亩土地，为后来将紫金港校区确定为浙江大学的主校区创造了良好的条件。在新校区的规划设计阶段，还有过几次校党委的专题会议，研究决策新校区的功能定位与建设目标。每一次，与会人员都能畅所欲言，充分表达各种建议乃至忧虑。张书记以自己的言行模范地实践着党的民主集中制，实践着实事求是的作风，使学校的工作状态始终处在民主、高效、科学的氛围之中。

张书记就是这么一位儒雅、坚毅、求是的好领导！

忆慈父般的张浚生老书记

韩高荣*

自和张浚生老书记、杨惠仪老师相熟以后，10多年来，每年的春节期间，我和夫人总会或年前、或年后，到老书记家里坐一座，唠唠家常，汇报一下本年的工作、生活，听一听老书记和杨老师的教导。

今年农历春节，我们带着家中两位老母亲，前往海南过春节。考虑到节日机票紧张，学校一放寒假，我们安排好各项工作后，2月8日就飞往海南了，所以拜访老书记及杨老师的日子就计划放在海南回杭后。

2月19日，大年初四，我们还在海南，下午约四点左右，接到了老邻居、学校党委副书记郑强的电话。他在电话中伤心地告诉我们，敬爱的老书记张浚生老师，因突发疾病，不幸仙逝了。听到这个突发消息，我们惊呆了，泪水夺眶而出。反复问郑强，这是真的吗？这是哪里来的消息？因为我们心里根本无法相信，一个爱生如子、爱师如兄、爱校如家的好书记、好老师，就这样突然离开了他热爱的学生，挚爱的亲人，深爱的校园。

那些日子，我们都沉浸在难以抑制的悲痛中。和老书记一家相识、相交、相知的往事，如电影回放一般，一幕幕涌上心头。

我是1979年9月入学浙大的。在浙大求学期间，老书记已在学校担任领导工作，那时和老书记并没有交集，但已听闻老书记的名字。和老书记开

韩高荣 男，1989年12月博士毕业于浙江大学材料系。曾任浙江大学国家大学科技园管委会常务副主任、主任。现任浙江大学材料学院院长、教授

始有深入交往始自1998年后，那时老书记从香港回归母校，担起四校合并后的第一任校党委书记的重任。我也因工作需要，任职于刚成立的浙江大学国家大学科技园。大学科技园作为高校科研成果产业化的重要平台，成立伊始就得到了老书记的关心、指导和全力支持，所以和老书记有了密切联系。

老人家对科技园工作上的指导、支持很多很多，尤其是对科技园的功能定位、科技园的选址、科技园的市场化运营等方面，老书记都有真知灼见。老书记说，创办科技园是建设世界一流大学的重要组成部分。大学科技园主要功能是要加快学校科技成果的转化和产业化，要通过大学科技园这个平台，发挥学校科技、知识和人才优势，加速推进产学研结合，提升学校高新科技的辐射力，成为区域经济社会发展重要的创新源泉。为了支持科技园的快速发展，在老书记的支持下，学校出资6000万元人民币，成立了浙江大学科技园发展有限公司，注册资本全资一次性到位，这是浙大历史上最大的一次现金出资，任命我担任新成立的公司的总经理，我感到压力很大。对浙大来说，这是一笔巨资，但对科技园的建设发展来说，还是不够的。老书记对我们说，你们要创新思路，广开渠道，实行市场运作。根据老书记的指示，我们积极引入民间资本参与科技园建设，如在杭州，引进了南都房产集团合作开发科技园；在宁波，和绿城房产集团合作，建设浙大科技园宁波分园；在江西南昌，和嘉凯城集团合作，建设浙大科技园江西分园。通过这些市场化的合作办法，加快促进了浙大的科技成果在这些地区的转化，促进了浙大和地方合作，促进了地方经济社会的发展。老书记在任期间，不辞辛劳，曾多次到杭州、宁波、南昌等地实地指导科技园工作。正是老书记的支持关心，浙大科技园的建设发展才走在了全国前列。

老书记不仅关心指导科技园工作，而且还无微不至地关心我的工作、生活，关心我学术上的成长和发展。记得2002年夏，正值暑假期间，在繁忙的工作之余，老书记携杨老师及外孙超超到舟山度假。我也带着儿子一同去舟山。儿子和超超同年，两个小朋友也玩得十分开心。饭间，大家十分轻松地畅谈着。因为是度假,同行的所有人都十分放松,我也很放松,酒就稍微有点喝多了,不停地向老书记敬酒,这时,杨老师就说,你不要再敬张老师了,我和你喝。之前我完全不知杨老师得酒量,借着酒劲,就说好的,我敬您,杨老师。喝到后来,杨老师也不让我喝了,就像母亲对待儿子一样,不让我继续喝,所以我就说要认杨老师当干妈。虽然酒喝得有点多了,但脑子还是清醒的,又明确说书记是书记,不是干爸。此后我听说杨老师酒量很好,老书记在香港工作期间,杨老师经常为老书记替酒,可见他们伉俪情深。这之后,我们每年春节期间,都会到他们家中去看望杨老师,聊聊家常,顺便向老书记汇报一下工作、科研进展及生活,聆听老书记的教诲、指点。

第一次春节期间去老书记家拜年,我和老书记谈到,我的专业无机非金属材料,我的博士论文导师丁子上教授,主要研究方向建筑节能玻璃,和上市公司中国玻璃旗下的山东威海蓝星玻璃股份有限公司有深入的产学研合作。老书记说他大学毕业工作后教的第一门课程是"光学玻璃工艺学",这恰是我们专业的核心课程,因而我们一下子有了很多共同语言。在老书记退居二线后,他老人家还专程去威海蓝星玻璃股份有限公司,对公司生产科研进行了实地考察。正是在老书记的关心支持下,我负责的节能镀膜玻璃产业化技术在全国多个企业推广应用,效益巨大,技术成果于2008年获得了国家科技进步二等奖。

又一年春节期间,我向老书记汇报了我在纳米材料科研工作中的最新进展。我领衔的课题小组,在国际上首先发明了一种纳米功能陶瓷的水热制备新方法,发现了一种新结构和新性能,准备就该发明向国际著名杂志Nature投稿。老书记听得很认真,很仔细,他说取得原创性的成果不容易,应该抓紧时间投稿,争取早日发表。老书记十分关心科研成果的原创性,他告诉我,最近高分子系汪茫老师在电荷转移方面也取得了很好的原创性成果,诸如这些类似工作,很多教师取得的工作进展,他都了然于心。在老书记的鼓励下,我们很快向Nature杂志投了稿。文章通过了编辑的初审,杂志社很快将文章发送给两位国际同行专家审查,反馈的结果是一位专家认为我们的结果有原创性，修改后可以发表；另一位专家意见则认为文章尚未达到Nature杂志发表的要求，尚不满足发表条件。第二年春节去老书记家时，他还记得我前一年的研究工作，询问成果论文有没有发表，我遗憾地告诉他Nature杂志没有同意发表。他说，没关系，不要气馁，也可考虑在其他杂志发表。他又说，对于十分重要的原创性发明、发现，关键是要最早发表，能在第一流的杂志发表当然是好事，但一下子发表不了，也可退后而求其次，让其最先发表，确保我们的成果是在国际上最先提出，保护我们的知识产权。听了老书记的建议，我们补充了一些实验数据，把文章修改后寄给了另一著名杂志Science，我们的文章也通过了该杂志编辑的初审，经过一个多月同行专家的评审，也是一位专家认为成果有原创性，很重要，可以发表；另一位认为尚欠缺，未具备发表条件。后来，遵照老书记的建议，原创性成果一定要争取最先在全球发表，我们改变思路，将这些成果陆续发表在国际材料和化学领域的顶尖杂志 *Adv. Mater.*, *JACS*, *Angew. Chem. Int. Ed.*, *Nat. Commu.*等知名杂志。文章发表后，引起了国内外同行的广泛关注，国际上一些知名科研院校也跟进我们的实验，发现了该种新材料更多的新功能、新应用。我们相关的科研工作获得了国家自然科学基金重点项目的支持。这些年来，我在学术上取得的成果，是与老书记的关心指导分不开的。

老书记退休后的一年春节，在拜访他老人家时，我说到浙大还有很多贫困学生，生活比较困难。老书记告诉我，他早就关注到贫困学生的生活学习，在社会各界爱心人士的支持下，已在2005年筹资设立了浙大浚生贫困学生助学基金，资助家庭贫困学生完成学业。我们被老书记的拳拳爱心所感动，尽我们所能，也向浚生贫困学生基金捐了资。据了解，目前该基金总额已超过3600万元人民币，每年有众多学子从中受益。

斯人已驾黄鹤去，此地空余求是园。老书记虽已离去，但他老人家爱国、爱校、爱生、爱师的大爱情怀，将永远激励每一位求是人，身在三尺讲台，胸中自有理想；人在实验陋室，心怀国家发展！

回忆张浚生书记对城市学院的关心指导

吴　健*

时间的流淌总是那么无情，深受浙江大学师生爱戴和敬仰的张浚生书记离开我们已有五个月了；深深的回忆却是那么鲜活，老张书记的音容笑貌依然历历在目。

10年前，我刚到浙江大学城市学院担任院长不久，遇到老张书记，他乐呵呵地说"我当过城市学院成立时的新闻发言人"，老张书记谦逊而幽默。

1999年，第三次全国教育工作会议提出我国高等教育从精英教育逐步走向大众化的发展战略，世纪之交的浙江大学面临着双重任务：一方面是在办学资源有限的情况下，必须调整办学结构，加快教育教学改革，努力向综合型、创新型、研究型的世界一流大学目标迈进；另一方面，需要满足浙江考生的入学需求和地方建设对于应用型人才的需求，支持高等教育底子薄弱的浙江省扩大高等教育规模。与此同时，杭州市委、市政府提出"住在杭州，游在杭州，学在杭州，创业在杭州"的城市品牌建设目标，大力推进"科教兴市"战略。以张浚生书记为首的浙江大学领导班子审时度势，面对中国高等教育大众化发展战略，迅速做出决策，推进名城名校携手，首创高校办学新体制。浙江大学城市学院应运而生。高校与地方政府合作办学，吸收社会力量参与，通过办学成本多方合理分担实现办学资源多元筹措。学院从创

吴　健　女，浙江大学教授，博士生导师。1990年获浙江大学理学博士学位。现任浙江大学城市学院党委书记

办之日起就具有独立法人资格,进行独立规范办学,这在全国是第一家。

1999年7月20日,张浚生书记在杭州市举行的新闻发布会上正式宣布市校合作创办浙江大学城市学院。自此,学院充分发挥名城名校合作优势,坚持独立规范办学,开启了高起点、高质量的跨越式发展。

城市学院办学初期,正值四校合并后新浙江大学成立不久,各项工作极其繁重。张浚生书记百忙之中多次到学院指导视察,从基建工地到新生开学典礼和大学生军训现场,一张张照片记录了温暖感人的瞬间。翻看这些老照片,我深深感受到张浚生书记心系师生、躬身力行的风范。

在城市学院建设和发展过程中,张浚生书记还充分利用自己在海内外特别是香港特区的影响和人脉,争取各界人士对城市学院的支持。在他的关心下,香港知名人士和社会贤达陆增镛、陆增祺,查济民、刘璧如夫妇,陈占美、李云华夫妇,魏绍相,唐学年、唐大威父子,金维明等纷纷慷慨解囊,以捐赠设立奖学金和基金等多种方式,惠泽师生,支持城市学院建设和发展。

在城市学院南校区,有一座以金维明先生父亲金如新先生之名命名的"金如新楼"。金维明先生是张浚生书记相识相知的一位香港人士,他慷慨捐资支持城市学院办学并自 2006 年开始在城市学院设立"新丽助学金"。"金如新楼"由张浚生书记题写。为此题词,他特意在家里写了两幅字,以供选择。我清晰地记得,2010 年 1 月 23 日上午,老张书记冒着凛冽寒风,专门来到城市学院,视察"金如新楼"门厅修建情况。他对朋友的细致真诚、对城市学院的厚爱,令我们感动不已。

2016年,经老张书记和杭州市侨联牵线搭桥,陶崇兴先生(晚号松菊斋老人)的子女将其珍贵的图籍捐赠给浙江大学城市学院供师生研读。学院图书馆特别设立了松菊斋文库,老张书记为松菊斋文库挥毫书写"松吟书阁生清籁,菊映墨池添淡香。"该对联由陶崇兴先生长媳即著名华裔数学家陶哲轩母亲所作。2016年11月25日上午,老张书记专程到城市学院出席藏书捐赠仪式。他特意提前到达,兴致勃勃地观阅陶老先生墨宝与藏书,谈笑风生,这一幕幕似乎还在眼前。

令我终生难忘的是在2010年前后，城市学院因种种原因几乎陷入“卖地还债”的困境，媒体的报道、有关方面的质询和关注，以及始料未及的困难接踵而来，对于一直在高校工作、从未经历如此复杂局面的我而言，内心的压力和焦虑可想而知。2010年1月23日，老张书记到城市学院视察“金如新楼”门厅修建情况，听了我的简要汇报后，鼓励我要“经得住风雨，扛得住压力”，还举了他自己在执掌浙江大学期间的事例，让人感到亲切而温暖。2010年年底，在杭州市政府的大力支持下，尤其是在时任杭州市市长邵占维的大力推动下，长期制约城市学院发展的瓶颈问题——办学经费得到有效解决，彻底摆脱了“卖地还债”的困境。2011年春节前夕，我向老张书记报告这个好消息，他还专门叮嘱“城市学院的发展一定要立足杭州，为杭州发展做贡献。”

斯人已逝，精神长存。张浚生书记德高身正、博学多智、宽厚仁爱的崇高风范和独特魅力，时时感召着我们，永留心田。我们唯有不断努力，把城市学院建设发展好，以此告慰老张书记的在天之灵。

我心目中的张浚生书记

费英勤*

首次听说张浚生老师的大名，是在香港回归之前。当时，他担任新华社香港分社副社长，被邀请来杭州作香港回归的形势报告。听了报告回来的人都说报告很精彩，大开眼界，大长志气，那时我就很羡慕那些能听得到精彩报告的人。之后，了解到张浚生老师赴香港履职前曾担任过浙江大学党委副书记和杭州市委副书记，亲切感油然而生。很有幸，1998年四校合并后，张浚生老师担任新浙江大学的第一任党委书记，让我有机会经常听到他的精彩报告。

在我心目中，张浚生书记永远是微笑的，是一位勤勉和蔼的领导，深刻睿智的长者。

他是求是学子的知心朋友

四校合并的新浙江大学成立后，我来到学校的学生工作部工作。当时正值互联网开始普及，为了推进思想政治教育进网络，我和其他同事一起创办了"求是潮"网站。为了扩大网站影响力，我们特意向张浚生书记做了汇报，并邀请他来点击开通网站，他非常支持，欣然答应。

后来，"求是潮"网站办得红红火火，成为全国最好的大学校园主题网站

费英勤　男，1959年11月出生，研究员。新浙大成立后，先后任学工部部长、光华法学院党委书记、宁波理工学院党委书记

之一，获得过很多荣誉，引领了高校思想政治教育进网络工作，成了求是学子的精神家园。当时，“求是潮”网站专门办了一个“求是访谈室”，邀请同学们想见的名师与名家来做交流，同学们提出邀请张浚生书记做一期专访。张书记非常重视同学们的这次活动，前后多次邀请学生和访谈主持人到他的办公室和家里，并提供他参与历史事件的活动照片，叙述照片的历史和背景，同时也热情地向同学们展示他的生活照，为访谈节目做前期准备。

这期节目的题目后来取名为“半个世纪的浙大心路——张浚生书记与求是学子真情对话”。他与同学们的情谊，可以从主持人的开场白里深切地感受到：“今天，一位特殊的客人如约作客求是访谈室，他亲切的笑容和半个世纪的心路历程吸引了大批求是学子的到来，让我们静静聆听他的笑谈风云，感受他深深的浙大情结。他就是浙江大学现任党委书记——张浚生教授。”那次访谈有大学生关心的许多话题，如为什么选择到浙大学习，当年的学习生活条件如何，如何看待所学专业，如何做好一个学生干部等，甚至还涉及大学生的恋爱观，这在当时是一个敏感的话题。当然也有香港回归、四校合并、浙江大学建设世界一流大学等重量级话题。这次访谈很成功，张书记作为长辈与学生谈成长话发展，作为朋友与同学讲经历谈感悟，深受同学们喜爱。这期访谈节目制作完成后放在网站播放，并刻成纪念光盘，成了系列访谈中的经典。张浚生书记本人也特别喜欢这一期节目，特意将访谈的现场照片挂在家里。

他是知识渊博的睿智长者

在很多人心目中，张浚生老师是一位理工科背景的书记，而在我的认识里，张书记是一位文理兼具、知识渊博的长者。他不仅在理工学科方面有深厚的造诣，而且极具人文底蕴和涵养。

在他退休后，浙江省儒学会专门聘请他担任会长。在担任会长期间，他积极弘扬中国传统文化，撰写了多篇具有重要影响的理论文章。当他卸任时，儒学会专门向张浚生书记颁发了“弘道杰出贡献奖”，以感谢他为弘扬经典儒学和中国传统文化所作的贡献。

张书记博闻强识，口述历史的《亲历回归与合并》一书，重点记述了香港回归和四校合并两大历史事件。其中的人物、重要事件发生的时间、地点都十分准确。他的历史知识非常丰富，做报告经常引经据典、旁征博引，对浙江大学的历史更是如数家珍，了如指掌。

他的书法极具功底，隽永灵秀，在求是园中我们经常可以欣赏到他的墨宝，令人喜爱。他十分注重校园文化建设，着力推动求是园文化环境营造和求是文化精神的弘扬，让我们随处感受得到百年老校的历史文化底蕴。

我印象特别深的是，他对宁波理工学院校园文化建设的指导，亲自为学院“阳明学堂”题匾，为王阳明像题写“笃行恒为友，良知真我师”的对联。2016年春天，他不顾年事已高，专程来宁波理工学院作“传承和弘扬中华优秀文化的一些思考”专题讲座。一天时间里，他视察了“阳明学堂”建设，接受同学的专题采访，为学院题写“明德弘毅、开物启新”院训，为全体中层干部做专题讲座，一刻也没有空闲，令人感动。他的讲座内容令人难忘，从源远流长的中华文明史，讲到博大精深的诸子百家，提出了传承和弘扬中华文化需要与时俱进、科学传承，学以致用、知行合一，博采众长、尊重多元。为了使讲座具有针对性，张书记还专门查阅了竺可桢老校长日记，介绍科学家眼中的阳明精神，对宁波理工学院在校园文化中如何结合王阳明的思想精华和传承求是创新精神提出指导意见，对学院制定校园文化建设规划、凝练学校核心价值起到了重要推动作用。

他是理工学院办学的热心支持者

2011年，我到浙大宁波理工学院工作后，与张浚生书记相处时经常向他请教学院的发展问题。

他多次讲到，新浙大成立后，对浙江来说最大的问题是好大学少了，老百姓要上心目中高水平大学的机会少了。中央和教育部的领导都支持浙大与地方政府合作办新体制新机制的大学，回应老百姓的呼声，这也是浙大的责任和担当。浙大先后与杭州市和宁波市政府合作创办的两所学院就是要为老百姓上好大学创造机会，希望我们把宁波理工学院办成高水平应用型大学。宁波理工学院的设立，就是在他任党委书记时做出的重大决策。

宁波理工学院办学初期，他多次来学院调研，并出席首届学生开学典礼，还亲自担任名誉团长，指导组织赴香港访问团，为学院发展募集社会资金。自学院成立以来，他一直担任宁波理工学院咨询委员会主任，每年召开学院发展咨询会，为学院办学"号脉"，出"金点子"。咨询建议意见涉及学院发展规划、人才支持计划、转型提升方案、人才培养质量评价等。每次咨询会，张书记和其他咨询委员的真知灼见常常是一语中的，学院领导班子成员都深有感触，对学院发展的科学决策起到了重要作用。

他经常给我们工作的信心和力量。由于宁波理工学院体制特殊，我们在办学过程中经常为办学的体制羁绊而纠结。他经常跟我们说，体制问题很复杂，每次咨询会并不是主题，但大家却会把它变成主题来谈，说明这是困扰学院发展的关键问题。希望大家办学中既要抓住机遇，共同探讨可行的解决方案，又要及时向上级汇报，不断统一思想，积极争取支持。2013年，当我们把宁波理工学院成为全国高校独立学院排行榜榜首的消息向他汇报时，他非常高兴，专门花时间研究了学院各项指标的排名情况，并指出办学的强项与薄弱点，让我非常感动。此后，宁波理工学院连续五年稳居全国独立学院排行榜首位，实现了建校初期提出的成为全国同类学校前列的办学目标。他在许多场合宣传学院的办学和发展，经常对人讲，宁波理工学院经过十几年的发展，成果喜人，办学亮点突出，让我和同事们深受鼓舞。

2018年2月19日，张浚生书记逝世的噩耗传来，我与同事们深感悲痛，为失去了一位好师长、一位好领导而深感惋惜。我们唯有继续努力奋斗，砥砺前行，才能回应张书记生前对我们的鼓励与关怀。4月，浙江省委常委会研究决定，支持浙大宁波理工学院转设为公办普通本科高校，张书记长期牵挂的学院发展问题迎来了崭新的历史机遇，学院的发展前景一定会更加灿烂，一定会办成一所高水平、有特色的大学。

永远的张老师

孙旭东*

2018年2月19日，注定是我此生中最刻骨铭心的一天。那天下午2点左右，远在广东潮州过年的我突然接到张浚生老师夫人杨惠仪老师打来的电话，平时杨老师极少给我直接打电话的。杨老师声音很低沉，也很简短，只是问我现在哪里。顿时，有一种莫名的不祥预感袭上心头。紧接着我马上问张老师的儿子张云，得知了张老师身体不行的消息，一时悲从心来，不能自已。第二天，从广东紧急辗转赶回杭州后，我们直奔张老师家中。没有了往常张老师笑吟吟地给我们开门，只有一张熟悉的画像挂在冰冷的墙上。我和爱人双双跪在画像前，放声大哭。我如父亲般爱戴和尊敬的恩师，就这样猝然离我们远去了，实在令人无法接受！2月15日年三十那天，我们还和张老师全家一起吃年夜饭，欢声笑语犹在耳畔，没想到短短几天就已是阴阳两隔，怎不令我悲痛欲绝！

"四校合并，就是为了创建世界一流大学"

20年，恍若白驹过隙。我至今还清楚地记得，1998年4月28日上午，当时为浙江大学党办副主任的我第一次面对面见到了敬仰的前辈张浚生老

---

*孙旭东　男，江苏姜堰人，1967年6月出生。现任中国美术学院党委委员、纪委书记。本科、研究生毕业于浙江大学，曾任党委办公室副主任、兼任张浚生同志秘书，统战部部长，杭州萧山区委常委、副区长(挂职)，浙江省委宣传部办公室主任

师，张老师面带笑容，亲切询问了我的有关学习和工作经历。当天下午，便让我陪同他前往老浙江大学、杭州大学、浙江医科大学、浙江农业大学调研，深入了解各个学校的基本情况。一路上，张老师说古论今，十分健谈，对四校的历史渊源和名师大家了然于胸，如数家珍，给我留下了非常深刻的印象。

20世纪90年代初，我国就高等教育发展提出了"共建、调整、合作、合并"的方针，对高等教育管理体制和结构布局进行调整，目的是为了实现现代化，建设若干所具有世界先进水平的一流大学。在这个情况下，原浙江农业大学校长的朱祖祥院士和原浙江大学副校长王启东教授，在1996年的全国人大会议上提出将原来分开的四所大学重新合并组建新的浙江大学的提议，得到了中央领导、教育部和浙江省的支持。

1997年，香港回归祖国，张老师圆满完成了历史使命。1998年，62岁的他本可以退居二线，相对轻松一些。但这时，国家决定启动浙江大学四校合并，需要一个领军人物。当时，一些老朋友好心地劝他，这是一件苦差事，干不得。但面对中央的信任和重托，怀着对母校的深厚感情，张老师毅然挑起了这副沉甸甸的重担。正如他经常所说的："我们这代人，国家的需要就是我们的选择。"1998年4月27日，张老师回到杭州，担任浙江大学四校合并领导小组副组长和新浙江大学筹建小组组长。

俗话说，分家容易合家难。四校合并涉及到浙江大学、浙江医科大学、浙江农业大学、杭州大学这四所高等院校，四校虽同根同源，但因为历史原因，分开已有46年之久，且校区分散在杭州多个地方，合并面临着学科、机构和利益等方面的调整，可以说千头万绪，担子重、困难多。省里对四校合并也有不同的声音，工作中有时会有一些阻力和困难。对此，张老师始终表示，四校合并是中央的决策，自己一定会按照中央的要求做好这件事，"我接受这项任务了，就一定要把它办好，否则我非得跳钱塘江、跳西湖不可。"

张老师与潘云鹤校长等11位原四校的领导一起，开始了紧张有序的新浙大筹建工作。他多次深入到一线教职员工中听取意见，召开了80多次座谈会，讲述四校合并的重要意义，征求大家对组建新浙大的建议。经过认真研讨和充分论证，确定了新浙大的学科建设、管理体制改革等重要方案。在一次次调研中，大家逐渐统一了思想，凝聚了共识，仅用了4个多月就完成了筹建任务。

在我的记忆中，“四校合并，就是为了建设世界一流大学”是张老师时常挂在嘴边的一句话。合并一开始，他便带领一班人，积极探索一流大学的办学模式，提出创建一所“综合型、研究型、创新型”的具有世界先进水平一流大学的奋斗目标以凝聚全校师生思想，并制定了五年打基础、十年见成效，到2017年也就是浙大建校120周年左右实现奋斗目标的发展规划。在他的带领下，学校克服了合并初期的种种思想、工作上的障碍和困难，短短几年间，完成了学科结构调整和院系设置，组建了20个学院；与杭州、宁波分别合作创建了浙江大学城市学院、浙江大学宁波理工学院；规划建设了浙大紫金港校区；启动了浙大国家大学科技园的建设；开始实施解决教职工住房问题的“450工程”。四校合并取得了重要的成果，达到了预期的目标。原国家副总理李岚清同志认为在高校合并改革方面“浙江大学就是个成功的典范”，他说，“该校合并以后，教师实力、学科结构、学校的扩建、办学规模、教学科研水平方面都实现了跨越式的发展，在国内名列前茅。”2004年7月，教育部部长周济在浙江大学的一次干部教师大会上讲话指出：“六年来（指新浙江大学成立六年），浙江大学成为我国高等教育改革的先锋，发展的标兵，改革发展的一面旗帜。”

“只要是老师、学生找我，再忙也要见”

长期在高校工作，张老师深知人才对高等教育、对国家的重要性，所以，在他回到浙大工作后，始终把人才工作放在第一位，非常尊重知识分子，甘愿做他们的后勤部长。

记得他回来工作后不久，就一一拜访各位院士和高层次专家，了解他们的工作和生活情况。去看望沈之荃院士时，张老师发现沈先生的实验室连一部电话机也没有，非常震惊和难受，立即吩咐后勤要尽快装好。同时，他也非常关注年轻老师的成长，每当他们取得一点成就，他都打心眼里为他们高兴，并亲自上门表示祝贺和鼓励。20年后，已是有关领域著名教授的他们，回忆起张老师当年无微不至的关心和厚爱，至今仍记忆犹新、心存感激。

与此同时，张老师充分利用其在香港13年的影响和人脉，争取各界人士对浙大的支持。多年来，邵逸夫、曾宪梓、田家炳、曹光彪、李达三等一批乡贤、好友纷纷慷慨解囊，捐建教学大楼，成立奖教、奖学基金，支持教师教学、科研活动和学生学习，推进学校建设。

张老师爱校如家，爱生如子。只要是老师、同学找他，都可以直接敲门，无论再忙，他也要抽出时间见面。四校合并后不久，有一次，几个环境资源学院的新生觉得在华家池校区学习，常常被认为是考进了农大，萌生了转专业的想法。张老师知道后，亲自接待这批一年级同学，耐心地向学生解释，强调四校合并后只有一个浙江大学，大家都是浙江大学平等的一分子。同学们消除了顾虑，满意而归。

平时，他喜欢学生们喊他“张老师”多过于“张书记”，只要是学生邀请他参加的活动，他都争取参加，令年轻人备感亲切和感动。张老师十分注重学生全面素质培养，提出新时期大学生应具备“崇高的理想、高尚的品德、宽厚的基础、卓越的能力、踏实的作风、健康的体魄”的育人理念。

2004年7月，因年龄原因，张老师离开了担任6年的浙江大学党委书记工作岗位，但他仍然十分关注着母校的发展，关注着青年学子。以他名字命名的“浚生贫困学生助学基金”得到了众多海内外校友、社会各界人士的鼎力支持。13年来已募得基金3600多万元，累计资助学生达到3000多人次，为浙大贫困学子顺利完成学业提供了巨大的帮助。

谦谦之风，先生厚德；循循善导，薪火相传。这些受到资助的学生，有的已成为浙大的副教授，有的成功创业事业有成。每每看到受资助的学生茁壮成长，张老师都非常欣慰。他时常鼓励学生，希望他们能够不负学校培养和社会关爱，努力成为国家的栋梁。

张老师对老师、同学关怀备至，宽厚慈祥。只要对国家民族、对学校和师生有益的事，他都会全力争取，哪怕得罪上级，委屈自己。但当领导这么多年，对家人、朋友一直都坚持原则，严格要求，从来没有为自己和亲属的事找过一次组织、打过一声招呼、递过一张条子，真正做到了一身正气、两袖清风，体现了一个优秀共产党员的铮铮铁骨和高贵品格。

“新的一年，要继续奋斗啊”

近些年，张老师的身体状况并不是很好，心脏先后装过两次起搏器，但只要是有活动需要他出席，他总是尽心尽力，不辞辛劳，并一笔一划认真准备发言和报告材料。我们时常和张老师说，您年纪大了，很多活动能推的就推掉吧，但他却慨然应允，不遗余力，为弘扬优秀传统文化、为推动公益事业、为培养青年一代奉献自己的一切。

张老师平生最大的爱好就是读书，并且有着超常的记忆力。即使在回归前灯红酒绿的香港工作期间，他也坚持做到“从未涉足歌舞地，忙里偷闲唯读书。”长期的勤奋广泛的阅读和思考，成就了他的博学多智，但凡和他接触交谈过的人，无不为他的高瞻远瞩、渊博学识和人文修养所折服。他爱看史书，对历史上的重要人物、重大事件，常常如数家珍，旁征博引，并发表自己独到的见解；他爱好文学书法，诗词歌赋功底深厚，名著经典涉猎广泛，最爱读的《鲁迅全集》看过三遍，鲁迅的文章诗作烂熟于心；他喜欢钻研，从不放过一个疑问，总要弄得清清楚楚、明明白白，连路边的树木花草，他也能随口报出它们的名字和特性；他热爱科学，对最新的科技进展，常常表现出一个科技工作者的浓厚兴趣和执着敏感，并及时查阅资料或虚心请教相关专家；他非常注重学习党的新理论、新思想、新政策，关注国家发展和香港局势，对香港一小撮人发起的“占中”、“港独”等举动义正词严地予以批驳。

张老师不仅自己身体力行，奋斗不止，对我们这样的晚辈，也时常给予勉励，要求我们多看书、多学习，珍惜当今的大好时代，多做对国家和民族有益的事。每当我在思想上有些困惑、工作中遇到难题、生活上碰到困难，都习惯找张老师聊聊，听听他的意见，他也总是推心置腹地和我谈心，指点我，鼓励我。记得本世纪第一天凌晨，在参加完学生举办的迎接新世纪大型活动后，回到办公室的张老师心潮难以平静，提笔给我写下了“百年奇耻今已消，振兴中华壮志豪。先辈已把乾坤挽，世纪重任尔肩挑”。这不仅是对我、也是对年轻一代的谆谆教导和殷切期望。2005年7月，张老师已从党委书记岗位上退下来一年多了，浙大党委安排我担任统战部部长。当时我心中没底，不知道工作如何开展。张老师说，我在香港长期工作，很重要一部分内容就是做好统战工作。对高校而言，统战工作关键是要做到“尊重、团结、服务”。他又说，浙大党外人士层次很高，对他们要充分尊重，多听取他们的意见。作为统战部长，要代表学校党委广泛团结党外知识分子，在学校党委领导下共同为建设世界一流大学建言献策，贡献力量。统战部门要多做服务的工作，帮助党外人士解决工作、生活的困难和问题。在这“六字真经”指导下，我顺利完成了学校交给我的统战工作任务，也和众多党外知识分子结下了深厚的友谊。离开浙大工作以后，张老师继续关心我的成长和进步，他为我题写了“深思、笃行、务实、高效”，一直挂在我办公室的墙上，时时提醒、指导、鞭策我不忘初心、砥砺前行。

每年年三十晚上，只要我们在杭州过年，都和张老师全家一起欢聚，共迎新春。今年的年夜饭，他在席上对我们所有人说，今年的新年祝辞讲得很好，幸福都是奋斗出来的。新的一年，你们要继续奋斗啊！

如今，斯人已去，音容犹在。敬爱的张老师，我再也不能聆听您的谆谆教诲、再也不能享受您的谈古论今、再也不能拥有您长辈一样的关爱、再也不能当面体会您发自内心的家国情怀……

敬爱的张老师，您永远活在我们心中。

回忆敬爱的张浚生老书记二三事

姚玉峰*

2018年2月19日，惊悉敬爱的老张书记离世的噩耗！消息来得太突然了！不久还曾遇见过的老张书记，当时他还显得那么的健康和精神，怎么就这样突然地离开我们呢？他那敦厚儒雅、蔼然可亲的形象，一直留在我的脑海里，似乎就在眼前。这么一位师长和老领导的突然仙逝，太令人感到无比的惋惜，由此留下了锥心之痛！我把自己与老张书记之间不多的几次接触记录下来，以资纪念。

我最早接触老书记是在新浙大成立之后。一次近距离的接触具体日子已经记不太清楚了，大约是在2000年吧。1998年，老浙大、杭大、农大、医大四个同根同源的学校合并成了新浙大，老张书记是新浙大的组建者，也是新浙大的第一任书记。四校合并后，学校规模突然扩大了好几倍，校区物理距离分散。学校在考虑，让本来联络不密切的教师，尤其是青年教师，能否有新的机制让他们凝聚起来，产生更多的积极的交流，于是当时提出成立青年教授联谊会。青年教授联谊会的对象是把45岁以下，分散在各个校区已经晋升为正教授的老师们吸纳到这个组织。我那年是37岁，在医口算是最年轻的教授博导，所以就成了青年教授联谊会的理事。

当年的青年教授们思维非常活跃，20来位理事们更是活跃，他们指点江

姚玉峰　男，浙江大学医学院附属邵逸夫医院眼科主任，教授、博士生导师。卫生系统最高荣誉奖“白求恩奖章”获得者，第六届全国道德模范

山，既考虑学校的大政方针，也考虑教授联谊会的运转，还考虑新浙大与地方的合作，因此理事会一起开会的机会还是蛮多的。当理事会收集的问题积累到一定程度后，大家提议非常希望校领导能够出面跟青年教授们开个座谈会。记得那是一个夏天的下午，青年教授在一个临湖的会议室刚坐好，老张书记代表校领导就到了会场。当时的张书记仍是一贯的和蔼，一一跟青年教授们握手，不管他之前是认识的，还是初次见面的，他都会问候一下。接下来大家开始座谈。青年教授从各自的视角、各自的经历、各自的思维发表谈话。有些语言还略显偏激和尖锐，有些话题拉得过远。张书记始终亲切地注视着大家，有时候跟某个教授有一个目光的接触，有时候颔首微笑，不时在自己的笔记本上做点记录。他从不打断教授们的发言，一直仔细聆听。当大家发言都结束了，张书记才从容不迫笑呵呵地开口对大家提出的问题进行概括，然后站在国家的层面、学校的层面针对偏激的问题、尖锐的问题作出解释。既让大家领会了领导的思路和学校的决策，又润物细无声，让大家体会到很有涵养的领导和长者的胸怀，使我从心里就感到了温暖和关爱。这次座谈会让我对张书记的眼界、胸怀、领导艺术、领导能力，尤其是他那种谦和儒雅、语调平和、循循善诱的说服力和亲和力，产生了发自内心的敬佩！

张书记还有一个特点，特别值得一记，就是他超人的记忆力。在我跟张书记在座谈会上一次近距离接触之后，后来在其他场合遇到他，他居然就能直接叫出我的名字，那种温暖和亲切，真的让人终生难忘！

特别让我感动和无法忘怀的是，当我的事迹被光明日报、中央电视台等中央级媒体广泛报道之后，张书记在第一时间就通过王玉芝老师、徐有智老师向我表示了祝贺！他还特别关心我的工作状况，了解我是否存在什么困难，主动从很多个方面对我体现了无微不至的关怀和关爱！

晚年的老张书记，从领导岗位上退下来已经多年，但他对浙大的关心，对教育事业的关注仍然充满着热情。每每听他叙述时，总是娓娓道来，如数家珍，既丰富又细腻，这当中既有他的教育理念和教育思路，又涉及他丰富的教育经验和管理艺术，这些经历和故事，对作为后辈的我，既有启发作用又有激励效果。

有一次经历让我印象特别深刻：那就是2017年的6月17日，老张书记和一些浙大老师以及我等一起参观考察浙大舟山海洋学院的经过。有一个细节总让我难忘：这就是大家约好提前一天到舟山，然后大家一起用晚餐，次日再参观海洋学院。那天，我因为门诊病人特别多，接着还要做几台手术，因此从杭州出发就有点迟了，到达舟山都快接近晚上7点了。没想到这时候大家都还在等着我一起吃饭。老张书记看见我后，不但没有任何责怪，反而非常亲切地握着我的手，询问我的近况，还叮嘱我要注意身体，别过度劳累。

第二天考察舟山海洋学院先去一个岛，需要坐渡船。在船上，估计老张书记对海上的风浪有些不适应，看得出来在到达小岛之前，他就出现了明显的晕船表现。没想到，到达小岛后，他略略休整恢复了一下，就与大伙一道参考小岛上的设施，听取陈鹰老师对小岛用来做实验的目的，岛上设施布置的作用等，听得非常仔细和认真，偶尔还提问几个问题又加几句点评。返回海洋学院主院区后，老张书记继续和我们一道参观整个学院的布局，深入到几个主要研究所详细了解情况。看得出来，老张书记对陈鹰带领的团队建设起来的舟山海洋学院是满意和欣慰的。我暗暗在想，一位已超过八十高龄的老者，能够跟我们这些还年富力强的后辈一道，不管晕船反应，这么深入、这么耗力耗神地参观考察浙大在舟山设立的海洋学院，这背后支撑的肯定是一种深深的热爱，深深的切盼，以及深深的期待，这是一种对未来教育的期待，对年轻后辈的期待，以及对浙大的一种深深的爱！

老张书记与我是两代人，年龄的悬殊、地位的悬殊，本来我们是很难产生交集的。但因为张书记对下属、对青年教师的关怀与爱，让本来难以发生交集的事却真实发生了，而且在我心目中留下了难以磨灭的印象。敬爱的老张书记，是一位为新时代的中国教育事业奉献终身的老领导、老学长，他为浙大的发展壮大所奠定的基础，一定会激励我们后学，不断进取，积极努力！谨以此短文对老张书记表示深切的怀念！老张书记永垂不朽！

援疆路上忆张浚生书记

黄　昕*

作为一名1982年入学浙大的学子，我知道张浚生老师起始于他担任新浙大筹建小组组长的报道，我当时是浙江医科大学附属儿童医院设备科一名普通的技术干部，从来没有想过有一天会见到像张书记那样的学校领导，一切都是缘份。

那是1999年的6月中旬，按照浙江省委组织部的统一部署，从全省选派31名干部对口支援新疆和田地区工作，其中需要我校选派一名医疗设备方面的技术干部，经过校组织部门的选拔、谈话，我成为由新浙江大学选派的第一位援疆干部，在即将赴新疆和田地区人民医院开始三年工作生活之际，学校在玉泉校区行政楼三楼会议室专门为我举行欢送会议，张书记百忙之中亲自参加了会议，参加会议的还有学校其他领导和医学院、党办、组织部、校人事处以及各附属医院领导代表，济济一堂，足见学校对援疆工作的高度重视，使我感到莫大的光荣。欢送会上，张书记在讲话中说，从沿海发达地区选派干部到新疆工作，是党中央、国务院作出的一项重大决策，对于促进西部大开发，促进新疆地区的经济发展和社会稳定，促进民族团结，具有十分重要的意义。他说，和田地区地处荒漠，气候恶劣，经济比较落后，你服从组织派遣到那里工作和生活等方面都会承受着一定的困难，体现了你有较

黄　昕　男，1989年浙江大学信电系硕士毕业，进入附属儿童医院工作。1999年赴新疆和田地区人民医院援疆三年，任副院长。现任附属口腔医院党委书记

高的政治觉悟和思想境界，他希望我进一步牢固树立正确的世界观、人生观、价值观，严格遵守省委组织部的要求，服从当地组织部门和单位的领导，发扬求是精神，努力学习，勤奋工作，保持良好的精神状态，在平凡的岗位上充分发挥自己的技术优势，扎实做好本职工作，多做有利于增进民族团结的事，多做有利于加强学习交流的事，树立援疆干部的良好形象。我听了张书记一番语长心重的讲话，非常感动，我在会上表示，我长在农村能适应工作环境，求学于浙大能发扬求是的学风和作风，作为一名党员会不断提高自己的政治意识，一定会履行好自己的职责。会后张书记亲切地把我和我夫人拉到他身边合影留念，留下了我第一次见到张书记的美好回忆。他的谆谆教导，他那平易近人的人格魅力和慈祥的笑容永远铭刻在我的心里。

春节休假回杭。有一次，我参加学校召开的外派干部座谈会结束时，想起张书记对援疆工作的关心支持，临时去拜见一下，我冒昧地问孙旭东同志是否可以向书记汇报工作。张书记爽快地答应了。我向张书记汇报了半年来工作的感受体会，一是和田的生活情况，和田是昆仑山脚下一片绿洲，养育着约200万和田人民，水果、蔬菜等农产品比预想的丰富得多，浙江干部都集中住在地委家属院内的援疆楼里，日常生活没有困难；二是和田的安全稳定形势，要面临与三股势力斗争的危险是我从来没有思想准备的，由于受国际形势和国外势力的影响，新疆的宗教极端势力、民族分裂势力、暴力恐怖势力日益猖獗，和田又是三股势力在南疆活动的核心区域，斗争异常激烈；三是和田地区人民医院工作情况。医院初建于1938年，有着60多年的历史，职工500余人，因地处偏远，生活艰苦，交通相对不便，发展较慢，医疗技术人才十分短缺，我说，希望学校能够加强附属医院和外部的学习交流，加大对援疆工作的力度，也迫切需要选派当地医院一些骨干到学校的附属医院进修提高。张书记仔细、耐心地听了我的汇报后说，继续教育和临床进修是我校的优势，他会请医学院领导予以认真调研，研究支持。

2000年暑期医学院李鲁书记带领附属医院领导10余人到和田慰问交流，推进落实张书记布置的进修和继续教育事宜，也为医院远程电视教育设施设备建设提供20万元的经费支持。2001年暑期，陈子辰常务副书记、王玉芝副书记到访和田，就进一步强化医院的进修学习计划与当地领导进行商讨，学校提供在进修专业、时间、生活保障等方面量身定做的特别交流通道等等，这些措施有力支持了和田医院的发展。

现在回想起来，正是张书记不断的支持、教导和勉励，我才能努力工作，刻苦耐劳，在提高设备维修管理水平，推动信息化建设以及在浙江省援助项目之江综合门诊大楼的建设和医院管理中积极发挥自己的作用，连续三年都获得和田地区干部考核优秀，并在2000年被提拔为和田人民医院的副院长。三年的援疆工作使我受益匪浅，除了不断提高自己的工作能力、政治觉悟、党性意识之外，也有幸遇见张书记这样的良师益友，极大的丰富了我的人生阅历，令我终生难忘。

2002年结束援疆工作，我被任命为医学院附属儿童医院副院长，从事医院后勤管理工作，在新岗位上始终遵循求是创新、廉洁奉公的工作守则，勤奋地履行本职工作。尽管我和张书记的实际接触交流并不多，但他留给我的印象是那么深刻、难忘。他每次遇见我，总是清晰地记得我，亲切地叫我小黄，关心地询问我的工作近况，一旦我有点进步或取得一些成绩，他总是积极鼓励，勉励我做得更好。他总是有求必应，有一次我非常随意地说出请张书记给我书写一首唐诗，他爽快地答应。没过多久，孙旭东同志就把张书记书于癸未夏(2003年)的墨迹转交给我："白日依山尽，黄河入海流。欲穷千里目，更上一层楼"，成了我永久的纪念。2004年夏天，张书记离任后，我就把这幅墨宝装裱挂在办公室，作为日常工作勉励。睹物思人，张书记逝世后，我每天看着他的题词，时常浮现出他慈祥的音容笑貌。

我永远缅怀他那柔中有刚的博大胸襟和平易近人的人格魅力。

（2018年8月）

不会忘记那灿烂的日子

包永平*

作为老社长，经常性地赴港参加爱国社团、爱港人士组织的各类论坛、报告；作为发展委员会主席，多次赴港为学校的发展拓展各类办学资源；作为教育部的特聘巡视专员，常年在北京、在全国各高校奔波参加教育部的巡视工作……

每每闭上眼睛就会想起这些，想起作为书记的工作助手与他一起工作的日日夜夜，而正是这些忙碌而又相当艰巨复杂的工作构成了书记晚年生活的日常元素，记录了他那奋斗不息的一生。那是他作为一名老共产党员为了革命事业奋勇拼搏的人生历程，那是他心系香港繁荣稳定、目睹我国高等教育快速发展的历程。

那本《亲历回归与合并——张浚生访谈录》，是他作为一名优秀的、忠诚的共产党员的写照。

时间还一直停留在那天下午，正月初四。不知为什么，那天中午，我的手机不断地需要重启，也不知为什么，那天中午，我的心神一直烦躁不定。当接到那个电话，说书记已经到那遥远的地方休息的时候，我突然发现自己的脑子一片空白，不，是无法相信的苍白。这份苍白是那么无情，是那么让人无助。

包永平　男，浙江东阳人，1969年8月出生。1994年毕业于杭州大学，硕士、副研究员。曾任张浚生书记秘书，现任浙江大学环境与资源学院党委副书记、纪委书记

在我心中，书记他一直都是充满激情、神采奕奕、精神矍铄。多年来一直陪同他参加各类工作，出席各类活动，作为教育部的巡视员，主持参加教育部组织的对多个高校的巡视活动。作为新华社香港分社的原负责人，作为四校合并后的浙江大学首任党委书记，为了学校的发展、为了香港的繁荣稳定，经常性出访香港，参加各类社会活动，经常一天要马不停蹄地出席多场遍布香港各个区域的活动，常常是我已感到疲倦，但书记他从不说累。

一直以来，书记的那份对工作的热情、投入，对工作认真态度与激情激励着我，让我深深地理解"恩师"的含义。记得2010年11月，那次书记率领工作组来到西安，对西安交大进行巡视，因之前马不停蹄地在香港、澳门、北京之间奔波，人特别疲倦，在到西安交大的第二天就得了带状疱疹，前胸后背发了一大条，又疼又不便睡觉休息，每次给他擦药时他都咬紧牙关。我劝他好好休息一下，白天太累休息不好影响病情好转，他总是说没事，"有医生、有你们在边上，不会有事的"，依然每天安排开会、讨论、分析，每天深入到西安交大的师生员工中间开座谈会，做调研。我深为他的工作投入所感动。2014年1月，我由于工作需要离开杭州到北京工作。那段时间，虽然没有像前几年那样跟随身边工作，但还是能经常电话联系，每次我回杭州或他来北京时，总是有聊不完的工作，我也在凡事拿不稳时经常向他请教。虽然能感觉到他与以前相比显得苍老了一点，走路步伐慢了一点，但是我可以深深地感到他人老心不老，声音依然那么洪亮有力，记忆力依然那么清晰，对问题的思维剖析还是那么快速敏锐，身体和精神感觉都还很好，哪怕是一周前，我们还一起参加一位爱港爱国人士组织的活动，那天晚上的讲话，还是那么充满感情，我至今清晰在目。

在我心中，书记有着超人的胸怀、见识和亲和力，他心中只有工作概念，没有休息想法，仿佛拥有一份用之不尽的动力之源。有时候看到手上的工作实在太多，想让他选三择二时，书记他总是教育我们，"只要有力气，就要多为社会作贡献"，"等到干不动时，想做也难了"。事实上他就是一直以这样实际行动践行着自己的这个承诺。作为亲历香港回归与四校合并的见证者、参与者、组织者，他将自己的毕生献身于祖国的伟大事业。虽然回到内地工作了，每当影响香港繁荣、团结与发展的不稳定因素出现，他便忧心忡忡，彻夜难眠，分析原因，寻求对策，发表文章，献计献策。特别是前几年香港发生“占中"乱象时，他都不顾辛劳，多次往返香港，参加香港爱国社团举办的各类讲座会、报告会、研讨会，面对严峻的形势，挺身而出，在香港《文汇报》、《大公报》、凤凰卫视和当地其他媒体上发表文章、谈想法，对反动派给以痛斥，进行有理有节的反驳，为维护祖国的尊严和香港的稳定尽心尽责尽情。

回到浙江后，学校的发展、校友会的活动，无论规模大小，级别高低，只要有时间，有需要，他一定会参加，从不推脱，从不爽约。广大校友、在校师生认为，浙大的校史，书记如数家珍，作为工科专业背景的他，学识渊博、阅历丰富、精通文史，始终给人以儒雅、亲切的感觉。浙江大学四校合并后，为了有效优化学校的办学理念，拓宽办学渠道，提升国际影响力，他诚邀香港的好友金庸先生来当人文学院院长，并请邵逸夫、曾宪梓、田家炳、曹光彪、曹其镛、包陪庆、李达三、周亦卿、陆增镛、蒙民伟、赵安中、李和声等一批爱国爱港企业家以及香港上海总会、宁波商会、福建社团等社会团体给浙大捐资设奖，同时，以他的社会影响力设立“浙江大学浚生贫困学生助学基金”，金额高达数千万，多年来资助了一大批家境困难但品学兼优的学生度过难关，为办好新浙大、培养祖国的优秀人才作出了突出贡献。

在跟随他多年的工作中，我深深懂得了一位共产党人对党的忠诚，还有那份家国情怀。多年来，看着他处理各种各样的复杂的大事、小事，无论是外交上的国事、学校发展的大事还是个人工作上的小事，他都以一位老共产党员的标准来严格要求自己，要求我们。当我们俩人步行在香港的大小街道上，看到普通的市民、环卫工人都会停下脚步，亲切地叫他一声“张社长好”时；当我们经常看到公共巴士上的香港市民伸出车窗，竖起大拇指与他打招呼时，我可以想象得到当年他在香港工作期间的那种与市民打成一片的情形，可以想象得到他在广大香港市民心中的形象与地位。书记的朴实作风、平易近人，深深植入在广大市民的心中，在与以彭定康为首的港英政府有理有节的针锋相对斗争中，赢得了广大爱国人士、香港市民的一致肯定与好评，建立了内地官员的良好形象，为香港的平稳过渡作出了巨大的历史性贡献。

如今，斯人已去，音容犹在，精神长存。我虽再无机会聆听您的谆谆教诲，再也不能像以前那样有不懂之处就可以随时向您请教，但您的崇高品质、革命精神和优良作风，将永远铭记在我心中。

张老师，您永远活在我们的心中。

往事历历在目　嘱托牢记心中

——悼念敬爱的张浚生老师

李五一*

2018年2月19日晚上7时许，我从微信朋友圈刚看到张浚生老师溘然离世的消息时，不敢相信这是真的，后来从别人转发其女儿的微信时，我才明白敬爱的张浚生老师真的离开我们了！顿时让我陷入了深深的哀思，内心的沉重与难受无法言表。当晚，我与光电学院的陈炯书记、刘旭教授一起去浙江医院张老师的临时灵堂去见张老师最后一面，点上了三炷香，寄托着我们的哀悼，祈祷他一路走好！我呆呆地望着张老师，感觉他真的是太累了，我对他说，我一定会努力完成好您生前交给我的任务！

记得2017年1月6日，应宁波浙大校友会会长、激光77级聂秋华学长和副会长、光仪78级毛磊老同学的要求，让我陪同张老师前往宁波参加浙大校友会2017年年会，同行的还有发展联络办陈振华老师。那天下午，一路上车外是有风又有雨，车内我们却是津津有味地在听张老师讲光电学院那些过去的故事，从光仪专业的创建到光仪系的成立，一一道来，如数家珍。让我感到非常惊奇和佩服的是，他虽已经是耄耋老人，但是对过去数十年的事情，他还是记得那样的清清楚楚：什么事情、什么时间、什么地点、什么人以及相关联的人与事都能够讲得明明白白。当时我就在想，学校和学院不知

李五一　男，1982年毕业于浙江大学技术摄影专业。曾任浙江大学团委副书记、光仪系党总支副书记、浙大外贸公司副总、后勤处副处长、紫金港校区建设指挥部办公室主任、实验室与设备处处长、机关党委书记兼党委组织部副部长

道是否做过张老师的口述历史工作，这对做好校史、院史的工作太重要了。

途中，当张老师得知我2017年5月1日就要退休了，就问我退休后要干点什么事？我回答说，我还没有考虑过。他马上就接着说，那你来负责光电学院的陈君实基金会工作，好吗？当时我就毫无犹豫地回答说，好的。我想，老师布置给学生的作业，当然要接受并完成，更何况是我崇敬的张老师布置给我的任务。另外，这10年来，我也参加了张老师发起的浚生贫困学生助学基金理事会的活动，让我看到了3000多名贫困学生在浚生基金会的扶助下健康成长，这是一件多么有意义的事情，而且陈君实先生的爱国故事我也早已有所耳闻。于是，在车上张老师就进一步讲述了香港爱国实业家陈君实先生的诸多令我十分感动和敬佩的事情。张老师与陈先生的认识缘于1994年6月的内地华南地区水灾的赈灾捐款。有一天，陈君实先生来到新华社香港分社把100万港元的支票交给了时任副社长的张浚生老师。自此，他们结下了深厚的友情。

陈君实先生是一位饱经风霜的香港爱国实业家，一生克勤克俭，生活简单清贫。70年前由福建厦门打拼至香港，从打工仔做起，起早摸黑，没日没夜，尝尽艰苦，逐步在香港建立起了属于他自己的货仓业务。正是那段苦难不堪的岁月，历练了他的意志，也培养起他知遇感恩之心。陈老先生毫无个人功利地投身于慈善事业，自上世纪90年代起，就分别捐款赈济了内地华东水灾、华南水灾、云南丽江地震、贵州水灾、新疆地震、河北地震等重大灾害事件。2008年5月14日，汶川巨震浩劫后第3天，一封寄自香港、署名“七七老人敬上”的亲笔信函，送交国务院总理温家宝，决定捐出港币3000万元作救灾之用。这笔善款成为了四川灾区同胞在震后最短时间内收到的来自香港的最大笔捐款之一。

多年来，他还积极捐款和赞助各项有关抗日战争题材的爱国主义宣传教育项目，唤醒国人不忘国耻、以史为鉴。当中包括捐出400余万元资助南京大屠杀纪念馆的建设等，为此他获得了“侵华日军南京大屠杀遇难同胞纪念馆特别贡献奖”。他还主动给中国青少年爱国主义教育基金、中国“幸福工程——救助贫困母亲行动”基金等捐款。这么多次巨额捐资，对于并非家财万贯的陈君实先生来说，不是小数目。对此，陈老先生说，投身慈善事业是国民义务，也是影响与培养下一代爱国意识及优良品德的途径。陈君实先生这种低调的作风和无私的奉献，使得他荣获了“平民慈善家”的雅号。

1997年张浚生老师完成香港回归重大使命之后，受中央之重托，于1998年回到了母校浙江大学主持四校合并工作并担任新浙大的第一任党委书记，这期间，张老师与陈老先生一直保持着联系。2010年初，当陈老先生得知张老师在退休之后成立了“浚生贫困学生助学基金”，立即积极响应，在2010年到2015年间他分四次捐资港币600万元支持浚生基金。他还多次来浙大与学生进行交流，鼓励学生们要有家国情怀，立志弥坚。2017年恰逢浙江大学成立120周年、光电学院成立65周年，陈老先生再次捐巨款1000万元港币支持浚生基金，但是张浚生老师出于对陈老先生的尊重，也出于对光电学院的深情与挚爱，建议陈君实先生单独设立“浙江大学陈君实教育基金”，专门用于支持光电学院的人才培养工作，得到了陈老先生的同意，并为能够支持光电学院的人才教育事业感到自豪。在光电学院成立65周年的院庆大会上，时任浙江大学党委副书记周谷平代表学校接受了陈君实先生的捐赠。

我在浙江大学学习工作整整40年了。张浚生老师作为我的师长、领导，其教育、培养让我终身受益，其教诲令人终身难忘。他生前对我的嘱托，我当牢记心中。敬爱的张老师，您放心地一路走好！我会在光电学院党政领导支持下，向您学习，努力做好光电学院的校友工作，努力做好陈君实教育基金的工作，不辜负您对我的期望！

（2018年3月2日）

永远的怀念

——忆张书记关心和支持浙大医学PET中心发展

张　宏*

作为张书记主持引进的我，到今年进入浙江大学工作已是第14个年头了。在这短短的14年里，我从一个核医学领域的专家学者逐步成长为国家杰出青年科学基金获得者、国家重大科技计划首席科学家、建立发展起核医学分子影像临床应用和研究平台，成为该领域学科带头人，离不开张书记这个无微不至的引路人和栽培者。无论是张书记亲自指导将我从日本引进到浙江大学赋予学科建设重要工作的初期阶段，还是在学科创新发展的关键期；也无论是张书记全面主持学校工作，还是退居工作二线，他对我们工作和生活的亲人般关心关怀和帮助指导始终如一并越来越仔细和周到。他发自内心地与我们共同思考，耐心指导，鼓励和分享每一次取得的进步和喜悦，我们深深感受到他博大的胸怀、智者的思维、开拓的视野，凝聚人心的人格力量。张书记品格高洁，待人质朴，真诚善良，热心扶持青年教师成长，深受归国教师和学者的尊敬和爱戴，他的领导风格、智者风采、师者风范被广为称颂。

2004年，浙江大学计划建设高水平的医学PET中心，向国外招贤纳才，经张书记亲自点将，我结束了在日本、英国10年之久的学习和工作，从日本国立放射医学综合研究所被引进到浙江大学。我是第一个在日本获得PET

张　宏　男，湖北武汉人，1969年1月出生。现任浙江大学医学PET中心主任，浙江大学核医学与分子影像研究所所长，山西医科大学党委常委、副校长(教育部选派挂职)等

(正电子发射断层影像)核医学分子影像诊断专业博士学位的中国人,受到了中国驻日本大使馆领导的重视,他们向浙江大学专门推荐了我。因此就有了与张书记在日本的第一次令人难忘的会面。正在日本访问的张书记专门抽出时间听取了我对今后工作的打算和想法,详细了解核医学专业及其国际发展状况,指出加快发展新兴医学学科是国家发展和人民幸福的需要,是我们中国专家学者的责任和使命,他热情地鼓励我回国把浙江大学核医学分子影像学科建立发展起来,在参与浙大建设和祖国发展过程中实现自己人生的最大价值,张书记的宽阔视野、博大胸襟及其人格魅力,让我倍感振奋。正值中午,我在一个小饭店请张书记和秘书孙旭东同志一起吃了热腾腾的乌冬面,交谈继续,语重心长,暖在心里。岁月如梭,想起来恍如昨日。

医学影像专业是医学临床专业的重要领域之一,聚焦核医学分子影像诊治,能够从分子水平层面对肿瘤、神经精神疾病和心血管疾病等人类重大疾病实现早期诊断和精准诊治,是我国"十三五"期间重点建设的100个重大领域之一。由于属于相对较新的交叉学科领域,人们一般都不太了解,而张书记以其渊博的知识面和敏锐的洞察力及前瞻力,独具慧眼地认识到核医学分子影像专业的重要性及其远大发展前景,亲自领导构建浙江大学核医学分子影像平台,促成了与光电器件领域位居世界第一的日本滨松光电子株式会社的战略合作,得到无偿捐赠价值10亿日元的最新PET临床检查设备、医用回旋加速器和四套PET造影剂合成系统等高端设备,结合国际化招贤纳才工作卓有成效的开展,一举将浙江大学核医学分子影像专业临床、研究、教学环境提升到国内领先水平。2004年11月11日,张书记亲自为浙江大学医学PET中心成立揭牌,由此迈出了浙江大学推动和引领我国核医学分子影像专业发展的关键第一步。张书记是浙江大学医学PET中心名副其实的创始人和奠基人,也是我国核医学分子影像专业国际化、高端化发展的倡导者和引路人。

浙江大学医学PET中心从成立伊始,就瞄准国际化、高端化发展目标,从无到有、由低到高，一步一个脚印地克难前行。从学科规划、团队建设、环境打造、管理运作到理念更新、资源整合、模式创新、产学合作，不可避免地会遇到各种各样有待解决的困难和问题。如何加快创新步伐，缩小与同行的现实差距，进而实现超越发展、引领发展，这是张书记对我们提出的明确要求，为此，他常常详细听取工作汇报，深入了解进度进展，一起分析问题和困难，及时给予指导意见，充分信赖、放手依托和支持团队开展工作。张书记特别强调PET中心学科建设和人才梯队建设，他经常谈起他在光电系创建专业、主持工作时的难忘经历和体会，娓娓道来的经验和感悟，给了我们极大的启迪和指引。他还多次谈到通过借助海外智力实现学科加快发展的重要性，并以哈佛大学数学家丘成桐教授和香港著名文学家金庸先生等学术大家为例，让我们深切感受到张书记虚怀若谷的宽阔胸怀和真诚感召的人格魅力。

可以告慰张书记的是，浙江大学医学PET中心按照浙江大学瞄准"世界一流"建设目标要求，经过14年发展，在医疗工作、教学研究、团队建设等方面取得了突破性发展。中心相继引进了国家"青年千人计划"专家3名，自主培养了教育部"长江学者"特聘教授1名(全国本领域唯一)、国家杰出青年科学基金获得者2名(全国共3人)、国家"万人计划"专家1名(全国本领域唯一)、国家重点研发计划首席科学家1名(全国本领域唯一)、国家科技部"重点领域创新团队"负责人1名(全国本领域唯一)，在高水平人才梯队综合实力建设方面已经领先全国。

为引进在美国MD安德森癌症中心工作的田梅教授，张书记给予了高度关注和具体支持，田梅教授每次回国探亲，张书记都要亲自做动员工作。在校党委的安排下，时任校党委常务副书记邹晓东在美国硅谷访问期间与田梅教授签署了到浙大工作协议。田梅教授回国后，邹晓东书记从工作生活环境等各方面创造条件让田梅教授充分发挥作用。田梅教授从作为首批国家"青年千人计划"专家进入浙大，到入选教育部"长江学者"特聘教授和国家杰出青年科学基金获得者的成长过程，都生动说明了张书记及浙江大学领导们强烈的人才意识、领先的人才理念、真诚的人才关怀。

随着浙江大学医学PET中心的快速发展，为优秀人才集聚创造先机，来自北京大学医学院、华中科技大学协和医院、中南大学湘雅医院、天津医科大学等大学的优秀毕业生纷纷加盟，构建起引育结合、综合实力显著的高端人才队伍。以这样的优秀团队为支撑，浙江大学医学PET中心主持承担了国家重点研发计划项目、国家自然科学基金委员会基础科学中心项目、国家杰出青年科学基金项目、国家支撑计划等总计1亿元以上国家重大科技任务，学科带头人相继获得中国五四青年奖章、中国青年科技奖、中国青年女科学家奖、树兰医学青年奖、首届转化医学创新奖等国家级科技和人才奖项。张书记每当得知这些重要成果和工作进展，他都特别高兴，就像自己家里有喜事一样与我们共同分享快乐。有好几次，张书记拿着从报纸上剪下来的有关我们工作成果的报道，特意告知我们“看到你们的新闻了，祝贺”，欣慰之情溢于言表，给了我们以巨大的鼓励和鞭策。与其说是张书记作为领导和老师在为自己下属的工作进展而高兴，倒不如说更像是家人看到孩子成长一样而快乐，亲切而温馨。

打造品牌学术平台，扩大国际学术影响，是张书记特别关心的工作之一，他高度肯定和支持浙江大学医学PET中心开展的对标国际前沿的国际学术交流活动。2005年起，为加快提升学科建设水平，我们实施“走出去，请进来”学科发展战略，连续举办了13届“杭州国际分子影像研讨会(HI-MIC)”，每年邀请12名左右国际著名专家学者进行学术发展动向和未来趋势及最新成果交流，构建起浙江省、中国与国际核医学高端资源联通的桥梁和交流的平台，累计为中国培训相关医师和研究人员2000余名，日益成为国际核医学分子影像领域较有影响力的专业学术论坛。张书记高度重视论坛的举办和实际效果，几乎参加了每一届论坛活动，发表致辞，提出希望，指明方向。2016年，张书记和吴朝晖校长百忙之中出席了HIMIC论坛首日整整半天的活动，多次亲临HIMIC会议，一些国外专家由此与张书记逐渐熟悉起来，都纷纷感慨浙江大学对核医学分子影像的高度重视，激发了他们与浙江大学核医学分子影像领域合作和交流的愿望。2010年,美国斯坦福大学分子影像中心主任、美国医学科学院院士Gambhir教授在HIMIC会议上欣然宣布,全额资助来自浙江大学医学PET中心的博士和博士后及年轻老师去斯坦福大学联合培养,开展研究工作。

浙江大学原校长杨卫院士对于学科发展曾经说过,必须从熟悉到认可,从认可到追随,从追随到引领。经过14年不懈的努力,如今的浙江大学医学PET中心已经走在全国的前列,主持或参与了我国核医学分子影像领域发展战略规划和纲要的制定工作,中心负责人担任了联合国国际原子能机构干细胞标记临床规范制定专家组组长,用引领发展为浙江大学"双一流"建设做出自己的努力,提供切实的支撑。我想,这些努力和成果,张书记在天之灵一定会看到,并为我们新的进步而欣慰。

作为张书记关注和主持引进的我,一直承蒙张书记的厚爱和父辈般的关怀,也得益于他的指导和帮助,我成长为国家杰出青年科学基金获得者、国家"万人计划"专家、国家重点研发计划首席科学家,我没有辜负他的期望。2004年我到浙江大学工作时为35岁的年轻教授,只争朝夕的14年转眼就过去了。我清楚地记得张书记说过,你不仅属于浙大,也属于国家,做出的成绩不仅代表浙大,也代表国家。我对张书记教诲的理解是:责任重大、使命光荣、任务艰巨,唯有继续奋力向前,创新再创新,突破再突破。

我和我的家人都不是浙江人,没有什么亲戚朋友,有时到张书记家里拜访谈谈工作和生活,他总是问寒问暖,关怀备至,亲如一家人的感觉。

张书记,您的离去太突然、太匆忙,我们万分不舍。您在天堂放心吧,我们一定不忘初心,继续加倍努力。

张书记,您的音容笑貌和精神风范永远留在我们心中。我们永远怀念您!

回忆与张浚生老师交往的几件事

林福呈*

2018年2月19日下午5点，我惊悉张浚生老书记突然逝世的消息，深感悲痛。20日傍晚立即从老家玉环赶回杭州，与朱利中、程艳旗等老师一起到先生家慰问了杨老师，万分不舍张老师离我们远去！

3月4日上午，当我最后送别张老师时，眼泪顿时夺眶而出，与张老师近两年相处交往中的点点滴滴浮现在眼前。

2016年夏以来，我任职的浙大试验站一直在为学校试验农场和生态牧场建设选址奔忙着，后经学校农业与生物技术学院赵建明书记介绍，我了解到浙江大学校友、杭州绿食源有限公司董事长刘建在余杭径山镇麻车头村有一块“7山2水1分田”约500余亩的地块。学校农生环学部以及相关学院领导专家多次前往实地考察，大家都认为这块地有山有水，环境幽静，距学校又近，十分适合作为浙江大学涉农学科开展教学和科研或农业试验基地。由于杭州周边土地稀有珍贵，刘建校友就有点“舍不得”转让给浙江大学。经多次与刘建校友商谈合作未果后，我们意外了解到刘建是老张书记的学生，交往密切，而他对老张书记非常敬重。于是我们就想到求助张老师，请老张书记亲自出面做做工作。

张老师听说这是关系学校涉农学科发展的事，欣然表示同意做刘建校

林福呈　男，1966年2月出生，浙江玉环人，博士，求是特聘教授。现任浙大农业科技园管委会主任，农业试验站站长

友的工作。经沟通和商谈了几次，最后张老师提出了一个合理的、双赢的合作方案，即学校涉农学科可为刘总的公司优先推荐开发各种绿色食品的系列技术和产品，帮助建立生态农业的优良品牌；刘建校友则转让大部分的农业试验用地用于学校涉农学科的科学研究、技术开发以及学生实验。张老师亲切地对刘建说，“现在你的学弟学妹急需要有地方做实验做研究，这是学校涉农学科发展的一件大事，希望你大力支持”，张老师的一番话打动了刘建校友，他一口答应，“只要您张书记要我做的，我一定做好。”当即决定与我们合作而放弃其他的合作者，完全愿意转让这块土地给浙江大学使用。此后，我们也与刘建的公司逐步建立了信任和友谊。张书记也很高兴，多次前往该地块考察交流，并亲自提笔为我们书写“浙江大学农业生态苑”的题词，勉励我们好好合作，好好工作。这充分体现张书记对学校涉农学科的深情厚意和对农业试验站工作关心关爱。

自从这件事之后，我对老张书记的敬重与日俱增。2017年7月的一天，他带领我们学校和有关高校、企业的10多位专家教授和企业家，到安徽凤阳县小岗村去学习帮扶经验。我和刘建董事长以及学校程艳旗也有幸一起陪同张老师前往。张老师非常健谈，风趣幽默，一路上给我们讲述了很多他在香港13年工作期间发生的故事，使我们了解到许多精彩纷呈、起伏跌宕的他的人生经历，更增添了我们对张老师的了解和崇敬。张老师博览群书，修养极高，讲起中国的传统文化和诸子百家，如数家珍，而且他的记忆力也十分惊人，令人赞叹不已。

在小岗村，我们受到了当地党委和政府的热情接待，参观了《大包干纪念馆》、《沈浩事迹陈列室》和“生态农业科研所”、“千亩标准化种植基地”等，切身感受了小岗精神及小岗村近年来的发展变化。在《大包干纪念馆》参观中，张老师很仔细地听取了介绍，看到“大包干”的珍贵史料时，张老师时常能在讲解员解说之后，补充一些他所了解的当年“大包干”，从酝酿到发生到发展过程中的诸多背景和细节，令我们很是吃惊，也长了不少知识。在《沈浩事迹陈列室》参观时，张老师对这位小岗村党支部第一书记为小岗村的发展所做奉献表示了崇高的敬意。他对我们说，改革开放造就了小岗精神。小岗精神与开天辟地、敢为人先的红船精神一脉相承。

在凤阳县政府召开的有关部门研讨会上，张老师在讲活中深有感触地说："小岗村是中国农村改革的圣地，中央重视这里是有道理的"，"农村致富需要有好的带头人"，他希望浙江大学的农业科技成果可以通过小岗村作为试验地，推广惠及广大农户。他表示只要身体允许，"我愿当这个红娘！"张老师的一席话对我们从事农业科技工作的同志是一个很大的激励。

今年1月初，在一次叙谈时，当我们得知张老师因获悉其大嫂过世后，年前要亲自去福州长汀老家走一趟，吊念嫂嫂，同时也去为父母的坟扫墓的信息后，我们因顾虑张老师一路上车舟劳顿，极力予以劝阻。我对张老师说，前些日子您刚住过院，身体还没彻底恢复，还是缓些时间，等过完年再去吧。张老师一听，坚决地说："不行的，我家嫂子对我有大恩，她刚过世，我一定要去还这个情的，更况且我已经有几十年没回家了，顺便也要去父母的墓地祭扫一下，另外家里的亲友都年事已高，还有诸多事要处理。我自己年纪也大了，回老家机会就越来越少了，去一次就少一次。"我们看张老师去意已定，也就不再劝说，就问道："那么，您准备如何去呢？"张老师答："我与女儿商量好了，准备请张虹开车过去。"我一听连忙说，"不行的，从杭州到福州，再到您老家有几百公里路程，路途遥远，那么长距离开车会非常累，而且您年事已高，一路上会很累的，身体吃不消。我建议乘高铁，到站后请人接一下，会省很多事情"，"其实我们已经订好了高铁车票，后来考虑到这样还是不方便，到站后还要转车，还要麻烦别人来接，又要打搅别人，不好。所以我们决定还是自己开车去。"这时刘建校友连忙说，"张老师，我派车或者我自己开车送你们去，我要一辆商务车，又阔敞，也舒服，保证安全把您们送到。"张老师一听，连忙摇头说，"不行，不行，你们自己都有事，都很忙。我这是家里的事，个人的事，不必麻烦你们了。"张老师一口拒绝。看着张老师不容置疑的口吻，我和刘健只能面面相觑。我们与张老师交往那么多次，深知他的脾气，他一辈子只想着帮助别人，关爱别人，而心中唯独没有他自己，也从不希望“麻烦”人,从来不愿意别人为他个人的事付出什么!

也许,是张老师这次回老家太劳累了……也许,是他这次回老家了结了他心慈念慈的一个宿愿……我们都不得而知。但惊悉张老书记突然逝世的噩耗后,我和刘建也陷入了深深的自责:如果……也许……可世界上没有后悔药。

敬爱的老张书记,您带着对国家、对学校、对亲人的深深眷恋,离开了我们这些与您朝夕相处的学生,而您留下的却是我们能够毕生受用的巨大精神财富!我们一定继承您的遗志,以您为榜样,做一个高尚的人,一个纯粹的人,一个有益于人民的人。

(2018年11月10日于浙江大学紫金港)

凝心聚力　浚泽后生

——回忆浙江大学浚生贫困学生助学基金的建立和发展

孙旭东

2018年2月19日，张浚生老师溘然长逝，海内外生前好友、社会各界和学校师生、校友都沉浸在思念和悲痛之中。他的一生，经历并参与了两件举世瞩目的大事：香港回归和四校合并，为党和国家、为我国高等教育事业作出了重要贡献。从工作岗位上退下来以后，仍然牵挂着他一直关心、呵护的同学们。2005年5月22日下午，一个以他的名字命名、面向浙大贫困学生的助学基金在浙大正式成立，并接受了第一批460万元来自社会各界和校友的捐款。成立当年，基金就拿出38.2万元人民币，资助102位浙大贫困大学生和研究生。

转眼间，10多年过去了，在众位爱心人士的无私襄助下，基金规模已达3600多万元，共有贫困学生近3000人次受到资助。如今，这些得到资助完成学业的学生，有的已成为浙大的副教授，有的已成功创业资助他人。作为基金会的秘书长，10多年来，我亲历其中，参与历年理事会的筹备、捐赠活动的举办、受助学生的遴选和助学金的发放，每每为贫寒学子的家庭状况而难过、为他们有机会得到帮助顺利完成学业而欣慰，更常常为各位理事和社会各界朋友对浚生助学基金的支持、对浙大教育事业的关心而深深地感动。

浚生助学基金的成立和发展，首先来源于张浚生老师对母校浙大深切的热爱。张老师1954年考入浙江大学机械系光学仪器专业，其间除在杭州市委和新华社香港分社工作15年外，一直在浙大学习、工作，并长期担任领导职务，为浙大光学工程学科的建设，为学校的发展，特别是四校的顺利合并作出了历史性的贡献。无论是在学校，还是在杭州和香港；也无论是在教学或领导岗位上，还是荣休在家，他都一往情深地热爱浙大的教师、学生，热爱教育事业，有着一生都解不开的浙大情结，为母校奉献一切始终是他的厚望和实践。浚生助学基金的建立，正是他不再担任领导职务后，继续为学校贡献余力的一种方式。为了基金的发展，从不愿意求人的他多次拜访或写信给一些新老朋友，请他们给予基金以支持。但凡理事的活动，他再忙也要抽空参加。只要有利于浙大的事业、有利于基金会的发展，他总是不遗余力，无怨无悔。

浚生基金的成立和发展，也源于张浚生老师对求是学子浓浓的情感。他从浙大的一名普通学生，留校当老师，后来又担任领导职务，对同学始终有着发自内心的关怀、爱护之情，也寄予了殷切的期望。在与同学谈心讲话时，他多次提出，希望广大求是学子能够拥有崇高的理想，良好的品德，宽厚的基础，卓越的能力，踏实的作风，健康的体魄。他认为这些是当代大学生应该具备的素质，应以此为目标培养学生。在工作中，他始终坚持大学要以学生为中心，一切工作都要围绕学生的培养。记得我在给张老师当秘书时，他常常叮嘱我，只要学生有事找他，千万不要阻拦；只要是学生邀请的活动，尽可能安排参加。每逢节日，他经常深入到学生宿舍、食堂，与学生一起包饺子、联欢。同学们思想上遇到困惑、学习上碰到问题、生活上遇到困难，也愿意找他反映，和他聊聊。10年前，当时的浙大学生月生活保障低于250元的人数达5000余名，占全部学生的20%，虽然学校在国家政策的支撑下建立了完整的奖、贷、助、勤、免、补制度，但依然有众多来自贫困地区家庭的学生难以顺利完成学业。张老师知道这些情况后，内心非常难过。成立一个基金会，凝心聚力，帮助这些贫困的孩子，也是他一直以来的夙愿。

浚生助学基金的成立和发展，更来源于众多热心人士对张老师的尊敬和对教育事业的支持。基金刚成立，就得到了来自中天建设集团有限公司、浙大网新信息控股有限公司、中程科技有限公司、恒励集团、杭州华隆电子技术有限公司等单位和个人的大力相助。10多年来，参与基金捐赠的理事已达70多人，这中间，有的是张老师的老朋友、老同事，更多的是浙大的校友。有的是社会知名的慈善家，像楼永良、陈君实等，也有的是靠微薄退休金生活的浙大老教师，如卓岩松老人等。之所以出资支持浚生贫困学生助学基金，正如他们所表示的那样，一是表达对张浚生老师衷心的敬意；二是回报母校的培育之恩；三是帮助有困难的学生顺利完成学业。捐赠或多或少，奉献的都是一份份沉甸甸的爱心，传递的都是人与人之间的真情。他们浚泽后生的义举，将影响和激励更多的学子将来学业有成后报效祖国和社会。

浚生助学基金10多年了。10多年的发展，是感情的延续，是爱心的延续，也是责任的延续。我们期盼会有更多的社会有识之士加入这项有意义的工作，使更多的学生得到帮助，成长为国家的栋梁之材。作为基金会的一名工作人员，我有幸参与其中，服务其中，也从中一次次受到感动和教育。我体会到，也正如一首歌中所唱的：这是心的呼唤，这是爱的奉献。只要人人都献出一点爱，世界将变成美好的人间。

如今，虽然张老师已经离我们而去，他的献身教育、关爱学生的精神将和基金一起，永远延续下去。

悼张公

周国辉*

2月19日，是正月初四，大家还沉浸在春节的喜庆之中。

下午4时许，我在微信群惊悉张浚生老书记突发心源性疾病猝死的噩耗，心情徒然沉痛起来。

节前的省委省政府团拜会上，刚刚与他握手相祝，现已阴阳两相隔。

我与张浚生老书记虽然交往不多，但作为晚辈和浙大学子，特别仰慕他的生平经历、事迹和为人。在我的心目中，他不仅是长者，更是智者和贤者，故以张公相称。

张公，福建长汀县人，八十又三。早年在浙江大学光学系求学，因其优异的学业表现留校任教。果然在学术上颇有建树，曾获国家科技进步二等奖，堪称出类拔萃。1983年从政，任杭州市委副书记、秘书长和市委政法委书记。"中英联合声明"草签后，为保证香港政权平稳过渡，张公于1985年被中央派往香港工作，驰骋沙场长达13年，先后任新华社香港分社宣传部副部长、部长、副社长，兼任分社新闻发言人，主管新闻、出版、科技文化、教育、体育、外事等工作，处在团结各界爱国爱港人士、同港英政府进行斗争交量的爱国统一战线的第一线，以其对党和国家的忠诚和责任感，加上渊博的学识、机智与豁达，在香港各界中享有盛誉和极好的口碑，为香港回归祖国作

周国辉 男，1960年3月生，浙江宁波人。大学学历，工商管理硕士。现任浙江省政协副主席。曾任省人大常委会办公厅副主任，省人大常委会研究室主任，台州市委副书记，舟山市委副书记、市长，省科学技术厅厅长、党组书记等职

出了重要贡献。1998年3月，任四校合并领导小组副组长、新浙大筹建小组组长、四校合并后的首任浙大党委书记，为四校合并、平稳过渡和建设世界一流大学作出了重大的贡献，晚年又担任省政府经济咨询委员会主任和省政府顾问，为浙江经济发展出谋划策。张公一生经历了"文革"动乱、改革开放和香港回归，以其极富传奇的生平故事和业绩，称他是著名政治家、教育家、社会活动家和伟大的爱国者，我以为是当之无愧的。

尤为让人感动的是，张公作为德高望重的前辈长者，十分热心浙大校友和年轻人的事业。每有重要活动相邀，他总是不辞辛苦，亲临现场，同年轻人交流畅谈，被年轻学子视为良师挚友。我曾有幸在2016年元旦一年一度的浙大校友新年论坛上与张公同台演讲。当时他已年届八旬，在台上作了近半个多小时的脱稿演讲，谈古论今，纵论天下，其爱国爱校的赤子情怀、博大精深的历史视野和缜密严谨的学者风范，至今历历在目。

张公为人正直，敢于讲真话，在校内外也是被人广为传颂的。前几年浙大出了闻名全国的褚健案件，我就听说，张公一直秉持实事求是精神，通过各种渠道向有关部门陈述历史情形和意见建议，这是十分难能可贵的。褚健获悉老书记突然病逝，第一时间赶到医院吊唁，晚上怕老书记的老伴杨老师冷，又带了一块毯子过去。褚健说，老书记对我恩重如山，老书记走得太突然，我只能做些小事聊以慰藉家人和自己的悲伤。褚健的心情，我十分理解。

接省里正式消息后，遂联系了解张公的治丧安排，20日下午，前往张公府上吊唁，为敬爱的老书记、老学长点上三炷清香，寄托哀思。

3月4日上午，张浚生同志遗体告别仪式在杭州举行，正在出席全国两会的全国政协副主席、香港特别行政区前行政长官梁振英专程来杭。我陪同梁先生参加告别活动，从中再次感受到张公在香港政治社会界的崇高地位。

2月19日正是中国改革开放总设计师邓小平同志逝世21周年，现在也成了张公的祭日，令人遐思万千。

我深信，凭他对国家和社会的贡献尤其精神之伟大，张公定会永垂不朽的！

师表和风范

蒋志华*

我与张浚生书记的近距离接触和交往，是他从香港回来担任浙江大学党委书记开始。四校合并前，我曾在浙大、浙农大担任兼职教授、兼职硕士生导师、经贸学院名誉院长、研究生院金融分院董事等职，1999年1月浙大聘我为兼职博士生导师。2003年，我被省政府聘为浙江省人民政府经济建设咨询委员会(后改为浙江省人民政府咨询委员会)委员，他担任主任，可以这样说，在比较长的时间里，他是我的直接领导。他曾经在公众场合说过，蒋志华同志是“浙大的人”，并与我保持经常的联系，直至逝世。作为“浙大的人”，我感到十分荣幸，并在他身上感受到了做人做事做学问的师表，感受到了他信念坚定、作风务实、博学睿智、平易近人的风范，这些都深深地刻印在我的脑海里，难以忘怀，尤其是以下几件事，记忆犹新。

情系浙大，为新浙大的校区建设出谋划策，费尽心力

他从香港新华分社回来就接过了筹建新浙大的重任。那时占地5000多亩的紫金港区块是杂草丛生的沼泽地和一些农田，兼有零零星星的农居，就在这里，要建设一所世界一流大学的校园。当时，他站在野草丛中，一方面精心构思紫金港校区的总体规划，一方面努力寻找解决建设资金和为校区服务的合作单位。2000年11月，张浚生书记带着浙大有关同志，专程到

---

* 蒋志华　男，浙江宁波市人，1943年9月出生。曾任中国农业银行浙江省分行行长、党委书记，省政府咨询委员会委员、省政协农业和农村工作委员会常务副主任等职

中国农业银行浙江省分行考察，当时我在省农行当行长。他详细地向我们几位行领导介绍了紫金港校区的建设规划和浙大的发展远景，仔细地听取了浙江农行的改革发展情况，实地考察了省农行计算机中心，到我办公室现场观看我的管理系统操作演示，对浙江农行的资金实力和经营管理水平给予充分的肯定，还泼墨题词，希望银校加强合作。以后，他把考察的情况告知了分管基建工作的卜凡孝副校长。潘云鹤校长、卜凡孝副校长也先后对省农行进行考察了解，集体决定与省农行合作，省农行承诺综合授信50亿元，支持浙江大学早日建成具有世界先进水平的一流大学。

2000年12月28日，中国农业银行总行尚福林行长与浙江大学潘云鹤校长，在北京人民大会堂签署了农业银行与浙江大学全面合作协议，明确省农行50亿元授信重点用于浙大新校区和占地1700亩的浙大国家科技园建设，扶持学校改善科研设备、发展远程教学网络等。全国人大、省政协、全国新闻工作者协会和农行有关领导，浙江大学郑造桓、陈子辰两位副书记，黄书孟副校长等出席了签字仪式。新华社、人民日报、中央电视台(一套、二套、七套)、浙江日报、浙江电视台和浙江的20多家主要新闻媒体都派记者现场采访。我和省分行费国忠副行长、姜瑞斌行长助理见证了这一难忘的历史时刻，首笔22亿元贷款于12月29日正式启动。此举经中央各大媒体播出和发布消息，在全国引起了强烈反响。此后，卜凡孝副校长根据合作协议精神和张浚生书记的指示，与省农行进行了对接落实，经常商量指导，卜副校长还在紫金港新校区为农行“浙大支行”专门安排了营业用房，付出了大量心血。张书记也常常亲自过问合作情况和工程进度，强调要高质量、高标准、创一流，使工程进展十分顺利。经历任书记、校长的不息努力，一座崭新的现代化校区在紫金港拔起。喝水不忘掘井人。看到今天美丽清静的现代化浙大新校区，我们感到自豪，更忘不了艰辛的掘井人。

胸怀学问，对国学的研究孜孜不倦，功底深厚

张浚生书记毫挥长空，胸装万卷，博学睿智。他曾担任过浙江省儒学学会会长、国际儒学联合会顾问，精通古体诗词并言传身教，是中华民族优秀传统文化的传承者和国学导师。我十分有幸在他生前为我的词集《流岁词草》题写书名并作序，题为“含英咀华 积健为雄”。这篇《序言》原有5000多字，后来他感到有些长，交付浙江大学出版社出版之前，割爱删去了一半。这5000多字稿子，没有一个人给他代过笔，或提供参考，包括我和他的秘书。为了写好《序言》，他把我的200多首词一首一首地仔细审读了一遍，连一个标点符号、一个注解也不放过。在他写的《序言》里，描述了我的主要人生经历，甚至连我幼年失怙都记得清清楚楚，原来他都是从我平时与他交谈和四本诗词集中得到的。他在繁忙的工作中居然把我四本诗词集都看了，当我看到《序言》稿子时，忍不住热泪盈眶，感动得一夜难以入睡。后来我对出版社的编辑说，张书记写的《序言》，包括标点符号请不要修改，如确要改动，请转告我，须经张书记同意。最终出版时，《序言》一个字都没有改，一个标点符号都没有动。他的博学多才、深厚的文字功底和严谨的治学精神，让广大读者十分称颂，《序言》成了填词赋诗的好教材，广为流传。现摘录《序言》中几段文字，让我们从字里行间了解他的博学与多才，看看他留给社会的宝贵财富，以示纪念。

“摆在我面前的是蒋志华同志的《流岁词草》打印稿。词集共收词牌八十三调，计词二百零三首。他先后曾出版过三本诗集：《清风吟草》、《步月随草》、《九峰闲草》，我都拜读过。这本《流岁词草》是他的收官之作。所不同的是前三本是诗词集，这一本是词集。

周汝昌先生曾说：“我国诗词是中华民族的汉字文学的高级形式。”在我国文学史上，最古老的诗歌集是《诗经》。历代文人雅士写下了大量诗篇，最繁荣的时期是在唐朝。我国文学史上有唐诗、宋词、元曲、明清小说的称谓。词兴于隋唐，最盛时期则在两宋。词是长短句的诗体，与四言、五言、六言、七言的古诗不同。由于词多配以音乐，要便于歌唱，因此除了欣赏它所表达的思想感情的意境美之外，还要欣赏其表达意境中遣词用字的格调美。

清代刘熙载说：“诗品出于人品”，为诗为文都要以作者的思想品行作为根本，也就是说从诗词中可以看到作者的思想境界和精神品格的不同。在宋代，许多词人都有艺术水平很高的佳作，但是苏轼、陆游、辛弃疾、陈亮等辞章的思想感情和精神境界在姜夔、吴文英的辞章中是看不到的。"

"相对于诗而言，词的规则更多。光从词牌而言，按《中华词律词典》所说，词牌总数达两千多种，体数更多达四千多种，如词调《河满子》就有六体之多，分成单调、双调，字数不同，或 上、下片字数各异。还有不同的韵脚等。其中《水龙吟》这一词牌，竟高达二十八体。著名词人苏轼、秦观、赵长卿、辛弃疾、吴文英所赋同一词牌各体不同。蒋志华同志所填词章，二百零三首中竟有八十三调之多，可见其对填词用力之深。

白居易说："文章合为时而著，诗歌合为事而作。"蒋志华同志的辞章歌吟的是自己的健康向上、积极进取的人生历程和实际感受，思想深邃，内容丰富，多姿多彩。他对待生活乐观、放达、坦荡，在《如梦令·上学》、《汉宫春·田间小路》、《阮郎归·病中吟》、《水调歌头·退休》、《踏莎行·七十抒怀》这些词章中可以看到作者即使在艰难困苦的岁月，甚至在病中也充满对人生的乐观和积极进取。在《江城子·农村电影队纪事》、《清平乐·雪中送款》、《如梦令·中南海试技》等辞章中又可以看到他无论从事什么工作都充满热情和热心服务的精神风貌。更以大量的辞章表达他对革命领袖及先烈们的崇敬之情。如《采桑子·清明祭——毛主席逝世三十周年》、《千秋岁·悼念周总理》、《浪淘沙·纪念秋瑾就义一百周年》、《清平乐·谒满洲里红军烈士纪念塔》等。对于我国在各项事业中取得的重大成就充满着喜悦和兴奋加以歌颂。如《菩萨蛮·嫦娥一号赋》、《满江红·神舟九号首次载人空间对接》、《南歌子·玉兔步月》、《菩萨蛮·青藏铁路》、《青玉案·三峡大坝》。对于从小含辛茹苦把他抚育成人的母亲，更是怀着深深的怀念和感恩写下了《一剪梅·思母》、《忆江南·慈母心》。对于我国近年来发生的一些重大灾害事件倾注了深深的关切之情。

蒋志华同志的辞章写景有声有色，纯真自然；书情婉约豪放，真挚感人，真所谓情景交融，佳句甚多。如"悠步上楼闲眺，霞似血，长城瀚"(《霜天晓角·游山海关》)。“磐陀坚，普济灿，莲花鲜。海天佛国，无限遐想在人间”、“但愿和谐久，岁月永相欢”(《水调歌头·普陀山》)。“峭岩云谷动，万旗奔”(《小重山·仙华山》)。“玉轻若絮，指推弦诵，美女从容”(《眼儿媚·赋太空授课》)。“尽落凉溪共水倚，夏日如秋”“桃露水中收，欲摘还留”(《浪淘沙·游泸溪河》)。这两句与唐代于良史的“掬水月在手，弄花香满衣”(《春山夜月》)，可以说是同一意境，堪以媲美。而且有些词上下两片强烈对比，引人无限遐思。如《菩萨蛮·山路弯弯》，过去是“山湾九曲沙为铁，寒霜更带西风烈。三更月拥楼，有人门外愁”，现在是“如今公路筑，隧道通幽谷。飞鸟笑弯溪，绿杨烟水堤”。

蒋志华同志之所以能够创作出这么多优秀作品，除了与其对生活的热爱，对事业的追求的高尚品格，以及丰富的思想感情之外，还由于他对诗词的喜爱和创作的认真精神有关。不仅平时吟诵不绝，甚至在病中仍在寻诗觅句“搜字句、细裁量。我言自己狂，平平仄仄结成行，病歌更断肠”(《阮郎归·病中吟》)，更有早年打下的深厚基础。“细细读、圈红走笔。水调歌头声韵捉，对沁园春里长长笛。漱玉句，积床席”(《金缕曲·漏夜耕读》)。反复地练字锤句，正如袁枚所说“一诗千改始心安”。他对写好一首诗词充满着享受感，满足感。正由于他的勤学苦练，坚持不懈，学问修养释诠讲情，其作品清新自然，沉雄壮健。”

这篇《序言》让我学到了许多知识，既是给我的鼓励，也是对我的鞭策。《序言》结尾时他满怀深情地写了这样一段话：“对于一个对诗词及文学事业充满热爱的作者，我想以他的精力、思想境界和学问修养而言，这绝不是他最后的一部作品，我们完全可以期待将来他还有精彩的新作问世以供我们学习和欣赏。”我把他的话永远珍藏在心，作为自己活到老、学到老、笔耕到老、奉献到老的精神动力。

根植民生，作风深入，老骥伏枥，奋斗不息

2003年，年事已过六十的张浚生书记以他卓越的才能和崇高的威望，担任了浙江省人民政府经济建设咨询委员会主任，时任中共浙江省委习近平书记和吕祖善省长把省咨询委的工作重担交给了他，我有幸在他的领导下工作了5年。在就任的会议上，他讲了令人感动的非常谦虚的话，一点没有架子。然后提出了几点要求，我记得一是要紧跟时代步伐，进一步发扬联系实际，深入调研，关注重大战略和民生问题的工作作风；二是要少而精的选准咨询研究项目，拿得出具有高质量、高水平、有价值，贴近决策的咨询研究成果；三是要努力创造条件，更好地发挥委员的作用。五年来，他这样说，也这样做，老骥伏枥，不辞辛劳，在他领导下，咨询委为省委省政府提供了大量有价值的决策咨询报告和建议，受到省委省政府充分肯定和高度赞扬。

他作风深入，平易近人，经常亲自带队深入市县和山区海岛、农村、企业调查研究，广泛听取基层意见，了解真情实况，关心民生呼声。五年中，我参加过他带队调研的丽水、金华、义乌、嘉兴、舟山等地，并把义乌作为咨询委联系的重点。还组织我们到广东、上海、江苏、山东等地调研，吸取外地的经验，为决策咨询研究提供依据。他非常注重发挥委员的作用，十分尊重委员的建议和意见，不搞条条框框，让委员畅所欲言，知无不言，言无不尽，尽量给委员创造决策咨询研究和建言献策的宽松环境，让我在花甲之年遇到了一位平易近人、和蔼可亲的好领导，留下了极其深刻的印象。

2018年2月19日15时15分，我们的好领导好导师突然与世长辞，噩耗传来悲痛万分，我急忙冒雨赶到设在浙江医院的灵堂，看到他的慈祥脸庞，千言万语化作了永别的泪水。走出灵堂，我含泪题词一首，以告敬爱的张浚生书记在天之灵：

清平乐·悼张公

如雷震阒，折断伤心雨。九里霜松离别绪，追问英灵何去？

香江一唱云鹏，玉泉兴学青峰。博学根深千丈，济人亮节高风。

挥泪哭浚公

——深切缅怀张浚生同志

杨建新*

难以相信张浚生书记辞世的消息，年前我们在促进会年会上还相谈甚欢，他的精气神那么好，实在无法接受天人两隔的现实。

张书记在我们促进会中所发挥的作用是无可替代的，可以说是我们促进会的主心骨、引领人。以他耄耋之年，对促进会的关心支持以及对会里活动的参与程度要超过我们，十分令人感动。所以每每听到他要来，感动之下我也经常推掉一些其他工作来参与促进会的活动。同时我想张书记也是一位受人尊敬与爱戴的老领导，毛主席在《为人民服务》中也讲到，我们的同志走了，开个追悼会，寄托我们的哀思，使整个人民团结起来。建议薛会长开这个追思会也是出于这样的目的。

斯人已逝，我们后来者如何继承张浚生书记的遗志，秉承他的精神，继续做好我们的工作。就我们促进会而言，如何真正地把我们优秀的传统文化发掘好，梳理好，传承好，弘扬好，这是我们的责任和使命。张书记以他八十几岁的高龄，如此重视关心并且亲力亲为参加促进会的各项活动，我们更加应该向他学习，继承他的遗志，担当起传承、弘扬中华优秀传统文化的历史使命，为中华民族的伟大复兴竭尽绵薄之力。

这些天我也一直在回忆与张浚生书记交往的日子，从初识到现在，30个

杨建新　男，浙江诸暨人，1952年5月出生，浙江省政府参事，曾任浙江省省委宣传部副部长、省政府新闻办公室主任、省台湾办公室主任、文化厅厅长等职

年头过去了。尤其是今天上午，在告别仪式上看到那种情形，确实很受感动与震撼。在那个地方，曾经送别了不少老领导老前辈，但今天这样的境况还是第一次。那么多的人前来与张浚生同志告别，我觉得某种意义上，对我们来说，这是一种激励，一种引导，一种启迪。我也一直在思考，我们应该怎样行动，才能对得起张浚生书记，才能真正为我们的国家，我们的民族，为我们国家和民族的文化事业真正做一点工作。

我和张浚生书记是在他担任杭州市委副书记时相识的，但那时接触还不多。回想那个时代，"文革"结束拨乱反正，上世纪80年代初期开始改革开放，用我们这代人的眼光来看，那正是激情燃烧的岁月，国家极需人才，张浚生书记就是从高等院校选拔的优秀人才充实到党政岗位上来的。那时候杭州市的工作也是刚揭开改革开放新篇章，张书记他们到岗后发挥了重要的作用，为杭州的改革开放立下了汗马功劳。那时我们交往并不多，只是工作上有所接触，但已经感觉到是一种崭新的风格。因为那时的领导干部基本都是从战争年代过来的，我在省委宣传部，部里六个副部长清一色山东人，都是参加过抗日战争、解放战争的老同志，他们身上有一种风格。而八三、八四年后，从知识分子及高等院校里面物色了一批"四化"干部充实到党政领导岗位上，呈现的又是另一种风貌。张浚生书记身上就有这种特点，懂专业，有文化，高学历，胸怀开阔，改革开放意识强烈，并且对国际形势、天下大事了解比较多，具备了一种开放的胸襟和前瞻的眼光，这点感受是非常深的。

1985年以后，他离开杭州到香港，分管的工作不少，但重点是新闻宣传工作。我在省委宣传部工作，期间去过香港，我向他请教过宣传工作。上世纪九十年代之后，接触就多起来了，我先后任职的三个重要岗位，正好跟张书记的工作都有交集。从1991年开始，我先后担任省新闻办主任、省台办主任、省文化厅长，长达20多年，这期间，张浚生书记对我的工作都有指导帮助，无论是新闻工作、外宣工作，还是对台工作、文化工作，他都是领导，是长者，甚至某种意义上说是老师，我从他的身上学到了很多东西。我是浙江第一任的省政府新闻办公室主任。那时候搞对外宣传,一点经验都没有,我连国门都没有跨出过。无论是组织对外活动,还是接待境外记者,都是摸索着干。我曾几次当面向张书记讨教学习,同时也非常注意他在香港的公开活动和表态讲话。每次见面,他都从国际大势、香港形势讲到中央的大政方针以及我们的对外宣传,娓娓道来,鞭辟入里,对我的工作很有帮助。尤其是对于如何面对记者,如何对外发布信息,如何利用境外媒体扩大中国的影响等,他的实践和经验给我以很大的启发。当时影响最大的是千岛湖事件,这一突发事件震动世界,也把我推上风口浪尖,面对境内外尤其是港澳台的上百家媒体,长枪短炮对着你,当时我们才打开国门不久,经验不足,面对复杂情况,压力不小。张浚生书记远在香港,但他和浙江遥相呼应,在对外宣传上为澄清事实真相,驳斥谣言污蔑做了大量工作,包括请金庸先生出来讲话,以正视听。上世纪90年代中期,我又担任了省台办主任,2003年以后担任文化厅厅长,都得到张书记的很多帮助指点。香港本身就是对台工作的前沿,张书记对台湾问题很有研究,也有深入的思考,他在香港为反对台独,稳定台海形势,发展两岸关系做了大量工作。后来他回到浙大工作,我也常去找他,因为浙大有个台湾问题研究所,我们需要得到他的帮助,每次张书记都给以重视和支持。而对于文化工作,张书记更是身体力行,率先垂范。他是领导干部,更是学者文人,他对传承中华优秀传统文化非常重视,自己在这方面的造诣也很深。他在浙大,后来任省咨询委主任,对文化厅的工作支持很多。另外他还担任了省儒学会的会长,对弘扬国学、传承优秀传统文化做了很多工作,我听过他几次讲话,很有深度。后来我知道,这些稿子竟然都是他自己写的。一个七旬老人的精神由此可见一斑。他对传统文化促进会的关心重视,大家都是有目共睹的。所以对我来说,实际上一个是在新闻宣传和对外传播方面,一个是在对台工作上,再一个是在文化建设上,我都得到了张浚生书记的帮助指导并从中获益良多。我们见面的时候,他常给我面授机宜,他的家国情怀,他的远见、开放、坦诚、担当精神以及他对政策策略的把握,给我留下难忘的印象,他是我学习的榜样。

今天上午看了张浚生书记的材料，上面写着："中国共产党优秀党员，久经考验的共产主义革命战士"。他应该是当之无愧的，这是祖国和人民对他的认可。我和张浚生书记接触以来，他给我留下最深刻的印象是三个，一个是他发自内心的爱国精神，他多次同我讲到，对外宣传的方法策略技巧是有的，但最根本的是我们背后有祖国，为国家为民族，没什么好怕的；第二个是重教育人的战略眼光，突出表现在人才培养方面，他对浙大的贡献，一生育人无数，他知道教育是最重要的，一个国家，一个民族的未来，关键在于人才；第三个就是他根植于心的人文情怀，他是一个真正意义上的文化人，充分意识到文化建设的战略意义。这些都是他留给我们的宝贵精神财富，我们一定要继承好。一方面要继承张浚生书记的遗志，尽我们所能把工作做好，告慰张书记的在天之灵。

（2018年3月4日）

深切缅怀张浚生先生

楼永良*

2月19日，农历正月初四，我正在香港过节，突然接到浙大朋友打来的电话，电话那头告诉我：浙江大学原党委书记、浙江省人民政府原特邀顾问张浚生先生去世了。接到这个电话，我愣了好一会儿。10天前的腊月二十四晚上，我去拜访他时，他还曾到门口迎接。那天见他时，他状态很好，精神矍铄，我看到他这么健朗，也很高兴，同他攀谈许久。没想到十日未见，竟然已经阴阳两隔，内心实在不愿接受。

中天集团一路走来，有过许多关键时刻，张浚生先生就是在关键时刻帮助过我们的人。他是中天集团的贵人。

早在2000年，中天高级中学举行新校舍建成庆典，由于当时中天发展比较艰难，我也仅仅是抱着试试看的心情去邀请时任浙江大学党委书记的张浚生先生，看能否出席我们的活动。张先生听说是学校落成，很高兴，说：好啊，我来！于是，庆典活动当天，张先生风尘仆仆地来了，金华市、东阳市的政府领导们也来了。我很感激张先生，他用仁义和宽厚给中天人以支持。

2004年，张先生离任浙大党委书记，转任浙江省政府顾问、浙江省经济建设咨询委员会主任等职，我便又抱着试试看的心情邀请他担任中天集团

楼永良　男，浙江东阳人，中国建筑业协会副会长，中国慈善联合会轮值主席。1987年起出任东阳市建筑安装工程有限公司（中天集团前身）副总经理、总经理、党委书记。现任中天控股集团有限公司董事长

的高级顾问，张先生欣然应允，说：好啊，需要我的时候，我肯定来。我于几天后给他送去顾问的聘书，张先生乐呵呵地接过聘书，说聘书我收下了，但不要报酬。

此后的10多年中，张先生参加了中天集团企业文化建设会议、高级经理人培训班、中天中学创立10周年、中天集团创立10周年庆典、中天集团创立15周年庆典等诸多活动和会议，为中天人站台、捧场、演讲、授课，让许多中天人得以与他亲密接触，聆听他深邃的思想和广博的学识，也看见一个身处高位的知识分子的胸襟、格局、睿智、仁厚。

不仅如此，中天集团《中天十年》《中天十五年·真心缔造美好家园》《中天二十年·我们走在大道上》三本书的三篇序言《欣逢盛世 如日中天》《中天事业 云蒸霞蔚》《与时俱进 勇立涛头》均由张先生亲自撰写，字斟句酌，一丝不苟。在写序言之前，张先生总是认认真真从头到尾看完我送去的整本书稿，还认真标记、摘录他认为非常重要的信息，同时结合他这些年对中天的观察、关注、了解，给予我们高屋建瓴的概括和评价。从序言中，总是看到他对中天大大的肯定和满满的赞赏，让我着实感激，并惭愧。

更让人感动的是，在看书稿、拟稿、改稿的整个过程中，张先生都体现出学者的严谨和周密。张先生平常喜欢练书法，撰写序言的时候也提了钢笔伏在方格稿纸上一个一个地码，最后交到我们手中打印的版本是他写好第一稿、修改一遍誊写好、再修改一遍誊写的第三稿，如《与时俱进 勇立涛头》总字数是2978字，誊写一遍就是将近10张方格稿纸，到交稿时，他已经坐在写字桌前誊了30张方格稿纸。张先生这样审慎、谦和、勤勉、细致的撰文习惯，让我们深深叹服。

张先生国学修养很深，记忆力很好，虽已至耄耋之年，背起古文来可以一口气背个10多分钟，名言古诗也是顺手拈来，得心应手。序言《欣逢盛世 如日中天》中，张先生引用孟子说的“鱼，我所欲也，熊掌，亦为我所欲也，二者不可得兼，舍鱼而取熊掌也；生，我所欲也，义，亦为我所欲也，二者不可得兼，舍生而取义者也。”在做最后的校对时，因为编辑的粗心，误把原文中的“得兼”改成“兼得”，其实是改错了。印刷成稿后，张先生拿到书籍，很是遗憾。

2016年《中天二十年·我们走在大道上》成书后，我派人把书籍送去给张先生过目，时值81岁高龄的张先生在堆了厚厚资料的书案后起身，很高兴地接过书籍，认认真真看了好久，夸赞说，这本书写得好，书不厚，内容却很厚重，不仅对中天集团有重要的意义，对我国的改革发展事业也有重要的启示。而事实上，无论在任还是退休，张先生都很繁忙，会议、出访、交流、座谈等，即使身体偶有不适，仍保有一颗赤诚之心从事他热爱的工作和学问。

明代吕坤的《呻吟语》中说，人的资质分为三等：深沉厚重，是第一等资质；磊落豪雄，是第二等资质；聪明才辩，是第三等资质。我在张先生身上看到的就是这样一种君子气度，深沉厚重，宽厚平和，豁达超然。

因为忙于企业打理，一年当中，我见到张先生的次数不多，但每次与张先生见面，他与我的对话、聊天，他的一些思路、见解，总能给我以启迪，让我有拨开云雾、豁然开朗之感。而他待我也始终诚心诚意，温文宽厚。我有什么请教，总能给予我尽可能多的帮助。

在外界眼中，张先生是香港回归大业的参与者和见证者、是浙大四校合并的领军者、是担得起“爱国者”和“教育家”称谓的风云人物，但在我眼里，他始终是一位用真诚、真情、真心，关切、支持、帮助着我，帮助着中天集团的良师益友。10多年交集，张先生未拿过中天一分报酬，始终以一名真正的共产党员、一位党和国家的高级领导干部，注视着蓬勃发展中的民企中天。他的高风亮节，他的气度、眼光，也一直鼓舞、鞭策中天，如他一直期盼的那样：溯流而上、与时俱进、勇立涛头！

直到现在，我始终不愿相信，这位我敬佩、景仰、感激着的先生离开我们了。他跟我的每一次见面、每一次对话，仍然记忆犹新、言犹在耳；他对中天发展所做的每一份奉献，仍然历历在目、切切在心。失去这样一位好长者、好领导、好朋友，心中着实悲痛。

张先生曾对我说，一个企业能否持续发展，关键在于该企业的决策层是否具有宏观的眼光和微观的思维，以及坚强的意志和执行力，能否与时俱进，与时代的潮流同步向前。我深以为然，也时时以此提醒自己、反省自己。

中天集团创立至今，进入第22个年头，这一路走来，我们遇到了很多关心、支持、真心帮助我们的人，张浚生先生就是其中最令人感激、感动、感恩的一位。在2月28日中天集团总部召开的节后第一次重要会议上，我与总部高管、主管集体默哀一分钟，追思缅怀张浚生先生，感恩他为中天做的一切，祝愿他在天堂一切安好，也希望全体中天人永怀对他的感恩之心，砥砺前行，不辜负张先生对我们的期盼和厚望！

忆良师兄长张浚生先生

耿小平*

张浚生先生是一位学识渊博、阅历丰富、为人正直、儒雅可亲，具有国际视野的领导。

他长我整整十二岁。我们同为属鼠之人。

我第一次见到张浚生先生，记得是在1985年初。那时，我在浙江省人民检察院工作。在省里的一次扩大会议之后，我们在杭州大华饭店共进晚餐，并在同一桌。其时，他是杭州市委副书记。短短的一两个小时的晚餐，他文质彬彬、谈笑风生、诲人不倦的形象，给我留下了深刻的印象。

这以后，我只是听说他调到新华社香港分社工作了，一直未能谋面，但他的音容笑貌一直未曾忘怀。

10年之后的1996年，在浙江省高速公路指挥部工作的我，受省委、省政府的指派，负责筹备沪杭甬高速公路香港股票上市工作。于是，又和香港"搭上了界"。

在省委、省政府的全力支持、相关部门和筹备组全体同事的共同努力下，经过短短11个月的筹备历程，沪杭甬高速公路股份有限公司于1997年5月在香港上市成功。当我们上市募集资金路演团于5月13日，历经20多天的全球路演回到香港后，香港联交所确定的正式上市发行时间为5月15

耿小平　男，祖籍陕西绥德，1948年9月生。曾任浙江省人民检察院副院长、浙江省高速公路指挥部副指挥、沪杭甬高速公司股份有限公司董事长、省交通投资集团公司总经理等职

日。此时,与我们一同路演的省政府副秘书长蔡惠明先生,给我提了一个建议:5月15日正式上市仪式时,邀请时任新华社香港分社副社长张浚生先生出席,共同敲锣庆贺。蔡秘书长说,他是我们浙江出来的领导,在香港工作多年,在香港社会各界有着广泛的影响力,他来参加上市发行典礼会有良好的作用。我非常感谢蔡秘书长的这一建议,立即安排邀请事宜。

5月15日上午,香港联交所交易大厅,人头攒动、热闹非凡。张浚生先生一到交易大厅,香港新闻界的记者们便蜂拥而上,一时间,闪光灯一片闪烁、人声鼎沸。张浚生先生与我们一起接受记者们的采访。他以洪亮的声音告诉香港媒体:沪杭甬高速公路连接上海、杭州、宁波三个中国重要的城市,上海港、宁波港又是中国飞速发展的两大港口,浙江经济在民营经济的助推下快速发展,前途不可估量……

上市仪式十分成功。沪杭甬高速公路公司通过此次上市,一次性募集了36亿多人民币,为浙江省高等级公路建设提供了有力的资金保证,确保了在建的杭州至上海高速公路(浙江段)的建设资金。

这是我与张浚生先生10年来的第二次接触。次数不多、时间也不长,但至今记忆犹新。

沪杭甬高速公路公司成为香港上市公司后,须遵守香港证监会、香港联交所上市规则的规定。其中,须聘请独立董事,以维护小股东的权益是其中很重要的一个环节。我们当时聘请了两位香港著名人士担任公司的独立董事,一位是董建成先生,他是董建华先生的胞弟。在董建华先生出任香港特别行政区行政长官后,董建成先生接任了兄长的香港东方海外公司董事会主席一职。他们的祖籍是浙江舟山,浙江老乡帮助浙江的上市公司是很自然的事。所以,当我们一邀请,建成先生便欣然答应出任公司的独董;另一位独董是香港大律师、香港树人大学投资人、全国政协常委胡鸿烈老先生,胡老先生当时已80岁了,可谓"重量级人物"。

记得是1999年,香港监管部门发文,要求在香港上市公司必须聘请不少于3名独立董事,而我们当时只有两位独董。为此,我们向当时已是浙江省政府秘书长的蔡惠明报告了此事。又是蔡秘书长提出,你有最好的一位人选啊,就是张浚生书记。那时张浚生先生已离开香港新华社,回到浙江并出任浙江大学党委书记。我一听此言,顿有豁然开朗之感。张书记真是最合适的人选啊！随即拜访了张书记。他听了我的邀请后说:谢谢你们的信任。我能为浙江的香港上市公司做点贡献,同时,又为我工作了10多年的香港和香港同胞继续做点贡献,当然十分愿意。但中央对省部级干部出任上市公司独立董事是有规定的,要有正式批示才行。为此,我们向柴松岳省长打了正式报告,柴省长又征得了当时的省委书记张德江的同意,于是拿到了同意张浚生出任沪杭甬高速公路股份有限公司独立董事的批文,他于2000年2月正式出任公司的独立董事。由于沪杭甬高速公路公司的提名与薪酬委员会是由3位独董组成的,张浚生先生同时成了该委员会的成员。

由此,我开始了与张浚生先生在一家上市公司董事会共事9年的生涯。在这9年中,张浚生先生作为公司董事、提名与薪酬委员会的委员,对沪杭甬高速公路公司乃至对我本人帮助良多,给我留下了深刻的良好的印象。

如今,回忆起来,他给我印象最为深刻的主要有以下几个方面:

张浚生先生是一位严格依法照章办事的领导。在这9年中,张浚生先生在董事会上始终强调并要求我们,要一丝不苟地按照香港证监会、联交所的规则办事,要遵循国际资本市场的国际惯例办事,不要耍“小聪明”,不要打“擦边球”,不要置小股东的利益于不顾。只有始终坚持规范运作,才能在国际资本市场站住脚跟,成为业绩良好、形象上佳的“常青树”公司,从而为股东带来良好的回报,为中国的国有企业在国际资本市场树立良好的形象。

张浚生先生是一位具有国际视野的领导。作为香港上市公司,透明度和良好的投资者关系甚为重要,只有在规范运作的基础上,有一个符合投资者要求的透明度,才能得到投资者的认同,从而提升公司的价值。张浚生先生常常教导我们,在国际资本市场上,要做老实人,对投资者,不论是机构投资者还是散户小股东都是要一视同仁。对他们要如实披露公司的真实情况,不能报喜不报忧。因为你瞒得过一时瞒不了永远。你越如实,投资者越相信你。要主动与投资者沟通联系、报告情况。据此,沪杭甬公司在投资者关系上花了心思、尽了力量,树立了较好的形象。记得有一件不大不小的事情。2000年底,我在香港报纸上看到,在香港H股上市的广东顺德的科龙电器公司在香港设立了办事处,专门处理投资者关系。科龙公司董事长潘宁先生的此举,在资本市场获得了一致的好评。于是,我想一家民营企业都有如此的眼光,我们国企不是更应该如此运作嘛! 便在管理层会议上提出了这一动议。由于当时在所有的H股公司中,只有科龙公司一家这样做,因此对此事有不同意见是非常正常的。有的认为有没有这个必要,要在香港设立一个机构,还要聘请当地人士入职;有的从开销的角度盘算,有些舍不得,众说纷纭。为此,我征询了张浚生先生的意见,他明确地说:"非常有必要。有这么一个境外的窗口,虽然不大,但这体现了沪杭甬公司对投资者关系的真正重视;同时,也给基金经理、研究分析人员乃至香港媒体提供了便利,有些基本的信息查询,直接到香港办事处即可,不必惊动千里之外的公司管理层,更免除了舟车劳顿。最重要的是此举体现了公司搞好投资者关系的姿态。"据此,我们很快统一了思想,于2001年正式成立了沪杭甬高速公路公司香港办事处,并通过考试聘请了一位香港人士入职办事处,负责日常接待事务(该员工叫施育妮,至今已在办事处工作了17年)。因此,沪杭甬公司成了H股公司第二个在香港设立办事机构的单位,也是国企H股公司中的第一家。10多年的实践证明:内地公司在外设立窗口,密切与投资人的沟通联系是一正确之举。张浚生先生在其中发挥了重要的作用。

张浚生先生是一位具有改革开放精神的领导。我们在香港上市之后,作为一家国有控股的企业,运作时间长了以后,管理层在实际工作中遇到的一个问题,就是如何使员工特别是骨干员工的切身利益与公司利益相联系,做到"一荣俱荣、一损俱损。"为此,在思想层面,我们反复强调:要假老板真做;要对得起社会、对得起股东、对得起用户、对得起员工;强调公司利益至高无上,公司利益与个人利益相一致,个人利益服从公司利益等等。这些教育发挥了重要作用,收到良好的效果。但如何能在思想教育的基础上,有一个实实在在的机制使大家的利益与公司的利益紧扣在一起呢？管理层反复思考研究探讨这一问题。2003年初，管理层根据国家有关规定，从实际出发，提出一个设想：将沪杭甬公司除主营收费业务以外的其他非主营业务整合起来，经正规评估得出净资产值，而后由公司156位中层以上骨干员工以现金出资其中的49%，沪杭甬公司以51%控股，使中层以上的骨干员工的切身利益与公司利益紧密相连。为牢靠起见，还由律师事务所据此出具了法律确认函，确认此举合法合规。此举在15年前的2003年，可谓是一大胆之举，不同声音四起是难免的。在研究讨论此事的公司董事会上，张浚生先生旗帜鲜明地支持这一举措，认为这是国企改革的重要一步，要尽全力将这一公司管理好、运作好，使公司与骨干员工都从中分享改革的成果。由此，在全体董事的支持下，沪杭甬高速发展公司于2003年5月正式成立。以后的实践证明：将公司利益与个人利益紧密挂钩后，该公司的经营效益、管理水平、服务质量等各个方面都有了很大的提升，从中可见张浚生先生改革开放的视野与胆识。

张浚生先生是一位对工作极端认真负责的领导。我与张浚生先生的工作接触大多在公司董事会上。对此，我印象最深刻的是他对会议材料的"顶真"。他基本上每次都能在会议材料中发现文字上、语法上乃至标点符号上的错误，并严肃地逐一指出。起初，有的员工不甚理解，以为这点文字上的小错值得如此"大动干戈"？张浚生先生看出了这种想法，在董事会上指出：我们是在香港上市的企业，从某种意义上，境外投资人就是通过我们公司的一言一语、一举一动乃至文字上的一笔一画来了解我们的国有企业，我们应将此提高到这样的高度来看待与认识。张浚生先生的这一番教导，使我们深受教育。此后，不论中报、年报、信息公告、董事会议材料等等文字材料，每个层级都以一丝不苟的态度来对待，认真起草、反复推敲、再三检查，使沪杭甬公司在境外的"文字形象"有了一个大的提升，获得了好评。

张浚生先生是一位平易近人、和蔼可亲的领导。张浚生先生与人相处从来都是和颜悦色的，没有半点"官架子"。即使是谈论严肃的问题，他也是娓娓道来、以理服人。我理解，他这样做的根源是：他尊重人、尊重规则，以平等的心态对人对事。

有一次，我们一同去香港开董事会。到了香港机场时，入境大厅里排着长长的队伍。张浚生先生与我们一起静静地排着长队、循序而行。忽然，有入境处的官员不知怎的，远远地看到了他，经确认后，几位入境处官员恭恭敬敬来到张浚生先生面前，引导他直接到工作台办理入境手续。张浚生先生没有表现一点欣喜之情，反倒是颇有歉意地跟着他们前去工作台。

还有一件小事也反映出张浚生先生平易近人、幽默可亲的性格。一次，我在邵逸夫医院体检，在电梯口遇到来门诊的张浚生先生，陪同他的是医院党委书记刘利民先生。我们握手言欢、互致平安。张浚生先生一本正经地向刘利民书记介绍说：刘书记，这是我的领导耿小平。只见刘书记略为惊异了一下。刘书记送走张浚生先生后见到我，刚想发问，我便主动告之：刚才张书记是“幽默”了我一下，因为在沪杭甬公司，他是独立董事，我是董事长，所以张书记常常称我为他的“领导”。我们两人相视而笑。

我与张浚生先生相识虽有30多年，但真正的工作接触和相处也只有八、九年的时间，时间虽然不太长，但他坚定的理想信念、丰富的知识见识、开阔的视野胸襟、谦和的待人接物、认真的工作态度等等，使我受益匪浅、终生难忘。

我永远怀念良师、兄长张浚生先生。

沉痛悼念张浚生先生

舜宇集团有限公司

惊悉浙江大学原党委书记张浚生先生逝世，我们谨表示最沉痛的哀悼！

张浚生先生是舜宇集团的老朋友。在长达23年的时间里，张浚生先生先后五次到访舜宇，题词勉励，深化校企合作，心系舜宇发展，深情厚谊，令舜宇人永远铭记！

1995年4月9日，时任新华社香港分社副社长的张老第一次来舜宇考察。张老不仅亲切地向王文鉴董事长询问舜宇的发展情况，而且实地走访生产车间，了解产品性能及制造工艺。当时，毕业于浙大光学仪器专业，又在浙大从事了25年光学仪器教学和研究的张老，不时给我们提出专业的指导和建议，让在场的技术人员受益匪浅。

当张老了解到当时舜宇与浙大的合作成果，凭着"你设计，我生产"的产学结合模式，在全国光学行业一片萧条之际，反而得到了快速发展，张老当场表示高度肯定，并欣然写下一副对联："厂校结合硕果累累，开拓创新走向世界"。今天，这幅题词一直陈列在舜宇集团的展示厅内，时刻激励着舜宇人不断创新前进！

1998年9月，花甲之年的张老离港回杭任浙江大学党委书记，更是时刻牵挂舜宇发展，推动浙大与舜宇的校企合作更上一层楼。2002年3月9日，张老第二次到访舜宇，王文鉴董事长向张老汇报了舜宇近年来取得的成绩以及今后的发展思路和战略，张老听了连连点头称赞："你们的发展思路很清晰，很开阔。一个企业要长足发展，必须先把内部管理抓好。”他说：“舜宇与浙大是一家人，浙大与舜宇的合作是科技与产业结合的成功典范。今后，我们要更加紧密地合作，让‘厂校合作’不断结出丰硕的果实！”应王文鉴董事长的请求，张老还当场挥毫泼墨，为舜宇内刊《舜宇报》题写了报头。

9个月后，2003年1月19日，张老又与浙大校长、中国工程院院士潘云鹤一起带着浙江大学的10余位两院院士专程赶到舜宇考察指导，并就浙大与舜宇今后的进一步合作，展开了深入的交流。

尤其令舜宇人不能忘怀的，是退休后的张老依旧心系舜宇。

2005年2月13日，张老又一次特地赶到舜宇，了解公司的成长和发展。看到舜宇又耸立起一幢幢新厂房，张老喜上眉梢，高兴地说：“每次来舜宇，总能看到新面貌！”参观完厂区后，张老听取了王文鉴董事长关于名配角战略实施情况和公司股票上市准备工作的汇报。张老说：“名配角战略顺应工业发展的潮流，这一选择很正确！但是，配角也要有自己的核心技术，假如没有核心技术，你做的产品别的企业也能生产，那么你与主角的合作关系就不会很稳固。”当时，舜宇实施“名配角战略”不久，内部虽已形成共识，但外部还有不少争议，甚至有专家点名批评，着实面临颇大的压力！张老的这席话，犹如给舜宇人吃了一颗定心丸！于是，舜宇人更加坚定地将“名配角”战略进行到底，大力发展、掌握自己的核心技术，做“主角”企业必不可少的合作伙伴。

2017年4月14日，82岁高龄的张老第五次访问舜宇。在公司创始人、名誉董事长王文鉴、董事长叶辽宁、常务副总裁王文杰的陪同下，张老又一次对舜宇进行了实地考察。张老高兴地说：“今天再次来到舜宇，看到你们发展得那么快，真的很高兴！只搞实业，你们能发展成这样，真的很不容易！”在听取了舜宇千亿战略实施路径和规划的介绍后，张老更是兴奋地鼓励我们说：“你们的战略思想和实施路径都十分清晰，以你们的努力，到2025年完全可以实现千亿销售的目标，我对你们很有信心！”

在张老的关心和支持下，舜宇与浙大持续加深双方的合作。舜宇不但捐赠1000万元成立浙江大学教育基金会舜宇发展基金，而且决定投入5000万元共建“浙江大学舜宇光学联合研究中心”。我们坚信，这些举措将为舜宇千亿战略的实现提供最有力的技术支撑！

“没有浙大的支持和帮助，就没有舜宇的今天！”这是舜宇创始人王文鉴的话，也是舜宇人的共同感受。

张浚生先生的逝世，令舜宇人无比悲痛，因为舜宇从此失去了一位尊敬的朋友和老师！我们将化悲痛为力量，加倍努力，与浙大在产学研合作的广阔道路上，争取更大的发展，赢得更好的成效，早日实现千亿目标，以慰张老在天之灵。

张浚生先生永垂不朽！

苟利国家生死以　长留大爱在人间

——遥祭张浚生同学

熊家钰*

浚生兄溘然辞世，我陷入魂销魄散的巨大悲痛之中。遥望南天，谨以此文祭别。

1954年秋，浚生和我同时考入浙大机械系。当年全系招收了320人，分光仪、铸造、机制和金切四个专业各两个班级，他读光仪541班，我读铸造541班，住玉泉新校区同一宿舍的四舍301室和215室。我们每日晨出晚归，同在阶梯教室上基础学科，可谓过从甚密交往频繁。

于无声处听真言

1956年8月，浚生入党。1957年“反右”时，他担任机械系三年级团总支书记，主持年级党支部领导的光仪、铸造党小组所在的四个班级的“反右”工作。在追查到光仪541班曾有人在鸣放时参与所谓“肃反鸣放会”时，因未留姓名，无法查对。后来，有一位同学向张浚生坦告，他是不知内情而去看热闹的，只签了光仪541的班名，在会上什么话都没有说。浚生听后，略加思索对他说：“你不必紧张，这件事到此为止，不要再说了！”浚生之所以“保”他，是因浚生坚持“作为一个正派人，千万不要利用政治运动的机会去整人”的人格准则。由于浚生果敢的政治智慧，把这件误入会场的事件在“人不

* 熊家钰　男，1936年9月生，江苏南通人，1958年浙江大学机械系铸造专业毕业

知,我不说”的处理中,静悄悄地谈出了人们的视线和记忆,在甚嚣尘上的左倾思潮笼罩的政治气氛中,那位当事同学由于洽生的保护而免遭不白之冤。1957年7月,浙大校园的“反右”运动进入高潮,我受邀报道“反右”动向,在《浙大报》和为“反右”而创刊的《争鸣报》上发表多篇文字和新闻。浚兄看到我写的有些文章措辞尖锐、语气逼人,他特地找我谈话,很亲切地希望我“写文章要情节真实,用词要准确客观。”在当时对右派言论“人人喊打”,群情激愤的环境中,我听了浚生的劝诫,很佩服他政治上的高瞻远瞩、冷静沉着和人品的正直无私。我接受了他的指导,在后来写文章时力戒浮躁心态,内容务必言之有据和以理服人;我还婉拒了批判一位电机系同学错误言论的稿约。后来得知,浚生兄在“反右”运动中坚持实事求是的党性原则,承担了政治风险:因为其他两个专业各班均“揪”出了“右派分子”,而浚生领导的光仪、铸造四个班级为零纪录,所以“文革”中他被作为“漏网右派”而受到审查批判。浚生说:“左派的逻辑很简单,因为我不划别人为右派,那我自己就是右派。”毕业后在杭州一家制造单位任职的那位电机系同学得知我因受浚生之教育而拒写批判文章,让他少受灾难时,他对浚生一直怀有感激之心,他赶来向浚生告别。

在细微间见精神

浚生对浙大前辈学长和科学家校友,真诚敬仰和崇拜尊重。1998年9月,浚生出长四校合并后的新浙大党委,在考虑医学院首届院长人选时,原浙江医科大学校长郑树推荐比她高三届的浙大医学院首届毕业生陈宜张院士,浙大医学院创始人王季午老师也甚为赞同。张浚生和潘云鹤校长决定委托郑树老师和李鲁老师代表浙大前往上海恭请陈院士出山。宜张老师说:“母校有召唤,本人义不容辞。”

陈宜张院长在浙大医学院工作近五年,张浚生很欣慰请了一位好院长。今年92岁的中国科学院院士、海军军医大学(原第二军医大学)教授陈宜张学长追忆和浚生兄交往细节时写道:“我于1999年至2003年兼任浙大医学院院长，一般在会议上能和张浚生同志见面，我总的印象是他非常平易近人。此外，我与他有几次比较近距离的接触，一次是当浙大确定紫金港为校址期间，我曾看到他亲自到王季午老师家，可能是来听取他的意见；再一次是浙大院士因病住上海瑞金医院，他专程从杭州到上海来看望他；还有一次是2016年5月3日的《究脑穷源探细胞—陈宜张传》首发式，他以80多岁高龄，特地从杭州到上海来参加，我常为此而深感不安。以上种种，都说明他的工作非常踏实、深入，是我学习的好榜样。"

文中提及的新书首发式是指拙作《陈宜张传》于华山医院首发时，81岁的张浚生和88岁的郑树老师，专程由杭州驱车，风尘仆仆地赶来上海，向陈院士致贺。在首发式上，浚生满含深情地说，陈院士在浙大当院长，为学科建设和人才培养付出了很大的精力。他的思想作风对我们广大师生是一种无形的软实力，软文化。陈院士是一位非常热心科学事业的科学家、一位非常热爱师生的老师、一位热情助人的谦谦君子。参加首发式的第二军医大学(现海军军医大学)校长、中国工程院院士孙颖浩少将听了浚生的讲话，很感慨地在致辞中说："浙大培养了杰出的陈院士，浙大领导如此关切老科学家，对老科学家的成就如数家珍，在细微间体现的求是大爱，是我们学习的榜样。"

浚生谦恭质朴、真诚坦荡是一种强大的亲和力，感染着分布在全球的浙大校友。上海校友会创始人，享年102岁的吴沈钇老学长，在2004年4月18日90岁时，由大洋彼岸的休斯敦致函"浚生书记学长"，信中说："学长主政以来，自从四校合并，迄今校区广展，浙大已列全国最要，使佩功高望重，客居他邦，引领西仰，兴奋不已。"吴老知道我和浚生同窗友好，故通讯时将致张函复印我阅。吴老告知：浚生给他的信中言词真恳，语气亲切，充满了对老校友的尊敬，他为母校培养出浚生这样优秀的高教专家而深感欣慰。

1945届、享年98岁的老学长杨竹亭对浙大母校有刻骨深情，曾亲身感受到竺校长爱生如子的亲情，他视竺校长为心中圣人。他出版的回忆录《翠竹晚亭听雨声》由浚生题写书名，他从浚生多次的来信中，深感浚生的治校之道深得竺公、刘丹校长之真传，为求是圣人传播“求是圣经”。1947届、享年91岁的老学长倪式如出于对浚生的尊敬，他因行动不便，专门派子女到杭州拜望浚生，表达对浙大母校感恩之情。

岂因祸福避趋之

浚生有深厚的国学和诗词的功底，书法也苍健潇洒。因为有友谊基础和文学的共同爱好，因此我俩书信和字墨往来甚频。今日整理文档，他在近年中写给我的信除一部分已捐赠浙大档案馆珍藏外，现保存信件23封(36张)、题辞手迹6件，贺卡2件。

辛卯秋(2011年)，浚生将《赴戍登程口占示家人》(清·林则徐)一诗中的三四句：“苟利国家生死以，岂因祸福避趋之”手书赐我。该诗是1842年林则徐被发配新疆伊犁，在西安登程与家人告别时所赋七律。此两句表达林氏心系国家安危，不计较个人荣辱，面对人生挫折而泰然处之的豪情和忠心报国的凛然大义。浚生欣赏林诗的爱国情怀，赐我学习和时吟警悟，体现了对我的深刻的关爱，他激励和鞭策我要珍视自己晚年有限的光阴岁月，多做实事，对浙大母校感恩反哺。通过书信、赐给墨宝和见面时的言传身教，我收到鼓励，我在五年中发表拙作40万字。

浚生多次为我和老校友文集题写书名，为我的文稿审改和纠错。每次来信均在千字至2500字间，题写给我的他的诗作中有：

岂能尽如人意，但求无愧我心。

诗文颂盛世，笔墨写春秋。

笔走龙蛇意气豪，著文写传尽风骚。

求是学子多俊杰，弘扬传承费辛劳。

求是园中勤研读，四化伟业矢忠诚。

常念母校行反哺，家钰兄是有心人。

浚生和我在电话交谈和来往信件中，主要内容是交流近况，对社会热点问题的评述见解、学习心得、校友活动安排，沪杭发生的趣事和生活经验等。尽管他是和胡锦涛同期在中央党校学习过的副部级高官，但他有高水平的政治远见和党性修养，在交谈和写信时，都尊称我“家钰兄”，自己谦称“弟浚生”“学弟浚生谨上”，使我“受宠若惊”。

自学生时代开始，浚生便胸怀大志和高尚理想，他以诗言志，抒发豪情，在他的诗词中可见他的追求和信仰。考入浙大后，他在七律《步入浙大求学时明志》中写道：

平生立志为国酬，红透专深是所求。
利民即如萤火闪，似此青春亦风流。

他在五言中写道：理想是大同，典范有周公。他年堪笑慰，霞彩满天红。浚生崇敬周恩来总理追求大同的理想为国效忠，他做到了红透专深和政治品质、高教管理多领域的博大精深。

长留大爱在人间

2018年2月18日上午10时，我和浚生约定每周日电话通话半小时。我记得，我们谈到三月初的两会召开，谈到了上海参加人代会的杰出校友丁仲礼和王建宇，谈了两位院士对国家科学和教育事业上的贡献。我们约定在三月底或四月上旬在杭州见面。他最后的一句话是“我等着拜读您的大作（指即将出版的拙作《全球共享师董会——胡海平再出征》一书）。”岂料，此次谈话后的29小时得知噩讯，浚生在19日下午骤然病逝。闻听噩耗，我不敢相信又不得不信，浚生在电话中洪亮的话语和清晰的笑声音犹绕耳，我感到自己魂飞魄散，情难自禁，在电话机旁放声痛哭……

3月4日上午看到安详而慈祥的浚生遗容，我欲哭无泪，走到他的面前对他耳语说：“我们约好不久见面的，您怎么能不讲信用说走就走呢！”

“黯然销魂者唯别而已矣”,南朝文人江淹在《别赋》中的此语,道出了我此时此刻之心境。

张浚生洒向人间的大爱,无处不在。

1975年就读浙大光仪系激光专业的管淑清学妹说,张浚生老书记当时是她的专业课老师。她说,粉碎“四人帮”后,在一次全校大会上,张老师走到台上,为光仪系受迫害的章荣高老师喊冤,要求尽快释放和为他平反。张浚生是学生心中“爱憎强烈、侠肝义胆的好老师”。他担任系党总支书记后,没有一点架子,亲自到病房看望患病住院的同学。我毕业以后,在香港再次见到张老师时,他已任新华社香港分社领导,正主持香港企业家捐款给浙大成立基金会的仪式,她说:“恩师时时心系浙大,处处为母校的发展铺路搭桥。”管淑清深受浚生求是大爱之关怀,在1978年由母校毕业后,参军入伍,参与中国首次向南太平洋发射运载火箭和多次卫星发射远洋测控,是世界上第一台VCD的主要发明人。

2017年中科院新科院士黄荷凤,1990年,她作为浙医大的访问学者,在香港第一次见到新华社香港分社张浚生副社长。黄院士回忆说,首次见面,张书记给她留下“平易近人、面善心智”的印象。1998年,经浙医大陈昭典校长多次邀请,黄荷凤由美国Cincinnati大学回到杭州,在浙大医学院工作了8年,2001年秋任医学院副院长。黄院士在追思张书记的文章中写道:“我在浙大医学院工作期间,和张书记有深深的接触,他的高瞻远瞩、大度包容、和蔼可亲的工作作风深深地留在我作为一个大学教师的心里。感谢他在四校合并期间让我从美国回来投入新浙大的工作,能为医学院和妇产科医院的发展做出贡献,这是我一生的荣耀。”

今年是浚生和我,还有郑令德(上海校友会上届会长)由母校毕业60周年,校友总会特地寄来了由吴朝晖校长签署的纪念证书,我们相约今年五月母校校庆时,回浙大感恩,感激恩师们和母校对我们的培养,浚生欣然赞同,并商议了届时活动的主要方案。奈何苍天不公,竟然把浚生强行拉走,我们再无欢聚同窗友情的机会。郑令德回忆说,2009年12月7日,浚生率教育部考核组来上海考核五所高校领导班子建设时，因青年校友张养发堵车延时，浚生在15楼电梯口等了15分钟，大家对老书记亲切待人和友情之深切，有了亲身的感悟。浚生说，校友是母校的牵挂，是母校的情感寄托；母校是求是游子永远的精神家园，他希望校友代表向全体上海校友转达母校的亲情，时常回家看看。

2017年6月30日晚，香港特区政府举行庆祝香港回归祖国20周年文艺晚会。晚会开始前，习总书记和浚生亲切握手致意。浚生见证了香港回归的历史画面，并为此奉献了13年的青春热血。香港回归后，当年张浚生和英国政客彭定康在回归前的原则性交锋已成往事。2003年上半年，浚生带信给彭，向他问候，欢迎他有机会访问浙大，彭很快回信，感谢他的邀请。浚生此举，表现了中华民族泱泱大国的外交风度，我十分欣赏。

谨以七七遥祭挽联结束此文：

浚生千古

魂销雨水早春寒，
华佗悲叹回天难；
洒向三江亲朋泪，
长留大爱在人间。

（2018年4月19日）

呕心沥血　鞠躬尽瘁

——追思张浚生老书记

吴学新*

2月19日下午，浙江大学原党委书记、浙江省传统文化促进会的总顾问张浚生书记因病离我们长去了。

新年之际，突闻噩耗，我和大家一样沉浸在无比的悲痛之中，久久不能释怀。张老书记走的令人揪心，走的令人扼腕。但是，他留下了永恒不灭的信念，他埋头苦干的案牍劳形令人动容，脚踏实地的百折不挠令人敬佩。尽管他的家人一再地叮嘱，他的身后事一切都从简，但我们还是不约而同地聚集在这里，以朴素庄重的仪式，共同追思张老书记恢宏光荣又充满传奇色彩的一生，纪念他留给我们的点点滴滴。此时此刻，我的发言，不仅代表我个人，也代表着浙江省传统文化促进会全体同仁，以及曾经受到过张老书记德行感召的所有人的一份深切的缅怀与留恋。

作为一个热爱祖国的奋斗者，张老先生的一生是坎坷的一生，劳碌的一生，又是幸福美满、硕果累累的一生。他十分热爱党的事业，经常说：个人的命运只有与国家和民族的命运结合在一起，他的价值才有实现的可能。1985年7月，在《中英联合声明》草签后的一年，张浚生书记便积极服从祖国的需要、中央的决定，告别了妻子儿女，独自前往香港工作，先后担任新华社香港分社宣传部副部长、部长、副社长等职，不论职位高低，他都将国家的需

吴学新　男，1951年8月出生，浙江海宁人，研究生学历，高级经济师。曾任解放军驻杭铁分局军代处主任、省铁路投资总公司总经理。现任浙江省传统文化促进会顾问

要放在首位，把个人的名利抛在脑后，每天忘我工作，与香港媒体建立了良好联系，宣传工作搞得有声有色。他亲身参与并见证了香港回归祖国，不愧为有一颗拳拳报国心的优秀中华儿女。在他离任香港返回内地时，中国通讯社特意赠送他一块纪念牌，上书八个大字："缜密灵活，言多不失。"可谓是张老书记的真实写照。

作为一个学者型的领导，他是一位名副其实的好领导、好师长。"张浚生同志担任浙江大学党委书记六年来，在推进浙江大学的改革发展中发挥了重要作用。"时任浙江省委书记、省人大常委会主任习近平在讲话中曾给予高度肯定。1998年4月底，张浚生同志结束了在香港的工作，回到杭州，担任四校合并领导小组副组长和新浙江大学筹建小组组长，后担任了6年的浙江大学党委书记。他与校长潘云鹤等11位原4校的老领导一起，仅用了4个多月就完成了筹建任务。1998年9月15日，四校合并组建的新浙江大学隆重举行成立仪式，张浚生同志在同一天被中央任命为新浙大党委书记后，就团结带领一班人，提出创建一所"综合型、研究型、创新型"的具有世界先进水平一流大学的奋斗目标以凝聚全校师生，并制定了五年打基础、十年见成效，到2017年也就是浙大建校120周年左右实现奋斗目标的发展规划。

张老书记平易近人，乐于助人。在同事眼里，他是一位好同志；在下属眼里，他是一位好领导；在妻子眼里，他是一个好丈夫；在儿女眼里，他是一个好父亲。他为人忠厚、正直、善良，给我们留下了许许多多典范，给后人树立了为人处世的楷模。2004年7月，他从浙江大学党委书记岗位上退下来以后，仍情系浙大，心系教育。他担任校发展委员会主席，为浙大的发展出谋划策，为争取海内外办学资源四处奔波；以他名字命名的"浚生贫困学生助学基金"得到了众多海内外校友、社会各界人士的鼎力支持，募得基金3000多万元，为浙大贫困学子顺利完成学业提供了巨大的帮助。

张老书记有着旺盛的生命力，热情洋溢地从事工作，直到生命的终点。我很庆幸，我的人生能与张老书记有过交集，能有一些机会近距离地向他学习。20世纪90年代，我在浙大经济学院研究生班学习时，张老书记就是学校党委书记，当时浙大正在他的带领下，积极探索世界先进水平的一流大学的办学模式，全校上下都充满着好学上进、激昂热烈的学术氛围。张老书记与我们亲切交谈，他的学识、风度、谈吐至今令人难以忘怀。2015年5月，浙江省传统文化促进会成立，张老书记担任总顾问，2016年12月，我应邀担任促进会高级顾问。每每召开会议或举行活动，他总是举力支持，多次带病参加促进会举行的各种活动，从中体现出的对中国传统文化的认识，也远远超越一般人，且为人平易近人，和蔼可亲，讲话都很接地气。张老书记这种仁爱、智慧、胸怀、能量和学到老干到老的精神，都是我们学习的榜样和进步的源泉。

青山不改，磐石永坚。英灵已赴极乐界，典范犹熏故里人。如今，斯人已去，精神长存。张老书记的去世，让我们失去了一位好同志、好大哥、好顾问。我们要化悲痛为力量，以张老书记为榜样，学习他那种勤勤恳恳、忘我工作的奉献精神；那种艰苦朴素、勤俭节约的优良作风；那种为人正派、忠厚老实的高尚品德。不忘初心，牢记使命，继承张老书记的遗志，高举习近平新时代中国特色社会主义思想的伟大旗帜，忠诚报国，老有所为，不懈努力，奋勇前行，为中国传统文化的发扬光大尽自己的一份力量。

（2018年3月4日）

浚生书记，我好想你

张克夫*

岁月如流，转瞬之间，张浚生书记离开我们快半年了……

今年过年，我携家人在上海半岛酒店度假。初四下午，突然接到了孙旭东（张书记原秘书）来电，冲口一句话：“张书记走了！”“什么，你再说一遍！”旭东哽咽地说“张浚生书记走了，我现在在外地，争取今晚赶回去！”啊！太震惊了！我顿时悲从中来，心乱如麻，游兴全无。当晚撰联一副“痛失恩师，或有大事欲问谁？桃李满天，家国栋梁慰九泉”，横批“求是魂魄”，表达我的哀悼之情。第二天一早，打点行李，退房回家。一路上，阴雨霏霏，绵绵不断，我的心里充满了悲痛。

我与张书记认识是在香港，我的知青战友郑浙民先生原来在香港新华社工作时担任他的秘书，通过他我认识了张书记。后来，在香港浙大校友会成立时，因为我也在香港，应邀参加了浙大校友会的成立仪式。会上张书记与浙大校友相谈甚欢。张书记离开香港新华社以后，回到浙大担任党委书记，我们也经常走动。2005年张浚生书记发起成立了浙大浚生贫困学生助学基金，我们也分几次参与了捐赠。每次基金会理事会上张书记总把我拉到身边，关心我们这些下海校友的情况，问长问短，十分亲切。

张书记德高望重，温文尔雅，虽然是理科出身，但对中国传统文化也颇

张克夫　男，山东淄博人，1949年1月出生。1978年考入杭州大学历史系，1992年创立浙江恒励控股集团，任浙江省人民政府参事

有研究。记得有一年我们参访河南路上，他竟然将水浒108将的名字及江湖名号全部背出，令全车的人惊讶，对他惊人的记忆力叹服不已。鉴于他的名望和见识，一些校友有著作都会恳请张书记作序，张书记总是一口应允，而且认真阅读原著后，才提笔行文。我有幸拿到过几本张书记作序的书，行云流水，不落俗套，鞭辟入里，入木三分。对书的内容与得失，都会做些实事求是的评价，起到提纲挈领的作用。

在我的印象中，张书记是个慈祥宽厚的学者，也是我近30年以来的良师益友。

一、尊师重教，爱生如子

张浚生书记作为大学的党委书记，最大的特点是尊师重教，爱生如子。有几件事情一直印象很深。

张书记主持浙大工作以后，对学校原有的教学体制有许多重大的改革。别的院系我不太清楚，但是1999年开始设立人文学院，并亲自聘请金庸大侠担任首任浙大人文学院院长，开风气之先。我因为是历史78级学生，鉴于当时文史哲学科招生难的状况，捐建了“浙江大学蒋介石与近代中国研究中心”，也得到了张书记的大力支持。那段时间里，浙大打开校门，广泛邀请全球名师大家前来兼职兼教，开办讲座，比如邀请大数学家丘成桐担任浙大数学中心主任，请霍金来学校访问并做讲座，产生了很大的社会影响，也大大活跃了校园的学术氛围。

对于学生更是如此，设立浚生贫困学生助学基金，虽然是张浚生书记退休之后所为，但也反映了他时时牵挂莘莘学子的情怀。这个基金会成立13年了，从当时的区区几百万元，到现在的基金规模已达3000多万元，每年资助贫困本科生与研究生几百人，可谓功德无量。这是张书记留给浙大的一笔厚重的遗产。

恢复高考以后，77、78届学生是一群特殊的生源。年龄跨度大，社会阅历多，思想活跃开放是这批学生的特点。那些年正好改革开放之初，各种思潮，层出不穷，校园里也有反映。我是杭大历史系78级的，那时历史、中文、政治几个思想活跃的同学组织一个编辑部，办了一个刊物《思考》，全是由同学自由撰稿，虽然只是油印的小册子，但文章犀利，内容深刻，许多同学争相阅读，口口相传。但是没过多久，以“自由化倾向”地下刊物为名被校党委叫停。虽然当时没有对学生作出处理，但后来参与的同学在毕业分配时都不同程度受到了影响。许多人心灰意冷，不想从事文史哲学方面的研究，只好另辟蹊径，投笔从商。

反观当时浙大在学生办刊物的事情上处理恰恰相反，当时浙大一些学生也办了一个刊物，校党委知道以后，让张书记处理。张书记接到任务，先找来刊物看了一下，然后将几名学生编委找来一起谈了一次话，张书记一不打棍子，二不扣帽子，反而和颜悦色地说我是你们刊物的读者，整体办得不错，你们年轻人思想活跃，敢于提出问题、思考问题是好事情。然后话锋一转，说这个刊物是不是由校团委出面主办，这样受众更广，也是半官方刊物，但实际上还是你们几个办下去，这些学生也没有意见，这个刊物就办了下去。和风细雨之下，这件看似不大不小的事件就妥善得到了处理，保护了这些学生。

另一件事是张书记担任书记之时，1999年5月10日，在浙大西溪校区，几个日本留学生因为北约轰炸我驻南斯拉夫大使馆问题与在校学生发生了冲突，数千名中国学生围困日本留学生所在大楼，事态处于即将失控状态。无奈之下，有关方面报告公安部门，想借助警方力量平息冲突。张书记听说此事，坚决不同意这种处理方式。当时，现场口号声声，人头攒动，冲突随时会爆发，局势十分危险。张书记登高一呼，站出来劝导学生。他既肯定了学生们的爱国动机，也表达希望大家冷静下来，相信学校会处理好的愿望。动之以情，晓之以理，请浙大同学尽快离开现场。鉴于张书记在学生中的声望和恳切的态度，以及学校干部教师的积极配合，学生们逐渐离散而去，从而避免了一起大的治安和外交事件。张书记力挽狂澜，没有用高压手段，稳妥地平息了这一事件，保护了一大批学生。后来浙大学生在学校内贴出了公开信,600多个同学签名,表达了对张书记的感激和歉意。

二、既坚持原则又讲人情的书记

张书记遗体告别仪式上来了大约2000多人。花圈遍地,挽联交叠，表达了社会各界对他的认同和追思,备极哀荣。除了前特首梁振英先生特地在全国两会期间请假前来吊唁外,令人意想不到的是当年港英政府的港督彭定康先生也透过传媒向张浚生家人致以慰问,并对张浚生先生的离世表示哀悼。其实张书记当年作为香港新华社新闻发言人,对彭定康针锋相对,坚决斗争,常常是彭白天发表讲话,张书记当天晚上或第二天就针对彭的讲话予以严正反驳。在香港问题上张书记坚决按照中央方针政策,坚持原则,维护主权,针锋相对,绝不退让。好几次弄得彭定康先生下不了台。张书记去世后,作为昔日的老对手,彭定康真切的向张书记表达了他的尊重和敬意,可见张书记的人格魅力。

多年来,受他教诲甚多,闲聊之中常听他说起他与香港高层人物的交往,他从不忌惮。积极做好香港上层人士的工作,是张书记在港工作的重大贡献。在香港工作期间,他与很多香港上层人士均有很好的交往,回浙大以后,这些人士多次通过捐款等方式,给予浙大很多支持,像邵逸夫、曹光彪等,对浙大的发展功不可没。张书记生前的采访录《亲历回归与合并》中已有详述,不再赘述。

对于近几年来香港出现的部分港独思潮,张书记坚决反对,他经常利用每年赴港参加社会活动的机会,做了许多工作,表达了他鲜明的立场和态度。

三、知性感性的老顽童

张书记是省部级干部,与他相处多年,却从来没有感觉到他的官场习气。为人低调,处人处事得体大方,他出席社会活动繁多,但都是轻车简从,不搞前呼后拥那一套。在我看来他就是位教书先生,普通百姓,有趣的老人，讲话说事，从不摆架子，不说套话。他爱好很多，喜爱读书，办公室里和家里的书房到处都是各种书籍，天文地理，五花八门，应有尽有，涉猎范围很广泛。他喜欢书法，虽不能称为大家，但书写遒劲有力，自成一体，也成为许多学生的收藏品。他自小喜欢京剧，偶尔兴致来了，哼唱几句，有板有眼。我从小喜欢京剧，偶尔在一起切磋。我乘兴吟唱“空城计”、“借东风”、“甘露寺”、“三家店”之时，张书记闭眼聆听，击节叩板，还给我提个词，俨然是个“老票友”的模样，开心之余，也感受到他的亲密无间。

张书记是个热心人，无论有什么事情和困难有求于他，他总是满口应承，尽力帮忙。我有一同学在香港工作多年，又在美国做过访问学者，回大陆前，希望能调到浙大工作。我推荐给了张书记，他看了我同学的材料和专著《微眼观世界》以后，觉得是个人才，并亲笔写了推荐信。但鉴于浙大进人的门槛必须是博士生的硬性规定，只能望洋兴叹。但他爱惜人才，尽心尽力帮忙，让我同学俞晓秋深为感动，对他充满了感激和敬仰。

哲人已逝，风范犹存。

2012年，浚生书记为我们78级历史系30年同学会题写了一幅“研历史遵循求是，谋发展追求创新”的墨宝，装裱后挂在我的办公室。浚生书记虽然驾鹤西去，天天看着这幅书法作品，他就好像依然在我的身旁，音容笑貌，步履身形，时常浮现在我的眼前，挥之不去……

在我与他近30年的交往过程中，我从未感到他的“官威官腔”和“大师做派”，真真切切地感到他就是一个平凡的普通人，一位良师，一位兄长。也许正因为他的平凡、率真，他才永远活在我的心中……

浚生书记，我真的好想你……

（2018年7月30日）

一位不忘初心的老共产党人

飞　鸿*

2018年2月19日，正月初四，举国都在春节假期之中。

晚上，手机突然一响，朋友的一条短信跳入眼帘："今天下午老张书记突然发病去世。"

老张书记就是张浚生。

我和张浚生书记相识仅有二年半时间，但是闻其名却可以回溯到23年前。

1995年，我受国企公司派遣，从北京到香港常驻。当时香港新华社是中央驻港的代表机构。张浚生是新华社香港分社副社长，负责宣传和与香港科技教育文化界的联系。有关他的活动报道和照片几乎天天出现在香港报纸上，如果放在今天，他也可以算作当年的"网红"了。那时我们都很仰慕。

他打破了外交干部一般比较严肃的传统印象，树立了一种天天和社会名流市民百姓打交道的亲民形象。他标志的圆脸带着眼镜，总是慈祥微笑的模样，给香港社会留下很深的印象。香港民间对中共的几位头面人物的昵称有"白头鲁"指国务院港澳办主任鲁平标志的一头白发；"笑脸张"则是指张浚生一副从容不迫的微笑模样。

香港"九七"回归以后，中央驻港联络办公室和外交部驻港特派员公署

* 飞　鸿　男，1954年生，北京人。高级经济师。1976年毕业于上海复旦大学外语系，曾任中国远洋运输总公司高管，北京外企服务集团驻香港商务法律顾问等

替代了新华社香港分社。张浚生奉调回国，此后就很少听到有关他的信息。

2015年“十一”黄金周期间，我和北京的朋友到杭州游玩。一位在杭州的朋友是浙江大学的退休老师，邀请我们去参加浙大一些老同事一个小聚会，他特意提到，“张浚生老书记也会来，你们见见？”

“哪个张浚生？”我问。

“就是原来新华社香港分社的副社长，你怎么不知道？”

我当时有些吃惊，一是因为对张浚生在香港的印象深刻，但在我印象中，那时新华社香港分社的干部都是外交部或者广东省委派出的，怎么会出来一位浙江大学党委书记？我父亲曾在国务院部委工作，20世纪80年代经常往来香港，但没听他提起过新华社香港分社里有教育部派出的干部。

带着对张书记的尊敬和好奇，我们参加了聚会。聚会是在浙江大学食堂的餐厅，参加的有10来个人，主要是浙大退休的教师和领导，也有几位在职的浙大领导和院所的领导。

席间，我向老张书记询问，才了解了他从浙大党委副书记，到杭州市委副书记，再调任香港新华社副社长，后又回到浙大任党委书记的职业生涯。虽然和老张书记是第一次见面，但他果然平易近人，而且很健谈。那天聚会众人交谈甚欢，老张书记也兴致很高，基本是有问必答。

我提到我父亲，老张书记很高兴地说我和你父亲很熟悉，他到香港我接待过，他也可以算我的老领导了。他又说你父亲和香港的大老板都很熟悉，但我从来没听他提起过个人有什么事情要帮忙。连我都不知道你还在香港工作！

我不好意思地说，纪律和家教如此。我对老张书记的职业生涯很感兴趣，临走前，我趁机提出下次一定专程拜会，听老张书记讲讲在香港和港英当局交涉争斗的奇趣轶闻，老张书记欣然应允。

第二年的春天，我出差路过杭州，我又依照约定专程拜见老张书记，主要听他讲一些过去的经历。

拜访的地点是在老张书记办公室，坐落在浙大老校区一个的老式办公楼里，办公室不大，四白落地，没有任何装修。一张普通的办公桌，二个沙发，书柜和办公桌堆满了书籍和资料。已界耄耋之年的老张书记有空就来这里看书待客，研究感兴趣的问题，看上去依然精力充沛。

在他介绍自己的经历中，有几件事给我印象特别深刻：

1983年他刚调任杭州市委副书记，就碰到了“清除精神污染”运动。“文革”后的“伤痕文学”也在批判之列。在杭州，一位“伤痕文学”的作家也受到了批判，并被发配到工厂劳动改造。但在“清除精神污染”的高潮中，老张书记并没有简单地跟风跑，机械地按上级指示办，他要人找来这个作家的主要作品自己认认真真看了一遍，得出结论作品虽然有些消极，但也不算反动。于是他约谈了这位作家并亲自到他家里看望，鼓励他不要消沉，应该抱有希望，积极面对，多创作出鼓舞人心的作品。同时他和工厂的领导打招呼，不要歧视这位作家，还要调动他的积极性，发挥好他的长处，让他为社会做出贡献。

不久以后，中央开始纠正“清除精神污染”中的偏向错误，事实很快证明老张书记的判断和方法都是正确的。

老张书记在杭州担任过政法委书记，对政法工作也比较熟悉。他说，有一次他接到群众举报，反映一个郊区派出所有人违法办案，造成冤假错案。他亲自去郊区调查，发现反映属实。但是派出所不愿认错，县领导也袒护，就是不想改正，找出种种借口搪塞。他最后不得不拉下面孔，严厉批评下属：错了就要认错，要改就彻底改，不要扭扭捏捏不认错，不要给群众留尾巴！

记得老张书记说到此时，嘿嘿一笑，“你知道，要让办案人员自己认错可难了！”

老张书记说他1987年他到香港，《中英联合声明》已经发表，新华社香港分社的工作面临一个巨大的转变。此前，新华社香港分社作为中共港澳工委的地位是半保密的，香港分社主要负责对内领导中资企业和大陆的派驻机构，对外在社会活动很低调，一般不出头露面。《中英联合声明》发表以后，香港回归的日程已经公开，一下子把新华社香港分社推到了前台，成为中央驻港正式代表，迎接回归，组织特区政府，与英方协调交接安排，新华社香港分社成了香港社会活动一个不可或缺的主角。老张书记不仅负责宣传部，还负责与科技、教育、文化、体育界的联系。他大胆走出办公室，走进社会，与各界方方面面、各色各样的人接触，交朋友，了解他们的关心和疑虑，解释中央的方针和政策，打开了工作局面，取得了积极的效果，为香港的顺利回归做出了不可或缺的重大贡献。

通过那次的交谈，我深刻感受到一位新中国培养的第一代大学生共产党员，既有中国传统知识分子的爱国情怀，也有我父亲那一代在战争年代成长起来的共产党人的坚定信念和实事求是的工作作风，使我感到十分亲切。

就这样我与老张书记的交往多了起来，出差到杭州，有时间都会去拜访一下老张书记。或吃顿便饭，或喝个茶，聊聊天，天南地北，话题广泛，我感到和老张书记交流很有意义，能从他的经历和思想中学到很多东西。

记得有一次，我问老张书记，浙大褚健的事情在北京科技教育界很多人都关注，不知您怎么看？

老张书记思索了一下说：我了解褚健，他是国内自动化专业比较突出的后起之秀。自动化专业是浙大的一个强项专业，在全国是名列前茅的。中国的工业控制系统原来都是国外跨国公司垄断的，褚健搞成了中国自己的品牌，中控开发的系统和产品，有自主的知识产权，这几年在国内占有很大的市场份额，替代了国外产品，很不简单！

现在审查褚健的问题，老张书记说有些他还是了解的。比如股权转让的问题，当时我还在当学校书记，学校专门研究过的，但办案人员从没有找我调查过。老张书记又说，他在省里开会碰到司法部门的领导，也多次反映过他的意见，建议他们办案要了解当时的历史环境和有关政策，一定要实事求是，依法办案，防止办案出现偏差。

老张书记说，中国科技要创新，最重要的是调动科研人员的积极性、创造性，要鼓励科学家自由畅想、大胆创新，要让他们在科技开发活动中有更大的自主权。现在关于科研经费的管理比较死。我感觉国家要从有利于鼓励科技创新，促进科技进步的目标出发，按照科研的规律，参考国外对科研经费的管理模式，制定更符合科研实际的规定，才能促进科技创新，实现建设创新型国家的战略目标。

老张书记的一席话，不仅满满的正能量，而且体现了他实事求是的思想作风和作为一位政治家、教育家的远见卓识。

此后不久，2016年5月30日，中央在北京召开全国科技创新大会，习总书记做了重要讲话。我后来和老张书记的聊天中说，总书记的讲话里面专门讲到"要给科技专家更大的技术路线决策权、经费支配权，让经费为人的创造性活动服务，而不能让人的创造性活动为经费服务。"李克强总理的讲话也提到："科研项目和经费管理的相关制度规章不合理，条条框框太多，要给科研院所和高校开展科研更大的自主权。"看来您提过的问题，和中央的现在的政策完全一致了？

对此，老张书记宽慰地一笑，他神情一转问我：你注意习总书记在"七一"大会的讲话了吗？总书记说要"不忘初心"，你说什么是"初心"？

没等我回答，他接着说：我最近经常在思索我们革命和建党的"初心"是什么？我想最重要的就是二条，一条是"为人民服务"，一条是"实事求是"。为人民服务是我们立党的宗旨，实事求是是我们的思想和工作方法。

我觉得老张书记总结的非常精辟。我说：您说的有道理！我在北京注意过，现在北京的中央部委门口都没有毛主席的题词标语了，唯独保留了两处，都是在中央的最高机构，一个是在中南海新华门的影壁上，还有毛泽东手书的"为人民服务"；另一处是在中央党校的大门口，一块巨石上刻了"实事求是"。

2017年春节，浙江的朋友给我发来一首注明是老张书记新题的诗作：

初心永不忘，
磨砺志更坚。
百载风云涌，
亿兆乐安康。

一年以后，诗句犹在，斯人已去。

重新找出老张书记的诗句，反复咏读，感慨涕零……您走了，您的风范和精神永存。圆圆的笑脸，慈祥的面容，睿智的谈吐，深邃的思想，时时浮现在我的脑海之中。短短的几次幸会，您呈现给我是一个不忘初心的老共产党人的坚定信念，一颗炙热的爱国爱民之心！

老张书记，我们永远怀念您。

（2018年5月于北京）

张浚生老书记的厦门情缘

洪冀宁*

张浚生老书记走得很突然，厦门校友们知道消息后，沉浸在悲痛之中，校友们纷纷在微信群、QQ群里发言、发照片，缅怀张学长。在回望往事、追思故人中，想起老书记和厦门校友会结下的渊源，校友们越发对他的人格魅力、大家风范心生崇敬。

2010年，张浚生老书记作为教育部巡视组组长，主持对厦门大学的巡视工作，百忙之中，仍拨冗安排与校友见面座谈。当时厦门校友会尚未成立，几位在厦大工作的校友与张书记见了面，据参加会见的方柏山校友回忆，74岁高龄的张浚生教授顶着烈日徒步从厦大逸夫楼来到他事先借用的不足六平方米的小会议室，在会见中，老书记特别强调了校友工作的重要意义。会见后，厦门校友会的筹备工作开始加速，总会也给予许多帮助和支持，2012年12月2日，在广大厦门校友的共同努力下，厦门浙江大学校友会正式成立，共有300多位校友参加了成立大会，盛况空前。

厦门校友会是在张浚生老书记的关心下诞生的，其发展和壮大也不断得到老书记的支持和教诲，我作为秘书长，在和老书记近距离接触中，感受尤为真切，有几件事印象特别深刻。

2014年10月，浙江大学华东地区地方校友会联谊活动在厦门举行，张

洪冀宁 男，1992年毕业于浙大光仪系，高级经济师，厦门浙江大学校友会秘书长，曾任厦门国际会展中心副总经理，现任职于厦门广电集团

浚生老书记莅临此次盛会。席间，方会长向老书记提出，希望他能够为厦门校友会题写一幅字作为纪念，张书记愉快地答应了。考虑到老书记年事已高，为节省体力，有校友建议他写“求是”两字，他微笑不语，沉吟片刻，挥笔疾书，写下了“树我邦国、天下来同”八个刚健有力大字，当这幅书法在台上展示时，校友们激动不已，掌声雷动。

第二天上午，方柏山会长、陈政德和陈莹两位副会长以及我代表厦门校友会去机场为老书记送行，飞机晚点一个多小时，老人家心情却一点没有受影响，他兴致盎然，和大家聊起了自己的一些经历和往事，回忆浙大聘请金庸担任文学院院长的始末，谈及振兴母校文科的长远考虑，让人感受到他深厚的人文素养、博大的胸襟、宽广的视野以及对母校的拳拳赤子之心。由于当时“港独”分子制造的一些事件，香港成了媒体的热点，对于大家关心的问题，老书记做了解答，他对香港情况十分熟悉，言谈中皆为真知灼见，没有半句套话，令在场者受益匪浅。

2015年，为促进浙大与福建深入产学研合作，老书记专程来到福州，带领学校有关部门与福建省政府部门及商界人士接触洽谈，公务之余，组织了校友座谈会，那一年我正好外派在福州海峡国际会展中心任职，和方柏山会长一起应邀出席本次活动，有幸与老书记再度见面。座谈会结束后，校友们还不想离开，希望再多交流一会，我和福晶光电总经理谢发利、瑞芯微电子董事长励民等几位光仪校友上前和这位德高望重的师长合影留念，张学长亲切询问了大家的情况，回顾了母系的发展历程，他以浙大光电学院老师参评院士为例，指出了团结合作、共同发展的重要性，同时也对加强校企合作等提出了一些建议。老书记态度谦和、举止儒雅、语言风趣，让校友们如沐春风、获益良多。

张浚生老书记多年养成一个习惯，每到一处，只要时间许可，无论多么劳累，一定与当地校友见面、交流。2015年9月，老书记前往广东潮汕公干，好像是因为天气原因，无法直达，必须经从厦门中转，厦门校友会因而又有一次与老书记短暂沟通的机会。方柏山会长、陈刚副会长和我闻讯前往接机，见面时，得悉厦门校友会纪念母校120周年诞辰的初步想法后，张学长十分高兴，对庆祝方案提出了一些建设性的意见，也特别介绍了紫金港校区选址、规划等情况，每当提及新校区的未来，他的眼神里，就流淌出一种特别的光彩，令身边的人受到感染，觉得振奋，也体会到他目光中蕴含的对事业的执着与热爱之情。

老书记呕心沥血，亲力操持四校合并工作，为浙大后来飞速发展奠定了良好的基础，期间兼容并蓄、吸纳人才，难免要经历大学转型之阵痛，又何尝不是一场浙大版的改革开放。若干年后，回望历史，世人也一定会因这位福建籍光仪学子掌舵过浙大而感到幸运。

厦门是小平同志垂青的特区，他当年手植的大叶樟，数十年后，已长成参天大树、亭亭如盖。而张学长书赠厦门校友会的“树我邦国、天下来同”，又何尝不是一颗播撒在所有鹭岛求是人心中、总会破土而出、终将直入云霄的种子？

伟哉张公！

人人怀念张浚生

刘建斌*

2月19日，在朋友圈看到张浚生书记去世的消息，非常震惊。印象中，张书记都是神采奕奕、精神矍铄，这两年略显衰老，但是精神一直很好，没想到这么突然就离开了，让人难以接受。

和张书记结缘，源于浙大校友会工作。2007年一些热心校友张罗筹建杭州浙大校友会，一开始就得到了张书记的关注，为了校友会注册的事情，张书记还多次到管理部门沟通交流。校友会成立之后，大家一致推选张书记担任校友会的名誉会长，他也欣然接受了。有一次不知道是谁提议，说张书记是浙大“一号校友”，“一号校友”就成了张书记在杭州校友会的代名词。

张书记非常儒雅，待人亲切，做事讲话没有架子，校友们都特别喜欢和他聊天。最让人惊讶的是他的博闻强记，很多十几二十年前的小事情，他都记得非常清楚，和大家叙起旧来，往事细节都能娓娓道来。张书记的书法很好，每次活动都有人请他题词，他都会欣然提笔。受现场条件所约，如果他觉得写得不是很满意的，他会回到家继续写，直到挑出满意的再送给对方。

虽然已经退休多年，张书记还一直在为浙江大学的发展发光发热。除了平日的社会活动，张书记都会在玉泉校区一间办公室里面工作。他设立了浚生贫困学生助学基金，很多社会贤达积极参与，惠及数以千计的学生。他积极发挥自己在香港的人脉优势，为拓展办学资源不辞辛劳。

刘建斌　男，1998级浙江大学化工系校友，曾任杭州浙江大学校友会秘书长，现为浙大友创执行总裁

张书记的离世，在浙大校友中引起很大的震动，在微信朋友圈，看到很多浙大的校友、师生，都在用自己的文字和图片，缅怀张书记，回忆曾经和张书记相处的故事。有浙大的校领导，也有在一线的老师，有各地校友会的会长，也有在其任职时曾经有过交集的普通校友。大家千言万语，又将一个有血有肉、儒雅亲切的张书记复活了，好像他依然在我们中间。

张书记一生经历很丰富，香港回归前任新华社香港分社副社长，回到浙大主持四校合并及后续工作，应该是他人生中两件最为重要的事情。前者为了祖国和平稳定统一，后者为了母校能成功四校合并稳稳发展。巧合的是，两件事情的核心都是“合”，香港本是中国的一部分，四校也本是同根同源，张书记能亲历两次重大的“合”，于他应是一生的荣耀。回想起张书记曾经说，自己在离开浙大前，在浙大学习工作了30年，对浙大的情感非常深厚。四校合并回来，到离世，又过了20年，他在浙大的时间，有50年之久。而他在香港工作了13年。香港回归和四校合并，对于中国，对于浙大，都是历史性事件，堪称丰功。

承香港回归、启四校合并，爱国荣校终无悔。

十三年香江，五十载求是，立功立德永不朽。

于是我写了上面一副挽联，表达对张书记的敬意和哀思。后来很多报道引用了这两句话，相信这两句话也比较完整地概括了张书记的一生，引发了大家的共鸣。

浙大的发展，离不开一代代人的不懈努力，从抗日战争时期，竺可桢率浙大师生西迁办学，救亡图存，筚路蓝缕2600公里，坚持办学七年；到改革开放后，路甬祥校长推动了教学、科研和管理等多层次改革，提出“求是、创新”新时期的校训；再到四校合并，张浚生书记兼容并蓄，完成对四校合并融合，为把浙江大学建设为中国最具影响力的综合型一流大学，付出了自己的热情、真诚和天赋，我们应该记住他们。

（2018年7月）

永远的好老师

赵　建*

张浚生书记喜欢大家叫他“张老师”，我们永远是他的学生。

我聆听他的教导可以从上世纪80年代中期算起。我们入学时，张老师已经从浙江大学调往杭州市工作，后来又去了香港。大约是1985年的一天，我们接到系里的通知去听香港来的张浚生先生的讲座。因为是香港问题的讲座，大家欣然参加。记得张老师讲了中国政府“一国两制”处理香港问题的主张，香港当时的一些情况。印象最深的是，他讲到香港上层“开明人士”的爱国心和爱国义举，例举了包玉刚先生捐建宁波大学的例子，还联系着讲到浙大的发展也同样可以争取海外爱国人士的帮助等。当时，我的感受是耳目一新。张老师讲完后，主持讲座的哲学系主任孙育征老师说了一句“张先生是一家人”。看同学们没有反应过来，孙老师接着介绍了张老师的经历：张浚生同志是浙大培养的学生，当过浙大的老师、领导，杭州市的领导，现在是新华社香港分社的领导，相当于中央驻香港代表。这次张浚生同志因公务回杭州，知道他要到学校来，特意约他的宝贵时间给学生做讲座，这个讲座是哲学课和思想政治教育课的一次宝贵辅导。

30多年过去了，虽然讲座的具体内容有些模糊了，但感受至今尤深：张

赵　建　男，浙江杭州人，生于1966年，浙江大学计算机工程学士学位、管理工程硕士学位。曾任浙大快威科技产业总公司总经理、浙江浙大网新集团有限公司总裁。2005年5月起任浙江浙大网新集团有限公司董事长，浙江大学教育基金会理事

老师“洋气”，讲政策充满时代感；张老师大气，讲道理高屋建瓴、娓娓道来；张老师和气，整个讲座是笑对着大家，随时观察着同学们的反应。张老师的经历了不起，从专业教师到领导，从地方领导到外交家。从那以后，我们总会关注，学校是不是会再邀请张老师来出席什么活动，希望再次听到他充满时代感和国际意识的讲演。记得1987年的90周年校庆时，同学们对有苏步青、张浚生等校友出席的活动最为关心，活动“一席难求”。

二十世纪九十年代初，我走上了工作岗位，继续在母校的关怀下发展。时有机会了解到张老师在香港工作为母校贡献的事迹。100周年校庆过后不久听到四校合并的消息，进而又了解到张老师可能会出任新浙大的党委书记。对张书记来掌舵的新浙大充满了期待。

记得在1999年下半年学校的一次工作会议中，针对学校财务部、产业处提到的校办企业量多个小、管理不规范、财务状况差等问题，张书记反复点评强调：合并是不可逆转的，一定要加强整合，不管是什么公司一定要归口管理，但要尊重企业的实际情况、保护公司的商业秘密，企业有利润、有社会价值才是硬道理。他还形象的比喻：学校整体是“1”，每个单位是“0.1”，党员只管“0.1”还不够，党员干部至少要关心“0.n”。四校合并最难的是院系调整整合，校办产业的管理统一也不亚于此，但因为是教学科研主体工作的辅助，抓落实更是不容易。张书记同样以坚定的态度，抓住本质的智慧，令人舒畅的方式来推进工作，真不容易。浙大网新集团是在浙江大学四校合并后，学校提出浙大在产业化方面应当整合力量做出更大贡献的背景下应运而生。张书记对网新的发展、对网新团队的成长也给予了宝贵的指导和教诲。我们对此时有交流，每每收益良多。

记得有一次张书记讲起了组织紫金新校区开工建设仪式背后的一个小插曲：2001年9月18日新校区举行开工仪式，建设新校区是浙大发展史上的里程碑，教育部和浙江省等省政府都很重视。省委书记张德江同志、省长柴松岳同志都出席仪式。会前，学校要求院系组织一定数量的老师和学生参加，但是遇到了一些困难。仪式在上午举行，当时从另外几个校区到紫金港还要花不少时间,参加者一早要出发,有课的班级还要调整课程,部分同学甚至还有老师思想认识还没有完全统一。好在一线的组织老师及时督促调度,确保了仪式简朴庄重地举行。事情已经过去,但张书记认为道理还需要讲通、情绪还需要疏导,很快就专门组织了一次座谈会,他和师生代表交流思想。他觉得部分师生的情绪事出有因,问题还是出在对新校区建设的发展战略宣传解释不够,大家有些不理解。如果大家都能意识到自己也将成为一个历史时刻的亲历者,而且是一个面向未来美好的历史时刻,因不便和"麻烦"所引起的抱怨和情绪也许就会消解。通过座谈沟通,大家不仅心服气顺,还增添了一份荣幸和自豪。张书记总是能够在一些具体的问题中看到深一层原因,又总能把每一次解决问题作为教育的契机,以更高的视角、和谐的方式化解矛盾。

张书记从领导岗位退下来后,还是一如既往地全身心地关心着学校的发展、关爱着学生和校友、关注着青年一代的成长。他投入大量的精力、以自己的影响力调动在社会各界的资源,创立"浙江大学浚生贫困学生助学基金",帮助了一大批80后、90后的学子度过难关,完成学业。最近二十几年,奖学金越来越多,但助学金则不多见了,张书记创立助学金,是考虑到贫困学生往往是各方面基础都弱,要拿奖学金不容易,而助学金能起到精准帮助的功能。他关爱学生,总是能全方位的为他们着想。张书记对于学生或校友组织的爱校荣校、服务地方、交流互助、联络感情的活动几乎是有求必应。在参加各类活动中,我们和张老师经常有机会聚在一起,我们也会谈到,张老师做这些事的初心。他常常会提到帮助过自己的人,促进自己成长的事;有时也会谈及条件欠缺、环境不良曾经给自己带来过的困扰。他是怀着对组织、对集体、对社会感恩的心,抱着为学生为晚辈创造条件、营造环境的愿,倾注着精力、贡献着时间。一些活动并非张老师兴趣所在,但每次他到场的活动总能给大家增添快乐、收获教益。去年11月在几位校友祝张书记病后康复的一次小聚中,交谈时他又把话题从自己转到了国家和青年。他说香港的"占中"事件,不少参与者是香港回归以后才出生的,问题出在我们过去一段时间里的政策,对香港青年一代的积极引导和教育不够。为此他给中央提了意见和建议。那天,他还谈起对高考改革具体方式的看法,担心在应试教育的本质没有转变的情况下,仅仅让考生选择考试科目可能会导致中学生学习舍难求易,造成另一种偏颇。

和张书记一起,我们常常会探讨"党的书记和大学管理者角色协调一致"话题。几乎每一次和张书记的交往,我们都能从他的言和行中得到启发、受到教益。今天我们纪念他,把怀念中的点点滴滴连贯起来,恰是一次解读他精彩人生、高尚人格的旅程:从张书记的身上我们领略到他渊博的学识和开阔的视野,钦佩他与时俱进的时代使命感和深厚的优秀传统文化底蕴,感受到他蕴藏在内心的理想和信念。在他身上能看到一位共产党领导干部、一位现代化的教育家、一位广交朋友的社会活动家的自然融合。其中的自信、其中的修养,值得我们永远学习。

生前无愧于心　身后青史留名

——纪念恩师张浚生

周　哲*

2018年2月19日，正月初四，正值年假，那日杭州天气格外阴冷，凄凄沥沥下着冬雨。下午，突然接到冯时林学长信息，张浚生老师走了，极为震惊。当即与原浙大副校长卜凡孝学长赶往浙江医院，看望张老师最后一眼。看到悲痛中的杨惠仪老师，我走上前想要宽慰几句，竟也一时悲上心头，无语凝噎。想到原本说好于几天后的小聚，竟已变成永远无法实现之约，内心悲恸不已。

3月4日，回到杭州参加张老师的告别仪式，遇到许多从香港赶来的政、商、文化界名流，他们大多是张老师生前在香港的旧友，突闻噩耗，特意赶来送张老师最后一程。寒暄间，莫不戚戚然叹惋。告别大厅外自发前来送别之人有数千名之多，大家秩序井然地排着队，等待向张老师致以最后的敬意。

此刻，我坐在办公桌前，看着墙上挂着的张老师赠字："周密深思，哲通理明。周哲学弟雅正，庚寅立春日张浚生"。恍惚间，昔日与张老师交往场景又一幕幕重演。这样一位灵魂高洁、品德高尚之人，在我生命中留下的回忆和烙印随着岁月流逝愈发鲜明深刻。

---

* 周　哲　男，江苏江阴人，1965年5月出生，1982—1988年在浙江大学读本科、研究生。1993年移居香港，任香港允升国际控股有限公司董事长、浙江大学香港校友会常务副会长

浙大初见，老和山下显风华

初见张老师是在1982年11月的某天下午，老和山下浙大学生俱乐部，校学生会召集学生代表开会。那天会议的大多记忆都已经模糊不清，唯一印象深刻的是讨论为浙大学生做统一校服这个话题。当时国内有统一校服的高校屈指可数，学生代表们对学校的态度有些忐忑。四名男女同学身着设计好的浙大校服向与会者做了展示后，张老师代表学校发言，他的话语掷地有声，“别的学校可以做校服我们也可以做，而且一定要做得更好！”那时的我作为一名大一新生，内心对这位时任浙江大学党委副书记的张浚生老师充满敬意，也是从那一刻起，我心底开始萌生了作为一名浙大人的归属感和自豪感。

结缘香江，十五载拳拳赤子心

不久后张浚生老师调任香港，上世纪90年代初我也因为个人事业发展移居香港，在一些活动中与张老师不期而遇，和他才真正认识和慢慢熟识起来。

张老师当时作为新华社香港分社副社长和新闻发言人，分管新闻、出版、宣传等诸多工作。在香港回归前夕，社会舆论繁杂，民心颇为不安。而张老师作为新华社香港分社的新闻发言人，肩负责任之重大自不必说，那段时间张老师废寝忘食每天工作到深夜，在各种大型活动之间忙碌奔波，时时与香港主流媒体及香港各界人士维持紧密的关系。多年后张老师曾亲口讲道：“那段时间真的是忙，最忙的时候一年要参加五百多场活动，偶然一晃神都没反应过来自己在哪个会场。有时一个晚上要接连出席三四场酒会，作为主礼嘉宾致辞演讲，根本没时间吃饭。”

张老师在香港任职的那几年，最为人津津乐道的莫过于他与“末代总督”彭定康之间的唇枪舌战。彼时彭定康出任第28任也是最后一任港督，经常到香港的有关团体、单位甚至是社区去发表一些不利于香港稳定过渡的言论，搞一些包括整改方案在内的小动作，张老师则代表中方第一时间进行有理有节的批驳。他曾回忆："当时斗争真是激烈，彭定康上午讲，我就下午讲；他下午讲，我就晚上讲，甚至有时他前半小时讲，我后半小时就回应。后来彭定康曾托人传话说，张先生能不能少讲他一句。我回答说，你不讲我也不讲，你讲了我就必须得讲。"在无数次记者招待会上，面对照相机频频的闪光，张老师总是举止儒雅、从容得体、妙语连珠地应对香港和境外记者咄咄逼人的提问。在张老师离任香港返回内地时，中国通讯社特意赠送他一块纪念牌，上书八个大字："缜密灵活，言多不失。"终于到了1997年7月1日香港回归那天，张老师在现场从事筹划工作，我也在电视机前观看了交接仪式，相信那一天所有炎黄子孙都在不同的地点以不同的方式见证了这历史性的一幕。事后张老师与我聊起回归当天的现场，有很多是他亲历而媒体没有报道的琐事，我想应该没有人能真正了解其中艰辛。我问他，"您那天应该很辛苦吧。"张老师回答："很辛苦，也很骄傲，很踏实。"张老师用了踏实这个字眼，我暗自揣度，许是他为这一刻付出了太多心血。多年来他亲身参与了这场斗争，兢兢业业、如履薄冰，一朝尘埃落定，也仿佛松了一口气。自此张老师似乎与97这个数字结下了不解之缘，数年后张老师回到浙大任党委书记，配车的车牌号恰好是97号，而张老师的秘书为他在浙大申领的校徽竟也是97号，说起来也算是一桩趣闻。

有一次与张老师闲聊，我问他对香港的感觉，张老师平静地说："其实来香港之前我也犹豫过，现在十多年过去了，我在这里努力了，付出了，还结交了那么多朋友，自然就对这里有了感情。"的确如此，张老师在香港期间，因为其待人真诚、博学广识，结交了众多社会贤达且私交甚密，如董建华、范徐丽泰、金庸、邵逸夫、马临等，都是他的好朋友。"那你会不会也想念在浙大的日子？"我问道。"自然是想。"张老师轻呷一口，陷入沉思。

花甲受命，四校合并，愿许国家以驱驰

香港十三载，张老师披荆斩棘，功绩卓著；而浙大，是他怀揣梦想事业起步的地方，是他“风华正茂，挥斥方遒”之所在。有一次我回杭州探亲，返港时一位同样敬慕张老师的校友托我带些土特产给张老师。我清晰地记得带回来的两样东西，萧山萝卜干和宁波邱隘咸菜，用红色的塑料袋提着，我到新华社香港分社交给张老师，他接过土特产，连连称谢。还特意放下手头繁忙的工作跟我聊了许久，他说道：“这些酱菜，我和杨老师最是喜欢。”

1998年4月，张浚生老师被任命为四校合并领导小组副组长和新浙江大学筹建小组组长，他终于得以回到多年来魂牵梦萦的地方。然而经历过四校合并的人都明白，这并不是一个“美差”，其中涉及程序极为繁琐，涉及人员极为复杂，面临的工作压力巨大。当时浙大甚至流传着一个说法，“校级干部一走廊、处级干部一礼堂、科级干部一操场”，如此千头万绪，非有超凡的能力和坚忍的意志而不可为。而张老师彼时已是花甲之年，原本可以食君俸禄、安稳度日，抑或采菊东篱、颐养天年，他却偏偏选择了临危受命、迎难而上。当时有许多人都表示不解，时至今日，我想我大概懂了，张老师的选择从来都不关乎自身好恶，所思所想全凭国家意志。而张老师做得到，因为他有信仰，因为他对党、对国家有着坚贞不移、矢志不渝的信仰。说一句看似冠冕堂皇却是发自肺腑的话，张老师是我所识之中最忠诚的一位共产主义战士，做人做事不为私心，不为自己或身边的人谋私利。只要国家需要，必当全力以赴。张老师自认出身贫寒，是党和国家培养了他，虽无过人之才，仍愿以微薄之躯，鞠躬尽瘁，报效国家。

在张老师的带领下，四校合并顺利完成，这无疑是中国教育改革进程中的一个成功典范。四校合并后，浙江大学无论从规模还是教育科研水平上都更胜从前，多年来综合实力稳居全国高校前列。在张老师担任浙江大学党委书记期间，更是踏踏实实为学校建设、教育发展做出了很多贡献。他曾邀请到诸多海内外高校的知名学者来浙大任职，其中包括张老师在香港结识的好友金庸先生。此外，张老师先后为学校募集了数亿元人民币的建设基金，其中有两亿多元来自香港。

上善若水，热心助学显大爱

从1954年考入浙江大学算起，到2004年7月19日从浙江大学党委书记的岗位上离任，张老师与浙江大学结缘刚好整整50年。而即使在他离任之后，张老师对浙江大学的牵挂和付出也从来都没有停止过。

2005年，张老师在时任浙江大学副校长卜凡孝先生的支持下成立了以他名字命名的“浚生贫困学生助学基金”，我也有幸成为基金的发起人及理事之一。基金会成立至今已经13年，没有高调的宣传也不求外界的赞誉，张老师默默地带领着一群志同道合的人为贫困学生送去温暖，而张老师这种善良敦厚、古道热肠的人格魅力也吸引了大批海内外浙大校友的积极响应。自成立以来，基金会不断发展壮大，累计资助学生已超过3000人次。

每一年张老师都会亲自为得奖学生颁发助学金。我时常坐在台下，看着张老师对每一位学生亲切地叮咛和鼓励，在那一瞬间，他的眼神是无比温柔。也许是那些学生让张老师想起了曾经的自己，身为寒门学子，心有鸿鹄之志。张老师说在早年自己求学的过程中也受到过很多帮助，那些恩情他毕生难忘，而今他想要做的就是把这份恩情传递下去，仅此而已。于我而言，感恩有这个机会跟随着张老师的脚步，看到了人世间这不为名利的诸多善意，现在回想起来，帮助这些学生竟是我许多年来能感受到的最幸福的事了。所谓“赠人玫瑰，手有余香”，大概就是如此。而这份恩情，我愿尽自己微薄之力继续传递下去。

张浚生老师热爱浙江大学，热爱莘莘学子，热爱教育事业。他曾多次陪同邵逸夫先生为教育捐赠事宜在各地奔走忙碌，跑遍了大半个中国，毫不吝惜一己之身，我想这种热爱可称之为大爱吧。

心系浙大，情牵香港，蜡炬成灰泪始干

张老师离任后，我时常回杭州探望他，闲聊时小酌几杯，当谈起香港当时的一些社会现象时，张老师总是耐心地分析给我听，关于香港的文化根源、历史沿革、社会群体等等。他还多次提醒我和其他香港校友及时去做选民登记，行使公民投票权利，为香港的稳定繁荣尽一份力。

因为与浙大和香港的渊源，张老师很关心香港浙江大学校友会的建设，他认为浙大人不管在哪里都要团结互助，为浙大增光。张老师离港之后，有一次我去浙大拜访他，他专门与我谈起香港校友会发展事宜，希望我联络当时在香港的年轻校友入会，并专门书信一封托我转交时任香港浙江大学校友会会长。在张老师的关心与支持下，当年校友会吸纳了很多80年代毕业的浙大校友，成为后来推动校友会发展壮大的中坚力量。多年来，张老师作为浙大香港校友会的永久名誉会长，还帮助邀请了许多香港的社会贤达担任校友会的名誉会长，大大提升了校友会的社会知名度。经过数年的发展，浙江大学香港校友会已从当初的几百人发展到如今几千名会员。自张老师任浙大党委书记开始直至离开，他几乎每年都会特地来香港参加校友会的活动，与老校友聊聊旧事，给年轻校友谈谈经验。

张老师心系浙大，情牵香港，努力为二者的交流搭建着桥梁，其成果有目共睹，其贡献亦得到了社会各界的认可。2003年11月12日，张老师被香港城市大学授予荣誉博士证书，我陪同张老师出席了授予典礼。当张老师在台上接受证书授予时，现场掌声雷动，我亦为之欣喜。

落红有情，化作春泥更护花

几年前我曾与张老师约好此后要每月一聚，而我却总因凡俗琐事时常不能赴约，现在想来应是我今生的一大憾事。最后一次与张老师见面感觉到他身体已不如从前，却依然精神矍铄，时时问及浙大与香港诸事。而那最后一面正是2017年11月，自1982年11月浙大玉泉初次见面起，这段深刻的师生情谊已延续了整整35年。

张浚生老师是诲人不倦的导师，是亲密无间的朋友，是济弱扶贫的善人，是精忠报国的战士。生前无愧于心，身后青史留名。斯人已逝，其志长存。

至此，请容我怀着对张老师最深的敬意再鞠一躬！

浚哲斯人　长发其祥

——谨以此文纪念当代儒者张浚生先生

孟万成*

晴天霹雳，张公驾鹤西行归去也

2月19日下午5:47，浙江省儒学学会副会长兼副秘书长王宇在“浙江省儒学学会群”播发了一条消息：“各位学会同仁，经向有关方面查证获悉，我会原会长张浚生同志，于今天下午不幸遽归道山，这是我省儒学事业的重大损失，我会同仁无不倍感悲痛，学会将积极配合有关方面参与后续治丧吊唁活动。”其时，大家普遍一致的反映是：“惊闻噩耗，犹如晴天霹雳。”随后，“沉痛哀悼”的祈祷声此起彼伏，“音容宛在。愿老会长一路走好”的心愿充满手机荧屏……

2月22日，浙江省儒学学会网站刊发讣告：“中国共产党优秀党员、久经考验的忠诚的共产主义战士、浙江大学党委原书记、浙江省儒学学会前任会长、国际儒学联合会顾问张浚生同志，因病医治无效，于2018年2月19日15时15分在杭州逝世，享年83岁。”2月26日，浙江省儒学学会向浙江大学张浚生先生治丧办公室发出唁电：“惊悉我会原会长张浚生先生不幸逝世，我会全体会员怀着对张先生的无限崇敬，谨致以沉痛的哀悼，并向张先生的家属致以诚挚的慰问！”

孟万成　1963年10月出生，河南潢川人，大学学历。浙江省儒学学会副秘书长、浙江省老龄产业协会副董事长、《浙江工人日报》记者

3月4日上午，浙江省儒学学会同仁集体前往杭州殡仪馆参加了“张浚生同志告别会”。目睹告别会上人如潮涌，自发前来参加吊唁的人流将一号大厅围得水泄不通。如此盛况，在高级领导干部中是极其罕见的！党和国家主要领导人均送花圈表达哀思，这在杭州去世的省部级领导里也是不多见的。全国政协副主席梁振英在全国“两会”开幕之际请假专程前来致祭、慰问家属，并称香港市民都很怀念张浚生。就连远在英伦的前港督彭定康亦发声致哀，当年身为新华社香港分社副社长兼新闻发言人的张浚生曾直斥其破坏香港稳定过渡的言行，由此足见张公的人格魅力。张浚生的女儿张虹和儿子张云在分发给到场致祭人员的《家属答谢词》里说：“爸爸突然离开了我们，一下子使我们全家陷入了巨大的悲痛之中。您走得太急，也不让我们送送您，我们一直无法接受这个事实。”其实，这又何尝不是所有与他共事过，相交、相熟、相知人的心声呢？

弘道养正，斯人风范长存学人间

当天下午，浙江省儒学学会在西子湖畔的文澜书院举行了“张浚生会长追思会”。孔子基金会副秘书长牛廷涛专程从山东赶来致祭并到会发言，香港孔教学院副院长洪秀平、《文汇报》浙江记者站原站长万润龙和浙江大学部分老师等张浚生生前友好、同事下属也参加了追思会。与会者次第发言，追忆了张浚生“辉煌的一生”：早年艰辛求学，青年时期成长为优秀的科技工作者，中年以后步入政坛，亲身参与和见证香港回归、新浙江大学成立这两件有历史意义的重大事件。学界认为：“其经纶事业，已载入史册，为后人敬仰。他德高望重，有守有为，实乃学优仕优之表率！他的不幸去世，使学界失一良友，政界失一典范。”

追思会的重点在于张浚生生命最后征程的回顾：他从领导岗位上退下来后，非常关心支持弘扬国学、振兴优秀传统文化事业。2012年4月，他当选浙江省儒学学会会长，并于2017年10月荣退。在担任会长的五年多时间中，他亲力亲为，真抓实干，做了大量工作，使学会工作迈上一个新台阶。他亲自协调省有关方面，增加了学会的日常工作经费，启动了两个重大科研项目，他大力支持学会与中国孔子基金会共同发起并合办“首届全国省级以上儒学社团会长联席会议”并创建了联席会议机制，搭建了一个全国各省儒学团体经常性联络、交流与互动的有效平台；他走上讲台，向社会大众普及儒学文化。他的这些努力，大大提升了学会的影响力，有力推动了学会各项工作稳步健康发展。在学会任职期间，张会长始终强调弘扬儒学、研究儒学一定要“知行合一”，任何学问最终都要落实到修身立德上来，绝不能说一套、做一套。他为人平易近人，虚怀若谷，作风民主，深具人文精神和经世情怀，有儒者之风，获得了广大会员的高度赞誉和衷心敬仰。2017年10月21日，浙江省儒学学会在第三届一次会员代表大会上通过了《关于授予张浚生会长“弘道杰出贡献奖”的决定》，并在大会上颁授了奖牌，表彰他为弘扬、普及与践行以儒学为主导、多元发展的中华国学所做的卓越贡献。

斯人已逝，风范长存。与会专家学者不约而同表示，一定要以张浚生老会长为榜样，承前启后，继往开来，完成其未竟事业，为玉成浙江国学大业而尽心尽力！

记忆犹新，儒者六次晤面留烙印

我作为浙江省儒学学会的一分子，因此与张浚生先生产生了交集，并有幸在其手下当差，不可谓不幸运。回溯过往，几次会面经历历在目，记忆犹新。

2015年4月26日，浙江省儒学学会二届二次会员代表大会在杭州职业技术学院召开，来自杭州、台州、温岭、衢州、宁波、绍兴、金华、余姚、桐乡等地的学会理事、常务理事及会员代表共110人莅会。张会长在总结讲话时说，我们不仅要学习、研究、传承儒学，更要践行儒学，将儒学与现实实践结合起来，为其提供精神支持。此其一也。

第二次是在浙江温岭市，时间为2016年5月。5月7日下午，来自全省的百余名儒学会会员与当地群众一起参加了在长屿硐天文圣硐举行的祭拜孔子典礼暨文圣硐——省儒学教育基地揭牌仪式。揭牌仪式后，大家参观文圣硐并观看了《乐舞告祭——文圣颂》。次日上午，召开了浙江省儒学学会二届四次理事扩大会，张会长作了讲话。他认为温岭儒学学会在长屿硐天文圣硐举办的祭孔典礼别开生面，把温岭富有特色的非物质文化遗产项目组织起来宣传儒家文化，非常有意义。他还认为宣扬儒学，更重要的是扎根社会、扎根基层、扎根在人的心灵上面；重视在青少年当中通过有效的学习将儒学与实践结合起来。他说过去我们学会、团体会员以及会员在普及儒学方面做出了大量有效的工作，期望会员们将来继续努力，为祖国的兴旺发达，为实现中国梦作出我们更大的贡献！

之后的10月12日，在杭州市省儒学学会会议室召开的会长办公会议上，我第三次见到了张浚生会长。

为深入挖掘“浙学精神”，积极开展儒学与浙江思想文化的理论研究。2016年12月11日，来自院校、科研院所的30余位专家学者齐集文澜书院，共襄“2016年浙江儒学研讨会”。在研讨会上，我又一次见到了张会长，所不同的是这次他是端坐在听众席上，认真聆听着与会专家围绕“浙学、浙商与儒商”、“浙江省儒学学会的发展”等主题上台进行发言。最后，张会长作了总结，并对学会今后工作的发展思路提出了很好的建议。他说，我们将好好总结经验，以弘扬中国优秀传统文化为己任，为建设文化强省、实现中华民族伟大复兴尽一份力！

2017年10月21日，浙江省儒学学会三届一次会员代表大会暨省儒学学会、省国学研究会（筹）合并大会在杭州举行，还在会上授予了张浚生会长“弘道杰出贡献”奖。张会长发表了告别演说。他说新一届的会长由吴光教授担任，副会长由曹锦炎教授担任，这也是学会回归到学术本位的一个重要的标志，是很有意义的一件事情。我一直主张，学术机构要由有学术造诣的领导人来担任。他最后有关党员领导干部“不忘初心，坚定理想信念”的讲话至今听来同样令人振聋发聩。他说，曾子说“吾日三省吾身”，我们的党员干部如果也能每天想一想我今天做的事是对人民有利还是不利？做对了什么做错了什么？那一定是好党员、好干部，会在中国特色社会主义建设的新时代的新文化建设中，作出我们应有的贡献！

这是我最后一次见到张会长，并聆听他的亲切教诲。如今，张会长虽然已驾鹤西去，可他毫无架子、平易近人、宽容宽厚的非典型领导形象，他谦逊好学的君子风度，他和蔼可亲、有求必应的忠厚长者风范却在我脑海里愈来愈清晰起来。《诗经·商颂·长发》有云：浚哲维商，长发其祥。浚哲，深沉而有智慧也。诗文原咏殷商始祖，以此来形容当代儒者张浚生先生，不亦宜乎？

（2018年3月5日）

青山不移　浚公不朽

——深情缅怀敬爱的张浚生书记

薛年勤*　孙丽娟*

德高望重、儒雅尊贵、慈眉善目、和蔼可亲的张浚生书记在我们的一生中留下了难以忘却的印象……

2018年2月19日下午四点，惊悉敬爱的张浚生书记不幸病逝的噩耗，我简直不能相信，怎么回事，真的吗？

我万分悲痛迟迟不能自拔，张书记您怎么走得这么快，我们小年夜下午还通过电话，给您拜了早年，我再三说："张书记您对传统文化促进会的大力支持，是对我们最大的鼓励。大家都说年会开得非常成功，感谢张书记热情洋溢的讲话，感谢张书记总顾问。"张书记热情地说："你们干得很好，取得了很大的成绩。"我们还和张书记约定正月初十(2月25日)晚上邀请他和其他顾问们一起聚聚，张书记高兴地应允了，"好的，好的……并说我身体好的、好的。"张书记您什么都没嘱托，就这样静静地走了，走得太突然、太心痛、太揪心，难以使人接受、更难以释怀……

青山不移，浚公不朽。张浚生书记不幸病逝震惊了浙大、震惊了文化界、震惊了社会各界甚至于港澳地区。敬爱的张浚生书记是一位德高望重的高级领导干部，是党的优秀政治家、思想家、教育家、外交家、社会活动家，

薛年勤　男，江苏南京人，1946年4月出生，艺术评论家，艺术研究员(教授)。现任浙江省传统文化促进会会长，《中华传统文化》杂志总编，中国作家协会会员等

孙丽娟　女，浙江杭州人，1951年10月出生。现任浙江省传统文化促进会秘书长，《中华传统文化》杂志副总编辑

是党的好干部。他忠于党的事业，热爱伟大的祖国，情系香港同胞和浙大求是学子，殚精竭虑，奉献了毕生。他热爱中华民族优秀传统文化，强调中华传统文化是国民素质提高和文化自信的基石。敬爱的张浚生书记是为人师表的典范，是共产党员的优秀楷模，他常常说“国家的需要就是我们的志愿”，几十年如一日，他慈祥音容和足迹留在了祖国大地上。

我们和张浚生书记认识已有30余年了。1984年建国35周年，浙江省暨杭州市隆重举行庆祝国庆35周年盛大庆典，在全省聚调了几百辆缤彩绚丽的彩车举行彩车游行和杭州优秀彩灯展览活动，这是粉碎“四人帮”后第一个盛大庆典。我被借调到杭州市委宣传部工作，主要负责组织彩车游行和彩灯展览活动，认识了张浚生、厉德馨、杨招棣、金裕松等市委领导。张浚生时任市委副书记兼政法委书记，我担任彩车游行总联络员和彩灯展览领导小组成员。

1985年的某一天，我们获悉中央组织部调张浚生书记赴港到新华社香港分社工作。张书记到香港13年先后任宣传部副部长、部长、副社长兼新闻发言人。整整13年，张浚生书记身负重大使命、坚贞不移地贯彻和落实中央“一国两制”的理论和政策，为香港平稳回归作出了重大贡献。他在香港以政治家的气魄、思想家的敏捷、灵活的工作方法；以对党的忠诚、对伟大祖国的热爱，以他的人格魅力广泛地接触和团结香港各界人士和企业家及新闻演艺界人士，以无限的精力和热情投身于香港回归祖国的大业。1997年7月1日张浚生以中央代表团副秘书长的身份见证了香港回归祖国的历史瞬间，香港回归祖国是彪炳中华民族史册的千秋功业。

几年后我们去张书记的新宅做客，看到了墙上挂着大幅彩照画面正是中英国旗交接仪式，而张浚生书记的座位正在中国代表团之列，在和我们谈起香港回归一幕时，张书记心潮澎湃、热血沸腾地说：“当五星红旗在香港回归的交接仪式上徐徐升起，洗雪百年民族耻辱，这是一个重要的历史时刻来到了，香港回归祖国，它的历史意义和现实意义是超过年度的，它的影响力是世界性的。”张浚生书记完成香港回归任务回浙江工作，但他还始终关心香港的发展和稳定。香港回归5周年、10周年、15周年、20周年庆典活动，张书记都被中央政府和特区政府邀请去香港参加庆典活动。去年20周年盛大庆典系列活动，当文艺晚会演出前，我们敬爱的习总书记进场时见到了张浚生书记，第一个亲切地和他握手，微笑着对张书记说："你来了……"这一难忘的瞬间，中央电视台、全国各省级卫视、凤凰卫视均在第一时间直播了这一重要新闻。张浚生书记返杭后，浙江省传统文化促进会第一时间在人民大会堂宴会厅为张书记的归来举办欢庆仪式，近距离地聆听了张书记这次参加香港回归二十周年庆典活动的情况介绍，他说，习总书记这次在香港参加回归庆典活动，进一步阐述了"一国两制"政策的重要性，进一步明确了"一国两制"是中国的伟大创举。明确地指出了香港是中国的，"港独"是不可行的，要爱国、爱港，进一步声明中央政府全力支持香港特别行政区和特别行政区政府依法施政。张书记说，正确的把握"一国两制"的关系，"一国两制"首先是为了实现和维护国家统一，必须坚持对香港青少年的教育和引导，香港才会更加繁荣和发展。

张浚生书记和我聊谈时很谦虚地说："我当领导是副业，教书是我的主业。"在纪念浙大120周年校庆时说："我是浙大培养出来的老师，是党培养成长的一名干部。我在浙大读书、工作到现在有60余年时间了。"无疑，他对党的教育事业是忠诚热爱的，从筹建新浙大到中央任命他为新浙江大学党委书记，年过六旬的张浚生书记通过他在香港工作多年积累的人脉资源，为新浙大引进了众多项目和大量资金的支持以推动浙大的发展，使之早日成为世界名校。我在2017年12月参加的浚生贫困助学基金理事会议上，香港一位著名企业家答应给浚生贫困助学基金会资助一千万元善款，张书记在会上说："这一千万元就给学校好了，支持学校发展。"现在基金会以张书记的影响力和人格魅力筹款已达3600多万元，资助贫困学生3000多名。

张书记热爱中华传统文化，习近平总书记提出了要弘扬中华优秀传统文化，"中华传统文化是民族的魂和根"。张书记深有感情地说："习总书记关于弘扬中华传统文化和文化自信的讲话是拨乱反正的重要讲话。一个国家一个民族必须要有自己的文化，必须文化自信，中华优秀传统文化是我们中华民族五千年多年博大精深的积累。”

2015年5月21日纪念毛泽东同志在延安文艺座谈会上讲话发表73周年暨浙江省传统文化促进会成立大会，作为总顾问张书记作了热情洋溢讲话。他说：“浙江省传统文化促进会的成立很有必要、也很重要，浙江是文化大省，促进会成立可以推动浙江文化大省的建设和发展。中华传统文化博大精深，五千多年文明史传承下来，有文字记载的是三千多年。人类有文化，人的思想表现、讲话表达、相互感情交流是通过五千年的文明史传载下来的，中华文化的特点是随着不同时代要求发展积累到至今，儒家学说最重要的是把民族性的中华精神传下来，推动社会主义核心价值观的发展。我是搞科学的，以前科学不发达，孔子、孟子的思想没有继承发展好，人与人之间的关系‘和’是最重要的，国家要强盛关键是在国民素质要提高，浙江省传统文化促进会要推动这方面工作任重而道远……”张书记自参加成立大会后，每每活动有请必到，并发表热情讲话，还多次参加促进会举办的书画公益活动。

2016年5月在“喜迎G20，中国长三角扬传统文化，创新风尚，新时代，新理念高峰论坛”上，张书记也做了重要讲话：“今天这个论坛主题很好，我们就是要通过学习中华优秀传统文化，弘扬中华优秀传统文化，继承中华优秀传统文化，身体力行地营造新风尚、新文化、新理念，这也是我们传统文化中的知行合一的思想。我经常说，我们有优势文化，但还没体现出文化优势，我们的文化优势，我认为主要在于人文科学、社会科学方面，在这方面我们的传统文化确实是非常优秀，但是在自然科学、技术科学方面，我们有几百年的比较落后，为此也影响了经济发展，因此便造成一种假象，因为我们科学比较落后，我们的文化好像也不是那么优秀了，这是一个很大的误解。任何文化都是随着历史的发展而发展的，都带有历史的烙印……”

2017年期间，有三个重要的活动：一是在花圃盆景园的“扬传统文化 创现代金融文化”公益笔会上，张书记高度赞扬了举办此次活动的意义，他说，

“以书会友、以画助贫”通过笔会现场募集艺术家的作品再进行爱心拍卖,将所得善款用于扶贫帮困是一件功德无量的好事。他亲自开笔,紧接着书画家们纷纷挥毫泼墨。其次,是11月18日浙江省传统文化促进会黄宾虹画院成立大会。那天寒风凛冽、天色阴沉、气温骤降,张书记因身体有恙刚出院不久,当我俩驱车到张书记家门口接他时,问他:张书记身体怎么样,是否吃得消?他老人家欣然答道:没事没事,我早就答应你的。黄宾虹画院成立是件大事,哪怕没出院,只要身体允许,我向医院请了假也要到现场祝贺的!我俩听了万分感动。那天张书记在会上说,我国画坛素有“南黄北齐”之称,黄宾虹先生是一代宗师,他的艺德更是为后人崇敬!记得我在香港新华社工作时,有关方面将在香港为黄宾虹先生的遗作搞场画展,我坚决支持并为画展顺利展出疏通各方环节,亲自参加并邀请了香港有关人员一并出席画展开幕式。他还说,我们要学习黄宾虹先生的艺术精神、爱国情怀,学习他的人品、人格和艺德,将黄宾虹的艺术精神传承下去,发扬光大。再次,是浙江省传统文化促进会一届五次理事会暨迎春年会,82岁高龄的张书记冒着零下5度,大雪覆盖的恶劣天气亲自到现场并做了重要讲话。他的讲话是对我们工作的认可,是浙江省传统文化促进会发展方向的指路明灯,是我们促进会的主心骨、引路人,更是“定海神针”、坚强后盾。

敬爱的张书记,您德高望重、平易近人……您忠诚党的事业、热爱祖国的高尚情怀和革命者的精神是我们永远学习的典范,您的一切都给我们留下了无尽的思念,以至于每每想起和您在一起时的情景总会潸然泪下……您是党的优秀的好领导、好干部!我们永远缅怀您……

(2018年3月5日于西溪融庄)

力擘宏业终无憾　傲骨长存传世泽

——追忆张浚生叔叔

刘爱平*

今年2月19日(年初四)下午四时许,我突然接到一条消息,张叔叔走了,我顿时呆立,心中悲痛,黯然垂泪……

本来约好大年三十,好兄弟冯时林与我和张叔叔等几家人约好一起吃年夜饭共度新春佳节,因我不幸患了流感,高烧不退,未能成行。但年三十晚上还和张叔叔、杨阿姨通了电话,向他们提前拜年问好,相约节后再去。张叔叔那爽朗的笑声,至今还回荡在我的脑海中。怎么都想不到,他突然离我们而去,心中万分悲痛,太突然了……

记得第一次见张浚生叔叔,是在20世纪80年代初。我从上海回到家正好遇上他与父亲谈完工作,父亲看到我,指着张叔叔要我叫"叔叔"。张叔叔笑着摆手,父亲大着嗓门说:"一定要叫叔叔",我叫了声"叔叔"。张叔叔边笑边摆手走出门外。此后,尽管我与张叔叔见面不多,但一直记着当时的情景。有一次听父亲和母亲讲起,说张叔叔这个人"为人正直,不唯唯诺诺,有主见,有能力",言语之中充满了对张叔叔的赞赏。

后来一次见到张叔叔是在父亲的追悼会上,那时他已担任新华社香港分社副社长。我得知他特地从香港赶回来悼念父亲,看着他满含泪水的双眼,我忽然为父亲感到欣慰,同时也深切感受到他们俩人之间那种真挚深厚

刘爱平　刘丹老校长儿子。上海市建委处级干部。已退休

的情义，我从心里由衷地感谢他。后来张叔叔退居二线后，我去杭州，见面相聚多次。我特别喜欢聆听他对在学校时和父亲共事时的故事，他对父亲的感情很深、很真挚，有时候说到动情处，我能感受到他眼中闪动的晶莹。我听说，他1984年离杭到香港上任，临走前专门把浙大保卫处冯时林处长带到家中推荐给我父亲认识，再三叮嘱，一定要照顾好老前辈、老领导、老校长夫妇。冯时林同志遵照张叔叔的嘱托，几乎每周都到家里看望我父母，我们自然也成了无话不谈的好兄弟。

拳拳报国心　浓浓赤子情

1997年7月1日，香港终于回到了祖国母亲的怀抱。张叔叔在《中英联合声明》签订之后来到香港，先后担任香港分社宣传部副部长、部长、副社长等职务长达13年之久，与香港结下了一生之缘。那个时候的香港是个资本主义社会，而从国内到香港，大环境完全不一样。但张叔叔凭借他受党多年的培养，对党性的坚守，以及睿智聪慧，牢记党中央的方针和政策，不辞辛劳，恪尽职守，结交了不少不同阶层的朋友，很快打开了局面。不管香港局势有多么的错综复杂，他都没有忘记祖国赋予他的使命，深深地留下了一个爱国者奋斗者的足迹，为香港回归作出了卓越贡献。香港的舆论界评论张叔叔“缜密灵活，言多不失”，不愧为祖国在香港的新闻代言人。

不畏责任重　使命勇担当

记得父亲在浙大和省人大工作期间，始终把建设高水平的大学作为浙江大学的奋斗目标。他在上世纪八十年代初就提出：我国应兴办或恢复一些文理工农医法齐全的综合性大学，认为只有这样的大学才能适应世界科学技术发展的潮流，才能培养出高质量的人才和出高水平的科研成果。他和一些高校的领导联名给中央写信，提出他的建议。也就是在这样一种背景下，张叔叔顺利完成香港回归的重大使命后，又肩负起党中央交给的重要历史使命重回浙大，主持四校合并的大局。

四校合并，创建一所世界一流水平的综合性大学一直父亲夙愿。在世时就一直竭尽全力推动四校联合，奈何困难重重，阻力很大，临终前他仍念念不忘，嘱托浙大校长路甬祥叔叔要全力支持，积极推进，创立世界一流大学的重任。当路甬祥叔叔得知党中央有将四校合并的精神后，他就向中央积极推荐张浚生叔叔来负责此事。当时张叔叔知道此事难度极大，牵扯到各个方面的人和事，但张叔叔不畏艰难，抛弃个人利益，抱着背水一战的决心，立下豪言："做不好就跳钱塘江"，毅然接受了这项艰巨的任务，挑起这个重担，其后的酸甜苦辣、千辛万苦，我想只有张叔叔自己知道。张叔叔主持四校合并大局之后，以高度负责的精神和积极认真的态度，在中央和省市领导的积极支持下，团结带领广大教职员工，用不可思议的四个多月时间就让四所学校合并成为新的浙江大学，为浙江大学创建世界先进水平的一流大学奠定了坚实的基础。而现在的浙江大学生气勃勃、蒸蒸日上，已经跻身于世界著名的一流大学之列，这其中张叔叔居功至伟。他让父亲的遗愿得以实现，慰藉了父亲的在天之灵。

肝胆两相照　情深义更浓

记得张叔叔回浙大主持工作后，有一次去浙江医院探望我90高龄的老母亲，张叔叔握着母亲的手说："吴蓉同志，我这次回来就是要完成刘丹老校长的遗愿，把浙大建设成为世界一流的大学，给中央有一个交代，给老校长有一个交代，请您放心，您要多多保重。"我还记得2009年张叔叔在纪念我父亲100周年诞辰会上，用饱含深情的语言，回忆起与父亲共事的岁月，讲到动情处，不禁泪流满面。他对我父亲十分敬重，他说，刘丹同志是一位名副其实的社会主义政治家和教育家，是一名忠诚的共产主义战士。在"文化大革命"中，遭受了极其残酷的迫害和折磨，但他始终坚持真理，讲真心话。他举了一二个例子说，在一次会议上，刘丹同志毫不隐瞒自己的观点，批判"文革"的错误，说："学校不像学校，工厂不像工厂，图书馆几百万册书，那时去图书馆看书的只有几十个人，图书都要发霉变烂了。"结果，他被造反派拉去批斗，脖子上挂牌下跪，打扫厕所，还被打掉了两颗牙齿。张叔叔说，这一切如果没有坚定的理想信念和大无畏的革命精神是不可能做到的。他也曾对我讲起父亲的很多故事，说刘丹同志从不计较个人得失和所受的委屈，总是把党和人民的事业放在第一位，他的高风亮节是我党的宝贵财富，值得我们永远学习。

张叔叔是福建长汀人，家境贫寒，幼年丧父，几度辍学，但他聪明过人，记忆超群，他时不时给我们讲他家的家史、族谱，他会背诵他父亲教的幼年的旧诗和妙句，“真学问自五伦起，大文章从六经来”“气傲皆因经历少，才高唯赖琢磨多”等等。他大哥曾是浙东游击纵队队员，参加过解放战争和抗美援朝，深受革命思想的影响，他从小受家庭的熏陶和党的教育，树立了他对理想信仰的坚定和忠贞。

张叔叔是一位有着真才实学、重情重义、感情丰富的领导者和政治家。他尊重知识、尊重人才、尊师重教，给大家留下了美好的回忆，而且他对我们这些晚辈给予很大的关心和爱护。我记得，他不辞辛苦，曾两次到上海担任我儿子、女儿的结婚证婚人，我们全家都衷心地感谢他。在近二十年的交往中，他给我的感觉，是他对理想信念的坚守和忠贞不渝，他对党的事业的坚定执着，永远充满乐观，永远充满朝气。他大度睿智、品德高尚、严于律己、宽以待人；他廉洁奉公、严守纪律，具有敢于担当的精神和人格魅力。

张叔叔虽已离开了我们，但他那爽朗的笑声、亲切的话语、谆谆的教导，却永远留在我的脑海中，不可磨灭。

张老师,您是我人生永远的楷模

陈　征*

张浚生老师离开我们已经半年多了,多次想动笔写这篇回忆文章,心头悲痛,久久不敢动笔。正如2月19日惊悉张老师离开的当晚,我在微信群中所写的那样,张老师,张书记,张社长,您给浙大人,香港人留下了太多的感动,太多的故事,太多的回忆,我们有太多的不舍,有太多的话想对您说……

张浚生老师的一生,为国家和民族奉献了毕生的精力,建立了巨大的功勋。我心中非常认同张书记的同事、四校合并后浙大第一任校友总会常务副会长黄书孟评价的那样:张浚生同志一生立场坚定,旗帜鲜明,思想敏捷,呕心沥血,忧国忧民,关心他人,敢想敢说,勇于担当,是大仁者大智者,是政治家、思想家、社会活动家、学者和文人。我只能从与张老师日常接触中所感受到的点滴,来追忆他高尚的品格和崇高的精神。

2007年香港回归10周年前夕,浙江经视主持人程程策划了一个专题节目:陪张社长一起回香港。我记得在香港拍摄期间,有一次我们一起去香港鲤鱼门用晚餐,沿着窄长的街道一路走过去,两边的商家,市民看到张老师来了,不约而同地欢喊着:张社长,张社长……虽然张老师离开香港10年了,但香港的老百姓还记挂着他,短短一百多米路,和张老师热情打招呼有几十人,我看了非常感动,对节目策划人说,你们做了一个很好的节目,这就是张

---

* 陈　征　男,1960年3月出生,浙江大学化工系毕业。现任香港环球数码创意控股有限公司董事、总经理,香港浙大校友会常务副会长兼秘书长

老师，回归10年了，人们还想着他。庆祝香港回归祖国的10周年，如果你们能把今天的场景拍下来该有多好啊。张社长回到香港，来到这条小街道就好像回到自己家乡一样，这反映了张老师在香港的影响力，展现了张老师在香港市民百姓中的亲和力，也体现了香港普通百姓对张老师的认可和尊敬。

张老师回到内地后，担任了四校合并后新浙江大学的第一任党委书记，开始了艰难的四校合并融合工作。虽然四校同根同源，但毕竟分开了几十年，机构可以合并，人员可以合并，但人心是很难合并的，即使是合并后考人浙江大学的新生，由于专业的原因仍在各自的校区学习、生活，会对浙大缺乏认同感，他们常会以为自己是老杭大，老浙医大，老浙农大的。张老师曾经跟我说过，新浙大面临的最大挑战就是四校的融合问题，合并容易，但融合很难，特别是人心的融合更为艰难。其中一个重要的原因就是校区分散，无论哪个学科，哪个专业，所有的新生从进校起就在原来的校区学习，要认同自己是浙大的，而不是原来那个学校的，这就很难。因此，张老师决定要尽快在四个校区之外，建一个新校区，建一个基础部，要尽快让浙大各个专业的新生在同一个校区学习生活。他对时任浙大副校长的卜凡孝说，你今年最重要的任务就是要把新校区建成，要使下一个学年的新生能够在新校区开学。时隔多年，张老师说起这段历史，仍自豪和风趣地说，老卜这个同志很有特点，我问他，希望一年之内把新校区建好，怎么样？老卜就回答我一个字：行。后来在紫金港新校区建设过程中，出现了种种问题：手续问题、程序问题、施工困难问题，我几次问他怎么样？老卜总是回答我两个字：没事。结果，在浙大合并后两年多时间，所有的新生就在浙大的新校区——紫金港校区开学。时至今日，我不禁要为张老师对选人用人的洞察，对教育规律的理解，对重大决策的果断，击掌叫好。今天的浙大经过几代学校领导和全体师生的共同努力，已经成为人心统一，蒸蒸日上，齐心协力地向着世界先进水平的一流大学奋勇前行，既有悠久历史又有崭新面目的一流大学了。

张老师在香港工作是一位党的好干部、好领导，在浙大工作是一位好的政治家，教育家。而对于我们这些学生、晚辈来说，则是一位好老师、好长辈、好朋友。有一次我突然接到我的同学、浙江天正设计工程公司(前身是浙江省石油化工设计院)董事长万军同事打来的电话,告诉我,万军突发心脏病被送到浙江医院,情况危险,因为是休息天,希望帮忙找一下浙江医院的领导。我接完电话就说,浙大附属医院的领导因为是母校的缘故,我还认识几位,浙江医院领导我不认识啊,正好在我身边的杭州市政协副主席董建平说,张浚生书记你不是熟悉吗?他女儿张虹就是浙江医院的副院长啊。我说张虹我们虽然认识,但我没有她的联系方式。人命关天,我只能硬着头皮,冒昧打电话给张老师,说明情况,并特意说明万军也是您的学生,请张老师把张虹的手机号码告诉我。张老师非常耐心地说,你等一下,为了准确起见,我再查一下告诉你。我记下张虹的手机号码正准备打电话联系时,电话铃又响了,张老师给我追了一个电说,陈征,我先打一个电话跟她说一声,你再打电话给张虹,因为张虹陌生电话一般不接听。在那一刻,我真的是心如潮涌,百感交集,张老师此时已年近八旬,作为一个曾经身居要位的高级领导干部,作为一个长我二十几岁的长辈,我用这么一件具体的事情去麻烦他,他竟然如此的认真、耐心、细致、周到。真让我感慨万千,感动不已。

作为“文革”动乱中成长起来的我,似乎天然地对典型有着一种抵触,对楷模有着一种怀疑,对偶像有着一种漠视。而张老师在我的心中确是一座高山仰止的丰碑,通过与他的接触和交往,感受到的点点滴滴,我发自内心地真诚地认为,张老师是一个真正共产党人的典范,张老师是我整个人生永远学习的楷模,张老师是我心中为人师表的偶像。

张老师,您的学生会永远记住您!

亦师亦友　如父如兄

——追忆与张浚生先生的相遇相知

葛继宏*

世人对张浚生先生印象最深刻的两个“标签”是“浙江大学党委书记”和“新华社香港分社副社长兼新闻发言人”，他是香港回归的历史见证人与亲历者，这是百年一遇；张先生更是在我的成长道路上无私地给予了诸多帮助与支持的良师益友，他是我生命中的贵人和恩师。说来也巧，我与张浚生先生同样来自杭州，第一次相遇却是在距离杭州1380公里以外的“东方之珠”——香港。

1994年，我成立了“葛继宏工作室”，制作了电视专题片《名人名家》，成为浙江省第一个自负盈亏的电视专栏节目独立制片人。《名人名家》共制作播出了200多期节目，访问了冰心、曹禺、艾青、邵逸夫、金庸等200多位文化大家和知名人士，也专题采访制作了张爱萍、萧克、吕正操等老将军系列，就是这一档《名人名家》牵起了我与张浚生先生之间奇妙的缘分。

1996年6月上旬和8月中旬，我有幸在香港两次采访了时任新华社香港分社副社长的张浚生先生。当时，这位原杭州市委副书记已在香港工作了11年，而这次却还是第一次单独接受来自“家乡”摄制组的专访。在香港分社的办公室、赤柱以及他的家里，这位副社长兼新闻发言人与我侃侃而谈，他说不到一年香港就将回归祖国，他可谓是“生逢其时，躬逢其盛”，他为能

葛继宏　香港理工大学酒店及旅游管理博士，浙江传媒学院文化创意研究院院长，凤凰卫视中国大陆事务特别代表，民盟浙江省委文化专委会主任

参与完成香港回归的历史使命而感到由衷的自豪。

回想起多年前相遇、相知的点点滴滴,一切仿佛就在昨天。

"香港是个非常有活力的城市"

初遇时,张浚生先生给我的印象是朴实和善而又认真严谨,对工作了近11年的香港充满了深情,对自己有幸参与完成香港回归祖国的历史使命而感到非常自豪。他说:香港是有活力的城市,已成为国际金融、贸易、航运和信息中心,这是香港市民长期努力拼搏的结果。香港的繁荣发展主要是近30年的事,而中国内地的改革开放对香港的繁荣发展又起了很重要的作用。以前我们说香港与内地的关系是"互惠互利,共同发展",现在还要加上"融为一体,密不可分"。

张浚生先生在去新华社香港分社任职之前,是杭州市委主管党务工作的副书记。调到港工作后,由于工作出色,他从宣传部副部长干到部长、副社长兼新闻发言人,可谓是一步一个脚印。在回答关于做新闻发言人有没有压力时,张浚生先生认为有一定的工作压力,但也不是特别大,因为我国政府对香港的政策是十分明确的,发言人的任务就是完整准确地解释中央的政策,有时虽然会有突发性的事件需要发言人来答记者问,但香港新闻界的朋友绝大部分都是友善的,大家在许多问题上都能达成共识和谅解。特别是随着"1997"的临近,我国政府对香港的方针政策和基本法的有关规定,已为越来越多的香港市民所了解、理解和拥护,香港市民对未来的信心越来越强,经济发展的速度也比较正常,整体形势很不错。

谈到在杭州做党务工作和在新华社香港分社工作的区别时,张浚生特别强调共同点,即都是要认真贯彻执行党和国家的方针政策,一言一行都要和党中央保持一致。香港分社的工作,主要是贯彻落实中央有关香港的方针政策,保持香港的繁荣稳定,保证1997年的平稳过渡,而他具体分管宣传、外事、文化、教育、科技、体育等方面的工作,头绪多,工作量大,节奏也快,这跟在杭州做党务工作自然不一样。作为执政党的一名干部,在内地工作起來当然会更顺些,因为相对而言,香港的社会政治环境比较复杂。

我开玩笑地问道,香港回归后,内地市民赴港旅游是否可以随意出入?张浚生先生说道,香港回归后去香港还是要办手续的,审批也很严格,因为香港这个地方很小,又比较繁荣,想来港观光、来港工作甚至想来港定居的人肯定不会少,如果内地的人想来就来,那肯定容纳不了,但不管怎样,香港回到了祖国怀抱,就不会出现某种人为地设“卡”、不提供方便的情况。

“他的笑容迷住了很多人”

当时,张浚生先生已在香港工作了11年,他对香港的总体印象很好,而香港市民对他的印象又如何呢?有香港记者颇为幽默地形容:“他的笑容迷住了很多人。”

严谨而又和善、朴实而又充满书卷气的张浚生先生,一言一行得体而又儒雅,反应灵敏,充满魅力,而这种魅力又不仅仅是属于个人的。作为新闻发言人,他还代表着一种政府的形象和姿态。虽然中国政府对港政策和基本法已越来越深入人心,但由于历史造成的诸多原因,有一些传媒和市民对“九七”回归还持观望犹豫的态度。正是在这样的背景下,每当张浚生先生作为新闻发言人出现在媒体时,他那迷人的笑容、得体的举止吸引住了很多人。更重要的是,他能正确全面地阐述中央对香港的有关方针政策,能深入浅出地把政策讲到点子上,因此得到了香港市民和记者们的认同。从他那迷人的笑容里,人们似乎看到了香港未来美好的前景。

张浚生先生分管文化宣传等方面的工作,与文化圈、演艺界的接触也较多。他说自己是个比较内向、爱静不爱动的人,但为了工作,要参加许多公开的活动,有些香港的慈善活动如为内地赈灾和为“希望工程”举行筹款等活动,更少不了邀请他参加。有一次,当地举行为“希望工程"捐款的仪式,主办者点名要他唱《渴望》中的插曲,说如果他唱了,他们都将纷纷捐款。于是他便早早作了准备,先买来毛阿敏唱的《渴望》歌带,在家里试唱“排练”了三天,到登台高歌时,果然声情并茂达到了预期的效果。有时张浚生先生也唱当地青年喜欢的《潇洒走一回》、《把根留住》等歌曲，每一次也总能博得各界朋友的掌声。

当我问到如何看待香港的流行文化、如何看待追星族时，张浚生先生谈了自己的看法。他认为内地一些人称香港为“文化沙漠”是不正确的，那其实是上世纪30年代的评价。那时的香港不仅文化不发达，经济也不发达，现在随着经济的发展，文化也是相当发达的。香港文化的一个最主要的特点就是流行文化。张浚生先生认为，流行歌曲的影响时间相对比较短，关键的问题是要正确引导，对文化现象要兼容并蓄，只要不是诲淫诲盗，对社会没有坏影响，就应该让人们自己去选择。为了弘扬中华民族的优秀文化，当地在新华社香港分社的发动下相继组织了“孔子文化展”、“红楼艺术展”、“敦煌艺术展”等许多高规格的文化展览活动，受到了香港市民的普遍好评。香港是个中西方文化交汇的地方，通过多种形式的活动，大力弘扬中华民族文化，同时又吸取西方有益的东西，这对香港不仅有现实意义，还有深远的历史意义。

张浚生先生对我说，他年轻时主要是听进行曲，有些进行曲思想性、艺术性都很好，当然偶尔也听听艺术歌曲，如一些优美的中外民歌和古典音乐等，但这和流行歌曲并不相冲突，所以要兼容并蓄。他坦言几乎没有时间和精力去听歌看电影，但在必要的场合，高歌一曲还是有超出歌曲本身的意义的。或许香港市民能从张浚生先生迷人的笑容和优美的歌声中感受到“明天会更好”。

“九七”以后想回杭州

张浚生先生的家离分社不远，只需步行大约20多分钟。他每天上班都是走着去，他把这看作是一项运动。我们去他家时，他的夫人杨惠仪女士已在路边等候。房子的面积不大，家里给人的感觉是充满了书卷气。家里没有什么摆设，在分社的办公室还有几幅字画，而在家里则是满书架的有关政治、经济、历史和文艺方面的书，还有不少有关书法的书籍。张浚生先生以前虽然是学工科的，但也一直偏爱文史，唯一的兴趣爱好就是读书，而且读得很杂，可谓是博览群书。他说多读书可以扩大知识面，譬如有关香港的方方面面的书，对现在处理问题就很有帮助。当得知我们已去拜访过金庸时，张浚生说他也很喜欢金庸的武侠小说，金大侠的小说他都拜读过，特别偏爱《神雕侠侣》，认为这是金庸最精彩的作品。于是我们还谈到了其他一些武侠小说方面的事，谈到他小时候看过的许多旧小说。

平时作为休息，张浚生先生还喜欢写毛笔字，当时我说您是在练书法吗，他纠正说是练毛笔字，说还不够格称为练书法，但因为工作特别忙，就很少有时间练字。如果星期六的下午没其他安排还可以练练字，而平时早晨8点就去上班，回家一般都是在晚上11点以后了。

张浚生先生的夫人杨惠仪女士给我的印象是开朗平和，非常健谈。她跟先生是同届同学，原来也在浙大教书，1986年后到香港，在分社的研究室工作。说起他们的“两人世界”，杨女士非常幽默地说：“我们之间以家门为界，出了门槛一切都听他的，这关系到政治大方向；进了家门，吃饭穿衣等一切听我的。”杨女士还有个特点，那就是比较会说笑话，她说这是在浙大做教师时养成的习惯。每当课堂上有人开小差、打瞌睡，她就说一个笑话，这样同学就全“醒”过来了。杨女士说，先生到了香港后，工作压力比较大，精神高度集中，回到家后，杨女士就说说笑话，调剂一下气氛。因为两个孩子都在杭州，所以没有太多的家务，平时出去参加活动，也是工作上的需要，夫唱妇随很重要。说起工资、私房钱等，杨女士说，在香港工资都是发到卡里的，先生的工资也是转到她的卡里，需要用钱就问她要，这在浙大时也一样。张浚生先生在一旁点头默认，并且一直微笑着。

因为我们是来自杭州的拍摄组，而张浚生先生的“老家”和两个孩子也都在杭州，所以话题自然更多的是谈杭州。先生说，从读大学起到1985年，在杭州生活了31年，无论在环境和生活上，杭州较之于香港都要更好一些，所以香港回归以后还是想回到杭州，当然一切都得听从组织上的安排。

由于工作的关系，张浚生先生每年也要回杭州几次，但一般住一个晚上后就飞回香港了。虽然这样，他还是非常关注杭州的建设和发展，特别是对城市建设和文化发展谈了许多建设性的意见。采访前夕，他从报纸上看到了杭州市扩大区划面积的消息，很是高兴，特地发传真给市委书记和市长以示祝贺。毕竟，张浚生先生是从杭州出去的，对杭州有着特殊的感情。

和孩子们在一起

1996年8月中旬，我率浙江小记者团赴香港采访，张浚生先生在新华社香港分社的赤柱大厅里热情地接待了我们。第二次见面，他依然举止亲切，笑容爽朗，可以看出他非常高兴见到活泼可爱的孩子，孩子们也亲切地喊着："张伯伯好！"。

采访一开始，张浚生先生就给小记者们们讲述了香港的历史，接着说起他曾经在浙江大学念书、教书，还在杭州市委工作过，1985年才到香港，是个地地道道的浙江人。当听说小记者们此行已经采访了许多名人时，他非常高兴，情不自禁站在老师的角度指导起来："采访这些名人时，只要你们仔细观察，就能发现各人有各人的特点，比如说邵逸夫先生，他是取之于民用之于民，做了许多公益活动；从教育家马临先生身上可以学习到他的爱国精神……"采访中，张浚生先生还对孩子们提了四点希望：1. 要不断使自己有良好的品德。2. 有丰富的知识，努力学习。3. 多锻炼身体，只有健康的体质才保证学习和工作。4. 不要骄傲。"虚心使人进步，骄傲使人落后。"他语重心长地对孩子们说。

有小记者问道："张伯伯，您的人生格言是什么？"他亲切的回应道："我的格言就是诚实勤奋。一个人要实实在在，对事对人要诚实，要负责认真。"

亦师亦友，如父如兄

"助人为乐"这个成语，放到张浚生先生身上，不是个形容词，而是个动词。

1996年底，杭州电视台准备为我的《名人名家》栏目100期举办一台特别晚会，我十分想邀请张浚生先生来杭州一同参加，内心却又十分忐忑，一来我知道他日常工作非常繁忙，加上临近97回归盛事，他肩上的担子一定更重；二来我们只有过两次短暂的交集，我又是一个初出茅庐的媒体人，不是什么知名记者，会不会他已经不记得我了呢？一番纠结后，我还是决定向张浚生先生发出邀请，至少表达我对他的敬仰之情。令我意外和惊喜的是，张浚生先生竟然答应了我的邀约，还帮忙邀请了他的好友——著名作家金庸先生和著名作家、美食家蔡澜先生，一同从百忙中抽空亲自来到杭州电视台参加了那台特别晚会。那是我第一次感受到了什么叫"蓬荜生辉"，张浚生先生对我这种年轻小辈无私的爱护和提携令我深受感动，也拉近了我与他之间的距离，从那之后我也亲切的喊他一声"张伯伯"。

2002年正值香港回归5周年，我策划、组织了浙江小记者团第二次赴港采访的活动，让内地的孩子们了解香港回归5年来的变化。团员均为从全省11个市的优秀少先队员中选拔出的小记者，其中有全国"雏鹰奖章"获得者、省十佳少先队员等。此次浙江小记者赴香港采访团由浙江广电集团、共青团浙江省委联合牵头，香港方面我没有那么熟，只好向张伯伯求助。他听说后非常支持，亲自打电话、写信给当时的中央政府驻香港联络办公室副主任王凤超、香港立法会主席范徐丽泰女士、驻港部队司令员熊自仁中将以及邵逸夫、曾宪梓、张学友等各界名流，在他的热心协调下，这些名人欣然接受了小记者团的采访。在采访活动中，王凤超、范徐丽泰、熊自仁等向小记者们介绍了香港回归5年来的基本情况、中联办的职能、香港立法会的地位作用以及驻港部队的情况，小记者们就各自感兴趣的问题踊跃发问，认真记录，并进行了精彩的才艺表演，展现了内地青少年健康活泼、多才多艺的精神风貌，小记者们所到之处，均受到热情的欢迎和接待，浙江省主要媒体均派出记者全程随团采访，《人民日报》也在2002年7月10日刊登了相关新闻。而幕后"功臣"张伯伯并没有出现在媒体报端的字里行间，他总是轻描淡写地笑笑说："应该的"，他对青少年、对教育事业的关怀和支持不夸张地可以说是"有求必应"。小记者团里的鲁韵同学回到杭州后将此行所拍摄的照片整理出来，在杭州青少年活动中心举办了一个小型摄影展，张伯伯得知这个消息后非常高兴，亲自题写了："浙港少年的心愿——庆回归，浙江金义小记者鲁韵摄影展"，为这个仅有过一面之缘的少年送去自己的祝福和支持。

时光来到2009年，彼时我作为浙江大学EMBA的学生，策划了浙江大学EMBA的80多名师生于10月22日到访香港的活动，希望与香港商界精英对话，了解全球经济形式及创新管理方向，同时也让香港青年了解内地日新月异的发展。张伯伯得知我们的访港行程后，非常热情地亲自张罗开了，不但帮我们联系香港商界精英，还帮我们邀得中联办副主任王志民，首任香港特别行政区律政司司长、香港基本法委员会副主任梁爱诗一同出席我们特别举行的"全球经济发展机遇与挑战——浙港商界精英对话"论坛。张伯伯不但亲自出席了论坛还致辞，期望浙大能与作为金融中心的香港加强合作，发挥彼此优势，互惠共赢。

2016年是我与张伯伯相识的第20个年头，我约好时间上门探望他。11月23日，杭州的深秋已经寒风凛冽，他的家中却是一片暖意。在大大的落地书柜前，张伯伯小心地铺开宣纸，笔尖沾满浓墨，遒劲有力地写下"自强不息 厚德载物""路漫漫其修远兮 吾将上下而求索"两幅字，末了认真盖上印鉴章、郑重地交到我手上，我明白他赠予我的不只是两幅墨宝，而是无言的嘱托和殷切的期望。这时我想起1996年初遇的时候，在他香港的家中，也是四周都摆满了书，桌上陈列着文房四宝，他却自谦地笑着说练毛笔字而已、还不够格称为练书法。

岁月流逝，恩情永怀。每逢佳节倍思亲。当2018年的春节如期到来之际，原本约好春节假期里欲登门给张伯伯恭贺新年的，却惊闻先生与世长逝的噩耗，我的心中悲痛万分。与张伯伯相遇相知二十余载，他是我亦师亦友的忘年交，也是如父如兄的亲人。我怀念他，怀念他待人的赤诚、宽广的胸襟、谦和的态度，特别是他那拳拳的爱国之心、爱家乡爱杭州的深情，至今想来仍历历在目。张伯伯，当年的小记者们忘不了您，杭州忘不了您，香港忘不了您，作为晚辈的我更是忘不了您。

爱国爱家　如师如父

——缅怀敬爱的张浚生书记

刘　建

2018年春节我在美国度假。2月19日(年初四)清晨,当我打开手机,获悉张浚生书记与世长辞的噩耗,整个人都震惊了,一时难以置信和接受。记得一个月前,也就是春节前夕,我去张书记家拜访,当时他精神抖擞,与我们谈笑风生。本打算春节回国后再邀请他一起聚餐,没想到这节前一面竟成了永别。我悲痛不已,连夜率全家赶回国内。

我与张书记相识于1998年夏天。当时他是浙江大学党委书记,而我刚从浙江大学毕业才一年多,由于工作上的需要,我与学校有较多的联系,由此我认识了张书记。初次见面,他平易近人的作风给我留下了深刻印象,使我毫无距离感。随着我与张书记交往日子的增多,他在我心中的形象越来越高大。他对我及我的家人关心、帮助和指导也越来越多。他做人处事严谨求实的态度,他对我工作学习的严格要求,无时无刻都在鞭笞着我,使我学到了许多为人处世的道理,使我少走了许多弯路。他是我人生的导师、我生命里的贵人和恩人。不是父母,胜似父母。我对张书记深怀感恩和崇敬。

记得有一次,我在工作中遇到了一些困难,深感不被理解的委屈和心中的迷茫,于是我鼓起勇气打电话给张书记向他诉苦,谁知他耐心地在电话里

刘　建　男,安徽淮南人,1970年生,1997年毕业于浙江大学人文学院。现任杭州国一文化科技有限公司董事长

与我聊了一个多小时,让我大为感动。他在电话里安慰我对人要宽,对己要严,鼓励我不要放弃,要能承受压力才能获得成功,同时给了我很多建议与支持。他如师亦父地安慰和鼓励,就如同雪中送炭,给了我克服困难勇往直前的勇气。时至今日,言犹在耳,每当我遇上一时难以解决的困难,那一次的电话就好像是一盏灯,总会在艰难险阻中,送来一道最温暖的光芒。后来当我开始自己创业时,张书记不仅热情地支持我,还亲笔为我写了公司名称牌匾,又赠我他的书法作品,以示勉励。

在日常生活中,张书记待人平和又亲切,对年青学生关爱有加。我永生难忘的是,张书记成为我的证婚人。他的证婚词言简意赅,感人肺腑,他真诚希望我们夫妻之间相亲相爱、相互信任、相互扶持、相互守护。带着张书记的祝福与期望,我的婚姻生活将更稳固且融洽。我的孩子也有幸得到张书记时时关心。他亲自为我的孩子取名。我曾请求张书记给我的孩子题词,勉励他们努力学习、忠厚做人、报效社会,但他回答我说:“孩子尚小,不要给他过多压力与负担。孩子最需要的是一个无忧无虑、自由自在、快乐健康的童年。只要心里有阳光,便会养成优秀的品格。”然后他亲笔写下了“绚美 纯真”四个字,作为送给我孩子的礼物。

我这才恍然大悟,其实张书记这四个字,蕴含着他对孩子教育的新理念。在目前社会“因试教育”的大环境下,每个孩子们面临着过多的压力,他们失去了自己幸福的童年。张书记正因为看到这一点,希望我们为人父母的,不要随波逐流,应该有自己的独立思考,希望把“绚美 纯真”童年还给所有的孩子们。

20年的相处过程中,张浚生书记对国家、民族和社会的杰出贡献让我们年青一辈肃然起敬。与他相处的日子里,他经常会兴致勃勃地与我们聊起那些往事,包括他在担任新华社香港分社副社长期间激动人心的一些故事,使我们不仅对香港回归祖国这段历史有了更多的了解,也对张书记在其中作出重大的贡献有了更清晰、生动的认识。有一次在张书记家,我的孩子们看到墙上挂着张书记在香港回归仪式现场的照片,就好奇地问起当时的情形。张书记便耐心地与他们娓娓道来。讲述他在香港工作期间，如何有理有节地与港英当局展开斗争；如何克服重重难关，保证香港顺利回归；如何面对新闻记者采访，摆事实讲道理，让社会大众心服口服。

我清楚地记得2000年时，有一次我在香港乘坐计程车，司机竟与我聊起了张浚生先生，他竖起大拇指说"张先生是好人，他在香港做的工作，他的亲民形象，改变了我们香港人对共产党干部的看法。"当出租车司机得知我与张书记熟悉时，他让我一定要转达香港民众对张先生的敬意，并相信党和政府一定会把香港建设得更好，让老百姓受益。当时我深感自豪。

香港回归，使命完成。党和国家对张书记在香港13年的工作给予了高度评价。张书记本可以荣归故里，安度晚年，可他婉拒了那些相对比较清闲的工作安排，服从中央的决定，回到浙江挑起了四校合并组建新浙大的重任，并担任新浙江大学党委书记，为"创建世界一流大学"而鞠躬尽瘁、不息奋斗。从新校区的选址、机关部门的调整、学科重组，到制定学校中长期发展规划等等，无不倾注着他的汗水和心血。合并后的浙江大学规模之庞大、学科之齐全、实力之雄厚，令人刮目相看。四校合并后的浙江大学成为我国高等教育改革的先锋，发展的标兵，改革发展的一面旗帜。张书记作为新浙大的开创者和奠基人，居功至伟，必将永载史册。

张书记眼光独到，社会责任感极强。记得有一次陪同张书记参观徽州某旅游文化建设项目，他特别指出：做旅游文化建设开发，既要保护原有的生态和自然环境，又要使传统文化得以传承。不能顾此失彼，不能为了眼前利益而破坏环境，给子孙后代带来危害。

张书记清正廉洁，勤俭节约。虽为省部级领导，本可以享受优厚的物质生活，但他从不挥霍，从不浪费。在每次外出或家庭聚餐过程中，他从不主张食用贵重的食物，有时陪同人员在点餐过程中选择了较贵的菜品，他都会以"我关节痛风"或是"我身体不适"等为由给退了。他除了出席公众场合的需要，平日里总是一身整洁的粗衣布鞋，犹如一位亲切的邻家长者。

作为师长，张书记对我——一个普普通通的浙大校友，从工作、生活，到我人生的重要关口，都给予了最重要的支持和最无私的关爱，令我终身难忘。他对党和国家的无限忠诚和无私奉献，令我肃然起敬。从小家到大家，从小爱到大爱，张书记的一生，体现了一个真正的共产党人的家国情怀，永远值得我们爱戴和怀念。

谨以此文，缅怀敬爱的张浚生书记。

（2018年11月20日）

缅怀同窗挚友张浚生学长

季荣曾*　贺莉清*

理想大同,典范周公[1];真理求索,信仰坚贞。

光明磊落,一身正气;高风亮节,一尘不染。

历次运动,不左不右;顺境逆境,始终如一。

博学多才,思维敏捷;知识更新,与日俱进。

大学执教,成果丰硕;杭城从政,人民至上。

亲身参与,大事两桩;鞠躬尽瘁,大展才华。

香港赴任,使命光荣;重任在肩,勇于担当;

缜密灵活,儒雅风范;“剪彩王子”[2],名扬香江;

广交朋友,联谊各界;亲近民众,安定港人;

大将风度,舌战港督;平稳过渡,香港回归。

“留学”[3]归来,年逾花甲;浙大并校,不辞辛劳;

千头万绪,先牵牛鼻;班子建设,谋划未来;

方针创新,目标一流;呕心沥血,历时六年;

浙大学子,一代英才;人人敬仰,后世楷模。

季荣曾　男,1958年毕业于浙大光学仪器专业,高级工程师。曾任职国营二九八厂、苏州照相机总厂

贺莉清　女,1958年毕业于浙江大学光学仪器专业,教授。曾任职哈尔滨工业大学和上海理工大学等高校

注：

[1]摘自张浚生书赠我的一首小诗，诗云:“理想是大同，典范有周公。他年堪笑慰，彩霞满天红”他在信中写道，大同指共产主义，周公是周恩来总理，小诗是早年所作。

[2]“剪彩王子”雅号为港人所赠。

[3]他赴港前，省委王芳书记说赴港工作只算是短期“留学”。

悼念张浚生同志

陈加元*

（2018年2月19日）

胸怀家国一书生，
公事私情大有成。
问学争魁于闽浙，
为官勤政始杭城。

香江已遂回归梦，
求是长留善治声。
忽报先生驾鹤去，
顿教吾辈泪纵横。

陈加元　男，1953年6月出生，浙江永康人。曾任浙江省人民政府党组副书记、副省长，浙江省政协副主席等

深切缅怀张浚生书记

丘成桐*

（2018年2月19日）

三十年老友，浙大扶持，
一朝仙逝，怅何如之！

千万里河山，香江过渡，
多谋策划，功比周召。

丘成桐(Shing-Tung Yau) 男，原籍广东省蕉岭县，1949年出生于广东汕头，美籍华人。国际知名数学家，菲尔兹奖首位华人得主，美国国家科学院院士、美国艺术与科学院院士、台湾中央研究院院士、中国科学院外籍院士

您走了，留给我们无尽的哀思

——深切缅怀敬爱的浙大党委原书记张浚生教授

杨达寿*

您走了，留给我们无尽的惋惜

您曾说，您是一个裁缝的儿子
苦学修补旧中国的创伤与瑕疵
您曾说，您是书香门第的梁桢
喜好写字作诗承继父辈的爱业
您曾说，您是红色土地的种籽
骨子里源源融进挑大梁的魄力
您曾说，您是客家族人的游子
何畏风霜雨雪大风大浪涛头立
您曾说，您是大山哺育的花岗岩
甘愿一辈子做通向成功的铺路石
您曾说，劳心者地球上没有逍遥之地
活着一日就要干好一天有益人民的事

您走了，留给我们无尽的愿景

杨达寿　男，1939年生，1964年浙江大学机械工程学系毕业，研究员。曾任浙大校友联络办公室主任、浙大校友总会常务副秘书长等职。中国作家协会会员

您面对，全国最早设立的光仪专业
有智慧有自信站在全班的最前列
您面对，学业和团总支两副重担
挺起脊梁展示非凡的胆识与能力
您面对，奔向全国各地的同窗好友
馈赠“各自东西把国酬”的诗互相激励
您面对，留校任教的教学科研蓝图
只有雄心惟有壮志目光瞄准太阳系
您面对，激光专业白手起家的难题
用大智借大勇高举求是创新的大旗
您面对，百年名校宏伟的目标与美誉
勉励后学诚勤做人勇占世界一流高地

您走了，留给我们无尽的骄傲

您牢记，全国人民的企盼愿景与希冀
用心血与魅力迎接香港回归母亲的怀里
您牢记，祖国的每寸土地都是母亲的肉
不容侵犯不许践踏不能凌辱永不再分离
您牢记，1997年7月1日零时1分的时刻
面对冉冉升起的国旗飞洒着久酿的喜泪
您牢记，报效祖国是父辈嘱托的大愿
现代化建设需要几代人的智慧与接力

您走了，留给我们无尽的财富

忘不了，四校合并前的日日夜夜
您提的综合型研究型创新型大学多给力
忘不了，为紫金号启航呕心沥血献策献计

您又请邵逸夫等名家资助母校就地崛起
忘不了,“高校合并成功的范例”的赞美
浚生贫困学生助学基金更如猎猎旌旗
忘不了,您留给我九本书的序言和题字
更留给我绵绵的思念和无尽的眼泪……
忘不了,师生校友心存的都是亲切笑靥
而您还全身心倡导学校的公平与正气……

您走了,留给我们无尽的哀思
天堂里没有病魔作祟但愿您快乐安息

悼张浚生先生

林　峰*

张浚生先生，国士也！1936年生于闽省长汀。幼聪博识，濯缨自爱。年未弱冠，参加中国共产党。1985年，正值香港回归谈判之际，先生出任新华社香港分社副社长，与英人周旋十数春秋，纵横捭阖，胆略过人，赢得香港顺利回归。1998年任浙江大学党委书记，灯火鸡声，霜寒月冷，使浙江大学成为国内十大名校。2018年2月19日，忽闻噩耗，先生去矣，港人无不怆然堕泪。林峰在哀伤之际，赋得四韵，以寄吊怀。

巍如河岳气峥嵘，立雪长汀尚濯缨。
外事纵横凭胆识，上庠朝暮听鸡声。

素怀抱璞荆山出，阔步推心国士行。
一代英才归去也，初衷万顷待谁耕。

林　峰　1920年出生，香港诗词学会会长

缅怀张浚生教授

蔡丽双*

（对联）

俊彦归天山川齐泣；
勋劳留世日月同辉。

（绝句一）

噩耗悲天泣地来，
彦贤鹤驾万民哀。
长留德泽人间福，
花簇灵台悼骏才。

（绝句二）

香江浙大最哀情，
悲泪犹如飞瀑倾。
草木山川皆痛泣，
归天俊杰留芳名。

---

* **蔡丽双**　文学博士、国家一级作家、中国作家协会会员、中华诗词学会常务理事、香港文联主席等

曼丽双辉·沉痛哀悼张浚生教授

蔡丽双

彦才骑鹤去，
山川草木逸哀情。
啼鹃咽泣，
人倾瀑泪，
烝民痛悼精英。
傲有乡贤留淑德，
尤欣怀抱贮瑶瑛。
青绦春色俏，
勋劳永泽福苍生。

香江水暖，
浙大风清。
脚印连成史迹，
万紫千红伴歌莺。
维港回归际，
浩气震峰溟。
今日侬持沾血笔，
凝厚悒，
写出心中悲痛断肠声！

曼丽双辉·沉痛悼念张浚生社长

蔡曜阳*

俊才归天去，
长存德誉在人间。
香江留绩，
名馨浙大，
襟怀丽日高悬。
曲径通幽蕃美雅，
高风奕世衍斑斓。
耕春携雨露，
烝民得泽尽开颜。

丹青画竹，
雪碧掀澜。
喜有才华峻峭，
溢出琼浆润心田。
返驾山川泣，
处处悒啼鹃。

痛悼良师哀益友，
飞泪瀑，
伟魄英魂策我续华篇。

蔡曜阳　执业会计师、现任内蒙古自治区政协委员，世界福建青年联会副会长、《世界诗人》杂志督印人、香港文学促进协会副会长等

沉痛悼念张浚生教授

蔡佩珊*

（一）

彦贤鹤驾夜窗凉，

常忆携才写锦章。

教益谆谆千古记，

殊优品性比花香。

（二）

痛失良师瀑泪倾，

香江岁月谊长萦。

哀悲化作兴邦力，

金石恒存掷地声。

---

* **蔡佩珊**　会计师、香港文联出版社社长、《香港文艺报》督印人、全球炎黄子孙爱国促进总会副会长等

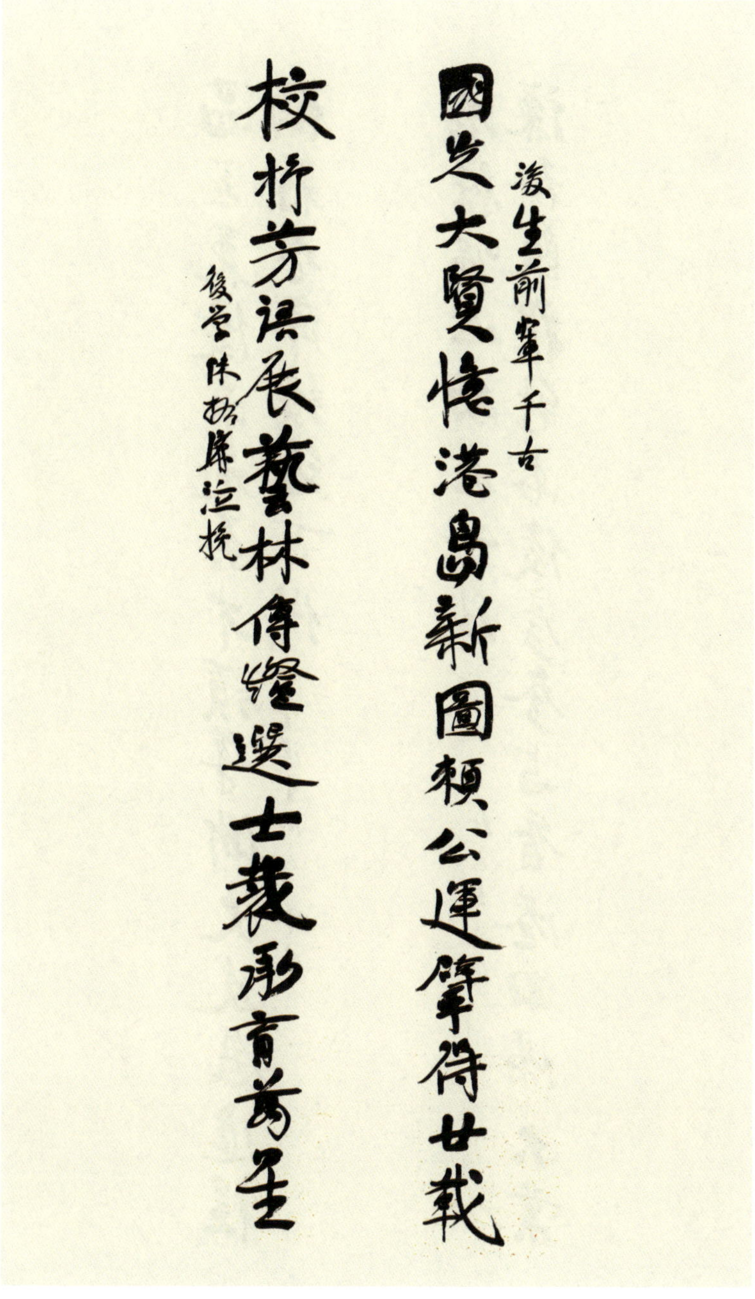

上联：国先大贤忆港岛新图赖公运擘得廿载
下联：校抒芳语展艺林传灯选士裁承育万星
上款：浚生前辈千古
下款：后学陈振濂泣挽

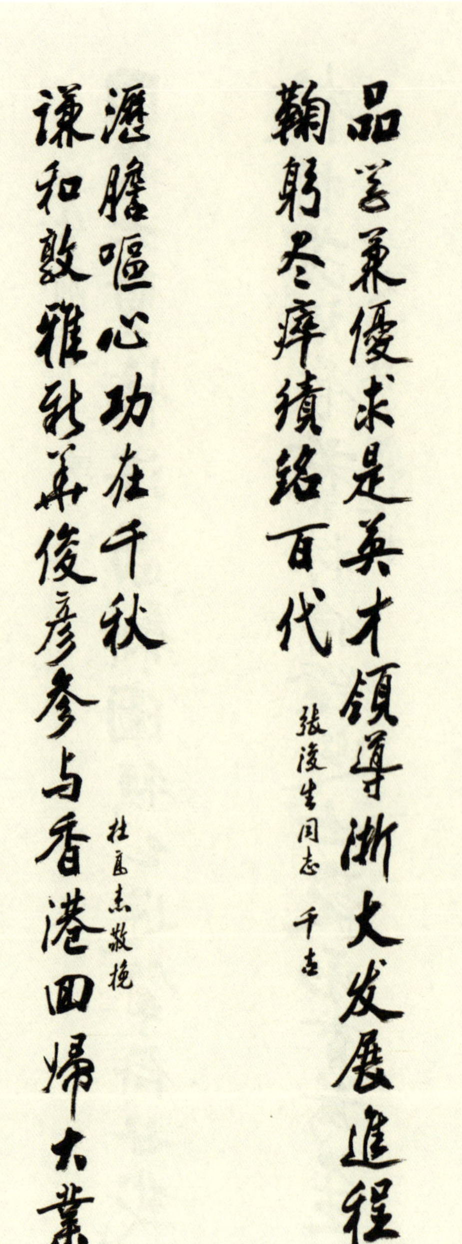

上联：品学兼优求是英才领导浙大发展进程鞠躬尽瘁绩铭百代
下联：谦和敦雅新华俊彦参与香港回归大业沥胆呕心功在千秋
上款：张浚生同志 千古
下款：杜高杰敬挽

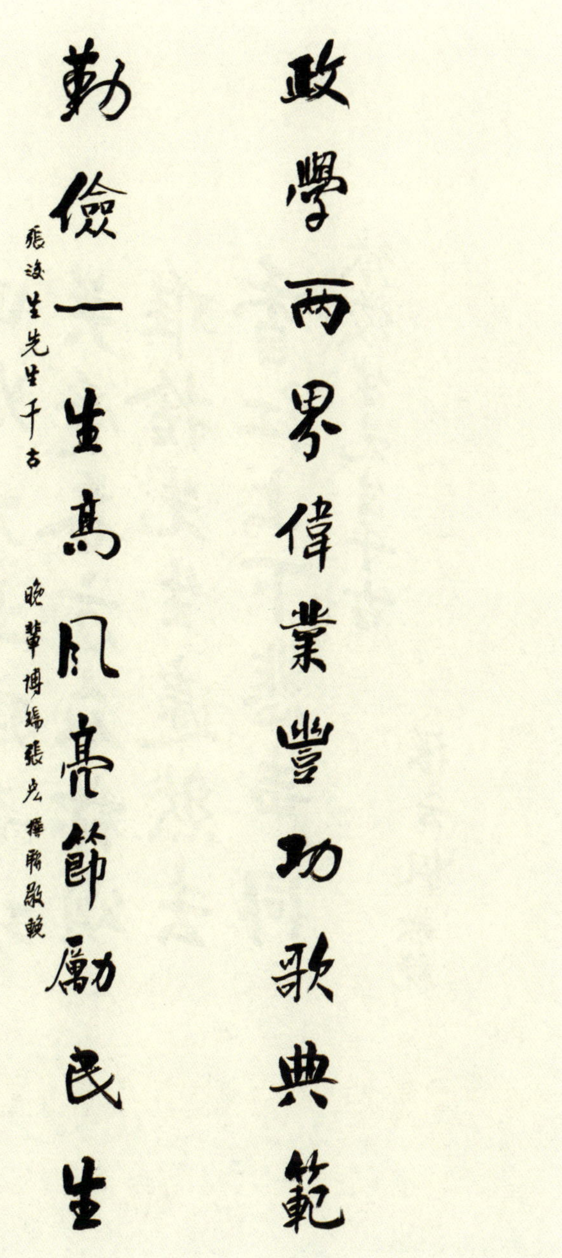

上联：政学两界伟业丰功歌典范
下联：勤俭一生高风亮节励民生
落款：晚辈博瑞张宏撰联敬挽

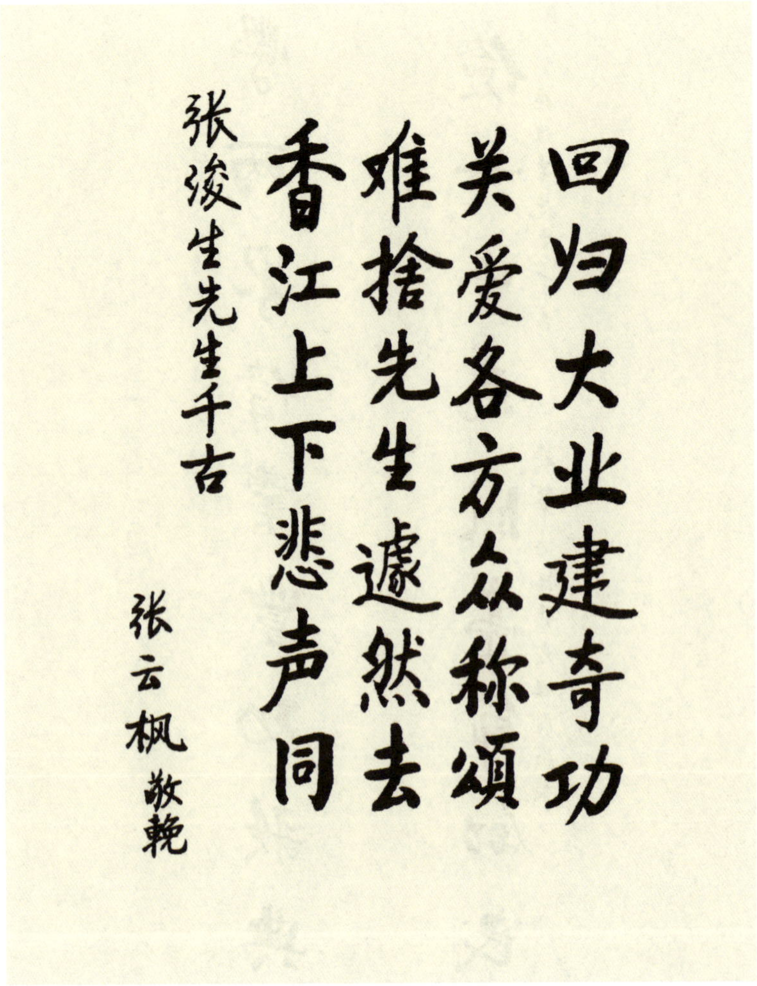

回归大业建奇功
关爱各方众称颂
难捨先生遽然去
香江上下悲声同

张浚生先生千古

张云枫敬輓

释文：回归大业建奇功
　　　关爱各方众称颂
　　　难舍先生遽然去
　　　香江上下悲声同
落款：张浚生先生千古
　　　张云枫敬挽

释文：识荆际会风云日，莫逆论交岁月长。收拾山河知气概，珠还合浦见忠良。
惊闻萧瑟零木叶，噩耗悲催先栋梁。吟到迷濛晓雾句，忆公和泪读遗章。
落款：悼念张浚生教授 施子清并书戊戌正月初十

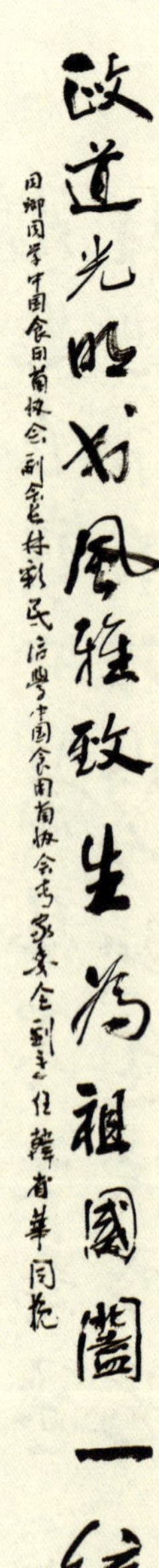

释文：政道光明书风雅致生为祖国阖一统

落款：同乡同学中国食用菌协会副会长林彩民后学中国食用菌协会专家委会副主任韩省华同挽

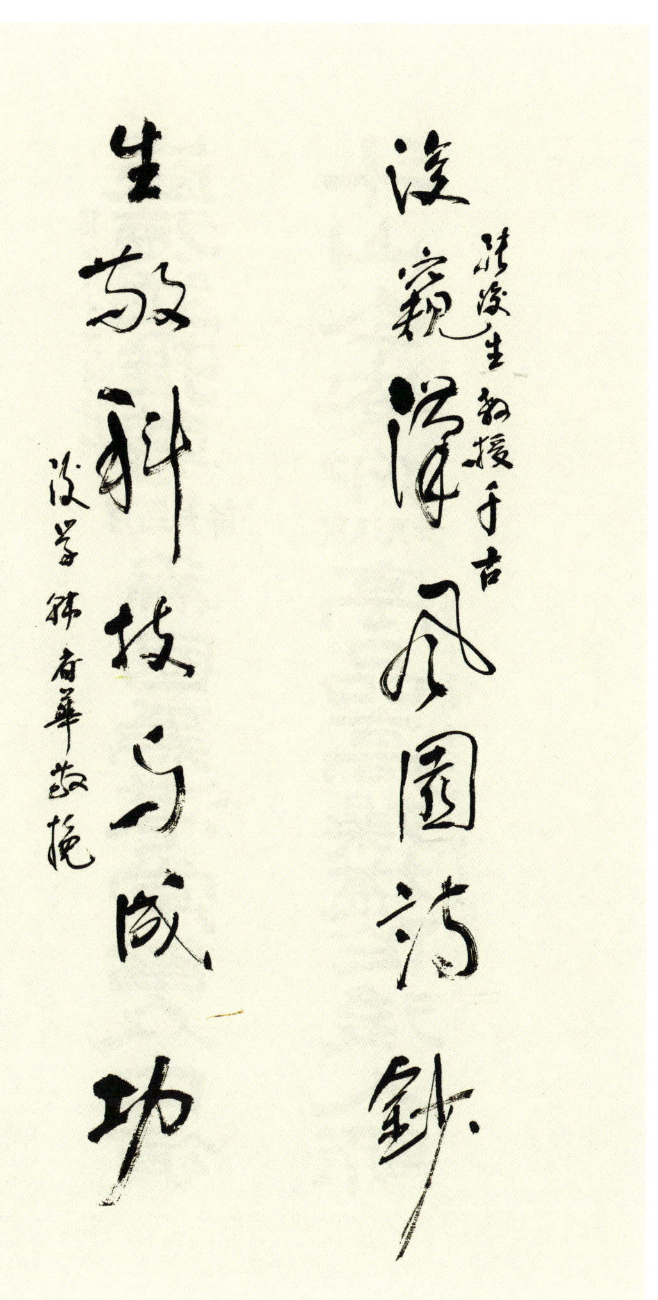

上联：浚窥汉风园诗钞
下联：生敬科技与成功
上款：张浚生教授千古
下款：后学韩省华敬挽

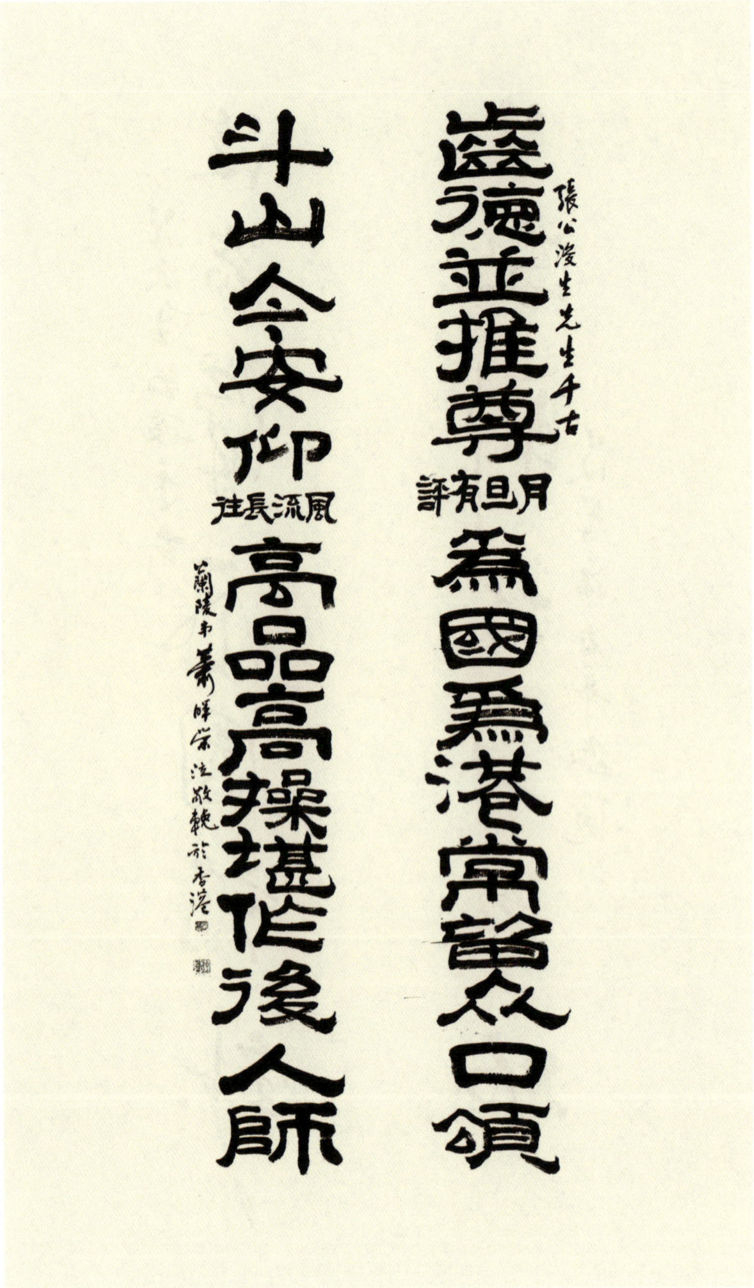

上联：齿德并推尊 月旦有评 为国为港常留众口颂

下联：斗山令安仰 风流长往 高品高操堪作后人师

上款：张公浚生先生千古

下款：兰陵弟萧晖荣泣敬挽于香港

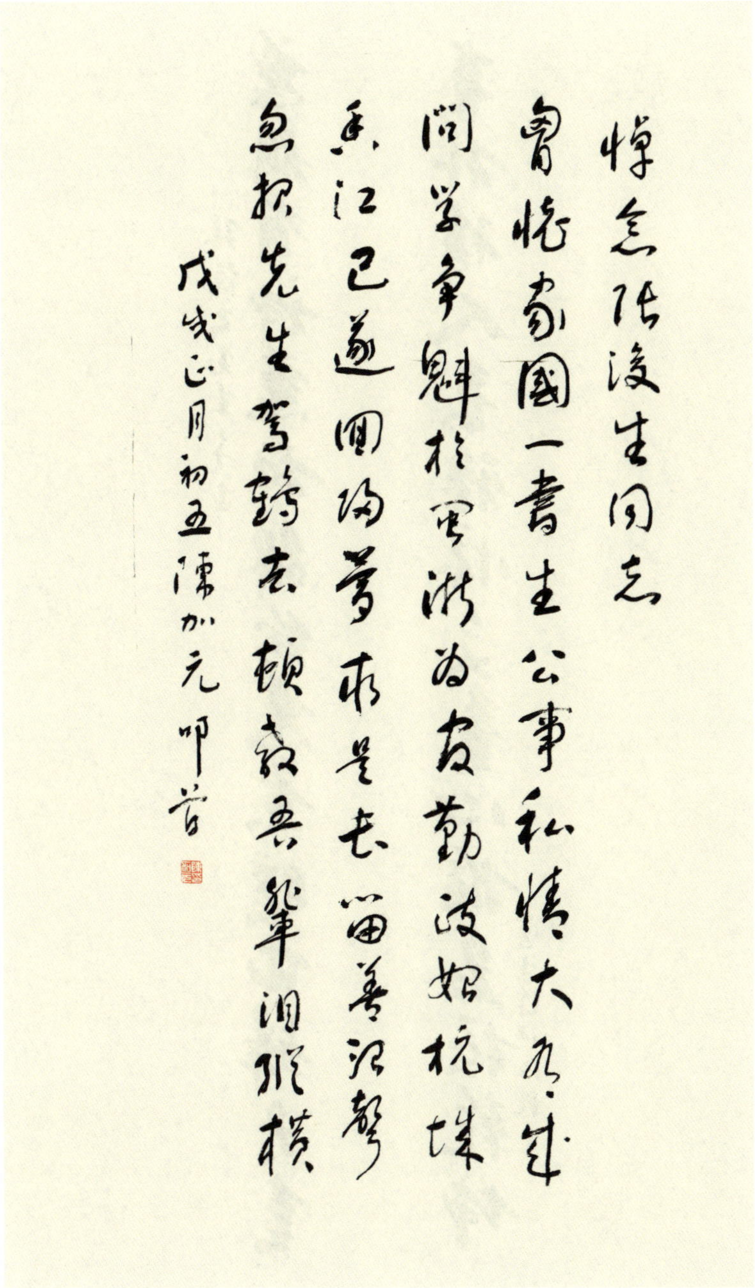

悼念张浚生同志

释文：胸怀家国一书生，公事私情大有成。问学争魁于闽浙，为官勤政始杭城。
香江已遂回归梦，求是长留善治声。忽报先生驾鹤去，顿教吾辈泪纵横。

落款：戊戌正月初五陈加元叩首

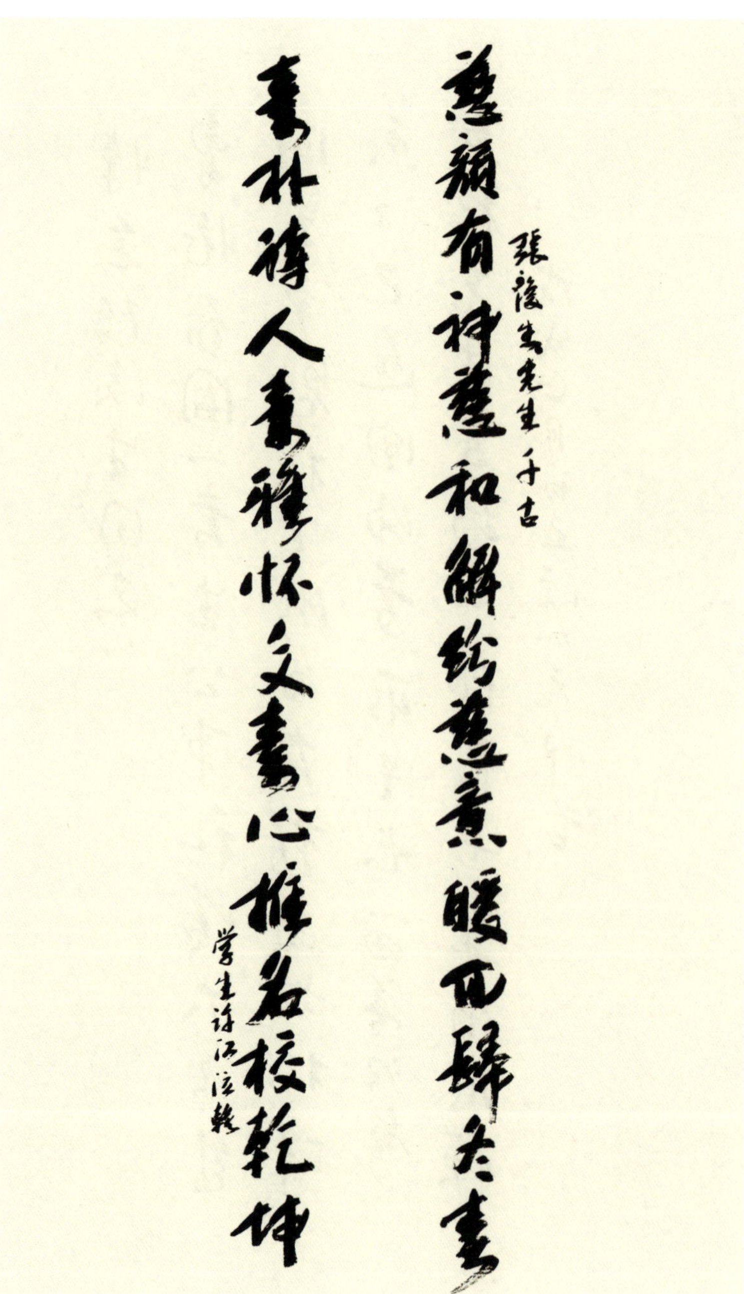

上联：慈颜有神慈和解纷慈意暖回归冬春

下联：素朴待人素雅怀文素心推名校乾坤

上款：张浚生先生千古

下款：学生许江泣挽

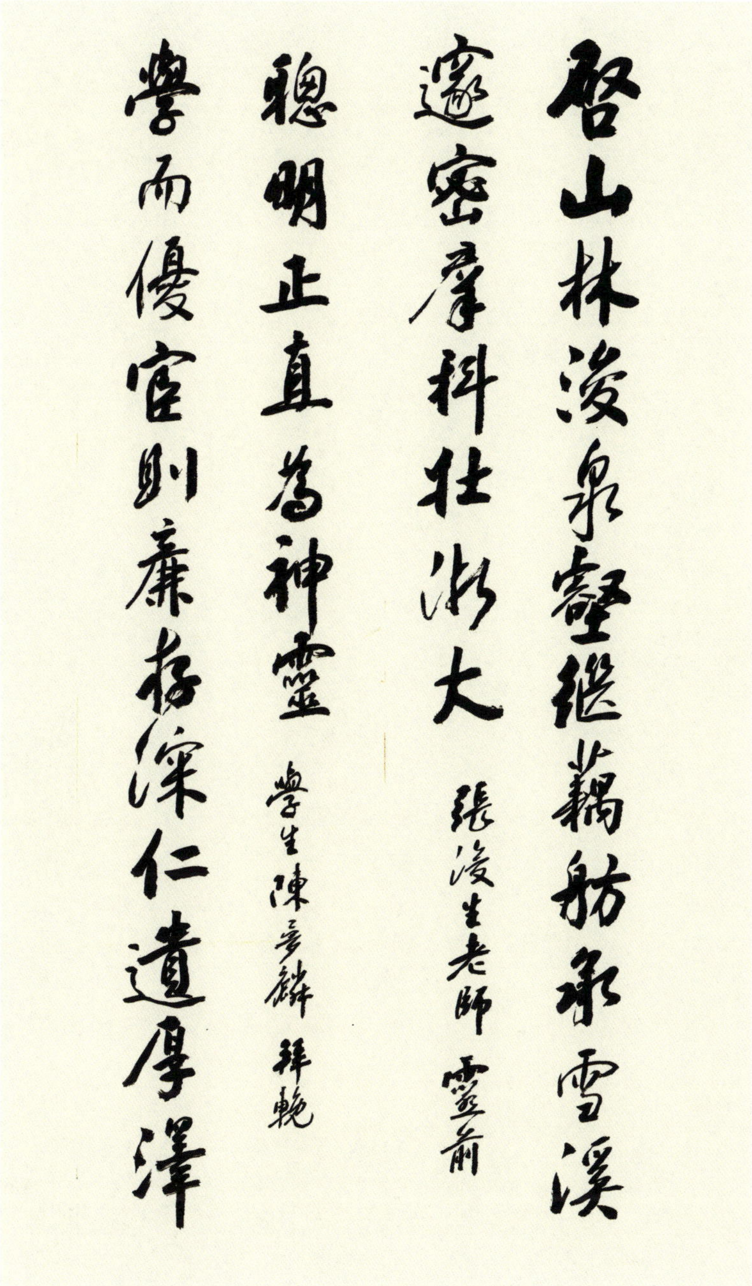

上联：启山林浚泉壑继藕舫承雪溪邃密群科壮浙大
下联：学而优宦则廉存深仁遗厚泽聪明正直为神灵
上款：张浚生老师 灵前
下款：学生陈梦麟 拜挽

珍贵的墨宝

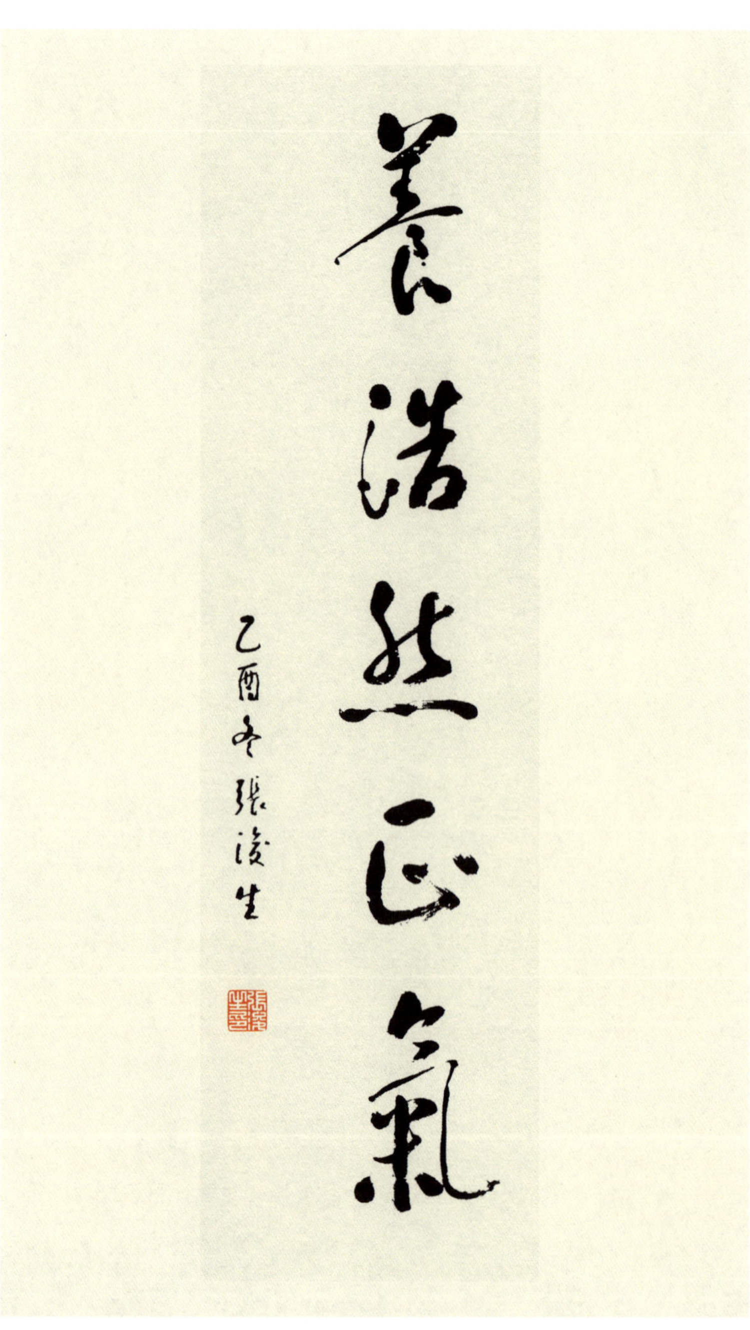

释文：养浩然正气

落款：乙酉冬 张浚生

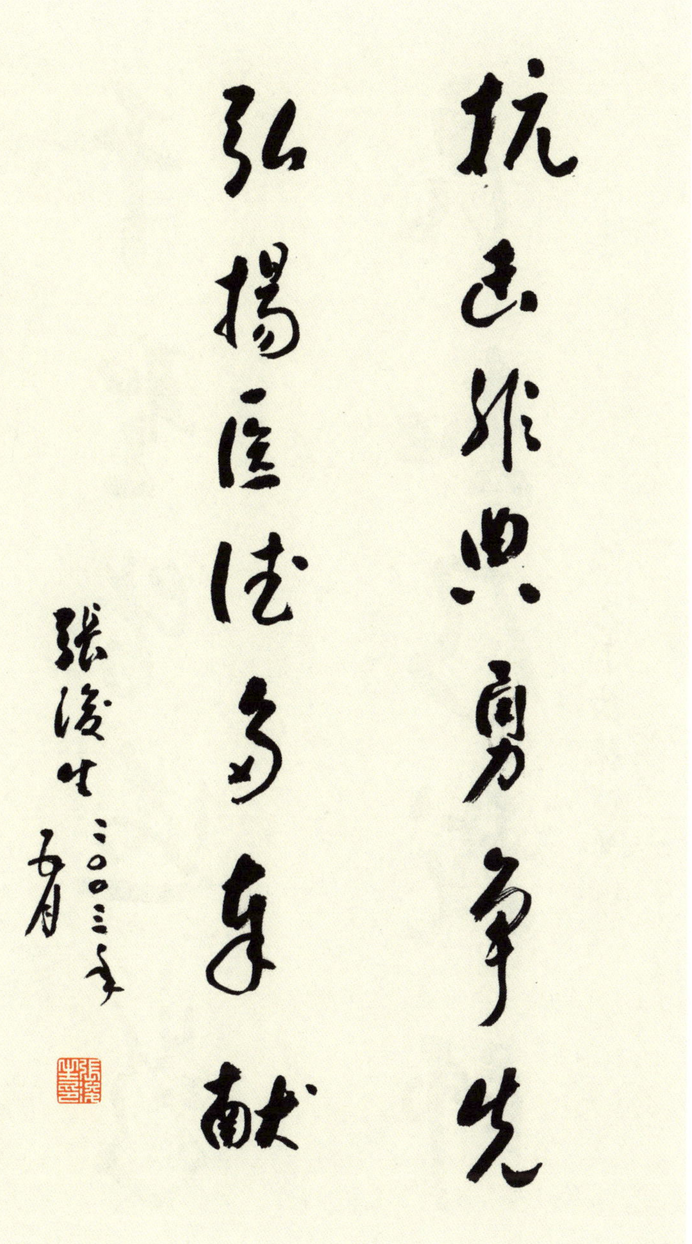

上联：抗击非典勇争先

下联：弘扬医德多奉献

落款：张浚生 二零零三年 五月

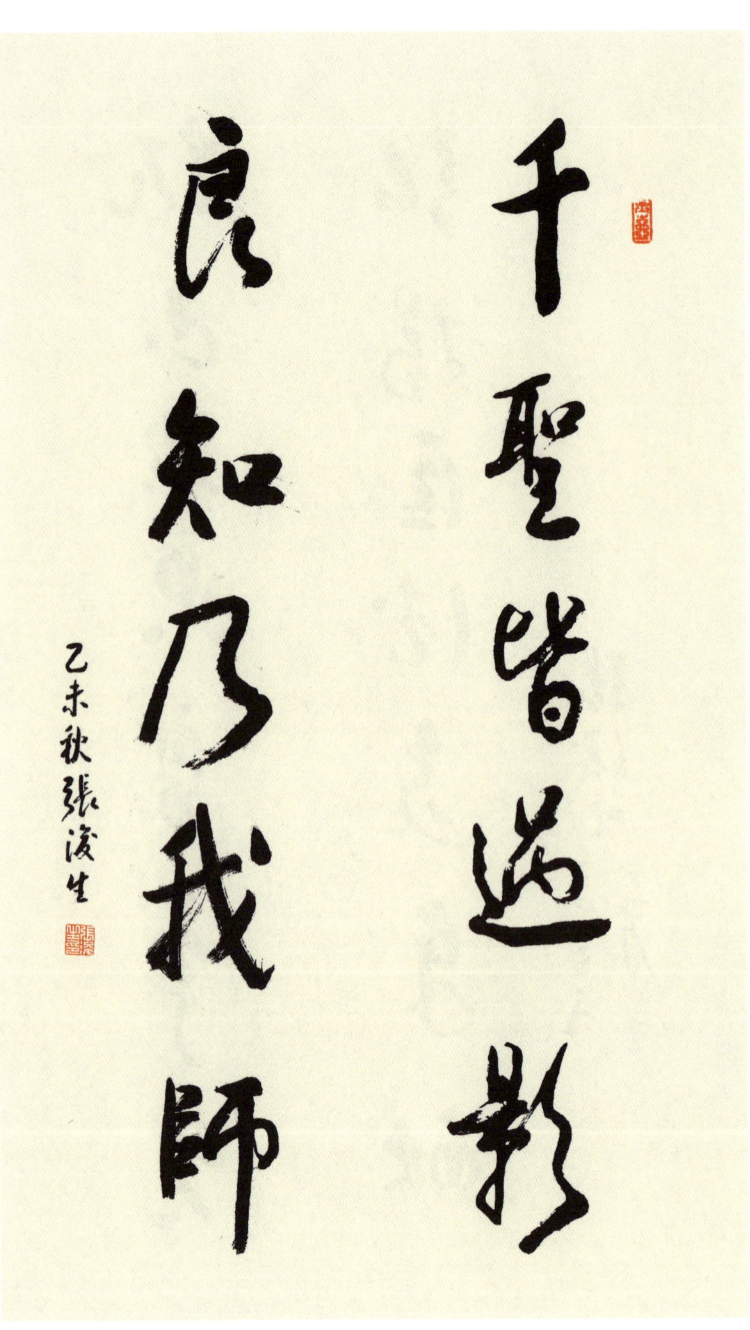

上联：千圣皆过影

下联：良知乃我师

落款：乙未秋 张浚生

释文：理想是大同，典范有周公。他年堪笑慰，彩霞映日红。

落款：庆贺建党七十五周年 张浚生

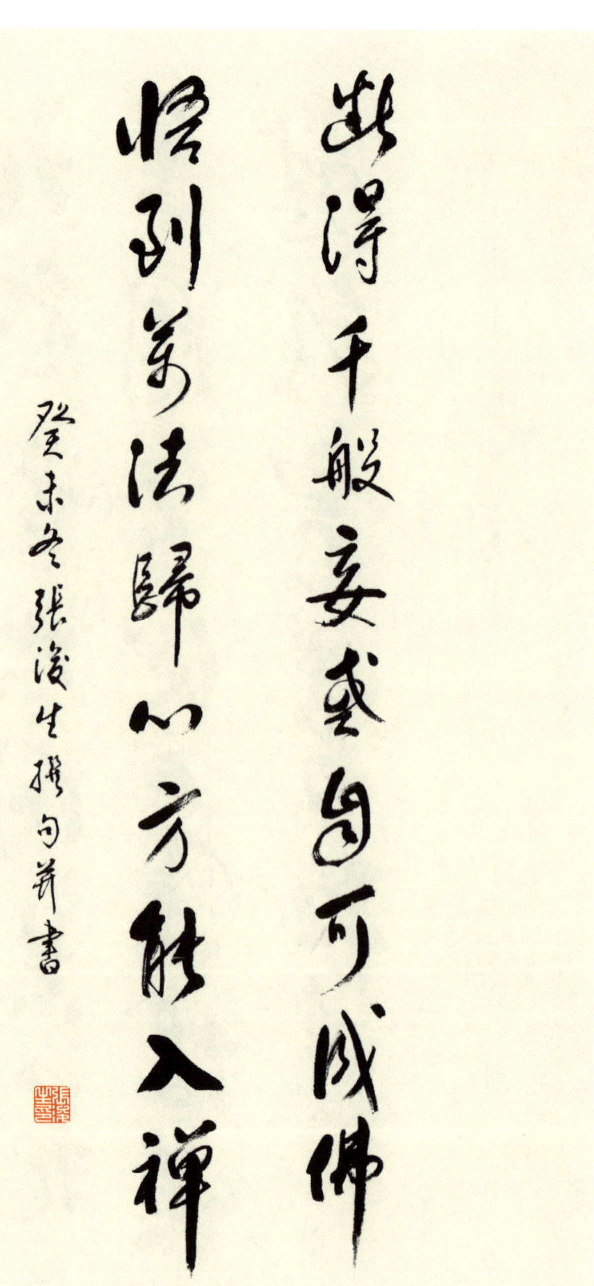

上联：断得千般妄戒自可成佛

下联：悟到万法归心方能入禅

落款：癸未冬张浚生撰句并书

释文：知人者智，自知者明。胜人者有力，自胜者强。

落款：老子道德经句 己丑秋张浚生

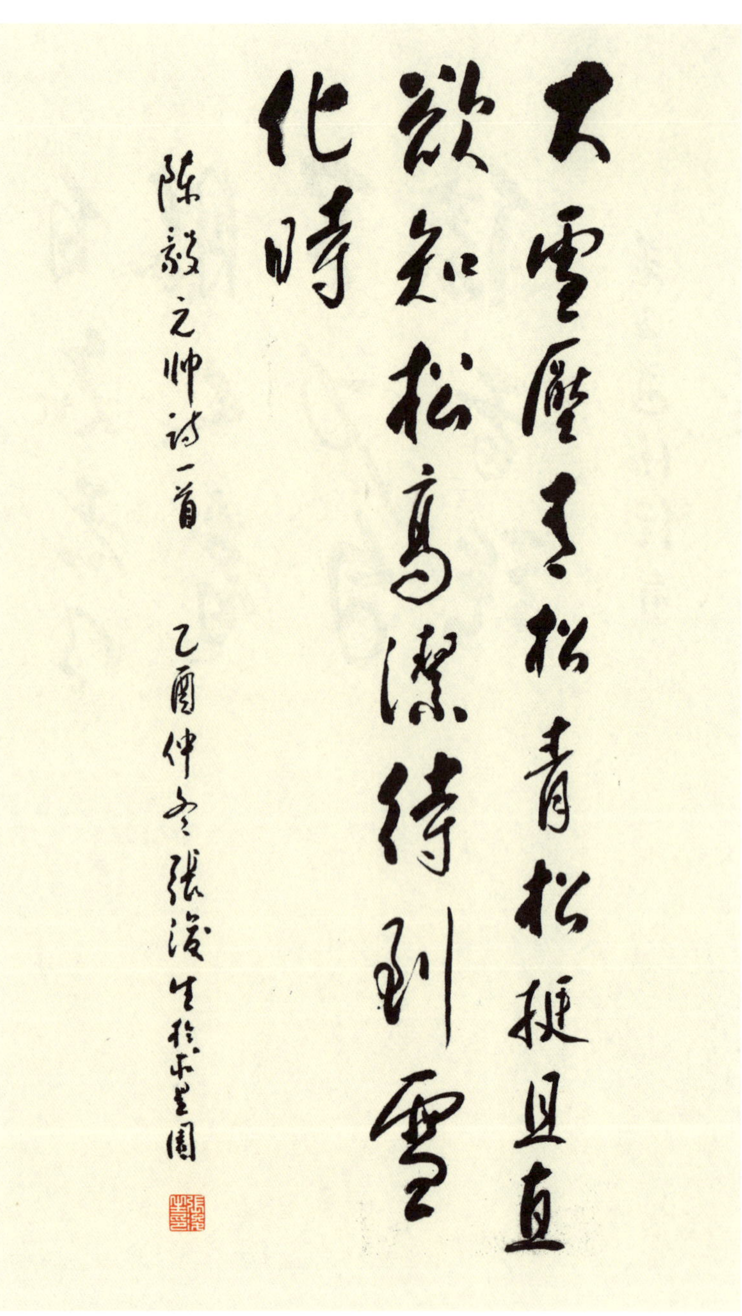

释文：大雪压青松，青松挺且直。欲知松高洁，待到雪化时。

落款：陈毅元帅诗一首 乙酉仲冬张浚生于求是园

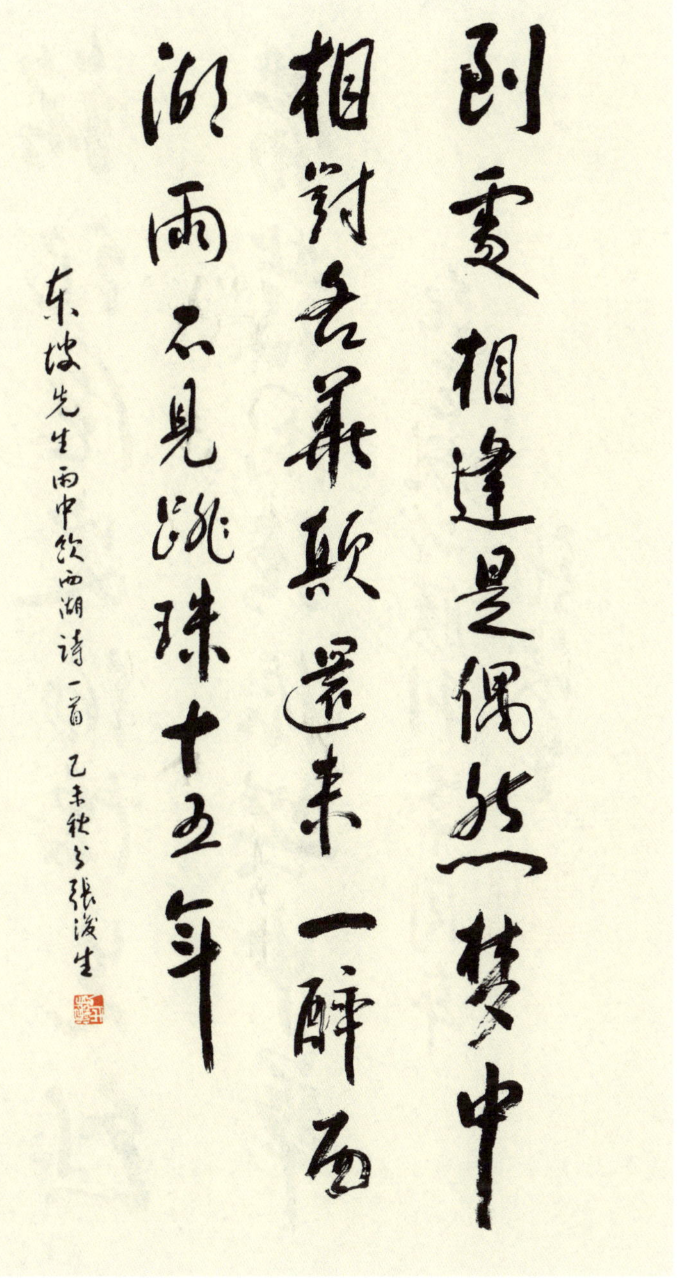

释文：到处相逢是偶然，梦中相对各华颠。还来一醉西湖雨，不见跳珠十五年。

落款：东坡先生雨中饮西湖诗一首 乙未秋分张浚生

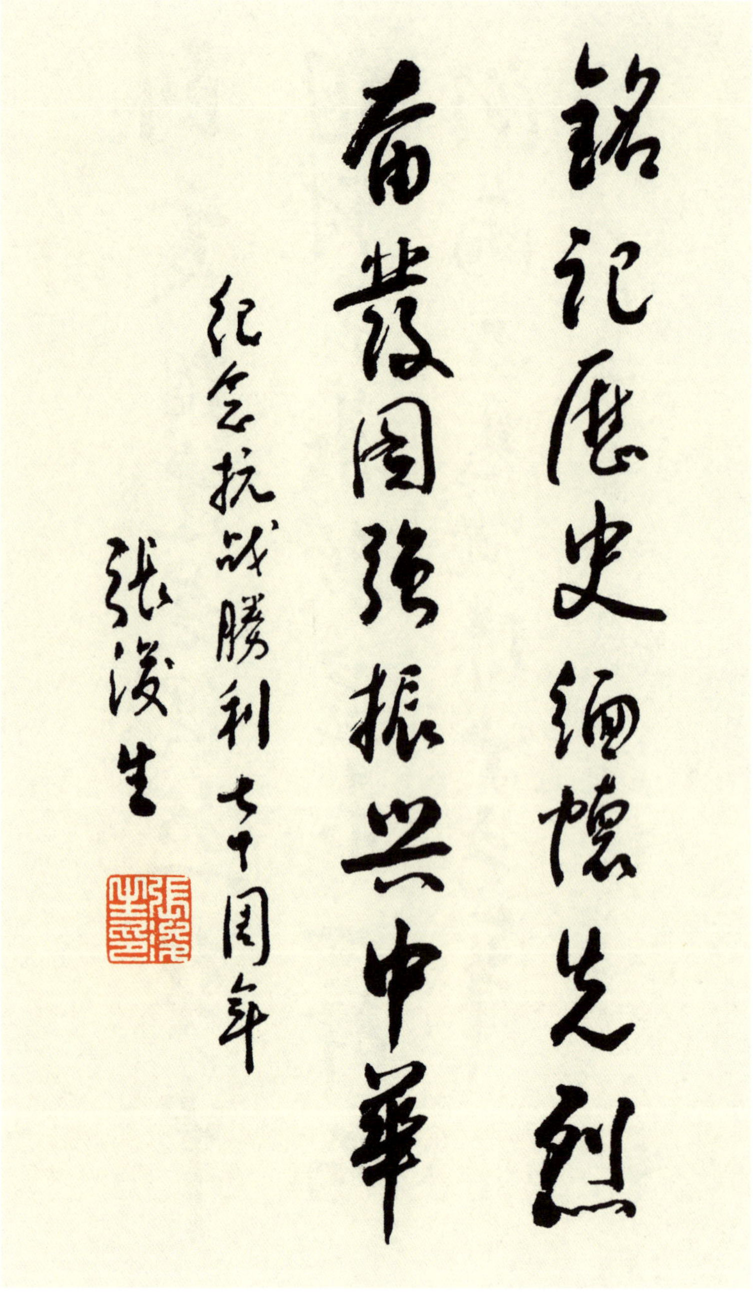

上联：铭记历史缅怀先烈

下联：奋发图强振兴中华

落款：纪念抗战胜利七十周年 张浚生

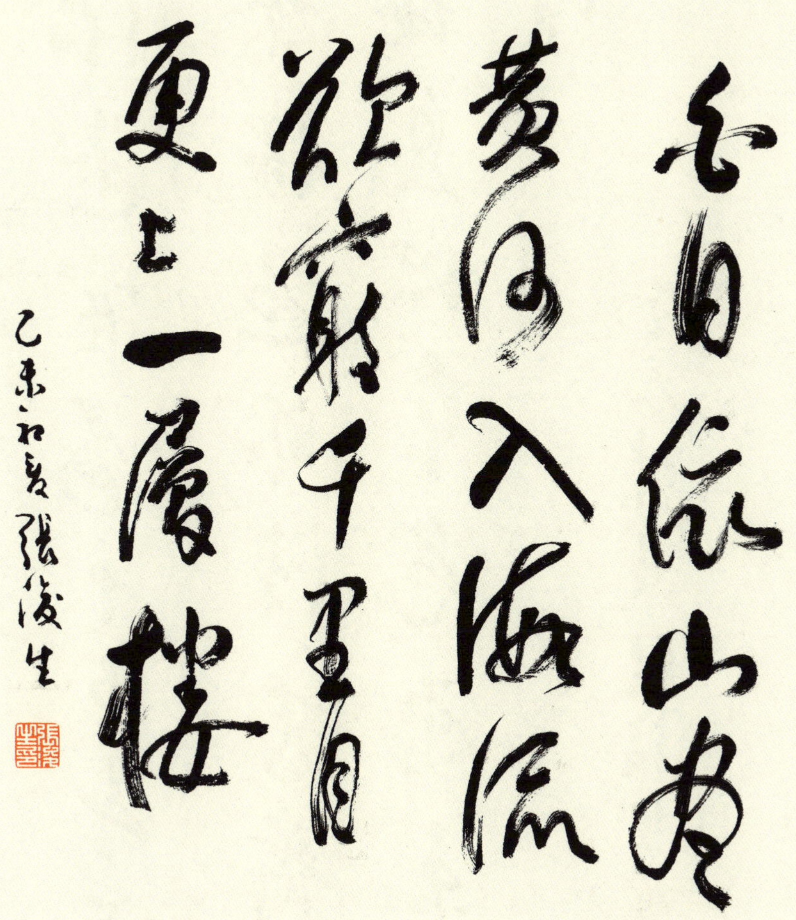

释文：白日依山尽，黄河入海流。欲穷千里目，更上一层楼。

落款：乙未初夏张浚生

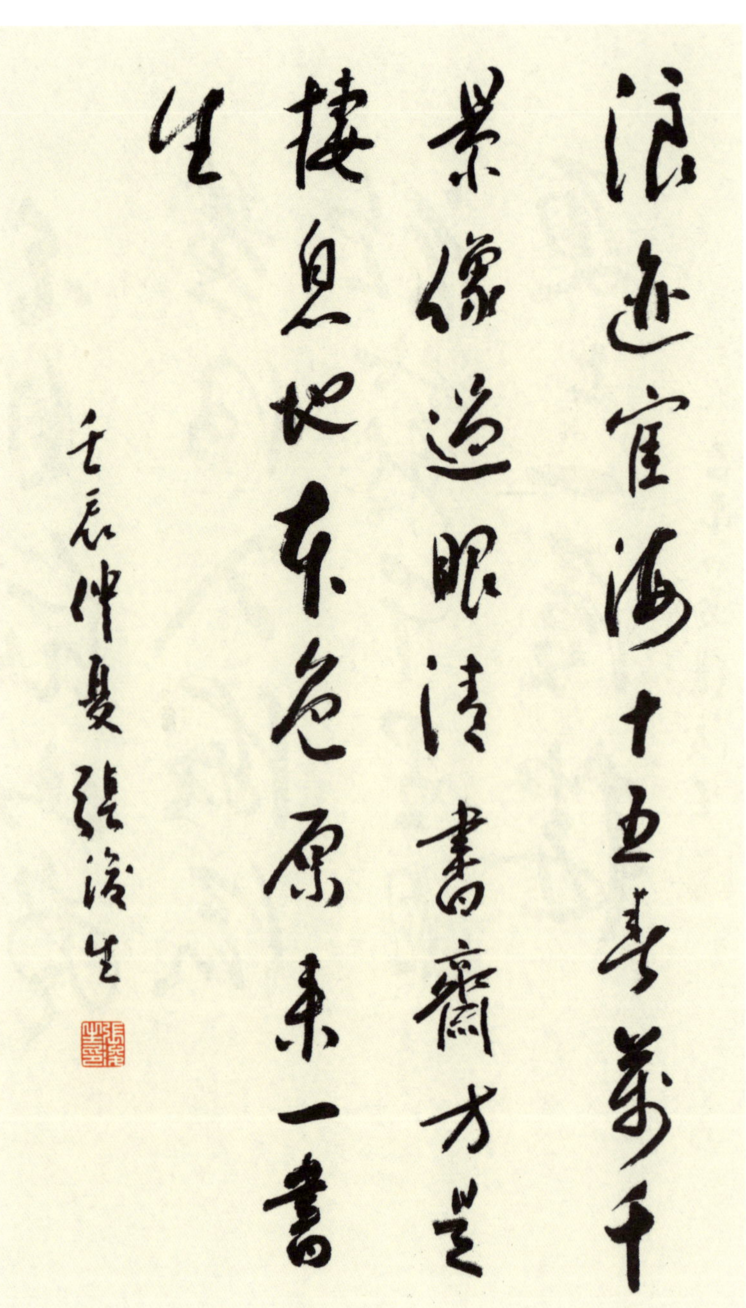

释文：浪迹宦海十五春，万千景像过眼清。书斋方是栖息地，本色原来一书生。

落款：壬辰仲夏张浚生

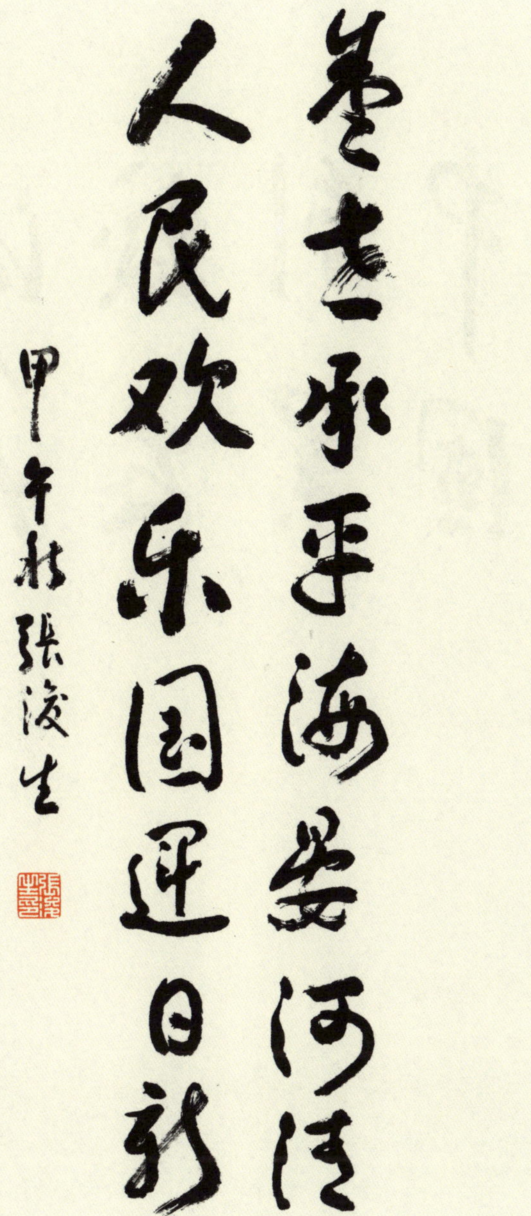

上联：盛世承平海晏河清

下联：人民欢乐国运日新

落款：甲午秋张浚生

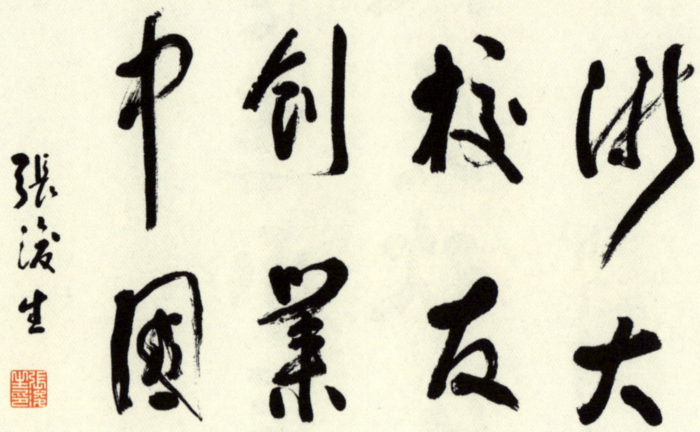

释文：浙大校友创业中国

落款：张浚生

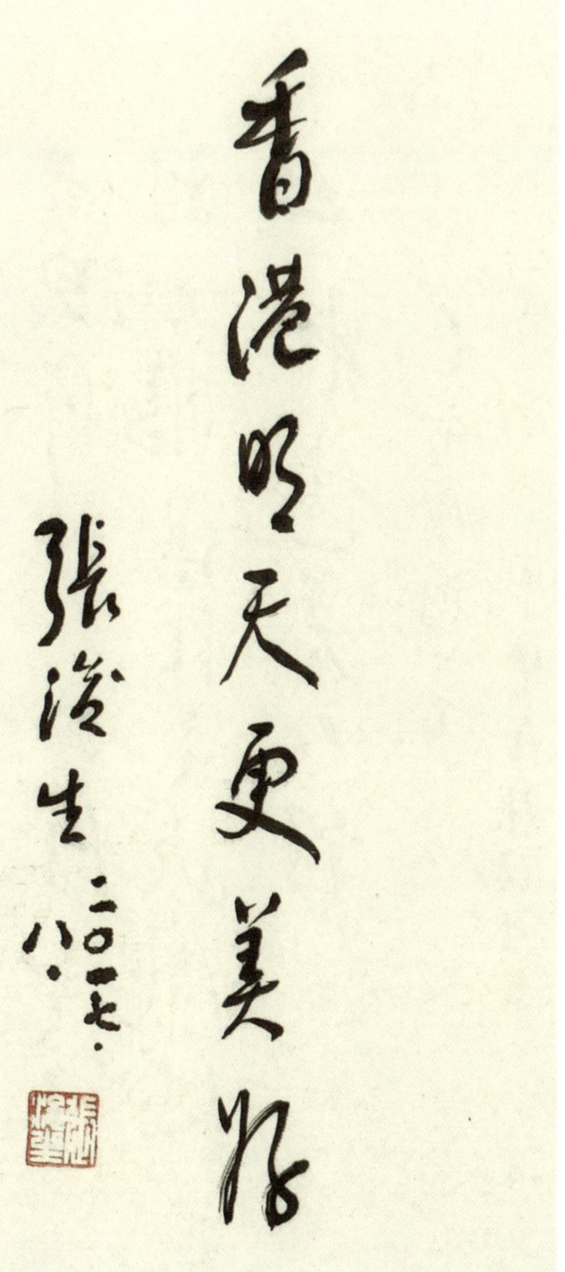

释文：香港明天更美好

落款：张浚生 二零一七 · 八

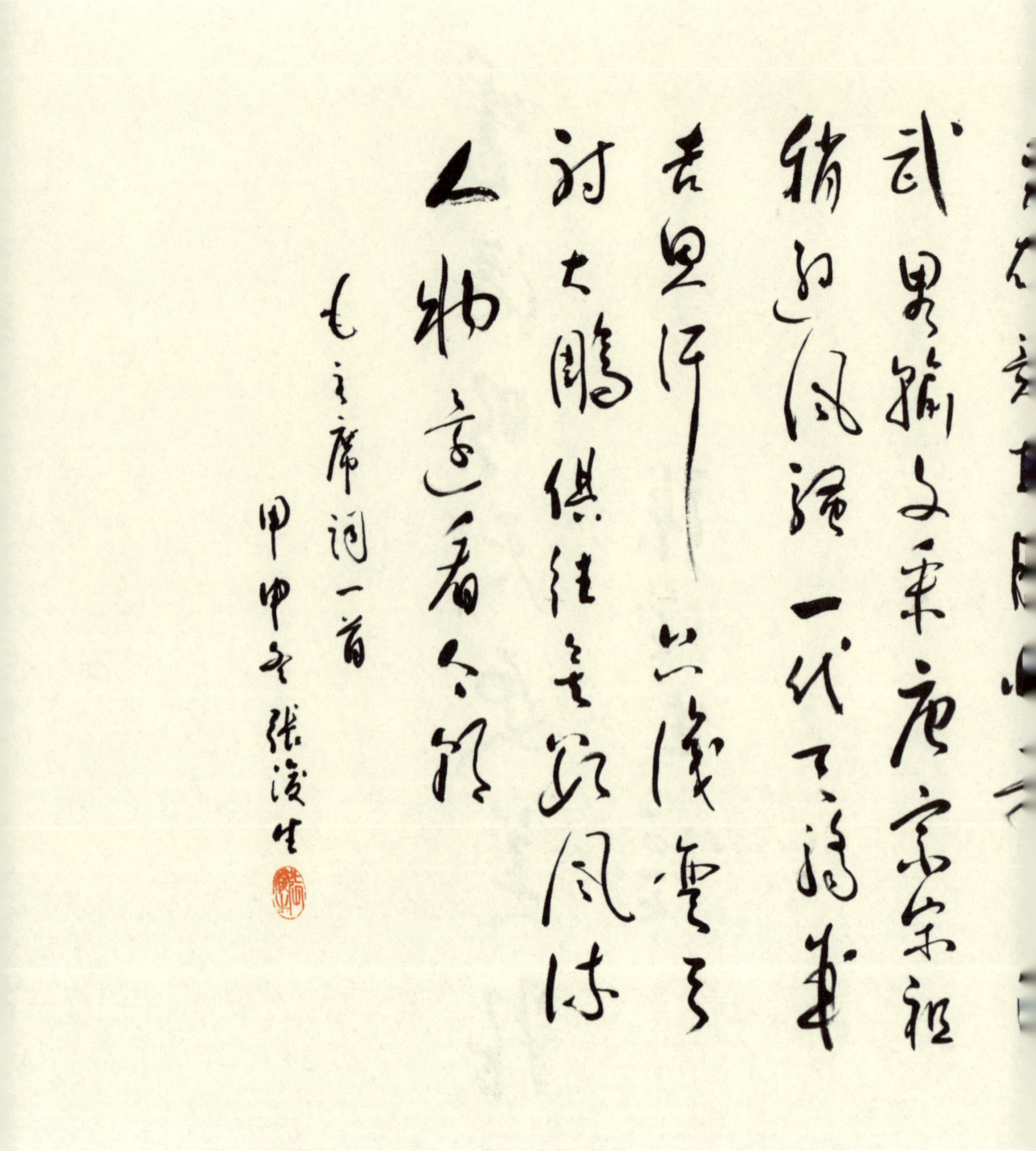

武略输文采唐宗宋祖
稍逊风骚一代天骄成
吉思汗只识弯弓
射大雕俱往矣数风流
人物还看今朝
毛主席词一首
甲申年 张浚生

释文：北国风光，千里冰封，万里雪飘。望长城内外，惟余莽莽，大河上下，顿失滔滔。山舞银蛇，原驰蜡象，欲与天公试比高。须晴日，看红装素裹，分外妖娆。江山如此多娇，引无数英雄竞折腰。惜秦皇汉武，略输文采，唐宗宋祖，稍逊风骚，一代天骄，成吉思汗，只识弯弓射大雕。俱往矣，数风流人物，还看今朝。

落款：毛主席词一首 甲申 张浚生

北国风光千里冰封万
里雪飘望长城内外惟余
莽莽大河上下顿失滔滔
山舞银蛇原驰蜡象欲
与天公试比高须晴日看
红装素裹分外妖娆

附录

香江风雨十三春

——香港回归往事亲历

□张浚生　口述　　徐有智　杨　帆　田　峰　整理

意外接到“留学”调令

我去香港工作其实非常突然。1984年10月底的一天晚上，杭州市委书记厉德馨把市委副书记兼市长钟伯熙、我（时任杭州市委副书记），还有副书记许行贯和杨招棣、副市长顾维良等同志一起留了下来。厉书记说：“给大家讲一件事情，中央组织部要调浚生同志去香港，负责新华社香港分社的宣传工作。”听到这话，我一点思想准备都没有，也不大情愿，因为担任副书记一年多的时间里，我对杭州市委的工作已经逐渐熟悉了，工作很顺手，同志间相处也很愉快。我找到浙江省委书记王芳同志，他对我说：“中央来调人，我们不能不放。从另外一个角度考虑，你到香港工作一段时间也有好处，那里挺锻炼人的。我同中央组织部商量过了，只借调两年，你去香港‘留学’两年，之后再回来。”

这样，从1984年11月底，我就开始做去香港“留学”的各种准备，正式接到通知是1985年6月中旬，7月就到了香港。岂知，这一“留学”，竟是13年。

布局在港“舆论阵地”

到了香港之后，我先被任命为新华社香港分社（以下简称香港分社）的宣传部副部长，接下来又于1986年2月被任命为香港分社宣传部部长。当时，香港分社是我中央政府在香港的代表机构。香港分社宣传部机构不大，有20多人。在香港，我们自己有五家报纸：《大公报》《文汇报》《新晚报》《香港商报》《晶报》，下面还有“三、中、商总管理处”，管理“三联书店”、“中华书局”、“商务印书馆”三家出版社在香港的分支机构等。

那时，我们在港工作的情况与在内地完全不同，即使在我们领导的这些部门，也不能用内地的方式开展工作，所以活动范围很小，只能慢慢适应。当时的宣传部部长是杨奇，他还兼任分社的秘书长。他是“老香港”，过去乔冠华和夏衍在香港分社时，他就已经在港工作，对当地情况非常熟悉，工作水平也很高，同香港新闻界人士联系密切。为了让我尽快熟悉情况开展工作，杨奇带我去拜会香港新闻界的人士，这对我帮助很大。那段时间，我每天看各种各样的报纸，包括专栏文章，边看边做笔记，通过这些逐渐了解香港。大概过了半年多，对情况熟悉起来，对在港工作的重要性也加深了认识。

我到香港之前，《中英联合声明》已经正式生效，中国政府也正式开始起草香港特别行政区基本法。但英国对于把香港归还给中国并不甘心，还是想尽一切可能去保留他们在香港的利益和影响，为此提出所谓政治体制改革，搞什么“还政于民”，打“民意牌”，干扰和影响我基本法的起草。为此舆论斗争很激烈。

为了引导舆论，我们宣传部设立了舆论处，及时分析研究舆论动向，撰写文章在《大公报》《文汇报》《香港商报》等以专论或来论的形式发表，为此还请了两位资深专家坐镇：一位是周毅之，原《人民日报》驻香港首席记者、傅作义女婿，另一位是从广东调来的社科院的研究员施汉荣。

广交朋友连轴转，被笑称“张五场”

在香港回归祖国的过渡期，我们在香港工作总的是维护香港的繁荣稳定，保证香港顺利回归、平稳过渡。具体工作包括：宣传中央政府对港基本方针政策，起草基本法；与可能干扰香港繁荣稳定影响平稳过渡的活动开展有理有利有节的斗争;推动香港同胞积极参与社会事务,为将来治港建港培养人才;加强香港与内地的联系,为内地的经济建设做贡献等。

为此,我们在香港很重要的一项工作就是广泛联系和团结香港各界人士。为了让香港市民更多地了解共产党和共产党领导下的政府,也了解我们这些内地去的官员,我们尽可能多去参加当地的活动,以树立良好的公众形象。

有一次,我翻阅当年秘书记录我每天活动的本子,1996年11月22日的活动安排是:

一、上午社长办公会议;

二、14:00会见前港督尤德的夫人;

三、14:30听取《香港沧桑》摄制组汇报;

四、16:30出席钱迪励画展,主礼;

五、18:00出席挪威画家画展,主礼;

六、20:00出席香港建筑师学会餐舞会。

第二天,即1996年11月23日的安排是这样的:

一、上午9:30—10:30会见美国国防部副部长怀特;

二、11:30离开分社赴清远,中午在车上吃了一个汉堡包;

三、14:30抵清远,出席由曹金霖先生捐建的曹金霖学校落成庆典;

四、16:00左右结束后赴韶关,20:00抵韶关,21:00晚饭,23:00看望霍英东先生,因英东杯少年足球赛在韶关举行,霍先生正在韶关。

这样的情况是常态,一般每天下午、晚上都要安排三四场活动。有时候从中午12:00开始,超过五六场的活动也有。香港大学有一位著名的经济学家张五常教授,有些朋友因此笑称我是"张五场"。

通过参加各种活动,我在香港确实交了许多朋友。既有各界的知名人士,也有普通的香港市民,他们的言行、处世态度,尤其是他们的爱国情怀常常让我十分感动。香港很多有成就的人,特别是一些商界精英,出身都很苦,也没有什么家底,都是靠艰苦奋斗起家的,如李嘉诚、李兆基、郑裕彤、曾宪梓、田家炳等。他们既奋斗成功了,又非常爱国,用实际行动支持祖国内地的发展。

邵逸夫先生对我说:你说过要陪我走完全程的

我到香港不久就认识了邵逸夫先生。邵先生人非常好,对我也很爱护,有什么活动经常邀我参加。1986年,浙江省省长薛驹到香港后前往拜访邵先生。邵先生请薛驹在半岛酒店吃饭,并请我作陪。那一天邵先生到得比较早,就先和我聊了起来。我们说起香港回归,他还跟我开玩笑说:"到1997年我快90岁了,还不知道能不能活到那一天呢。"我说:"您身体这么好,肯定没问题。"

邵先生以实际行动支持内地,特别是斥巨资支持内地教育。1985年,他找到香港分社副社长李储文,主动提出想为国家做点事,支持内地教育,并拿出1000万元人民币,作为支持内地教育的第一笔捐款,后来浙江大学用这笔钱盖了一座"邵逸夫科学馆"。此后,他每年捐人民币一个亿,支持内地的教育事业。到1992年,又改为每年捐两个亿。此外,他对内地的赈灾、文化、卫生事业的支持也是不遗余力。后来,他又筹集了上百亿元人民币,成立了邵逸夫科学基金,颁发邵逸夫科学奖。他设科学奖的目的是要弥补诺贝尔奖的不足,诺贝尔奖没有数学奖,他设数学奖;在诺贝尔奖中,天文方面是和物理放在一起的,他就专设了天文学奖……奖项不只是面对内地,而是面向全世界;每一个项目的奖金额与诺贝尔奖基本一样,每年颁发一次。为了凑足这100个亿,他卖掉了清水湾的一块地。2007年5月,我到香港去看他时,邵先生告诉我,他正准备把捐助的重点转向医院,要在全国捐建一批医院,大、中、小都有。他捐建的第一个医院就是浙江大学的邵逸夫医院。

对于邵先生的每次捐款活动,我们香港分社都积极支持和参与。此外,他的无线电视台有赛马等商业活动时,也都请我去参加;他到内地访问、旅游时,我也经常去陪他,不过因为工作忙,每次都只能陪他一段,中途我总是有事得先回香港。后来他有意见了,说:"你老是陪我一半就回去了。"我向他保证说："现在太忙，实在陪不了您那么长时间，1997年以后，一定陪您全程。"但我食言了。香港回归后，1997年8、9月份，邵先生去内地访问，我又安排不出时间，只能陪一段。他就说："你说过要陪我走完全程的，怎么又只陪我一段？"他80多岁的时候听到过的话，到90多岁还记得牢牢的。后来几次他回内地，我终于有机会全程陪他，算是了了一桩心愿。

一首歌"卖"了18万

在香港分社时，文体工作由我分管。每当在港歌星开演唱会，如徐小凤、张学友、张国荣、刘德华、黎明、梅艳芳、郭富城、林子祥等，演出公司都会来请我们出席。每次去我都会给他们送花篮，并到后台去看望。

有一次，我去港丽酒店参加香港明星的一场慈善募捐演出。演出中以点歌的形式筹款，请出一个演员上台，点他唱歌，老板愿意出多少钱自己报，所得到的钱都捐给慈善机构。进行中，主持人突然说："请张副社长上来唱首歌，好不好？"下面立刻鼓掌叫好。然后他就请在场的朋友报自己的捐款数目，按惯例一般台下有一个人举手捐款就唱了。结果我这次下面好多人回应，这个说："我2万！"那个说："我3万！"最后一直叫到15万。我从来没有在大庭广众下唱过歌，见他们那么热情，又感觉这是一个很好的互动机会，就硬着头皮上去了，下面拼命鼓掌。我选了叶倩文的《潇洒走一回》，她高兴极了。等我唱的时候，所有的演员都走上台来和我一起唱，有的还搂着我，又唱又跳，气氛非常"火爆"。下来以后，梅艳芳又说，她再加3万，这样一共是18万元港币。后来，当地记者在有关这次慈善演出的报道中，把我唱歌的事也大大"渲染"了一番。一时间，"张浚生一首歌卖了18万"在香港广为流传。

香港的演艺界人士很爱国，尽管他们很少参加政治活动，但是从他们的日常言行中能看得出来。我们许多庆典、捐款救灾义演等，他们都踊跃参加。1991年华东水灾，香港演艺界为此举行了一整天演唱赈灾活动，筹得1亿多港币赈灾款。在香港回归祖国的过程中，他们都做了很多工作。明星的“粉丝”众多，每次演出结束后，他们都会守在剧场门口等待偶像的出现。我出来时，他们见到我也会喊：“张副社长！张副社长！”我去看望明星，“粉丝”们也会觉得我和他们有共同语言，彼此距离一下子就拉近了。离开香港多年后，我和香港演艺界还经常联系。那年，张学友在台湾地区演出时，我正在那里访问，他特别邀请我出席；我们在杭州搞微笑行动、慈善医院等筹款晚会，他也专程前来支持。

说到唱歌，还有一件趣事。那次，港岛区内社团要组织一次演出为慈善机构捐款，因为我一首歌唱出18万的事“名声在外”，他们就托人约我也去唱一首，并且指定要唱电视连续剧《渴望》的主题歌。我的歌唱得其实并不好，但我把这当成工作，必须答应。为此我夫人特意去买了毛阿敏的磁带，每天晚上夜深人静时，我就关起门来照着磁带练习。就这样，“夜半歌声”练了一个星期，就去唱了。这次活动，他们一共筹集了100多万元港币。

针锋相对、斗智斗勇，一切为了香港顺利回归

我在港工作期间先后经历了三任港督。第一任是尤德，1986年他突然病故，我和他没有直接交往；第二任是卫奕信，1992年离任；第三任是彭定康。我和他们两位都直接打过交道。接触过程中我发现，卫奕信在执行英国政府政策的过程中尽管和我们也有许多争论，但总的来说比较务实，愿意通过协商来解决双方之间的矛盾，也在香港回归过程中办过不少实事。而末代港督彭定康的旧殖民主义思想很重，到香港工作后挑起过很多矛盾。从我们方面来说，为了实现香港的顺利回归、平稳过渡，希望与英方坦诚合作，但彭定康不愿这样做。

在我印象中，彭定康是一个典型的政客。初来香港的时候，他没有遵循港督履新时身着三军司令制服的惯例，而是穿着西装。他是想通过这个细节“作秀”，给香港市民一个平民化的好印象，以笼络民心。

1992年10月，彭定康在施政报告中明确提出他的政改方案，并向社会公布。这一方案的要害，钱其琛同志将其概括为“三违反，一挑战”，即“明显地违反了中英联合声明的有关规定和精神,违反了英方关于要使香港政制发展同基本法衔接的承诺,违反了中英双方已达成的有关谅解和协议。港英当局的做法实际上是对合作的挑战”。

此前,我们已经知道彭定康在其施政报告里面将要提出这一政改方案。1992年9月18日,香港分社周南社长为彭定康举行接风晚宴,我陪同。晚宴前,我们原本想和他沟通一下关于施政报告中政改方案的事,可他答复说还没有考虑好,不愿和我们讨论。

10月7日上午,港英政府通知我们,彭定康下午将作施政报告,并要我们上午去取报告。结果,当香港分社副社长王品清如约去取时,英方却告知还没有印好。无信吗!其实,此时在北京,英国驻华大使馆已经把该报告的中英文文本递交我外交部。这对港英方面而言真是极大的讽刺。

进入过渡期后有个惯例:港督作完施政报告以后要去一趟北京,与中国政府有关部门交换意见。彭定康去北京那天,我代表香港分社去送他。由于彭定康固执己见,他此行在北京不仅没有谈成什么,反而把关系搞得相当紧张。尽管如此,他回来的时候,我还是去机场接他。

到了贵宾室以后,他坐也没坐就对我下了“逐客令”,说:“谢谢你来迎接我,我们今天就到此为止吧!”我一听就警觉起来。港督出访或者回来,通常会在机场安排一次简单的采访。之前我注意到这一次在出口处没有记者,这就有些反常。我再朝周围看看,发现原来在另外一个地方安排了接受记者采访的场所。我估计他想把我支走,然后再从贵宾室出去见记者,不让我在场。

那天,我恰好在香港大会堂有个酒会必须参加。香港的新闻媒体反应非常快,尤其是像彭定康访问北京这样的敏感话题,谁都想抢在最先报道出去。在反应速度上,电台最有优势,因此我推断彭定康的讲话马上就会播出,于是到了停车场后我先没有下车,而是让司机把收音机打开听广播。果然,在香港电台新闻中,正在播彭定康在机场对记者的讲话,他把这次去北京访问没达成谅解的责任完全推到中方身上。我听后就下车直奔大会堂,有很多记者在酒会现场,他们也听到了彭定康的讲话。我抓住机会,立刻在现场向记者发表讲话，从中方角度讲清事实真相。这也是我在香港舆论界第一次公开对彭定康的讲话进行针锋相对的回应。

彭定康的政改方案，最关键之处就是要把基本法确定的一套选举办法改掉，把香港特别行政区立法会产生的办法和有关规定改掉，这违背了基本法和《中英联合声明》、违背了中英双方通过外交途径达成的协议，因此不仅遭到我们的批评和反对，香港各界包括香港媒体也发表了大量批评意见，就连在英国国内也遭到包括政府官员在内的一些开明人士反对，认为他在香港问题上走得太远，并都在各种场合对他提出了批评。英国工商贸易大臣也曾公开表示对他的不满，为了改善中英贸易关系，该大臣还专程出访北京。

回归1000天倒计时

香港回归的庆典是举国欢庆、世界瞩目的大事。1996年，中央就香港回归交接仪式及特区政府成立庆典成立了筹备委员会，上面还设立了领导小组。我代表香港分社参加筹委会并任副主任，同时香港分社也相应地成立了一个领导小组，由我任组长，朱育诚副社长、袁鹏雁秘书长担任副组长。香港分社的工作，除了要配合做好安全保卫、宣传舆论、预订住房、赠送礼品等之外，庆典会场的选址、布置等也要由我们直接具体负责，此外还要统筹香港各界组织的活动。

1994年4月，我搞了个“发明创造”，提出在香港搞一个1000天倒计时活动。那时，按照小平同志“另起炉灶”的指示，很多筹备工作都在紧锣密鼓地进行。搞倒时计1000天的活动，是想达到两个目的：一是我们自己对回归工作要有紧迫感；二是要给彭定康施加压力，和他打个心理战。这个想法得到支持，国务院港澳办在他们办公楼的大门口竖起了回归1000天倒计时牌，深圳等地也竖起了这样的牌子。香港分社宣传部的同志还提议，在《文汇报》《大公报》《香港商报》这些报纸刊头的地方辟出一小块，从1000天开始刊登，“今天距离香港回归还有1000天”，第二天就是“今天距离香港回归还有999天”，天天登，一直登到回归那一天，也就是1997年7月1日为止。

这件事反响很好，全国不少地方都立起了这样的牌子。全国政协委员、香港钟表商李秀恒先生还特意为此开发了“回归倒计时钟”，每天都显示距离香港回归还有多少天，在市场上很受欢迎。

细节里有大政治

香港回归日期是1997年7月1日。因此，6月30日和7月1日之交的00:00，是划分回归前后的时间节点。为此，有许多交接活动要经过双方反复协商，只有把工作做细，才能做到万无一失。例如，关于升旗和降旗的时间，我们的旗什么时候升上去、英方的旗什么时候降下来；再如，关于解放军何时进驻，以及抵达军营后的交接和升降旗仪式等，许多细节背后都有主权象征的意义，政治性很强，必须高度认真、细致为之。

在这些细节中，有关交接仪式和特区政府成立庆典会场的选择是由我具体负责的。为了挑选合适的会场，那些日子我在香港到处跑。会场要在室内，地方要足够大，还要庄严。那时香港文化中心已经建起来了，场地尚可，但是面积不够；红磡体育馆，面积足够，但没有现成的主席台。后来有人告诉我，香港会展中心二期有很大的会场，预计作展览、会议之用，主要由郑裕彤先生的公司投资，当时还在建设中。我们看到图纸后，觉得面积够，也比较庄严，就和郑裕彤先生商定在那儿举行活动。

为了了解工程进度，我每隔半个月就会到现场去。1997年4月初的一天，我到现场一看，大吃一惊：顶都没有盖好！这可把我急坏了，赶紧去找郑先生，我说：“为交接仪式的场地问题，我们与英方争论了很长时间，最后才选定了你们的会展中心，他们也同意了。现在时间只剩下两个多月，如果不能及时盖好，到时用不上就是大问题了。”郑先生说：“放心没有问题，一定按期完成。”交流中我得知，原来建筑进度上不去是承包公司出了问题。总承包的是一家英国公司，他们又分包给菲律宾的一家公司，可菲律宾公司做到一半倒闭破产了，工程因此延误。最后我和郑先生敲定，他6月2日验收工程，6月12日交给我们。

会场的布置也是一件大事，要非常仔细，墙面颜色、地毯样式、牌子怎么做、会场内的各种放置……都要筹委会讨论通过。仔细到什么程度？比如，进入大厅以后，上到主席台的阶梯，每一个台阶多高都要经过仔细斟酌。

当时，在观看准备工作的汇报录像时，曾庆红同志发现了一个问题：预备的国旗和香港特区的区旗一样大。在交接仪式上，英国国旗和中国国旗一样大，这是没有问题的；但是在特区政府成立庆典时，特区的区旗和国旗一样大，这可不行。于是赶紧调换。但是，这些旗帜都是有固定规格的。原来准备的都是一号旗，于是就拿来一面二号旗，可二号旗又太显小，与国旗放在一起视觉效果不理想。后来定制了特殊规格的特区区旗，比一号旗略小，比二号旗略大。

还有一个细节，如果仔细看交接仪式的电视转播就会发现，在交接之前，会场一边的两根旗杆上，一面英国国旗和一面港英政府的旗帜，都是下垂着的；在交接之后，会场另外一边，当我们的国旗和特区政府的区旗升上去后，却是飘扬的，这是为什么呢？交接仪式是在室内举行的，没有风，事先我们已经考虑到这个问题，就在旗杆上安装了一个带马达的小风扇，所以旗帜升上去以后能够“飘”起来了。这也是在筹委会上讨论发现问题后，想办法解决的。

6月30日那天晚上，我最多就睡了一个小时。7月1日凌晨，当我听到江泽民同志在中华人民共和国香港特区政府成立和宣誓仪式上的讲话，当我见到五星红旗和紫荆花旗冉冉升起，振奋之余，感觉自己在香港的13年，有幸参与了回归最后阶段的工作，总算为香港的平稳过渡尽了一份力量。

我们在香港工作期间，有一句话会经常挂在口头：如何将小平同志对处理香港回归问题的指示全面准确理解非常重要。我从香港回来时写了一首诗：

香江风雨十三春，夙兴夜寐历艰辛。
喜迎珠还欣归去，不辱使命赖指针。

此处所谓指针，也就是小平同志有关处理香港问题的指示。

口述者张浚生曾任新华社香港分社副社长，系香港回归交接仪式中央代表团副秘书长、香港回归庆典筹备委员会副主任；采访整理者徐有智系浙江大学出版社原总编辑，杨帆系浙江省政协文史编辑部总编辑，田峰系浙江省政协文史编辑部副编审

（此文刊《纵横》杂志2018年第07期，由浙江省政协文史资料委员会荐稿）

回忆浙江大学“四校合并”

□张浚生　口述　　徐有智　杨　帆　田　峰　整理

编者按:改革开放后,随着社会主义市场经济体制的逐步建立,原来适应计划经济体制的部门办学体制和学科性院校培养人才的模式已不适应社会和经济发展的需要。各高校为了适应社会发展和自身生存发展的需要,兴起了新一轮以合并为主要特征的高校管理体制改革热潮。其中,1998年9月15日,浙江大学、杭州大学、浙江农业大学和浙江医科大学四所高校合并组建成新浙江大学(“四校合并”),是此次高校大合并中非常典型的代表性事件,被称为“我国高等教育改革的先锋”。本期,曾任新浙江大学党委书记的张浚生同志披露了这段历史中许多不为人知的细节故事。

改革开放之初即有人提出“四校合并”

党的十一届三中全会以后,我国进入改革开放的伟大征程。1979年5月,浙江大学党委第一书记兼副校长刘丹同志带领浙大代表团到美国考察访问,在为期一个多月的考察中,浙大代表团参观访问了全美多所大学和研究机构,包括世界著名的一流大学以及美国的社区大学。回来之后,他们感触良多:一是世界科技发展很快,新学科大量涌现,我国大学的学科太落后、陈旧,必须更新改造;二是我国大学学科专业面太窄,结构单一,适应性差,很难适应现代科技和社会发展的需求;三是当时我国大学多为学科性院校,规模小,不利于文理交叉和培育新学科。

刘丹同志等向省委写了一个报告，其中提到："1952年全国高校院系调整，将一些基础比较好的，拥有文理工农等学院的老大学都分成为一些文理大学、多科性工业大学及一些新的学院，以致当前全国竟没有一所文、理、工、农、医、法、师范等真正意义上的学科比较齐全的综合性大学，这对我们这样一个有十亿人口的大国来说是很不相称的，也是我国高等教育的一大缺陷。"报告中还提到，为了适应人才培养和科学研究的需要，有条件的城市和大学可以恢复或创办一批真正意义上的综合性大学。这里用词比较含蓄，实际上就是想要把浙大恢复成综合性大学。

当时刘丹同志担任省人大常委会副主任，他在省里做了很多工作，还在全国人大会议上作为一个议案提出，希望把浙江四所大学合并组建一所综合性大学，以更好地适应世界科技发展的潮流，更有利于培养高质量人才和出高水平成果。当时省委省政府有许多领导都支持这个提议，李丰平、薛驹等主要领导还主持召开了几次座谈会，针对浙大办学中存在的问题，制定了若干改革措施和具体方案，并由省里出面在杭州搞了四所大学的联合办学，还签了合作办学协议。刘丹同志担任校际协作委员会主任。

但是，由于外部客观条件的不具备和内部诸多因素的制约，"四校合并"在当时未能实现。

接受筹建工作的艰巨任务

20世纪90年代初，随着我国的高等教育布局开始调整，中央提出了"调整、合并、合作、共建"八字方针，全国从1992年开始有不少大学进行了合并，包括四川大学、扬州大学、南昌大学、同济大学等。这项工作由李岚清副总理主抓，国家教委主任朱开轩具体负责。

1996年3月，在北京召开的八届全国人大四次会议期间，原浙江农业大学校长朱祖祥和原浙大副校长王启东两位老先生又提出"四校合并"的建议。当时李岚清副总理刚好参加浙江代表团的分组讨论，听后认为想法很好，指示国家教委主任朱开轩跟进落实。

1996年10月，朱开轩同志带队到浙江来调研"四校合并"。1997年3月，上世纪三四十年代曾在浙大任教的德高望重的老科学家王淦昌、苏步青、谈家桢、贝时璋等，也联名给江泽民总书记写信，建议"四校合并"。江泽民总书记作了肯定的批示，并把此信件批转给了李岚清同志，再由李岚清同志在信中作了批示并转发给浙江省委。这样，"四校合并"终于有了明确的结果。

1997年底，浙江省委和教育部联合向国务院报送了《关于浙江大学、杭州大学、浙江农业大学、浙江医科大学合并组建新的浙江大学的请示》。

与此同时，中国科学院院长路甬祥见到我说，他向李岚清副总理和教育部部长陈至立推荐我去主持"四校合并"工作。我表态说，这是件大好事，上世纪80年代初我在浙大任党委副书记时就很支持。但这件事说起来容易做起来却很难。后来的日子里，路甬祥、陈至立以及时任中组部常务副部长张柏林等三位同志分别多次和我谈及此事，最终我决定接下这一艰巨的任务。

1998年4月27日晚上，我从香港回到杭州，28日上午就到省里参加省委书记办公会议，商量筹建小组的事情。在这之前，陈至立部长曾经给我通过电话，说筹建组一定要在4月30日之前成立起来。

上午到省里开完会，下午我就到浙江大学找到校长潘云鹤和常务副校长胡建雄。我对老潘说，有几件事需要学校帮忙，一是给我安排一间办公室，我回到杭州后还没有办公的地方；二是能不能找个同志配合我一下。第二天浙大党办副主任孙旭东同志就来报到了。

当天下午和第二天一天，我就到四个学校的校区去看了一下。走在华家池校园里，有两个刚打完网球回来的学生与我擦肩而过，已经走过去的学生突然走回来对我说："哎！这是张浚生喏！"我就停下来问，"是我。你怎么认识的？""我们在电视里看见过你，是不是四个学校要合并了？""是啊，你们赞成吗？""我们赞成，欢迎合并。"

4月30日上午9时，"新浙江大学筹建小组成立大会"召开，教育部部长陈至立、副部长周远清、省委副书记刘枫、副省长鲁松庭以及四所学校党政主要负责同志都参加了会议。会议宣布了国务院对筹建小组的组长、副组长的任命文件以及小组成员名单，筹建小组成员共9人，除我以外都是原来四个大学的党委书记、校长，我担任组长，潘云鹤担任副组长。

下午2时，又在省政府会议室召开了“新浙江大学筹建大会”。这个会议的规模比上午更大，由教育部和省委省政府联合召开。省长柴松岳和教育部部长陈至立等领导都出席了，参加会议的还有四个学校的干部和教师。会议宣布了几个文件：一是有关成立“四校合并”领导小组的文件；二是成立“新浙大筹建小组”的通知；三是教育部和浙江省共建、共管新的浙江大学的文件，这个文件规定了“四校合并”后的浙江大学管理体制。

此后，我曾一一拜访省里老领导，听取他们的意见。铁瑛、李丰平、薛驹、沈祖伦、崔健、王家扬、商景才、厉德馨……这些老同志对“四校合并”都是支持的。在此之前潘云鹤同志也曾拜访过铁瑛、李丰平、王家扬、商景才等同志，他们也都表示支持。

到四川大学“取经”

接手新浙大筹建工作之后，我就想到一些合并比较成功的大学去取取经。

去四川大学时，党委书记兼校长卢铁城同志很热情地接待了我。我看了一天，卢校长问我有什么感想。我说：“川大与浙大的合并比较一下，有三个‘有利’，三个‘不利’。”他让我说说看。我说，川大的三个“有利”，一是合并的两个学校即四川大学和成都电子科技大学都是教育部的直属大学，体制一样；二是学科互补性很强，科大是以工科为主，川大是以文理为主；三是两个校园就是一条马路之隔，而且成都市还同意把这条马路变成校园内道路，使两校合并后有一个整体的校园。这是三个“有利”浙大所没有的。浙大是四个学校两种体制，一个是部属的，三个是省属的；学科既有互补又有重叠；校园分散，原来四个学校有五个校区。但浙大也有三个有利条件是川大所没有的，简单说就是“票子”“班子”和“牌子”。浙大合并，中央和省里答应支持8个亿。钱的问题也很重要，合并中很多地方要用到钱，这是其一。其二是川大与科大合并初期，班子问题没解决好。其三是牌子问题。我是从原来的科技大学这边进校的，看到门上一块木头牌子写着“四川联合大学”，底下一块很大的石头上写的则是“成都科技大学”；我也到原四川大学的门口看过，墙上的木牌写着“四川联合大学”，下面一块大石头上写着“四川大学”；给我的书面介绍材料，上面写“四川联合大学”，下面有个括号，里面写着“四川大学、成都科技大学”。这说明“牌子”问题没有真正解决好。卢铁城同志对我的一席话表示赞同，并说，这些问题目前正在解决过程中。后来听说李岚清同志到四川考察，对校名问题发表了一些意见，全校师生统一思想，延用了“四川大学”这个校名。

“九字方略”争一流

1998年5月4日，是北京大学建校100周年校庆日。江泽民总书记在北大百年校庆大会上的重要讲话中提出，为了实现现代化，我国要有若干所具有世界先进水平的一流大学。这个目标是中央首次提出来的，也是对像浙江大学这样一所高水平大学提出的要求。

筹建小组进行了认真学习和讨论，大家都感觉到这是大学发展一个千载难逢的好时机。所以在6月2日我接受筹建小组宣传组同志采访时就明确提出，要用15—20年的时间，也就是在建校120周年前后，把浙江大学办成一所具有世界先进水平的一流大学。在那次采访谈话中，我针对未来浙江大学的发展目标，提出了“综合型、研究型、创新型”这九个字。

“综合型”就是学科门类齐全；“研究型”就是要在搞好本科教育的同时，大力发展研究生教育，尽量多承担科研任务，特别是要充分发挥多学科的综合优势，多承担高层次、新兴学科的重大科研项目，并使这些研究成果尽快转化成社会生产力，成为国家高级人才培养基地和高科技研究开发基地；“创新型”就是要在知识经济时代，在国家知识创新体系中承担责任，在引导全社会科技发展和思想文化进步中有所创造、有所建树，成为文化创新、知识创新的重要基地。

我想，如果我们能在这三个“型”上下功夫，浙大就能真正跻身世界一流大学之列，为中华民族的复兴作出更大贡献。

新浙大正式成立

1998年8月，我们到北京和北戴河汇报了筹备工作进展情况以后，根据李岚清副总理讲话精神，着手安排新浙大成立大会的事宜。这些工作按原来的分工是由郑造桓同志负责的，后期我也直接参与了一些。有一件具体的工作是我一再强调的，那就是到新浙大成立的时候，要把合并之前带有各学校名字的牌子全部拿掉，实验室能改名的也要改过来，来不及改名的要先用红布遮起来。到9月上旬，我一个一个校园去检查。看起来这只是一项很具体的工作，但这个细节非常重要，一定要让大家感觉到自己都是新浙大的人。

我们还讨论了一个具体问题，就是成立大会的会标怎么写。写“浙江大学成立大会”？可“浙江大学”本来就存在的，怎么能又“成立”呢？最后决定写“新浙江大学成立大会”。8月下旬，教育部下发《关于浙江大学 杭州大学 浙江农业大学 浙江医科大学合并组建新的浙江大学的决定》，主要内容有三条：一、合并后新的校名定为“浙江大学”，实现一个法人、一个领导班子、一个建制，并相应撤销原有学校的独立建制。二、新的浙江大学为教育部直属高校，实行教育部与浙江省共建共管，原属四校的在编人员、资产全部划归新的浙江大学统筹管理，教育部与浙江省分别拨款的投资渠道不变，双方投入的经费由新的浙江大学统一安排使用。三、“四校合并”组建新的浙江大学是我国高等教育体制改革和布局结构调整的一项新的重大举措，对于面向21世纪在我国组建若干所规模大、层次高、学科门类齐全的综合性大学具有重要的示范意义，必将对我国高等教育的改革与发展产生重要而深刻的影响。希望新浙江大学成立以后能够办成一所具有国际影响的社会主义大学。教育部的这个文件，把“四校合并”的意义和目标表述得非常清楚,刚好我们“新浙江大学成立大会”的会标也与之不谋而合。

1998年9月15日,新浙江大学成立大会召开。李岚清副总理出席并作了重要讲话,他说:“新浙江大学的成立,不但是浙江大学历史上的一个新里程碑,而且也是新中国高等教育历史上的重要一页。‘四校合并’组建新浙江大学是高教管理体制改革的一项重大举措,意义重大,影响深远,党和国家对你们寄予了很高的厚望,希望你们能在这场改革中发挥积极的示范作用,为进一步推进我国高教管理体制改革作出应有的贡献。”陈至立同志代表教育部、李泽民同志代表浙江省委省政府也在会上作了讲话。成立大会上还宣布了新的浙江大学党政领导班子名单,其中,我担任浙江大学党委书记,潘云鹤担任浙江大学校长。

请院士来当院长

学科结构调整和院系设置是合并后新浙大建设与发展的核心问题。1999年暑假期间,我们特地住在之江校区,花了两天时间专门讨论学院的设置问题。讨论中,主要有两种意见:一种是按照传统大学的布局方式,设立文、理、农、工、经管等大学院,这样的布局,国外很普遍,历史也很长,大学院的优势是有利于国际学术界之间的合作和交流。另一种是小学院制,按照科学技术发展的新趋势,在较小的范围内把学科的优势凸显出来。小学院制的优势是能迅速反映科学技术发展的趋势以及浙江大学的学科特点,有利于知识的创新和创新人才的培养。最后确定的方案是设置20个左右的中等学院,既兼取大学院制与小学院制各自长处,也形成了学校—学部—学院—系这样的结构。其中校、院为实体,学部和系为虚体。

与此同时,我们还在考虑院系调整后的院长人选。作为一个学院、学科的带头人,不光要有很深厚的学科造诣,而且应该是一位德高望重的学者,能够战略规划学科发展方向,帮助我们提高教学水平、科研水平和学术地位。因此,我们提出如果学校里面某个学科有院士,只要其愿意干,而且有行政能力,就请他出山。比如,当时的机能学院院长是岑可法院士,建工学院院长是董石麟院士，药学院院长是陈耀祖院士，环资学院院长是曹楚南院士，这几位院长原来就是浙大的。有些学院自己没有院士，我们就设法从外面聘请。沈家骢、陈宜张、李国杰、贺贤土等大批著名学者的加盟，拓展了浙大的学科发展领域。此后，包括国际著名数学家丘成桐、哈佛大学著名人文学者杜维明、麻省理工学院电磁学专家孔金瓯等一大批国际著名学者和知名人士的到来，给浙大带来了国际上先进的教学理念、教学方法和科学知识，大大提高了学校的国际影响力。

而之所以想到请金庸先生担任人文学院院长，是基于当时的一篇报道。有媒体采访时问他是否还继续写小说，他说不写了。问他以后想干什么，他说可能到北大或浙大研究一点学问。于是我跟潘云鹤校长商量，是不是就请金庸先生来当人文学院院长。金庸先生当时已经是浙大的名誉教授，也是原杭大的名誉教授。老潘也同意，我马上打电话给金庸先生，他听了很高兴，一口允诺。1999年3月26日，金庸先生正式出任浙大人文学院院长。他虽然年纪很大了，但仍然帮我们组织了好几次重要国际国内会议，把北大、中国社科院的好多专家学者都请来了，还在学校开设了人文和经济的关系等讲座。

为新生筹建基础部

“四校合并”之后，首先遇到一个难题，那就是由于校区分散，新招收的本科一年级学生无法集中在一个校区上课。新生进校后分散在各个校区会有很多问题：一是基础课安排很困难，老师几个校区上课疲于奔命，老师难、学生难、教学安排也难。二是学校刚合并，之江校区原来是老浙大的，华家池校区、西溪校区和湖滨校区原来是浙农大、杭大和浙医大的，学生中进了之江校区的认为自己是进了浙大，但进了华家池、西溪两个校区的同学就会认为“进了农大或杭大”。因此我们考虑要建一个基础部，把一年级新生集中起来进行教学和管理。

我们从1999年下半年开始选址。到了年底，富阳市委书记找到我说，他那里有六块地给浙大挑。我去看过，地址在黄公望森林公园附近，还靠着富春江，背山面水，前面有一条60米宽的公路，富阳市政府给我们的条件也非常优厚，5万块钱一亩，没有“原住民”也就没有拆迁的问题，“七通一平”全部由富阳市负责完成。回来之后，我在常委会上说了，并建议大家都去实地看看再作定论。没多久，学校党委常委们一起去富阳实地考察，大家都说这个地方还不错。这下消息传出去了，说浙大要把基础部建到富阳去。

有一天，时任杭州市委书记王国平和一位副市长来找我，王书记开门见山地说：“杭州市三墩那里有一块很好的地方，市里可以给你们，你去看看。”我去了两次都觉得周边的环境又脏又乱，并不合适。但在王国平同志的一再坚持下，我第三次去了三墩，请卜凡孝副校长一同前往，并由三墩镇的书记、镇长陪同，这次看到了真面貌：眼前是一大片田野，很平整的一块地，居住的农户也不多，条件非常合适。经过详细了解之后我发现，这块地有两个问题：一是中间有一块地已经规划给省里建住宅，大概有300亩；二是高压线从这块地上穿过，肯定不安全。回来后我把这个顾虑告诉了王国平同志，他的回答很干脆：省里的地我们另作安排，高压线移走，市里出钱处理。有了这个表态，基础部的地址就定在了三墩。

2000年11月3日，学校和杭州市签署了合作建设浙大基础部和科技园区的协议。根据协议，浙大基础部选址在西湖区塘北，占地面积3100亩，建筑面积为71万平方米。2001年9月18日，我们举行了隆重的新校区开工建设典礼。2002年10月8日，6700余名浙大二年级学生搬进了新校区，在新校区上了第一堂课。到了10月14日、15日两天，6000余名新生又在新校区集中报到。短短一周时间内，将近1.5万名师生进入了新校区，揭开浙大办学历史上新的一页。

记得在“四校合并”初期，浙大有四位老教授曾经在《光明日报》上写过一篇文章，文章引用自然科学的发展规律，提出“四校合并”的结果不应是简单的加法，应该做到整体远大于部分之和。他们形象地把合并产生的结果比喻成三种境界：一是机械的联合，也就是说各学科之间建立起外部的联系，尚未渗透到各学科内部，这是综合之“初探胜境”；二是化学的化合，也就是各学科互相渗透引起化学反应，产生了不同于其组分的新东西，这是综合之“渐入佳境”；三是生物的媾合，各学科互相交融，形成新的胚胎，孕育新的生命，这是合并的最高境界。这篇文章发表之后，影响还是很大的。

老先生们的观点我是赞同的。从浙大这些年的发展来看，应该说总体上是相吻合的，然而，现在的浙江大学还远未达到合并的最高境界，仍还有很多忧患，还存在很多亟待解决的问题。要真正办成世界一流水平的大学，这是一个漫长的历史过程，要经得起社会实践的考验。既要有雄心壮志，又必须脚踏实地努力奋斗，才能真正体现一所一流大学的社会责任和存在价值。

本文在整理过程中参考了《亲历回归与合并——张浚生访谈录》一书

张浚生系浙江大学原党委书记、中共杭州市委原副书记、新华社香港分社原副社长；徐有智系浙江大学出版社原总编辑；杨帆系浙江省政协文史编辑部总编辑；田峰系浙江省政协文史编辑部副编审

（此文刊《纵横》杂志2018年第10期，由浙江省政协文史资料委员会供稿）

张浚生逝世　梁振英林郑社会各界沉痛哀悼

【大公报讯】记者庄恭诚报道：原新华社香港分社副社长张浚生于19日下午在浙江杭州逝世，全国政协副主席梁振英表示沉痛哀悼，行政长官林郑月娥感到难过，并深切慰问其家人。香港政界人士赞扬张浚生具亲和力、一直关心香港，而且在任时能够清楚、明确表达中央立场，对香港平稳过渡作出贡献。

为港回归作卓越贡献

曾任基本法咨询委员会秘书长的梁振英指出，张浚生为香港回归、平稳过渡以及香港特区的成立，作出了卓越贡献。他称赞对方在新华社香港分社任职时，能够清楚向香港和国际社会，阐释中央政府对香港的立场，包括对香港恢復行使主权，以及根据《联合声明》成立特别行政区的立场。

特首向家属致深切慰问

林郑月娥表示，张浚生长期在香港工作，积极参与香港回归祖国的过程，并对筹备成立香港特区贡献良多。她指出，张浚生对香港感情深厚，离港后仍一直关心香港，对其离世感到难过，并向其家属致以深切慰问。

基本法委员会委员、曾任基本法起草委员会委员的谭惠珠，形容张浚生敢言，指对方的最大贡献，正源于在其之前，较少有新华社香港分社的官员，出面阐释中央立场或态度。谭惠珠表示，张浚生以个人身份发言，内容相当准确，事后多次都证明与中央立场一致，当时大家都将其视为非正式的官方意见。

新闻联：深感悲痛

港区全国人大代表、同样担任过基本法起草委员会委员的谭耀宗认为，张浚生是既有原则、又有亲和力的中央驻港官员，直至近年仍关心香港事务。他回忆指，彭定康任港督时，中英关系紧张，张浚生不时代表中方向公众交代立场。

立法会议员、城大法律系副教授梁美芬对张浚生去世表示不捨，赞扬对方思维清晰、立场坚定、词锋尖锐，而且为人诚恳友善，是中方不可多得的名将，会永远怀念其对香港作出的贡献。梁美芬忆述，张浚生退休后仍时刻关心香港，不止一次向她分享香港回归前的大事、当年中英谈判的趣事，爱护香港之情表露无遗，堪称香港回归史的活字典，即使年逾八旬，依然头脑清晰、风趣幽默、记忆力甚强。

香港新闻工作者联会对张浚生逝世深感悲痛和哀悼，向其亲属表达诚挚问候。新闻联称赞张浚生一直关心、支持香港新闻界宣传贯彻"一国两制"方针，与媒体界建立了良好关系，形容对方去世使新闻界失去了一位老朋友、好朋友。

大公传媒学院：新闻界损失

大公国际传媒学院悼文指，张浚生2014年应邀赴港出席《大公报》成立112周年暨大公国际传媒学院成立庆典活动，并出任大公国际传媒学院荣誉院长，对大公学院的创立和发展作出了重要贡献。张先生的逝世是我国新闻界、教育界的重大损失，也是大公国际传媒学院的重大损失！

（原载香港《大公报》2018年2月20日）

中联办唁电赞张浚生爱国爱港

香港文汇报讯（记者　费小烨）前新华社香港分社副社长张浚生前日在杭州逝世，享年82岁。中联办昨日发出唁电，赞扬张浚生爱国爱港的真挚情感、求真务实的工作作风、谦逊无私的品德情操、博学多智的文化修养和豁达风趣的语言风格受到香港各界人士交口称赞。“斯人已去，精神长存。”香港各界深表哀悼，并赞扬他积极参与香港回归的过程，对筹备成立特区贡献良多，离开香港后仍一直关心香港事务。

中联办昨日发唁电悼念张浚生同志，全文如下：

张浚生同志亲属：

惊悉张浚生同志不幸病逝，我办全体同事不胜悲哀，专电致唁，沉痛悼念，并向你们表示深切慰问，望节哀顺变。

张浚生同志长期从事香港工作，在港14年间，坚决贯彻执行中央对港方针政策，大力宣传“一国两制”和基本法，广泛团结香港社会各界人士，为香港顺利回归及平稳过渡作出了突出贡献。回到内地工作后，他继续大力推动香港和内地新闻文体、教育科技等交流合作，为保持香港长期繁荣稳定发挥了积极作用。

张浚生同志爱国爱港的真挚情感、求真务实的工作作风、谦逊无私的品德情操、博学多智的文化修养和豁达风趣的语言风格受到香港各界人士交口称赞。

斯人已去，精神长存。

张浚生同志永垂不朽！

民建联工联会发唁电

另外,民建联主席李慧琼昨日代表民建联仝人发出唁电,表示对张浚生逝世深感哀痛。唁电指,张浚生一直按照“一国两制”方针致力维护香港的繁荣稳定,对于一些不利香港平稳过渡的言论,均予以有理有节的反驳,赢得市民的钦佩。

唁电赞扬张浚生在港工作期间,和社会各界建立良好关系;民建联在1992年创办时,也十分关心他们的工作和发展,并经常就社会事务和他们交流,听取意见。“张先生对香港和祖国的贡献,我们不会忘记。”

工联会全体同仁对张浚生逝世表示万分悲痛。唁电指出,张浚生在香港工作13年,一直非常关心工联会发展,积极推进“一国两制”事业,为香港顺利回归和平稳过渡,为香港与内地交流合作作出了重要贡献,在工联会及香港社会享有很高声望。

梁美芬叶太:张友善沒架子

经民联立法会议员梁美芬对张浚生逝世表达不舍之情,并赞扬张浚生思维清晰、立場坚定、词锋尖锐,为人诚恳友善,在退休之后仍时刻关心香港,“还记得2001年,他已在浙江大学当领导,知道我到了杭州,亲自安排与我在西湖边上的小楼吃饭,分享昔日香港回归前的大事表,爱护香港之情,表露无遗!”

新民党主席叶刘淑仪指,自己在回归前担任入境处处长期间,已经和张浚生有联络,双方经常就回归时政权移交的安排,及实施“一国两制”的细节问题,例如居留权、特区护照安排等交流。

她形容,张浚生生前经常笑口常开,为人沒有架子,人缘也非常好,是一位亲厚的长者。“我十分感谢他对香港顺利回归所作出的贡献,向他送上深切的悼念,并向他的家人送上诚摯的问候。”

(原载香港《文汇报》2018年2月21日)

浙江大学党委原书记张浚生逝世：亲历中国两桩大事

2月19日，浙江杭州，连日的雨势到了下午显得更大了些。

19日下午3时15分，浙江大学党委原书记、浙江省人民政府原特邀顾问张浚生，因病医治无效于杭州逝世，享年83岁。

自称“亲历中国两桩‘大事件’”的张浚生，曾在新华社香港分社任职，在中英关系紧张时期，身为发言人的他轮番舌战“末代总督”彭定康，留了下“缜密灵活，言多不失”的称誉；也曾在花甲之年扛起四校合并组建新浙江大学的重任，为中国高等教育体制改革踏出一条示范之路。

在浙港两地，张浚生都留下深刻印记。回望他的一生，特别是自1958年，张浚生从浙江大学毕业后，他的人生履历便与新中国建设及中国改革开放数十载的历史进程密切吻合。

1958年，张浚生从浙江大学光学仪器专业毕业后留校任教。期间，由他负责主持机械部分设计的太阳塔及多波段太阳光谱仪，获得了国家科技二等奖。1983年，他告别了长达25年的学者生涯，步入政坛。

1984年，《中英联合声明》的签订。保证香港政权的平稳交接，需要有年富力强、文化素质高的领导干部赴港工作。中共中央组织部决定派时任杭州市有关领导职务的张浚生前去新华社香港分社工作。

1992年，“末代总督”彭定康到任，这之后，彭常发表一些不利于香港政权平稳交接的言论。为抵制这一违反《中英联合声明》的做法，当年10月，新华社香港分社建立起新闻发言人制度，由时任副社长张浚生兼任新闻发言人。

张浚生曾在回忆这段经历时说："彭定康口才很好，经常发表谈话。从1992年到1997年，我在和他'争斗'过程中一直是'针锋相对'。有一次，他前半小时讲，半小时后我就回应他了。"

"他的工作很出色，既坚持原则，表达中央的声音，又很有亲和力与灵活度，能够为各方面所接受，表现出了高超的讲话艺术，这也让香港媒体普遍对他比较尊重。"19日，中国新闻社原社长郭招金向记者回顾称。

1998年，张浚生离任香港返回内地时，收到了时任香港中国通讯社社长郭招金特意赠送的一块纪念牌，上书八个大字："缜密灵活，言多不失。"

"张浚生先生是一位杰出的爱国者。事实也证明，从他负责牵头四校合并组建新浙江大学，到他对教育事业的长期关注与奉献，都能看出他也是一位优秀的教育家。"郭招金说。

1998年，张浚生回到浙江，并主抓浙江大学、杭州大学、浙江农业大学、浙江医科大学四校合并工作，组建新的浙江大学，后担任浙大党委书记。组建之初，他将建设"创新型"大学看作学校建设的主要目标之一。

张浚生曾就此解释说："现在我们的产品真正有自主知识产权或者我国自己发明创造的核心科学技术不多，我们一定要在创新上赶上去，中华民族才能做到真正的振兴。"

"爱国者"和"教育家"，张浚生的一生足以担当起这两个称谓。2017年6月，张浚生接受中新社记者专访时，还就香港事务表达了他的关切。

张浚生认为，香港回归20年来优势仍在，目前国家的"一带一路"倡议、粤港澳大湾区建设等，是香港，特别是香港青年的巨大机遇，香港青年完全可以以自己独特优势参与其中。

"我发现很多香港青年为祖国发展而欣喜，也对香港未来比较迷茫。但绝对不能因为有些年轻人走了弯路就放弃，就唱衰。更多应该是教育引导，创造更多机会让香港青年融入祖国发展而发展，这样香港才会有更加美好的未来。"张浚生说。

（中新网杭州　作者：张斌　2018年2月20日电）

一位爱国者和奋斗者的人生足迹

——张浚生同志纪事

本报记者　曾福泉　石天星　马悦　严粒粒　李应全

张浚生同志作为新华社香港分社副社长兼发言人，无数次面对媒体记者，“缜密灵活，言多不失”。

他，在与浙大结缘的50年里，激励了许许多多浙大学子成长前行。

他，在香港工作的13年期间，温暖了许许多多香港同胞的心。

2月19日，浙江大学党委原书记、浙江省人民政府原特邀顾问张浚生溘然长逝，留下了令人痛惜和难忘的背影。

“我们都在哭泣，泪飞不管东西。失去亲人时，才会如此洗面……”73岁的浙江大学原副校长卜凡孝含泪写下一首诗。

“他亲身参与了香港回归和领导四校合并成立新浙大，他是我们浙大师生深为尊敬和爱戴的师长前辈。他政治坚定，为维护国家主权、实现香港回归做了大量卓有成效的工作，为把浙大建设成为中国特色世界一流大学打下了坚实基础。党的十八大以来，他坚决维护以习近平同志为核心的党中央权威和集中统一领导，充分体现了他忠诚于党、国家、人民和教育事业的赤子之心。”浙大党委书记邹晓东说。

在83年的人生足迹里，他用忠诚、挚爱和奉献精神诠释了一名爱国者和奋斗者的赤子之心。

香江见证　一位爱国者的赤子之心

“生而立志，志在家国”。这是5年前张浚生为浙大学子题赠的一句话，这也是他一生的真实写照。

1936年，张浚生出生于福建省长汀县。1954年考入浙大机械工程学系光学机械仪器专业，毕业后留校任教，后相继担任浙大党委副书记、杭州市委副书记等职。

1984年10月，中央决定调张浚生到新华社香港分社工作。张浚生积极服从。1985年7月，他告别了妻子儿女，前往香港工作。13年间，他先后担任新华社香港分社宣传部副部长、部长，香港分社副社长兼新闻发言人。

香江港岛，见证了张浚生拳拳爱国之心。他始终把国家的需要放在首位，把个人名利抛在脑后，每天忘我地开展工作。他非常注意学习领会中央的方针政策和关于香港问题的指示。在港期间，张浚生应对各国媒体记者采访近千次，回答问题上万个，每次都能准确表达中央精神。

1992年，彭定康出任第28任港督后，经常发表一些不利于香港稳定过渡的言论，破坏了中英合作的格局。张浚生代表中方进行了有理有节的反驳。当时斗争非常激烈，彭定康上午讲，张浚生就下午回应；彭定康下午讲，张浚生就晚上回应；有时甚至彭定康前半小时讲，张浚生后半小时就回应。后来彭定康曾托人传话说，张先生能不能少讲他一句。张浚生回答说：“你不讲我也不讲，你讲了我就必须得讲。”

在无数次记者招待会上，张浚生口若悬河，面对频频的照相机闪光和记者连珠炮似的提问，他举止儒雅得体，从未有过失态。香港民众非常钦佩。在张浚生离任香港返回内地时，他收到了一块纪念牌，上书八个大字：“缜密灵活，言多不失。”

在香港担任过张浚生多年秘书的郑浙民说：“张浚生最崇拜周恩来在重庆期间敢与各方交朋友的统战魄力，最欣赏周恩来与各国交往中不卑不亢的外交风格。”

在香港，张浚生广交朋友，人数达数千人。到了年底，张浚生还不忘给朋友们寄上贺卡，并在落款处亲笔签名，最多的一次竟寄出了3000多张贺卡。他给知名人士扶过灵，与小摊小贩会过餐；和梅艳芳、刘德华等明星一起上过台募捐演唱，也给有疑虑的各方人士作过耐心解释。张浚生曾说："我在香港的工作任务很明确，就是按'一国两制'的方针，维护香港的繁荣稳定，使香港平稳过渡。有利于这任务完成的事就去做，该交往的就交往，该表态的就表态，因为我没有私心，更不谋私利，心中自然没有什么顾虑。"

祖国使命，萦记于心。家国情怀，溢于言表。

张浚生对浙江的事也特别关心，他经常向香港经济界人士介绍浙江情况，动员他们到浙江投资发展。在香港工作期间，浙江、杭州在香港举办重大活动，张浚生只要在港，一定参加。浙大医学院附属邵逸夫医院，就是张浚生向邵逸夫先生推荐，无偿捐建的。

张浚生逝世后，香港各界均表示沉重哀悼。中联办的唁电评价他"情感真挚、求真务实、谦逊无私、博学多智、豁达风趣"，生动地还原了张浚生行事为人的风范。

"求是"情缘　领军四校合并的担当魄力

1997年，香港回归祖国，张浚生圆满完成了使命。61岁的他本可以退居二线，可这时浙大四校合并工作缺少领军人物，负责筹建新浙大的重任又摆在了张浚生面前。

浙大四校合并涉及到浙江大学、杭州大学、浙江农业大学、浙江医科大学这4所高等院校，校区分散在杭州4个地方，建制各不相同，有的专业设置重复；4校教职员工多达1.5万人，要合并可以说千头万绪。怎么办？

张浚生反复考虑，决定答应挑起这千斤重担。

他受命担任新浙江大学筹建小组组长。新浙大成立后，他被任命为党委书记。他提出"四校合并，就是为了建设世界一流大学"，并明确了浙大要建设成为"综合型、研究型、创新型"大学的目标定位。他以筚路蓝缕的作风，积极支持探索院系学科设置和教育教学改革，加强科技创新，优化师资队伍，全力推进紫金港新校区建设……

张浚生牢记习近平总书记对浙大发展的嘱托，坚决落实习近平总书记的重要指示精神。习近平总书记对浙大非常关心，在浙江工作期间亲自联系浙大，先后18次到浙大调研指导。

从1954年入学到2004年从校党委书记位置退下来，张浚生与浙大结缘50年。他从不计较个人得失，从没向组织提出丝毫个人要求，他心中牵挂的都是母校的发展。

浙大党委原书记张曦说："张浚生同志受命中央，主持四校合并，殚精竭虑、躬身力行，做了大量艰苦、具体的工作，为新浙大的成立做出了巨大贡献。我在张浚生同志卓越工作的基础上接任浙大党委书记后，仍然得到他很多关心和指导，浙大各项工作发展良好。"

所谓大学者，非谓有大楼之谓也，有大师之谓也。张浚生始终把大学的人才工作放在第一位，非常尊重知识分子，甘愿做他们的后勤部长。

回母校工作后不久，他就一一拜访浙大各位院士和高层次专家。看望著名化学家沈之荃院士时，他发现沈院士的实验室条件很简陋，4个人挤在一间办公室，连直线电话都没有，非常震惊和难受，立即要求尽快装上电话。

张浚生也非常关注年轻老师的成长，每当他们取得一点成就，他都打心眼里为他们高兴，并亲自上门表示祝贺和鼓励。浙大青年教授联谊会的活动，他几乎每一次都参加。浙大求是学院院长邱利民教授至今感念不已：自己1999年获得低温领域著名的国际奖——卡尔林德奖后，张浚生专程到实验室看望他；后来去德国进修前，张浚生又专门设宴欢送。

新浙大刚成立时，学生宿舍缺钱建，许多教职工连筒子楼都住不上。当时银行规定学校设施不能抵押贷款，全校上下都为宿舍筹建工作焦头烂额。作为一把手，张浚生扛最重的担子、啃最硬的骨头，带队与多家银行多次交涉，最终成功与杭州银行达成协定，获得第一笔贷款。不久后，其余贷款也与各个银行陆续谈成，建设资金有了着落。这是全国范围内高校创新贷款建设的先例。

2000年，浙大要选新校址，时间短、任务重。3个月时间，张浚生一遍遍走访富阳、萧山、余杭等杭州多个地方，最终选定今天的紫金港校区。如今，浙大这片没有围墙却有护校河的校区，成为极具文化底蕴的生态型校园。

多年来，张浚生充分利用自己在香港工作期间积累的影响和人脉，争取各界人士对浙大的支持。定居香港的武侠小说大师金庸先生应张浚生之邀，担任浙大人文学院院长。邵逸夫、曾宪梓、田家炳、曹光彪、李达三等一批乡贤、好友纷纷慷慨解囊，支持学校建设。

四校合并后，浙大的综合实力连续多年稳居全国高校前列，正在朝着世界一流大学的目标迈进。

平生立志 不懈奋斗的崇高境界

“平生立志为国酬，红透专深是所求。益民即如萤火闪，似此青春亦风流。”18岁时，张浚生在赴浙大求学前，写下这首明志的诗句。65年来，他一直激励着自己不懈奋斗和奉献。

在浙大求学时，玉泉新校址正在建设，张浚生和同学们的食堂在草棚里，有些课也在草棚里上，地上都是杂草。他不受影响，一边用功读书，一边还承担了大量学生工作。从三年级开始，他当选为全年级8个班的团总支书记，成为当时培养“双肩挑”学生的典范。

1958年大学毕业后，张浚生留校任教，成为光学仪器专业3名留校的学生之一。当时浙大光学仪器专业的有些课程是全国独一无二的。为了上好课，张浚生多方查阅资料，包括俄文、英文甚至日文材料，编写了国内第一本光谱仪器学的教材。后来，在十分困难的环境中，他还坚持开展科研工作，与南京大学合作完成了太阳望远镜，成果获得国家科技进步二等奖。

改革开放后不久，张浚生离开浙大，任杭州市委副书记，并兼任杭州市委秘书长、政法委书记等职，他依然保持着踏实苦干的作风。有一年春天下暴雨，一个居民小区积水严重，群众很着急。张浚生连夜赶去，他穿一双塑料鞋，趟过数十厘米深的积水，仔细勘查现场情况，商量解决办法。

历经回归、合并两件波澜壮阔的大事后，2004年，年近古稀的张浚生从领导岗位上退了下来。但他对事业仍尽心尽力、全力以赴。

张浚生出身贫寒，读大学时，他最好的衣服是大哥送给他的一件短大衣。2005年，他发起设立了浙大浚生贫困学生助学基金，希望每一个进浙大的学生都能安心读书，不因家庭经济贫困影响学业。浙大计算机学院张克俊副教授至今记得，2007年冬夜，他收到了短信通知，得知每年可以拿到5000元的助学金时，兴奋地跳出了热乎乎的被窝给母亲打电话报喜。在基金会的资助下，张克俊顺利博士毕业、并赴美深造。目前，基金总额已超过人民币3600万元，累计资助学生超过2000人次。

不驰于空想、不骛于虚声，一步一个脚印，踏踏实实工作。这是张浚生的作风，他也身体力行地以此影响着一批又一批老师、学子。

2018年2月15日大年三十，张浚生和自己任浙大党委书记时的秘书等一道吃了年夜饭。张浚生还笑眯眯地勉励大家："幸福都是奋斗出来的，新的一年要继续奋斗啊！"

张浚生去世后，一段段发自肺腑的悼念文字，一张张留下珍贵记忆的老照片，如雪片般被不断上传到社交媒体，讲述这个宽仁睿智的长者给人们留下的感动：承香港回归、启四校合并，爱国荣校终无悔；十三年香江，五十载求是，立功立德永不朽……

在张浚生的办公室里，多年来挂着自己的一首诗："理想是大同，典范有周公，他年堪笑慰，彩霞满天红。"

他用满天的"红霞"，为自己书写了绚丽的人生。

（原载《浙江日报》2018年3月2日第6版）

张浚生同志遗体告别仪式在杭举行

中国共产党优秀党员、忠诚的共产主义战士、浙江大学党委原书记、浙江省政府原特邀顾问张浚生同志遗体告别仪式，2018 年 3 月 4 日在杭州举行。

张浚生同志逝世后，中央有关领导同志以不同方式表示慰问和哀悼。省领导车俊、袁家军、葛慧君、赵一德、刘建超、郑栅洁、陈金彪、周江勇、熊建平，老同志薛驹、李泽民、沈祖伦、葛洪升、王家扬、刘枫、乔传秀；中央和国家机关领导张晓明、陈宝生、钟山、王志民，老同志刘锡荣、龚心瀚、滕文生、周南、姜恩柱、曾建徽、陈佐洱；兄弟省(区、市)领导彭清华、刘奇、唐一军等前往医院或家中看望、慰问家属或以发唁电、送花圈等不同方式表示吊唁。

参加遗体告别仪式并献花圈的有：全国政协副主席梁振英，省领导任振鹤、冯飞、李卫宁、成岳冲、周国辉，浙江大学领导邹晓东、吴朝晖，中央政府驻港联络办领导仇鸿，老同志柴松岳、吕祖善、李金明、周国富、潘云鹤等以及各界干部群众、张浚生同志生前友好和家乡代表。中共中央组织部、教育部、商务部、国务院港澳事务办公室、中央政府驻港联络办，中共浙江省委、省人大常委会、省政府、省政协及省纪委、省监委、省法院、省检察院、浙江大学以及四川省政府等单位送了花圈、花篮或发来唁电、唁函。

张浚生同志，1936 年 7 月出生于福建长汀，1956 年 8 月加入中国共产党，1958 年 8 月参加工作。曾先后担任浙江大学机械系光学仪器教研室助教、秘书，机械工厂光学车间主任、党支部书记；浙江省海宁社教工作团三分团庆云工作组组员；浙江大学光学仪器系教师、副教授、党总支书记，校党委常委、副书记；1983年4月起，先后担任杭州市委副书记兼秘书长、市经济开发公司董事长、市委政法委书记；1985年7月到香港工作，先后担任新华社香港分社副社长，浙江大学顾问教授、中山大学兼职教授；1998年3月至9月，任四校（原浙江大学、杭州大学、浙江农业大学、浙江医科大学）合并领导小组副组长、新浙江大学筹建组组长，浙江省政府特邀顾问；1998年9月起，先后担任浙江大学党委书记、浙江省政府特邀顾问、省经济建设咨询委员会主任；2004年7月起，任浙江省政府特邀顾问、省经济建设咨询委员会主任；2009年10月退休。

张浚生同志从浙江大学机械系毕业后留校任教。在长期的教育教学工作中，认真贯彻党的教育方针，教书育人，为人师表，辛勤耕耘，为国家培养了大量人才。

在杭州市委工作期间，张浚生同志坚持解放思想，实事求是，密切联系群众，充分调动各方面的积极性，努力发挥承上启下、协调左右的作用，全力维护社会稳定，工作成效明显。

在香港工作期间，张浚生同志先后负责宣传、新闻、出版、科技文化、教育、体育、外事等工作，兼任新华社香港分社新闻发言人，并担任中央香港回归庆典筹委会副主任。以高度的政治定力、政策执行力，夜以继日、恪尽职守，机智豁达、勤勉亲民，在香港社会各界中赢得了好口碑，为维护国家主权、实现香港回归做了大量工作。

在担任四校合并领导小组副组长、新浙江大学筹建组组长、浙江大学党委书记等职务期间，张浚生同志坚决贯彻党中央、国务院和省委、省政府决策部署，在较短时间内完成了四校合并任务；团结带领学校领导班子，提出创建一所世界一流的“综合型、研究型、创新型”大学的奋斗目标，为学校发展擘画了宏伟蓝图；高度重视学校党的建设和思想政治工作，深受师生爱戴；十分注重学生全面素质培养和人才引进工作，科学规划并实施紫金港校区建设。从领导岗位退下来后，发起成立“浚生贫困学生助学基金”，累计资助学生近3000人次。

在担任浙江省政府特邀顾问、省经济建设咨询委员会主任期间，张浚生同志积极建言献策，为浙江省经济社会发展做出了积极贡献。

退休后，张浚生同志仍十分关心浙江省的经济社会发展，全力支持浙江大学的各项工作，竭力推动浙港两地合作交流，积极参与教育部安排的中管高校巡视工作，热心社会公益事业，继续为浙江省的改革发展和国家教育事业倾心尽力。

张浚生同志一生光明磊落，胸怀坦荡，坚持原则，坚决拥护以习近平同志为核心的党中央，对共产主义信念无比坚定，对建设中国特色社会主义事业充满信心。他清正廉洁，无私奉献，始终保持一名共产党员的优秀品格。他的一生是革命的一生，战斗的一生，是为党和人民事业孜孜以求、不懈奋斗的一生。他的崇高品质、革命精神和优良作风，将永远铭记在我们心中。

（记者　施宇翔）

（原载《浙江日报》2018年3月5日第1版）

张浚生生平年表

1936年

7月10日，出生于福建省长汀县。为家中四子。上有三个哥哥和一个姐姐，其中姐姐幼年夭折。

父亲当过私塾老师、裁缝，擅长烹饪。独子。

1938年

1月，抗日战争全面爆发后，厦门大学迁至长汀，并在此办学8年。

1940年

长汀县受到日本战机轰炸，前后数次，长汀县城几乎全毁，民众死伤无数。大哥离家参加新四军。

1948年

春，上初中。省立长汀中学，春季班。

父亲去世。

1949年

失学在家。

10月，长汀解放。与大哥取得联系。二哥有了工作。

1950年

10月，重新回到学校复学，因为休学了大半年，所以从秋季班进了春季班。

10月27日,加入中国共产主义青年团,后担任初中部学生团支部书记。

1951年

8月,参加龙岩专署在龙岩举办的团干部训练班。训练班上团中央书记蒋南翔作报告《谈谈当前学生运动当中的几个问题》。

1952年

8月,在漳州参加福建省开办的团支部书记讲习会。后又参加应届高中生培训班工作,承担一些服务工作。

1953年

8月,开始准备1954年高考。

1954年

到漳州参加高考。

参加全国统一考试,考前报志愿。填报了"工科"的机械和电机,被浙江大学机械系录取。录取名单在当时的中共华东局机关报《解放日报》上公布。

9月,入学浙江大学正在建设中的玉泉新校区,担任班团支部书记。

1955年

3月,进入浙江大学机械系光学仪器专业。全班30位同学。机械系有机械制造工艺、金属切削机床与刀具、铸造机械与工艺和光学仪器四个本科专业,共8个班。

1956年

8月,加入中国共产党。

与金属切削机床与刀具专业541班、同一个团总支的宣传委员杨惠仪相识相恋。

1957年

9月,担任机械系年级团总支书记期间,反右运动开始。作为团总支书记,和党小组的同志们一起,在运动中正确掌握中央政策,得到大家的尊敬和信任。

1958年

7月，光学仪器专业本科毕业，留校工作。先作为见习助教工作一年，后担任光学仪器教研室助教、秘书，机械工厂光学车间主任、党支部书记。

1959年

1月，与杨惠仪结婚。

从上半学年开始，担任55、56、57级光学玻璃工艺课教师。

1960年

6月21日，女儿张虹出生。

浙江大学光学仪器工程学系成立。参与创办物理光学专业，担任物理光学专业党支部书记。

担任光谱仪器课授课老师，开始编写全国第一本光谱仪器课教材。

1962年

10月29日，儿子张云出生。

1965年

与林中、谢树森老师一起带领学生参加南京大学天文系太阳塔项目。浙大负责其中的机械部分，包括定天镜、单色仪和光栅摄谱仪。当年完成图纸设计工作。

10月，担任浙江省海宁社教工作团三分团庆云工作组组员。

1966年

6月，从海宁回浙大光仪系任教。

1967年

1月，被造反派批斗。旧病复发，吐血。

1968年

4月，浙江大学成立“革委会”，成了接受审查的对象。

8月，革委会开始“清理阶级队伍”运动，每天被规定在浙大教三2楼的光谱仪器学实验室写检查，从8月份开始持续了数月。

1969年

7月，去诸暨安华公社丰江周大队和农民同吃同住同劳动。

从诸暨回杭州之后，去杭州光学仪器厂劳动。

1970年

学校开始招收工农兵学员。开设了激光技术与仪器课程。

同时，作为专家应邀上门服务生产，为杭州钢铁厂、省地质研究所、丽水工农药厂等单位安装、调试和修理光谱测量设备。

1972年

全家一起去“五七干校”半年。

1975年

参加“农业学大寨”教育活动，带队去德清三合公社向阳大队，帮助当地农民解决生产生活问题。

1976年

1月8日，周恩来总理逝世。在德清当地布置灵堂，悼念周恩来总理，附近几个大队的农民都来祭拜。

4月5日，清明节，自发参加清明节悼念活动。和几位观点一致的老师在学校门口布置了一座模拟的人民英雄纪念碑，抄录张贴了三篇悼词：恩格斯《在马克斯墓前的讲话》、斯大林《悼列宁》和邓小平代表中共中央在总理追悼会上致的悼词，并配了《编辑按》，称之为《丙辰清明特刊》。

1978年

2月2日，浙大批准建立光仪系党总支，负责党总支工作。

3月，作为浙大光仪系代表赴京参加全国科学大会。浙江省代表团团长为陈伟达，副团长刘丹、刘亦夫。浙江大学光仪系被评为全国先进集体。

8月，担任浙江大学光学仪器系党总支书记、校党委常委。

1980年

7月，浙江大学召开第七次党员大会，选举产生新一届党委会。刘丹任党委第一书记，张黎群任第二书记，黄固、胡玉兰、张浚生为副书记。

1981年

9月，赴京参加中央党校第二期中青年干部培训班学习，为期一年。

1982年

7月，学习将要结束时，胡耀邦总书记会见学员并讲话，这次讲话内容以“任何时候都要多多要求自己”为题发表在1982年8月19日的《瞭望》杂志。

8月，任浙江大学副教授。

1983年

3月，调任杭州市委，任市委副书记、秘书长、市政法委书记、市经济技术开发公司董事长。

11月3日至8日，中共杭州市第五次代表大会在杭州召开，经选举产生了书记、副书记、常委。书记厉德馨，副书记钟伯熙、张浚生、许行贯、杨招棣、卢文柯、虞荣仁。

分管杭州市政法工作。

1984年

杭州城市总体规划将杭州市的发展定位为历史文化名城和全国重点风景旅游城市。在市委的统一部署下，与市长钟伯熙共同组织“杭州市经济社会发展战略及经济体制综合改革理论研讨会”，最终形成了杭州市整体经济体制改革方案。

1985年

3月，杭州市全委扩大会明确提出“要通过多年的努力，使西湖更加艳丽，使旧城改变面貌。”在财政极端困难的条件下，实施了钱塘江引水工程、污水处理工程、运河疏通工程和中东河治理等工程。

负责杭州中东河治理工程中方案的重新规划以及实施。

6月，到新华社香港分社工作的调令正式下达，赴港履新。

7月，任新华社香港分社宣传部副部长。

1986年

3月，任新华社香港分社宣传部部长，全面主持宣传口工作。

1987年

7月，任新华社香港分社副社长（副部级）、中共港澳工委常委（后港澳工委分开，改为香港工委），分管宣传部、文体部、教科部、外事部、中英土地委员会等部门，并全面参与了香港基本法的起草工作。

1989年

6月，香港《文汇报》在少数人的策动下，出现企图脱离新华社香港分社的领导自行办报的严重问题。根据授权，经过一系列的工作，平息了风波，使《文汇报》重回正轨。

1992年

7月，任中共香港工委副书记。

10月，新华社香港分社建立新闻发言人制度，兼任新闻发言人。

任四川省人民政府顾问。

12月，被聘为浙江大学顾问教授。

1996年

香港回归进入倒计时，担任“香港回归交接仪式及特区政府成立庆典”筹委会副主任，配合中央有关部门，积极开展舆论宣传，具体负责庆典会场的选址，中央代表团的接待、住宿安排等工作，并统筹香港各界的回归庆祝活动。

1997年

7月1日，作为中央代表团副秘书长，参加了“香港回归交接仪式”和“特区政府宣誓就职仪式”，并根据外事工作安排，前往游船码头，送英国查尔斯王子和港督彭定康登船离港，见证了一系列百年回归、一雪前耻的光荣时刻，为其在港工作生涯划上了一个圆满的句号。

9月，应中国驻美国旧金山领事馆和旧金山华人总会的邀请，前往美国部分城市，介绍香港回归的情况，参加华人社团的相关活动。这是其在港工作期间唯一一次外访。

1998年

1月12日，率香港中区各界协会代表团赴浙江大学参观访问，潘云鹤校长接待并介绍学校情况。

3月，完成工作交接，并与香港各界朋友告别，正式离开香港，回到浙江负责浙江大学四校合并工作。任浙江省政府特邀顾问。

3月23日，国务院发文，同意成立新的浙江大学筹建小组，任组长，潘云鹤任副组长。为加快合并进程，教育部党组和中共浙江省委联合成立了浙江大学、杭州大学、浙江农业大学、浙江医科大学四校合并工作领导小组，由教育部部长陈至立担任领导小组组长，浙江省委副书记刘枫、浙江省副省长鲁松庭、教育部副部长周远清、新的浙大筹建小组组长张浚生任副组长，加强对四校合并的领导。

4月27日，离开香港回到杭州。

4月30日上午，参加在省府大楼12楼省委常委会议室召开的“新的浙江大学筹建小组成立大会”。下午，参加教育部和浙江省委在省府大楼会议厅召开的“新浙江大学筹建大会”；代表筹建小组在会上讲话。

5月，拜会浙江省老领导铁瑛、薛驹、商景才，听取他们对四校合并工作的意见。

6月2日，接受学校筹建小组宣传组集体采访，为把浙江大学建设成世界先进水平的一流大学，首次提出了浙江大学“综合型、研究型、创新型”九个字发展方针。

8月12日，李岚清副总理在北戴河接见四校合并领导小组全体成员，听取筹备工作汇报，对下一步工作作了重要指示。

8月26日，任浙江大学党委书记。教育部文件《关于浙江大学 杭州大学 浙江农业大学 浙江医科大学合并组建新的浙江大学的决定》下发。

9月15日，新的浙江大学成立大会召开。国家主席江泽民、人大常委会委员长李鹏为新浙大题词。李岚清副总理发表讲话。代表学校领导班子发言。四校区同时举行新浙大校牌揭牌仪式。

10月20日，在全校干部大会上对全校师生员工提出十六字要求："一流意识，全局观念，奉献精神，踏实作风。"

10月30日，陪同浙江省委书记张德江（到任后第一次）到浙江大学调研，听取浙江大学合并后工作汇报。

10月30日，出席浙江大学学生素质教育系列活动开幕仪式，并作首场报告，提出新时期大学生应具备"崇高的理想、高尚的品德、宽厚的基础、卓越的能力、踏实的作风、健康的体魄"的育人理念。

12月20日至25日，参加浙江省第十次党代会。

1999年

春节前，首批筒子楼改造工程完成，488位青年教师告别集体宿舍住进单元房。

3月26日，金庸先生出任浙江大学人文学院院长，是新浙大20个学院重组之后第一位到任的外聘院长。

5月10日，发生北约轰炸中国驻南斯拉夫联盟大使馆事件，本校学生上街抗议北约暴行。在校内，日本留学生因行为过失与在校浙大学生发生冲突，引发众多学生激烈情绪，教育部和省委省政府均高度关注。在一线与学生交流对话，化解事态，处理事件。

6月1日，省委书记张德江来校考察调研，并组织召开部分老领导和现任负责人座谈会。

6月24日，出席四校合并之后首届毕业生毕业典礼。

7月6日，出席浙江大学学院院长聘任仪式。新浙大20个学院正式成立。

7月20日，在杭州召开新闻发布会，正式宣布浙江大学城市学院成立。

7月28日至8月5日，带领浙江大学代表团访问香港，这是四校合并之后学校组织的第一次对香港的高层次多学科的访问。

11月7日，参加教育部和浙江省政府重点共建浙江大学协议签署仪式。

12月19日晚，与省委书记张德江等共同参加浙江大学"庆回归 奔向新世纪”活动，与师生共同庆祝澳门回归。

2000年

1月16日，出席浙江大学首届校友代表大会暨校友总会成立大会并致欢迎辞。

3月16日，担任全国大学生篮球协会名誉主席。

6月18日，陪同李岚清副总理来校考察调研，教育部部长陈至立、浙江省委书记张德江参加调研。

7月5日，赴京参加第九次全国高校党的建设工作会议，并在会上代表学校介绍了新形势下加强和改进高校党建与思想政治工作的经验。会上被授予“全国普通高等学校党的建设和思想政治教育先进工作者”称号。

8月20日至11月23日，开展以“讲学习、讲政治、讲正气”为主要内容的党性党风教育活动。担任浙江大学“三讲”教育领导小组组长。

11月3日，学校与杭州市就新校区（基础部）和国家大学科技园建设正式签约。新校区（基础部）的选址工作，经过一年多的实地考察寻地，在教育部、浙江省和杭州市的支持下，选定在西湖区三墩镇塘北区，占地3369亩。

2001年

3月6日，率浙江大学机能、医、农、材化等学院的教授代表团访问香港6所高校，并以学科为单位分别与香港高校确定了合作计划。

3月25日，按照教育部有关浙江大学对口帮扶贵州大学的意见，率学校有关部门负责人前往贵州大学调研、访问，并与该校签订了《浙江大学与贵州大学合作意向协议》。

6月21日，召开浙大并校以来第一次全校党的建设和思想政治工作会议，并作“切实加强党建和思想政治工作，为实现学校一流发展目标提供坚强保证”主题报告。

8月21日，陪同省委书记张德江等省市领导实地考察新校区建设工地。

9月18日，浙大新校区工程建设开工。省委书记张德江出席典礼并启动打桩。新校区规划总建筑面积71万平方米，总投资30亿元人民币。

10月24日，和柴松岳、王国平等省市领导一起，共同为浙大国家大学科技园建设工程奠基。

12月1日，率领浙江大学赴赣代表团访问江西，并签订《江西省政府和浙江大学全面合作协议》。

2002年

4月9日，当选为中国共产党浙江省第十一次代表大会代表。

4月16日，陪同李岚清副总理、张德江书记来校视察指导工作，并参观新校区建设工地。上午，参加在浙大召开的浙江省高校改革与发展座谈会，并代表学校汇报工作。

6月9日，率浙大代表团赴台湾地区访问中山大学、成功大学和台湾大学等高校，商谈合作事宜。

6月16日，当选为中国共产党第十六次全国代表大会代表。

8月15日，出席著名物理学家史蒂芬·霍金受聘浙大名誉教授仪式。

10月14日，出席授予联合国秘书长科菲·安南浙江大学名誉博士学位仪式。

10月18日至11月4日，率浙大代表团赴美国、加拿大部分大学访问交流，并参加浙大北美校友会第26届年会。

11月8日，作为十六大代表，出席中国共产党第十六次全国代表大会。

12月13日，陪同教育部部长陈至立考察浙大。

12月17日，陪同省委书记、代省长习近平考察浙大，并汇报工作。习近平讲话要求把浙江大学建设成为世界一流大学。

2003年

1月3日，陪同李岚清副总理视察浙大紫金港校区，并代表学校汇报工作。

1月4日，教育部和浙江省人民政府在杭州签订了关于在“十五”期间重点共建浙江大学的意向协议。教育部部长陈至立和浙江省委书记、代省长习近平分别代表双方在协议上签字并讲话。习近平在讲话中指出，浙江省委、省政府将一如既往地全力支持浙大的改革和发展，为浙大早日建设成为世界一流大学创造良好的条件。

3月12日，参加浙江大学保持共产党员先进性教育活动试点工作动员大会，并作动员报告。

3月25日，出席浙江大学授予国际著名数学家丘成桐名誉博士学位仪式。

4月12日，陪同浙江省委书记习近平调研保持共产党员先进性教育活动试点工作，并参观考察浙大硅材料国家重点实验室和现代光学国家重点实验室。

4月28日，召开浙大防治"非典"工作会议，任学校防治"非典"工作领导小组组长。

5月11日，陪同中共中央政治局委员、中央保持共产党员先进性教育活动试点工作领导小组组长贺国强等来校调研，指导试点工作。省委书记习近平等省领导参加调研。

6月6日，任浙江大学文科发展领导小组组长。

6月24日，被省政府聘任为第四届浙江省人民政府经济建设咨询委员会(以下简称"省咨询委")主任。

9月11日，陪同省委书记习近平看望学校老教师陈立、王启东、郑树等。

11月6日至16日，率浙大代表团赴香港访问，与香港大学、香港中文大学、香港理工大学和香港科技大学等高校交流，举行聘请方润华先生担任浙江大学顾问教授仪式，出席浙江大学香港校友会第二届理事会就职典礼，并出席杭州在香港的一系列招商活动。

11月12日，获颁香港城市大学"荣誉理学博士"学位。

11月18日至29日，率领浙大代表团赴欧洲，先后访问了德国、法国、荷兰、比利时和法国的5所大学，推进大学间交流合作。出席了欧洲浙江大学校友总会和比利时分会的成立大会。

2004年

3月28日，陪同新华社香港分社原社长周南考察紫金港校区。

4月15日，出席在浙大召开的中国光学学会2004年学术大会，并致词。省委书记习近平向大会发来贺信。

6月8日至13日，率浙大代表团赴新加波，访问新加波国立大学和南洋理工大学，会见了新加坡信息、通信和艺术部长李文献先生和教育部部长尚达曼先生等人士。

6月29日，出席浙江大学发展论坛，提出要"重视哲学社会科学，统筹学科协调发展。"

7月19日，参加浙江大学干部大会并讲话。中共中央组织部副部长沈跃跃在大会上宣布了中共中央关于张曦任浙江大学党委书记、张浚生因年龄原因不再担任浙江大学党委书记的决定。浙江省委书记习近平、教育部部长周济等分别在会上讲话。他们对张浚生为推进浙江大学改革发展所作出的贡献给予了高度评价。

增补为浙江大学发展委员会主席。

2005年

1月至6月，作为保持共产党员先进性教育活动中央第56督导组组长，负责国家电网公司、中国华能集团公司、中国大唐集团公司、中国华电集团公司、中国国电集团公司、中国电力投资集团公司6家电力企业先进性教育活动的督导工作。

1月25日至30日，赴日本东京、京都访问，拜访日本外务省，访问日本立命馆大学，参加第2届日中能源战略学术研讨会。

5月22日，浙江大学浚生贫困学生助学基金成立。

11月10日，参加吕祖善省长主持召开的省咨询委专家座谈会，对《政府工作报告》和《浙江省"十一五"发展纲要》提出修改意见建议。

2006年

3月16日，主持召开"新农村建设咨询研讨会"。

8月7日，主持召开“浙江经济形势分析”专题研讨会。

2007年

1月，担任教育部党组聘任的首批30位教育部直属高校巡视专员之一，聘期3年。

4月3日至25日，作为巡视组组长，开展对天津大学的巡视工作。

4月20日，主持召开省咨询委主任办公会议，专题分析研究“经济发展阶段水平与投资规模结构的国际比较”、“新阶段增长动力”课题。

9月26日，主持召开“农村金融问题”专家咨询会。

10月10日至31日，作为巡视组组长，开展对武汉大学的巡视工作。

2008年

3月9日，率团出席中国高校香港校友千人联欢活动，喜迎北京奥运。

5月8日至29日，作为巡视组组长，开展对西北农林科技大学的巡视工作。其间恰逢“5·12”汶川特大地震，坚守岗位，积极参与协助学校开展抗震救灾，受到学校师生的高度评价。

7月2日，参加省政府主持召开的第五届省咨询委第一次会议，在会上作第四届省咨询委工作报告。

10月8日至28日，作为巡视组组长，开展对北京外国语大学的巡视工作。

11月15日，赴广西宜山，出席浙江大学西迁办学70周年纪念活动。

2009年

2月至9月，参加直属高校巡视工作与部属高校学习实践科学发展观活动，开展了为期半年的指导检查工作。任第一工作组组长，对北京大学、北京语言大学等高校作了全面深入的检查指导工作。

10月21日至26日，率浙大代表团赴港访问，并参加“全球经济发展的机遇与挑战——浙港商界精英对话”活动。

2010年

2月23日至28日，率团访问香港，出席了香港宁波同乡会的活动。

4月1日至7日，率团访问日本。访问了京都大学、中国驻日大使馆、浜松公司等单位，并与在日本的浙江大学校友座谈交流。

5月10日至31日，作为巡视组组长，参加了对厦门大学的巡视工作。

9月6日，参加深圳改革开放30周年庆祝活动。

10月13日至11月3日，作为巡视组组长，参加了对南京大学的巡视工作。

11月5日至12月3日，作为巡视组组长，参加了对西安交通大学的巡视工作。

11月12日至14日，率浙大代表团访问澳门。

2011年

3月11日，赴新加坡访问新加坡科技设计大学等高校。

5月9日至30日，作为巡视组组长，参加了对上海交通大学的巡视工作。

11月6日至28日，作为巡视组组长，参加了对中山大学的巡视工作。

2012年

3月7日至31日，作为巡视组组长，参加了对清华大学的巡视工作。

4月7日，在浙江省儒学学会第二届会员代表大会上当选为学会会长。

6月29日，出席香港回归15周年庆祝活动暨香港特别行政区政府第四届政府就职仪式。

2013年

4月8日，参加教育部巡视工作会议，并被聘任为教育部巡视工作特聘顾问。

5月19日，首届全国儒学社团联席会议在杭州召开，作为浙江省儒学学会会长致开幕词。

11月4日，应邀赴澳门出席澳门大学新校区启动仪式。

12月18日至19日，出席清华大学海南三亚数学中心落成仪式暨清华三亚国际数学论坛。

2014年

2月24日,随浙大林建华校长一行赴香港访问,出席浙江大学香港教育基金会和香港浙江大学校友会换届典礼。

6月23日,出席大公报创刊112周年暨大公国际传媒学院成立庆典酒会并讲话,任大公国际传媒学院名誉院长。

2015年

2月3日,应邀出席香港中文大学新亚书院“新亚当代中国讲座”,做“大学生活60年的心路历程”主题报告。

6月19日,出席曹其镛先生创办的百贤亚洲研究院周年大会暨理事会,出席香港浙江省同乡会联合会庆祝香港回归祖国18周年暨第九届理事会就职典礼。

10月22日,赴福州看望校友,并参观校友企业。

2016年

4月1日,出席杭州高新区香港同乡会成立仪式。

4月2日,出席杭州旅港同乡会成立40周年暨第17届理事会就职典礼。

8月1日,出席中国高等学校联合会岘港校友会20周年庆典。

12月17日,赴京出席在清华大学举办的“丘成桐科学奖”颁奖典礼。

2017年

7月1日,应邀赴港出席香港回归祖国20周年庆典。

8月13日,赴京出席在清华大学举办的“丘成桐科学奖”颁奖典礼。

10月21日,浙江省儒学学会三届一次会员代表大会暨省儒学学会、省国学研究会(筹)合并大会在杭州召开。获颁“弘道杰出贡献奖”。

12月12日,赴京出席在清华大学举办的“丘成桐中学科学奖”颁奖典礼。

2018年

2月19日,因病在杭州逝世,享年83岁。

后　记

张浚生，注定是一个要载入史册的名字。

2018年2月19日，戊戌年正月初四，新春氛围还未消退，我们敬爱的张浚生老师溘然而逝的消息，一下子震惊了从内地到香港所有认识他、了解他的人们，大家都不相信这是真的。

接下来的这些天，无论是官方媒体，还是社交媒体的微博、微信朋友圈里，一段段感人肺腑的怀念追思张老师的悼文、悼词、挽联、挽词，一张张留下珍贵记忆的他生前照片被不断上传、刷屏。

正月十七（3月4日），是最后告别的日子。一大早，人们怀着悲痛的心情，从四面八方赶来，肃穆恭敬，川流不息，排着长长的队伍，为他送行，陪伴着走完他人生的最后一程。2000多人涌进告别大厅，人头攒动，花圈遍地，挽联交叠，备极哀荣。

此时此刻、此景此情，令所有在场的人无不为之动容，潸然泪下……一个人走了，牵动着那么多心碎的人；一个人走了，如同他在世时那样，受到那么多人爱戴和敬仰。

张老师的一生，根在浙大，魂在香港，功在家国。他的高风亮节，他的人格魅力，高山仰止、清水长流，在这个浮躁纷乱的社会里体现了它独有的价值。

斯人已去，风范永存。在追思张老师的那些日子里，我们——这些曾经是他生前的同事、学生、亲友和部下，都希望最后为张老师再做一件事——为了这永难忘却的记忆，也为了留给后人瞻仰和追思，于是就萌生了制作一尊铜像和编辑出版一本纪念文集的想法。

此纪念文集征稿工作从今年4月开始启动。考虑到一本文集的容量有限，因此没有通过官方渠道公开征集，只是通过亲朋好友之间的联系逐个约稿。文稿征集半年多来，我们收到了张老师生前的同事、校友、学生和社会各界人士写来的近百篇纪念文章以及诗词、挽联。这些回忆文章真实生动，情深意重，从不同的角度，记叙了作者自己与张老师生前交往中的各种各样故事，记录了他不凡人生的点点滴滴，再现了张老师跌宕起伏、丰富多采的人生经历，彰显了一位真正共产党人的理想追求和崇高品质。

一些年事已高的作者告诉编者，他们是一边含着热泪，一边写着稿子，连续几天都在深深的追思中度过，夜不能眠；许多作者打开尘封10多年的笔记本、资料袋，一遍遍修改文章，力求准确真实地再现张老师生前的一言一行；更令我们感动的是，耄耋之年的周南老社长也写来了他对昔日同事的深深怀念。

我们把这些文章分门别类，按照张老师不同时期的工作、生活阶段，大体上作了一个分类，排了个顺序，便于读者更好地阅读。原来计划在纪念文集中收录一些张老师生前的重要文稿，后因考虑文集的篇幅，以及之前出版的《亲历回归与合并——张浚生访谈录》这本书里，已经收录了张老师的一些文章，故就忍痛割爱了。

读书写字是张老师生前最大的兴趣和爱好，也是他日常生活的一部分，故在文集里选录了他生前手书的十几幅书法作品，以展示他的高雅情趣和对书法艺术的不懈追求。

附录部分收录的张老师生前口述的两篇文章《香江风雨十三春》和《回忆浙江大学"四校合并"》。这是他于2017年香港回归20周年前后，接受采访时而口述的，经采访者整理后，由张老师亲自审定。这两篇口述文章真实、客观、生动地记录了他一生所亲历香港回归祖国和主持浙江大学四校合并两件举世瞩目大事的台前幕后，便于读者更好了解他波澜壮阔的人生经历中的两个最重要的节点，也算是对这本纪念文集中很多回忆文章中涉及这两件大事的一个注释。

张老师生前与新闻媒体打了一辈子交道，情感诚挚，口碑甚佳。他的突然离去，也震惊了内地和香港的新闻界，各大媒体作了大量报道，开辟专栏、专题刊发许多怀念文章，限于篇幅，本书选录了几篇有代表性的报道和文章。

“张浚生生平年表”的编写，花费了编辑组同志的许多精力和时间，我们查阅大量会议记录、档案资料和笔记本，反复征询了他的家人、亲友和秘书，这是张老师一生经历忠实的记录和再现，读者可以从中感受他一生中学习、工作和生活的重要经历，也可以为日后有兴趣的研究者提供一个基础素材。

最后要感谢浙江大学党委邹晓东书记、郑强副书记和学校光电科学与工程学院以及党委办公室、宣传部、新闻办公室、出版社、校友总会等部门的许多同事和浙大校友对文集编辑出版工作的大力支持和帮助，这里也寄托着他们对张老师深深的挚爱和怀念。

在编辑出版这本纪念文集的日子里，我们仿佛感到张老师就好像依然在我们的身旁，睿智的谈吐、爽朗的笑声、坚毅的步履、健朗的身形，时常浮现在我们的眼前，挥之不去……我们从未把他当成一个高高在上的大官，也没有感到他是一个不食人间烟火的大师，我们真真切切地感到他就是一个平平凡凡的普通人，我们心目中的一位智者、一位良师、一位挚友。也许正因为他的平凡、普通、纯真，你才能真切地感受到他的伟大，他的睿智，他的魅力，他的大爱，才会从心底里说，张老师，我们好想您啊！

生命终有尽头，唯爱永存人间。愿所有爱他和他所爱的人们以及广大读者，就把阅读这本纪念文集作为对他最好的怀念，直到永远……

编　者

（2018年9月29日）

图书在版编目（CIP）数据

他年堪笑慰　霞彩满天红：张浚生同志纪念文集 / 纪念文集编辑组编. — 杭州：浙江大学出版社，2018.12

ISBN 978-7-308-18757-2

Ⅰ. ①他…　Ⅱ. ①纪…　Ⅲ. ①张浚生 - 纪念文集　Ⅳ. ①K825.4-53

中国版本图书馆CIP数据核字（2018）第273384号

他年堪笑慰　霞彩满天红——张浚生同志纪念文集

纪念文集编辑组　编

责任编辑　徐有智　潘晶晶

责任校对　张振华　杨利军

封面设计　黄晓意

出版发行　浙江大学出版社

（杭州市天目山路148号　邮政编码310007）

（网址：http://www.zjupress.com）

排　　版　杭州兴邦电子印务有限公司

印　　刷　浙江海虹彩色印务有限公司

开　　本　710mm×1000mm　1/16

印　　张　31.5

插　　页　20

字　　数　435千

版 印 次　2018年12月第1版　2018年12月第1次印刷

书　　号　ISBN 978-7-308-18757-2

定　　价　128.00元